敦煌

石窟艺术

社会史与风格学的研究

~ **Dunhuang Cave Art** ~

A Study of Social History and Style

宁 强 著

文物出版社

图书在版编目（ＣＩＰ）数据

敦煌石窟艺术：社会史与风格学的研究 / 宁强著
. -- 北京：文物出版社，2020.6
ISBN 978-7-5010-6482-3

Ⅰ.①敦… Ⅱ.①宁… Ⅲ.①敦煌石窟－研究 Ⅳ.
① K879.214

中国版本图书馆 CIP 数据核字 (2019) 第 295234 号

审图号：GS（2020）2682 号

敦煌石窟艺术——社会史与风格学的研究

著　　者：宁　强

选题策划：刘铁巍
责任编辑：张朔婷
封面设计：马吉庆
责任印制：张　丽
责任校对：孙　蕾　安艳娇

出版发行：文物出版社
社　　址：北京市东直门内北小街2号楼
网　　址：http://www.wenwu.com
邮　　箱：web@wenwu.com
制版印刷：天津图文方嘉印刷有限公司
经　　销：新华书店
开　　本：710mm×1000mm　1/16
印　　张：26.5
版　　次：2020年6月第1版
印　　次：2020年6月第1次印刷
书　　号：ISBN 978-7-5010-6482-3
定　　价：128.00元

前　言

　　敦煌石窟艺术是中华文明史上的一个奇迹。它不仅数量庞大（洞窟多达 700 多个），而且种类多样（建筑、壁画、彩塑、绢画、纸画、麻布画、版画、刺绣等），内容更是极为丰富（佛教尊像画、故事画、经变画、器物画、供养人、出行图、图案画等）。最令人惊叹的是，敦煌石窟艺术从 4 世纪至 14 世纪延续不断在同一地区制作完成，各时期的主流艺术风格和题材演变过程清晰可见，完全可以被视为一部绵延千年的"中国艺术史"的缩影。

　　敦煌石窟艺术的研究已经走过了 100 多年的历程。从欧洲的斯坦因（《震旦沙漠废墟记——在中亚及中国西部边陲考察纪实》《塞林提亚——在中亚及中国西部边陲考察详细报告》）、伯希和（《敦煌图录》《伯希和日记》），到美国的华尔纳（《万佛峡——一所九世纪石窟佛教壁画研究》），日本的松本荣一（《敦煌画的研究》），应该说，敦煌石窟艺术的研究是从西方学者的考古报告和日本学者的图像识别开始的。不同于欧洲式的考古研究和日本学者的"佛经文字对应图像"式考识，中国学者和艺术家对敦煌石窟艺术的理解有更强的感性观察和直觉思维，特别对敦煌艺术的风格演变和不同时期的造型特征情有独钟。张大千以一个传统画家独特的眼光观察敦煌壁画和彩塑，口述笔录了《漠高窟记》，讲述了敦煌艺术的风格演变过程并为石窟详细编号统计。史岩则从历史文献的角度抄写了壁画上的文字题记，出版《敦煌石室画像题识》。长期在敦煌从事实地调查研究的专家大多数是画家或雕塑家，所以他们对敦煌艺术的表现形式和风格特征格外关注，例如常书鸿、段文杰、史苇湘、万庚育、孙纪元等人的研究，这与欧美日本学者的研究相比，关注角度是有明显区别的。

我对敦煌艺术的研究结合了中国艺术家／艺术史家注重作品总体风格分析、把握美术史风格流变大方向的传统和欧美艺术史家／考古学家偏好细节调查和历史分析的学术思路。这种融合中西方学术传统的研究方法，使我对敦煌艺术的研究有一个较为独特的观察角度和不同寻常的思维方式，得出的研究结论也往往出人意表、独树一帜，在此与读者分享。

我的第一部敦煌石窟研究专著《敦煌佛教艺术——美术史的分析》继承了艺术家们开创的中国式"风格分析"学派，主要以风格特征的总体演变来界定和描述各个时期的敦煌艺术。在出版《敦煌石窟寺研究》一书时，我加入了地方历史背景的调查研究和对敦煌石窟发现史的回顾分析，力图给读者呈现一个更加立体、更加全面的敦煌石窟艺术。从1983年夏天正式到莫高窟前的敦煌文物研究所（现敦煌研究院）从事石窟艺术的研究开始，我与敦煌已经有30多年的缘分，期间的分分合合，东西方学界的来回比较和思考，其中甘苦自不待言。现在再来写一部敦煌石窟艺术研究的专著，在研究方法、观察角度、学术认知等诸多方面，都有一些新的变化和体会。这部《敦煌石窟艺术——社会史与风格学的研究》加入了我近年来的新思考和新发现，同时也增加了一些相关的图片和文字资料，以期给读者更好的阅读体验和审美享受。

古代丝绸之路略图

敦煌石窟群位置示意图

目 录

Contents

第一章   敦煌：一个艺术圣地的诞生

　　当我1983年夏来到敦煌莫高窟时，敦煌还是一个边陲小镇。县城里人烟稀少，几乎都是干打垒的土坯房，似乎也没有现代城市的下水道系统。人们把用后的洗脸洗脚水泼到门口的巷子里或大街上，冬天很快结冰，行走困难。这种破败落后的情形令人印象深刻，以至于到敦煌去工作被当代人看成奇怪的人生决定。现在的敦煌城，早已经是一座高楼林立、熙熙攘攘、热闹非凡的现代旅游城，敦煌莫高窟也从一个孤寂荒寒之地，变成了人人向往的艺术圣地，敦煌研究也成为一门国际显学。这种由"冷"到"热"的大变化，反映了敦煌石窟作为"在地艺术遗址"是如何随时代社会的变化而变化的复杂历程。

图001   当代敦煌城市中心街景   孙志军摄影

I—1. 发现敦煌：学术救国的苦难历程

佛教徒供养开凿的石窟，其实也是一种寺庙，也是供人礼拜修行的场所，所以又称为石窟寺。但石窟寺与普通的佛教寺庙也有明显的不同之处：石窟寺通常开凿在悬崖峭壁上，而普通寺庙则多建于平地之上；石窟寺的内部空间，包括四壁和窟顶，通常布满了壁画和塑像，很像一个装满了艺术品的画廊，而普通的寺庙内除了供信徒礼拜的佛、菩萨像外，其他艺术形象不多，更像是供人活动、居住的建筑空间。敦煌石窟寺，由现存的开凿在悬崖上的数百个充满壁画和彩塑的洞窟组成。对现代人而论，窟内保存的古代佛教艺术品是最为重要的文物，因此，敦煌石窟寺又被笼统地称作敦煌石窟或敦煌佛教艺术。

广义上讲，敦煌佛教艺术是指产生、发展和积存在敦煌地区主要以佛教为主题的艺术。它是一个多门类的艺术综合体，囊括了建筑、壁画、彩塑、绢画、纸画、麻布画、版画、书法、乐舞、染织和刺绣等方面。但其艺术主体，是现存的石窟群，即敦煌莫高窟、西千佛洞；瓜州（原安西县）榆林窟、东千佛洞和小千佛洞；肃北五个庙石窟和一个庙石窟等。其中莫高窟规模最大，保存也最完好，是整个石窟群的中心，也是本书研究分析的重点。

图002　莫高窟外景（九层楼）　孙志军摄影

以莫高窟为中心的敦煌石窟寺，上起4世纪左右的十六国时期，下迄20世纪初的清朝，除明代（1368~1644年）的近三百年间外，每代均有大批艺术品，历时一千二百余年。传统上统计在案的现存洞窟总数约577个，其中莫高窟492个（北区残洞未计入）；西千佛洞16个；榆林窟29个；东千佛

图003　莫高窟外景（北区残洞）　吴健摄影

洞23个；小千佛洞11个；五个庙石窟5个；一个庙石窟1个。现存壁画5万多平方米，彩塑近3000身。此外还有出自敦煌藏经洞的绢、纸画近千幅，写本数万件。近年来，敦煌研究院的考古工作者又在敦煌莫高窟的北区发掘清理了二百多个规模较小，壁画、塑像大多残破或消失了的石窟，如果把这些洞窟也计算在内，敦煌石窟的总数就该有800个左右。

由于敦煌地处中国西北部的荒凉地带，东经95°，北纬40°，周围是戈壁瀚海，人烟稀少。因此，在相当长的时间里，只有本地的一些信徒前来洞窟里烧香拜佛，敦煌的石窟几乎被人类文明忘记了、忽略了。人们大多只知道希腊的神庙、罗马的大教堂和斗兽场、埃及的金字塔、印度的犍陀罗，却不知道在亚洲内陆的沙漠中，还有一座古代东方最大的艺术宝库——敦煌石窟！

实际上，由于宋元以后海上"丝绸之路"的兴起和中国经济重心的南移，古老的陆上"丝绸之路"失去了它原有的价值，丝路沿线的贸易中心迅速走向衰落。敦煌的历史命运，也不例外。明朝政府更是以敦煌以东的嘉峪关为西部边界，把敦煌的人口往东迁徙，安置在嘉峪关内，敦煌成了"化外之地"，人烟稀少，佛

教圣地莫高窟，从此成为被人遗忘的角落，静静躺在戈壁深处。直到清王朝建立，重新开始经营西域，敦煌才又成为一个县，并有一些移民来此安家落户，但这个昔日的国际贸易中心，中原王朝经营西域的军事重镇，已成为西北荒漠中无足轻重的边远小县，莫高窟也基本上无人问津。

那么，是什么东西突然改变了敦煌的命运，使之成为全世界关注的焦点呢？那就是，封闭千年的"藏经洞"的发现。

"藏经洞"，顾名思义，它就是一个隐藏佛经的洞窟。实际上，它只是一个较小的洞窟，而且，里面藏的也不只是佛经。

在20世纪的第一个年头，也就是1900年的5月26日，荒凉的莫高窟和平时一样寂静，住在洞窟北头残破的寺庙"下寺"里的道士王圆箓早早起床，开始了他每天周而复始的生活：先给供奉的老君像和佛像上香，吆喝小徒弟清扫破败的院子，然后提醒雇来的抄写手，该是抄写经书的时候了。

雇来的抄写手姓杨，喜欢吸烟。他被安排在一个巨大洞窟宽敞的入口通道里抄写经文。那时候，文物保护的概念他是没有的，在洞窟里吸烟对他来说是天经地义的事，而且他点烟用的芨芨草棍用过之后就顺手插在墙上的裂缝里。今天他

图004　斯坦因1907年拍摄莫高窟破败景象

图005　敦煌藏经洞所在位置

还是老习惯，点过烟之后，便把芨芨草棍往墙缝里插。大概这一次插得重了点，草棍居然掉进墙里去了。这位杨先生觉得奇怪，叫来王道士一探究竟。他们发现，这条裂缝的背后，其实有一个封闭的洞窟。挖开门洞一看，他们都惊呆了！呈现在他们眼前的，是成千上万的古代文书和画卷，堆满了整个洞窟！面对这个惊天大发现，王道士该怎么办？

　　他可以有这么几个选择：1.马上原样封起来，以免得罪神灵，遭到报应；2.隐瞒不报，等待机会，出售古籍、古画发大财；3.报告官府，听候官方指示。

　　首先，王道士的宗教信仰是很杂的，他是个道士，却住在佛教石窟前，而且把辛苦化缘得来的钱，用来清扫佛教石窟里的沙子，他还请人在佛教洞窟里塑道教神像。不过,他对神灵的威力还是有些敬畏的,怕遭惩罚。把这个洞原样封起来，免遭报应，恐怕是他考虑过的处理办法。其次，发现了这么多古书、古画，王道士虽然不一定知道这些东西的真正价值，但这是些值钱的东西，他应该还是知道的，否则他后来也不会向斯坦因要大笔的银子，以至于斯坦因暗地里骂他"厚颜无耻，贪得无厌"。所以，把发现"藏经洞"的消息隐瞒不报，等待机会，出售这批古籍、古画发大财，对王道士来讲，也是一个不错的选择。不过，在清代末

图006　王道士像

年动乱的情况下，普通人最怕的还是得罪官府，所以，王道士虽然畏惧神灵，贪财，但最后还是选择了报告官府，听候官方指示。然而，这时的官府恐怕很难顾及这些沙漠里发现的文物，因为此时英国、法国、美国、德国等国军队组成的所谓"八国联军"正用洋枪洋炮，在天津和使用大刀长矛的义和团民众激战。洋人的炮口很快就要指向北京，朝廷里人心惶惶，各级官员都在自寻退路，哪有心思听王道士讲什么沙漠里发现的文物呢？

等了很长时间之后，王道士才接到来自官方的指示，要他"就地封存保管"。至于封存保管的费用吗，那是一分也没有的。王道士得自筹经费，雇人来砌一堵墙，把这个装满古代经卷、文书和绘画的洞重新封起来。王道士虽然很不乐意，但也只得照办。当然，他也没那么听话，洞窟封闭前，自己偷偷拿出了一些书法工整的文书和保存完好的绢画，用来结交当地的权贵人物，满足其收藏古董，附庸风雅的嗜好。

七年时间就这样过去了，"藏经洞"的发现变成了小道消息似的传说。莫高窟仍然是无人问津的荒野洞窟。直到 1907 年初春，英国的考古探险家斯坦因（Marc Aurel Stein）来到敦煌，莫高窟的命运从此彻底改变！

斯坦因为什么会来敦煌呢？斯坦因原籍是欧洲小国匈牙利，当时虽然没有欧盟一说，但欧洲各国的杰出人物如果在本国不得志，也是要周游列国，寻找成功机会的。斯坦因出生在匈牙利布达佩斯的一个犹太人家庭，但他除了会说匈牙利语外，很小就学会了流利的德语。十岁那年，斯坦因被送到德国读书，很快学会了希腊语、拉丁语、法语和英语。后来他返回匈牙利读大学预科，开始接触到东方文化。他的老师洛克齐（Lajos De Loczy）曾经在 1879 年考察过敦煌千佛洞，是第一个将敦煌艺术介绍到欧洲的人。看来斯坦因和敦煌的缘分还真不浅，在他还没有正式进大学前，就已经知道了敦煌石窟的存在。

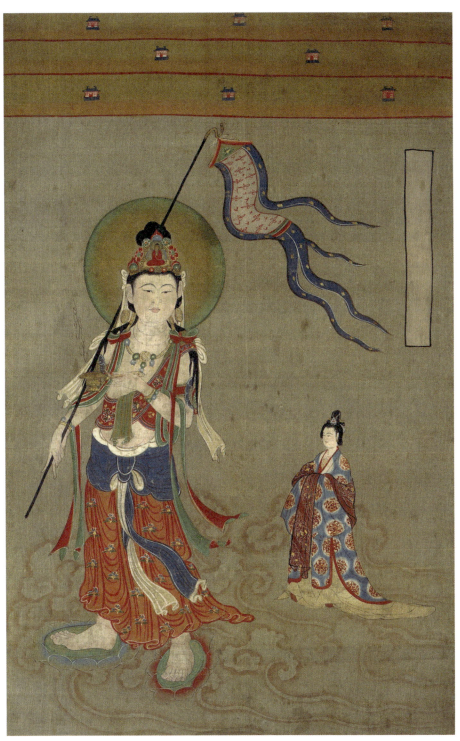

图007　藏经洞出土绢画仕女往生图

图008　斯坦因像

按照当时中欧地区的惯例，学生在预科毕业后就可以选择去自己喜欢的大学听课，选择导师，获取学位。斯坦因先后在奥地利的维也纳大学，德国的莱比锡大学和图宾根大学专攻东方学，并学会了梵文和波斯语，在1883年获得图宾根大学哲学博士学位，年仅21岁！经导师推荐，斯坦因获匈牙利政府奖学金，赴英国伦敦大学、牛津大学和剑桥大学从事博士后研究，主攻东方语言学和考古学。在此期间，他曾经返回匈牙利接受一年的义务军训，学会了地形测量和制图技术，这对他后来的中亚考古有很大帮助。他

军训完回到英国，结识了英国最有名的东方学家之一罗林森爵士（Sir Henry Rawlinson）。罗林森是英国皇家地理学会主席、皇家亚细亚学会主席，而且在印度议会中地位显赫。当时，印度还是英国的殖民地，是受英国人统治的。1866年，斯坦因的博士后研究即将结束时，罗林森向印度议会推荐他出任新建的旁遮普大学注册官和拉合尔东方学院院长双职。当时斯坦因年仅24岁，他立刻起程前往印度，从此开始为英国效力，一直在英国统治下的印度工作，并在1904年正式加入英国国籍。此后，由于斯坦因在中亚考古探险的巨大成功，英国女王亲自接见他，并封他为"印度帝国高级爵士"。他终于成为一个体面的英国上流社会成功人士，而其成功的主要原因之一，就是他在中国敦煌"藏经洞"弄到手的无价之宝[1]。

那么，斯坦因是怎样把"藏经洞"的文物弄到手的呢？1907年的春天，清王朝已是摇摇欲坠，各级政府官员是人人自危，无暇他顾。斯坦因已成功完成了他的第一次中亚考古探险，并再次来到中国，准备大干一场。他的这两次中亚

[1] 陆庆夫、王冀青主编：《中外敦煌学家评传》，甘肃教育出版社，2002年。

考古探险之行都是在英属印度政府支持下由英国派驻印度的总督寇松勋爵（Lord Curzon）亲自批准的。斯坦因于1906年4月出发，翻越帕米尔高原，来到新疆的喀什，在英国驻喀什领事馆住了两周时间。这个英国驻喀什领事馆当时很有名，是英国与德国、法国和俄国争夺中亚地区霸权的指挥部。有一年我参加美国耶鲁大学组织的"丝绸之路"考察团，来到喀什。我们专程到过去的英国驻喀什领事馆参观，发现那里已变成了一个清真餐馆。同行的英国人很不高兴，长叹一声说："咳，想不到当年声名显赫的英国驻喀什领事馆现在竟变成了一个餐馆，可惜呀，可惜！"听到这话，我也有点忍不住了，我说："有什么可惜的？大英帝国的衰亡是历史的必然，太阳总是要落山的。难道英国还想来争霸中亚，掠夺新疆境内的文物吗？把当年英国驻喀什领事馆变成一个餐馆，大家都可以来吃饭，有什么不好呢？"同行的美国学者都开心大笑起来，只有这位英国朋友黑着脸，半天没说话。当时我在想，斯坦因当年在这里踌躇满志地准备他的敦煌之行时，大概想不到一百年以后，这里会有这么一番中国人与英国人的对话吧？

图009　20世纪初英国住喀什领事馆原址现状

　　斯坦因是在 1907 年 3 月 12 日到达敦煌县城的。前面提到，斯坦因没正式
进大学前就听他的老师洛克齐谈起过敦煌千佛洞的艺术，这对才十几岁的少年
斯坦因来说，真的像神话般的遥远。现在，他终于来到了敦煌，而且马上听说
了一个他的老师也不知道的重要消息：敦煌千佛洞发现了一个装满古代文书、
绘画的"藏经洞"！得到消息后，斯坦因匆匆赶往离城 25 公里的千佛洞。到了
千佛洞之后，他是既兴奋，又失望。兴奋的是，他从一个小和尚手里看到了一
件古代的写本佛经，证明关于"藏经洞"的传闻是真的！失望的是，拿着钥匙
的王道士外出未归，要等两个月以后才会回来！怎么办？是先回印度去？还是
就地等待？

　　"藏经洞"里的宝物诱惑太大了，斯坦因决定在敦煌等着！当然他也不想白
白浪费时间，就先去了敦煌境内的汉长城遗迹进行考古发掘，结果发现了一大批
极有历史价值的汉简。两个多月以后，斯坦因回到了千佛洞，终于见到了王道士。
斯坦因先派他的翻译蒋师爷去找王道士，要求将"藏经洞"里的写本文物全看一遍，
但遭到王道士的拒绝。斯坦因一下子急了，等了你两个月，连看都不让看，这不
白等了吗？所以，他决定亲自出马，与王道士谈判。见王道士之前，斯坦因也做

图010　斯坦因1907年拍摄敦煌县城南门口

图011　斯坦因发掘的汉长城遗址

了些准备工作，他看见莫高窟前的木构建筑上画有唐僧《西游记》的故事，估计
王道士对此会有兴趣。所以一见面，斯坦因就说他是从印度来的，古时候唐僧去
印度取经，把大量佛经从印度带回了中国。一千多年过去了，他要把佛经重新带
回印度去。斯坦因编的故事，果然使王道士受到感动，同意在当天晚上先拿出一
件写本给斯坦因看看。令人想不到的是，这部写本佛经，正是唐僧玄奘从印度带
回并译成汉文的！这好像有点天意如此的感觉，王道士终于同意让斯坦因观看"藏
经洞"的所有藏品。

　　斯坦因立刻在蒋师爷的协助下，开始在"藏经洞"门口的洞窟甬道里一件
件检查王道士抱出来的写本文书和绢画织物等，仅仅看一遍，就花了整整七天时
间，由此可见"藏经洞"文物数量之大！斯坦因把自己认为最好的写本文书和绘
画作品挑选出来，共有一万多件，大概是"藏经洞"文物总数的五分之一，然后
据说是以 40 块马蹄银买了下来。不过王道士不承认他是把"藏经洞"文物给卖了，
他把斯坦因付的银子叫作"香火钱"，也就是供佛的捐款。这种"香火钱"是不
用上税的，所以现在许多庙里出售纪念品或开饭馆收的钱，也称作"捐款"，不
上税。

图012 藏经洞出土经卷文书堆放在洞口

那么，40 块马蹄银究竟是多少钱呢？有人做了推算，说一块马蹄银相当于 50 两银子，那么斯坦因付的这 40 块马蹄银，就相当于两千两银子。这在当时是很大的一笔钱，大概王道士一辈子也没见过这么多的钱！所以才豁出去私自把"藏经洞"文物的五分之一卖给了斯坦因。但是，"八国联军"攻占北京之后，清朝政府被迫求和赔款，光赔给英国人的所谓"战争赔款"就高达白银五千多万两，是斯坦因付给王道士银子的两千三百一十倍！加上付给其他国家的赔款，总数更高达四亿五千万两，是斯坦因付款的二十二万五千倍！更何况斯坦因这 40 块马蹄银最后据说只给了 5 块。总之，斯坦因用来购买这一万多件敦煌"藏经洞"文物的钱，与这些文物的实际价值相比，实在是微不足道。如果与欧美日各国列强对中国财富的掠夺相比，更是九牛一毛！

斯坦因弄到这么一大批"藏经洞"文物之后怎么办呢？自己搬肯定是无法搬走的。他雇了一个骆驼队，把从"藏经洞"获得的古代文书、经卷和绘画装满 12 个大箱子，于 1907 年 6 月 13 日，运离了莫高窟。其后，这批文物被万里迢迢运到英国首都伦敦，艺术品收藏在大英博物馆，文献资料则进入了大英图书馆。

最令人叹息的是，当印度取得独立时，要求"分赃"。因为斯坦因到敦煌探险的钱是英国统治下的印度政府出的，大英博物馆不得不同意平分斯坦因在敦煌获得的一千多幅绘画作品。英国和印度分这批画时，很像当年土匪平分抢来的财物：你拿一件，我拿一件；我拿一件，你再拿一件。分到最后，剩下一张一米多宽，两米来高的唐代大幅绢画，时代既早，画面更是精美，双方争执不下，最后用刀割开，一家一半！好好的一张画，在"藏经洞"里完整地保存了一千多年，现在却被割成两半，分藏在相隔数千里地的两个不同的博物馆里！这种掠夺分赃式的收藏，确实是对古代文物的破坏和对人类文明的蔑视。

斯坦因走了以后，"藏经洞"里的文物是否就太平无事了呢？不是，劫难才刚刚开始！那么，谁是第二个"幸运"的探险家？当斯坦因还在新疆喀什准备开始他的第二次中亚探险时，一支法国政府部门和民间学术团体共同支持组织的中亚考察队已悄然离开了巴黎，领队的年轻专家，名叫伯希和（Paul Pelliot）。

在西方亚洲文明研究专家的眼里，伯希和是个很了不起的人物，被尊为"二十世纪最伟大的中国学家"，还被看作是"人类历史上空前绝后的东方语言学

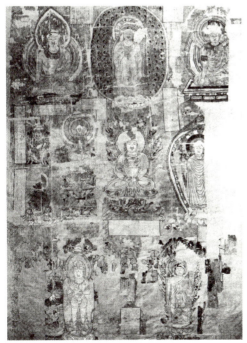

图013　藏经洞出土被英国和印度分割的《瑞像图》

图014　伯希和在藏经洞挑选文书与绘画

天才"，因为他除了主要欧洲语言外，还精通汉语、梵文、藏语、突厥语、蒙古语、波斯语、回鹘语、粟特语、吐火罗语、龟兹语、西夏语、越南语等。据说他在从巴黎到塔什干的十天旅行途中，就学会了俄语和突厥语，其记忆力之强和语言天赋之高，确实令人惊叹。而伯希和这种超常的语言能力和他丰富的中国历史知识，使他在挑选"藏经洞"出土文书写本时，远远超过了斯坦因，选出的东西，大多是价值连城的精品 [2]。

那么，伯希和是何时来到敦煌？又是如何挑选"藏经洞"文物的呢？

伯希和抵达敦煌莫高窟的时间是 1908 年 2 月 25 日，此时离斯坦因带着他获得的"藏经洞"文物离开莫高窟才仅有八个月时间。本来伯希和以为斯坦因之后，"藏经洞"里的文物应该所剩无几，但当王道士打开"藏经洞"的门锁，展现在他眼前的，却是成千上万的古代文书和绘画，其数量之多，足可以把他深深埋葬！面对如此巨大的资料库，伯希和仍然决定运用他超强的语言能力和丰富的汉学知识，把这些文本从头到尾检阅一遍。在昏暗的烛光下，他用了整整三周时间，在"藏经洞"狭小的空间里，把所有写本都仔细翻检了一遍，甚至连难以计数的写本残片也未放过。他把自己认为最有价值的写本和绘画全部挑出来，然后与王道士交涉，以五百两银子的代价，拿走了"藏经洞"文物的精华部分。

除了挑选"藏经洞"的写本和绘画，伯希和在莫高窟还干了些什么事呢？他为莫高窟的洞窟编号，仔细记录壁画上幸存的文字题记，并和考察队的专业摄影师一道，拍摄了大量的照片。这就让后人要对伯希和刮目相看了，因为他不是普

[2] 陆庆夫、王冀青主编：《中外敦煌学家评传》。

通的盗宝者，拿到文物就赶紧跑，而是花很长时间，仔细从事考古学的资料收集。他为莫高窟编的号，学者们现在还在用；他记录的壁画上的文字题记，更是难得的珍贵资料，因为随着时光的流逝，有些题记现在已看不见了，我们只能依赖伯希和的记录从事相关研究。伯希和的摄影师拍摄的洞窟照片，在20世纪二三十年代出版成六卷本的大画册，这是对敦煌石窟图像资料的第一次详尽系统的公布发表，为无法到敦煌从事实地考察的学者们提供了宝贵的研究机会，也为后来的学者保存了极为宝贵的原始资料。例如，伯希和《敦煌图录》发表的莫高窟第158窟北壁壁画照片左侧吐蕃赞普像，现已不复存在。作为中国人，虽然我们今天对伯希和当年拿走"藏经洞"的珍贵文物不能原谅，但对他在学术发展史上的贡献，还是应当承认的。

　　离开敦煌后，伯希和又去了北京，而且带着一箱他从"藏经洞"获得的珍贵写本。伯希和是在1908年的10月到达北京的，正是秋高气爽的季节。他在著名的六国饭店公开展出了随身带去的敦煌古写本，并用流利的汉语作了一次演讲。前来参观和听讲的中国学者包括罗振玉、王仁俊、蒋斧、董康等著名史学家。伯

吐蕃赞普

图015　伯希和团队拍摄的莫高窟第158窟北壁壁画

图016 罗振玉像

希和展览的敦煌古文书，让中国学者大感震惊，因为当时学者们所知道的中国古代图书，宋代的版本已经基本上见不到了，现在突然有早得多的六朝、隋唐古写本出现，而且真伪毫无疑问，这个消息震动了整个北京的学术界。面对突然出现的珍贵历史文物，北京城里的中国文人反应究竟如何呢？是像英法各国的考古探险家一样，立刻前往戈壁深处的藏宝之地取回"国宝"？还是按中国人的老规矩，先报告政府，让官方出面处理呢？

首先采取行动的人叫罗振玉。这个罗振玉是何许人也？他和敦煌又有什么关系呢？1866年，祖籍浙江的罗振玉出生于清朝晚期江苏一个官僚家庭。他从小受到严格的传统学术训练，喜好金石、碑刻文字的考证研究，三十岁以前就已经出版近二十种著作，成为学术界的知名人物。虽然他做的是传统学问，但他同时又是个有爱国热情的新派文人，1896年，也就是罗振玉满三十岁那年，他和友人一道在上海创立"农学社"，开办"农学报"，翻译欧美和日本的农业书籍，共出版各类农书一百多种，积极向国内介绍西方农业科技发展情况，想以发展农业经济来振兴衰亡中的大清帝国。但实际效果如何，却很难说。但罗振玉力图推动农业发展的努力，证明他还是很有社会责任感的爱国学者。他一生做了三件大事，其中两件使他名垂青史，另外一件却使他遗臭万年。这三件大事是什么呢？

第一件，就是抢救敦煌"藏经洞"文献。当罗振玉在六国饭店看到伯希和展出的敦煌古写本时，他是"惊喜欲狂，如在梦寐"。又听说敦煌"藏经洞"还保存有六千多件六朝至唐宋时期的古写本，便立即将此事报告给清廷的学部，大概相当于今天的教育部吧，总之是要让清朝政府来处理此事。罗振玉得知敦煌"藏经洞"文物消息后的反应与王道士并没有什么两样，他们都是先报告给官方，让政府官员来处理这个事。不过，王道士人微言轻，没人理他，消息报告上去后，官方根本没反应，他一直等了四年，到1904年才接到"就地封存"的指示。在这四年的等待期间，自然有当地的文人雅士，或是附庸风雅的地方官吏索要数件，用来把玩或送人，"藏经洞"文物的流失也就开始了。即便在"藏经洞"被重新封闭之后，门锁的钥匙也由王道士保管，他随时都可以打开，里面的东西想拿就拿。对他而言，"藏经洞"有门没门都一样。

罗振玉就不一样了，他当时是清朝政府的学部参事厅行走、学部考试襄校官，大概相当于现在教育部负责高考的中层干部。他是没权力直接给下面省里或县里官员下达命令的。所以，他先找了学部左丞乔树楠，要求他表态处理这件事。这个学部左丞大概相当于教育部的副部长，官架子还挺大，对罗振玉的报告不理不睬。后经罗振玉再三恳求，才勉强同意，但下发到甘肃省的电文要罗振玉自己去写，这些杂事副部长是不管的。罗振玉代拟的电文下达到甘肃省府，再转发到敦煌县衙门，然后通知王道士清点"藏经洞"剩余的文书手稿，准备送往北京保存。王道士知道他发现的宝贝要被别人拿走了，赶紧偷偷从"藏经洞"取出一大批文书手稿，悄悄藏在只有他自己知道的地方，以备将来出售，换取"香火钱"。

官方派来押运"藏经洞"文物进京的人，是新疆巡抚何彦升。当时北京的学部拨款六千两银子来收购运送这批"藏经洞"文物，这比斯坦因给的两千两银子要多得多，但这笔钱，王道士却一分一厘都没拿到，钱都到哪里去了呢？没有记载，估计是进了各级贪官污吏的口袋。这个负责押运文物的何大人，对这些珍贵写本也不怎么看重，只是雇了一辆大车，把古写本扔到车上，也不装箱，只用草席稍做捆绑，就上路了。沿途的大小官员，有兴趣的，就伸手拿几卷回家，这叫"雁过拔毛"！特别令人发指的是，等东西运到北京，这个何大人并没有把"藏经洞"文书送往学部，而是让他儿子先把大车拉到岳父李盛铎家，与几个亲朋好友一道，把所有经卷写本翻看一遍，挑出最有价值的部分，私藏起来。为了怕缺少件数，被人发现，就把较长的卷子撕成两半充数。后来，李盛铎又把偷藏起来的写本，以八万日元的价格卖给了日本人 [3]。

虽然，这批残存的"藏经洞"文书最后运进官方的京师图书馆时已是七零八

---

[3] 荣新江：《辨伪与存真：敦煌学论集》，上海古籍出版社，2010 年。

落，但总算是中国人自己的收藏。罗振玉抢救敦煌遗书的历史功绩，后人还是应当铭记的。

罗振玉做的第二件大事，是拯救清朝内阁大库积存的历代档案和古籍。清朝末年，这些档案和古籍堆积如山，足有八九千麻袋之多！1909 年，清朝末代皇帝溥仪登基后，官方准备销毁这些珍贵历史资料，罗振玉知道消息后，赶紧找人把这些资料移归学部保存。本以为这些资料可以从此安全传下去了，可是，清王朝两年后就崩溃了，中国历史进入了民国时期，这批资料被移交给历史博物馆收藏。

令人意想不到的是，历史博物馆后来竟然以经费短缺为由，将这批资料的绝大部分当废纸卖给收破烂的纸商，换得银币四千元。罗振玉一直不知道这件事，有一天，他在街上走着，突然看见地摊上有人在卖《洪承畴呈报吴兆叛案揭帖》和《高丽王进物表》。这个洪承畴，大家可能都知道，是明朝末年的大官，他在清军还没入关前就投降了，比大名鼎鼎、领清兵入关的吴三桂还早。洪承畴的帖子只能是从清宫档案里出来的，这时候，罗振玉才知道，他好不容易保存下来的大库档案已经被人当废纸卖了！罗振玉赶紧追寻到废纸收购店，以高于原价三倍的价钱，将这批重达十五万斤的档案重新购回，为此他不得不借债一万三千元银币。由于罗振玉的不懈努力，这些重要的历史文物资料终于被保存了下来。

按理说，罗振玉做了收藏敦煌"藏经洞"写本和保护清朝大库档案的大好事，应该是名垂青史，大受推崇了吧？然而，今天却很少有人知道罗振玉这个人。为什么呢？这就和他做的第三件大事有关。

这第三件大事，让他背上了"汉奸"和"卖国贼"的恶名。那是怎么回事呢？当清王朝被推翻，中华民国建立时，清朝的末代皇帝溥仪就被软禁在故宫里，但他还做着复辟的美梦，仍然在收罗忠于清王朝的"遗老、遗少"为其服务。1924 年，罗振玉"奉诏入宫"，就是奉了已经退位的末代皇帝之诏，进入故宫，在南书房做事。但他领没领到"薪水"就不清楚了，估计是先欠着，因为当时皇帝也没钱，还让宫里的太监偷偷把皇宫里收藏的古代字画等文物拿到北京的当铺，或外国人开的银行里去抵押换钱。不过，这样的日子也没维持多久，军阀冯玉祥占领北京后，派兵将末代皇帝溥仪赶出故宫。罗振玉和一些大内高手护着溥仪化装潜逃到天津，并开始与日本军政界的要人勾结，筹划建立伪满洲国，为日本侵略扩张，分裂中国的政策服务。1932 年，罗振玉追随溥仪，来到长春，积极筹建伪满洲国，并充任临时政府督办和伪满洲国监察院院长。1940 年，罗振玉因心脏病去世。

那么，"藏经洞"剩余写本被运往北京收藏后，敦煌的"悲剧"历史是否就结束了呢？罗振玉之后，还有哪些中国人参与到保护敦煌文物的活动中来？而他们的命运又如何呢？

自从"藏经洞"发现的古代文书和绘画被运往伦敦、巴黎和北京之后，王道士偷偷藏起来的那批文书就成了外国探险家们争夺的焦点。日本的橘瑞超、吉川小一郎和俄国的鄂登堡都从王道士手中分别弄到了一批"藏经洞"出土的经卷文书。同时，他们也把注意力转向洞窟壁画和彩塑，拍摄了大量照片，并绘制了洞窟的考古测量图。但不知什么原因，他们获得的资料长期没有公开发表，详细情况后人就难以知道了。

与此同时，中国的学者们则把注意力都集中在对"藏经洞"出土文献写本的研究上。罗振玉首先发表《敦煌石室书目及发见之原始》开始在中国学界介绍敦煌文献，王仁俊则刊行了《敦煌石室真迹录》，罗振玉还和蒋斧合编了《敦煌石室遗书》，刊布了敦煌文书 11 种。这些都是在伯希和六国饭店书展之后很短的时间内完成的，反映了中国学者抢救性研究敦煌文献的紧迫感。民国初年，存古学会还出版了《石室秘宝》甲、乙两辑，破天荒刊印了四幅敦煌壁画的照片，使世人得窥敦煌石窟艺术的形象风貌，十分难得。

另外还有一批中国学者，远涉重洋，去伦敦和巴黎的图书馆抄录被斯坦因、伯希和拿走的敦煌文献，其中的刘复（半农）在法国留学长达四年，抄录了大量的法藏敦煌文献，分类编排，于1925年出版了《敦煌掇琐》一书，分上、中、下三册，为国内的敦煌研究提供了大批珍贵资料。

在 20 世纪二三十年代，去欧洲抄敦煌卷子是很热门的留学目的。记得钱钟书先生在《围城》这部小说里，写到主角方鸿渐去欧洲留学时，说他"既不访《永乐大典》，又不抄敦煌卷子"，是一种"不务正业"的做法。这个《永乐大典》有很多卷，是八国联军攻打北京，火烧圆明园时被乱军抢走的，和敦煌卷子一样，是中国学者们心中永远的痛。当时去伦敦和巴黎抄敦煌卷子的中国学者为数不少，他们中有的是政府出钱的"公派"留学人员，有的则是完全自费。其中有一个人很值得一提，那就是后来的著名敦煌学家姜亮夫先生，他当时是变卖家财，倾家

图017　姜亮夫像

荡产，自费去欧洲抄敦煌卷子，收集了大量文字资料回国，可是一回来就遇到抗日战争爆发，带回的资料全部毁于战火中，但他仍然坚持研究，终成一代杰出敦煌学家。

那么，这些从欧洲抄回来的"敦煌文献"究竟起到了什么作用呢？正反两方面都有：既有为敦煌学研究提供丰富文字资料的正面作用，也有使许多人不再重视国内收藏的敦煌文献的负面效果。有感于此，曾经在欧美留学十多年，后在清华大学任教的陈寅恪，在为陈垣先生所编的北京图书馆馆藏敦煌卷子目录，即《敦煌劫余录》一书作序时，对此提出了批评。而陈寅恪在1930年说的这句批评的话，又引出了一个现在仍然没有澄清的误解。这是个什么样的误解呢？

敦煌莫高窟的下寺，也就是王道士当年居住的地方，现在是"藏经洞历史陈列馆"，馆门前放着一块标志性的大石头，石头上刻着一行醒目的大字："敦煌者，吾国学术之伤心史也"，下面的落款是：陈寅恪。但实际上，这句话，既非陈寅恪所说，且他也不完全同意这种说法。那么，陈寅恪先生究竟是怎么说的呢？

陈寅恪先生当时是针对那些只看重从欧洲抄回来的资料，而忽略本国自己收藏的敦煌卷子的人说这番话的。他说："或曰，敦煌者，吾国学术之伤心史也。"这里的"或曰"二字，就是"有的人说"的意思，并不是陈寅恪先生自己这么说。而且，接下来，陈寅恪就对这个说法表示不

图018　莫高窟下寺陈列馆前标志石

能认同。他说："是说也，寅恪有以知其不然，请举数例以明之。"显然，陈寅恪先生不同意这种说法，而且举了几个例子来反驳这种说法。

那么，为什么今天有这么多人要把陈寅恪先生的意见"反其意而用之"，硬把他当时反对并举例批驳的说法，强加于他呢？这是因为"敦煌者，吾国学术之伤心史也"这句话，在某种程度上，反映了许多中国敦煌学研究者的共同心声。而敦煌学在中国的发展，也确实有赖于学者们这种知耻而后勇的爱国情怀。所以，不管这句话是谁先说的，它总是借了陈寅恪先生的转述而得以流传开来，并且激励着一代又一代中国学者投身到敦煌学的研究中来，客观上起到了很积极的作用。因此，后人把这句话单独挑出来，作为一个激励"学术爱国主义"的口号，并借用陈寅恪先生的大名，也是可以理解的。

陈寅恪和与他同时代的学者，几乎都把注意力放在"藏经洞"文献的研究上，而莫高窟现存的几百个石窟，仍然静悄悄地躺在遥远的戈壁深处，还是处于无人问津的状态。出卖了"藏经洞"文物的王道士没有受到任何处罚，他仍然是莫高窟这个沙漠里的巨大艺术宝库的"主人"。

在敦煌西边的吐鲁番和库车，大批的石窟壁画已被德国和俄国的考古探险家用刀锯切割下来，送回本国的博物馆。那么，敦煌莫高窟会不会面临同样的命运呢？

1924年1月21日，敦煌正是寒风呼啸，滴水成冰的严冬季节，美国哈佛大学福格博物馆亚洲艺术部负责人华尔纳（Landon Warner）脚穿深筒皮靴，头戴"牛仔帽"来到了莫高窟。这时的"藏经洞"已是空空如也，洞内的最好的写本和绘画早已被斯坦因、伯希和拿走，剩下的卷子也已运往北京的图书馆收藏。王道士偷偷藏起来的那批写本，也陆续被后来的日本人和俄国人买走。面对空空的"藏经洞"，华

图019 华尔纳像

图020 华尔纳用特制胶水揭取的敦煌壁画
（现存哈佛大学福格美术馆）

尔纳只好把注意力转到石窟壁画和彩塑上来。当然，华尔纳对此是早有准备的。他先给了王道士七十两银子作为"布施"，然后提出要取走一些壁画，王道士马上表示同意。

华尔纳没有像德国人在吐鲁番和库车那样用锋利的刀和钢锯切割敦煌壁画，而是采用了一种刚发明的壁画截取新技术。发明这种技术的人，是哈佛大学的青年教师，名叫汤姆生（Daniel V. Thompson）。他发明的这种壁画截取技术原来是用于截取意大利古代教堂壁画的，现在华尔纳准备用来截取敦煌壁画。其原理是先将一种透明的液态胶喷在纱布上，然后覆盖在要截取的壁画上，等胶基本干后，把纱布从墙上揭下来，这时候，壁画的表层就会被粘在透明胶上，运回博物馆之后，再用化学液体涂抹，取下带有壁画的透明胶，再将其永久固定在木板上。这种技术当时才刚刚发明，还在实验阶段，效果看来并不好，因为华尔纳当年粘走壁画时，很多颜料残留在墙面上，未能完全取下，这反而破坏了壁画的完整性。

那么，华尔纳究竟粘走了多少块壁画呢？据两年后陪同华尔纳再度来敦煌的北京大学教授陈万里听当地的木匠老周说：华尔纳第一次去敦煌时共呆了七天，"用洋布和树胶粘去壁画得二十余幅"。另据常书鸿先生在20世纪50年代的统计，说华尔纳在1924年"在千佛洞用胶布粘去与毁坏的初、盛唐石窟壁画，计二十六方，共计三万二千零六平方公分"，也就是约3.2平方米。莫高窟现存壁

图021 莫高窟第323窟南壁被华尔纳用胶水粘取壁画留下的痕迹

画4.5万平方米，华尔纳粘去与毁坏的
3.2平方米约占现存壁画总数的不到万
分之一。另外他还拿走了一件精美的唐
代彩塑菩萨。

多年以后，当我们面对敦煌第323
窟内斑驳残损的壁画和第328窟内空空
的塑像底座时，仍然会对华尔纳用不成
熟的所谓"先进技术"破坏性地掠夺敦
煌壁画和彩塑的行为深感愤怒

不过，后来我亲身经历的一件事，
使我对华尔纳这个人，有了一些新的看
法。那是什么事呢？

1995年3月，那时我还是哈佛大
学美术系的博士研究生，应日本东京大

图022 华尔纳盗走的敦煌第328窟彩塑供养菩
萨（现存哈佛大学福格美术馆）

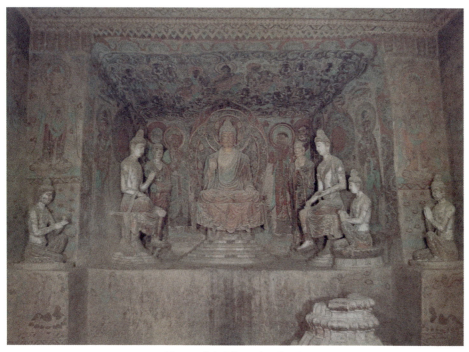

图023 莫高窟第328窟西龛彩塑

图024　日本奈良法隆寺

学教授、日本国宝鉴定委员会主席秋山光和先生的邀请，去日本国立东京博物馆和东京国立文化财研究所作学术演讲，顺便去日本中部的京都和奈良参观。去看有名的佛教寺庙法隆寺的时候，我发现参观的门票挺贵的，但学生票要便宜些，所以我就掏出哈佛大学的学生证想买张学生票。卖票的小和尚一看，就要我稍等一下。过了一会儿，出来一位老和尚，老远就热情打招呼："哈佛大学来的学生，免费，免费。"我正纳闷，老和尚拉着我往后山上走，我不明白他要干什么，但既然免费，我就不妨跟他去看个究竟。老和尚领着我来到了一个墓塔前，开始滔滔不绝地给我讲故事，我凑前一看，碑上刻的名字正是中国人痛恨的华尔纳。

原来，华尔纳这个人还是蛮有正义感的，日本侵略中国时，他是坚决反对的。第二次世界大战爆发后，他加入美军特种部队，负责向美军军官讲授日本的历史、政治、地理、气候、语言等，以配合美军对日作战。那么，这个配合对日作战的学者，怎么反而受到日本人的推崇和纪念呢？

二战后期，美国成立了"保护与拯救战区艺术遗产与历史文物委员会"，华尔纳被任命为中国、日本、朝鲜部分特别顾问，并兼任同盟国远东文物、艺术、档案保护三人专家组成员。他负责编绘远东地区重要文物古迹遗址手册和地图，以供同盟国空军轰炸时识别。而且，当时的美国总统罗斯福是华尔纳的大舅子，华尔纳夫人是罗斯福的妹妹，所以，华尔纳的意见是可以直接"上达天庭"的。京都和奈良是被列在华尔纳建议保护的清单上的，否则，落到广岛和长崎的那两颗原子弹，就可能把京都和奈良给毁了，而京都和奈良是日本古代文明的标志性城市，拥有大量佛教艺术遗迹。因此，可能正是华尔纳的建议，保护了京都和奈良免遭同盟军轰炸，得以保存至今。所以，法隆寺的僧人特地为他起塔、立碑，以作永远纪念。

可以说，华尔纳既是中国佛教文物的罪人，又是日本佛教文物的恩人。而且，他把自己编写和收藏的东方艺术书籍都捐献给了哈佛大学图书馆的亚洲艺术分馆，以供后人继续研究，我本人就读过不少有华尔纳亲笔签名的书，其中包括他写的关于安西榆林窟的专著。当然这些都是后话了，我们还是回到华尔纳的敦煌考古之行上。

华尔纳第一次敦煌之行是在 1924 年。第二年，他再度来到中国，而且带来了那个发明喷胶粘取壁画技术的年轻同行汤姆生和另外两位负责摄影和测量的专家。不过，此时的中国，形势已经有了明显的变化，由于 1925 年 5 月 30 日，发生了英国巡捕枪杀爱国学生和抗议民众的"五卅惨案"，中国人的民族尊严受到严重伤害，爱国热情高涨，中国知识界对外国来的考古探险家非常警惕，呼吁各级政府对他们严加限制，华尔纳等人虽然到了敦煌，但基本上是空手而回。

但莫高窟无人看管的局面仍在继续，人为和自然的破坏也在继续发生。直到 20 世纪 40 年代初，一批狂热的爱国艺术家相继来到敦煌，这种可悲的局面才被彻底改变。这些艺术家都是谁呢？他们为什么要来戈壁深处的敦煌？

第一个来敦煌的艺术家，是国画界的奇才张大千。说他是奇才，是因为他的人生和艺术历程都充满了奇特而出人意料的戏剧性事件，其中包括他长达两年半的敦煌之行。在远赴敦煌之前，张大千已经是全国知名的画家了。要说他和敦煌的因缘，由来已久。

张大千是四川内江人，家里挺有钱。他读中学时，放假和同学一道回家，遭到土匪绑架，土匪要他写封信回家，让家里人送钱来赎人。他想，反正家里也不缺钱，写就写吧。拿出笔墨就开写，写好先交给土匪头子看，这

图025　张大千自画像

土匪头子一看，哈，这小子毛笔字写得不错呀，干脆这赎金咱不要了，把这小子留下当师爷挺合适。张大千自然不想当土匪，他宁愿家里交赎金，可土匪就是土匪，哪由得你自己选？就这样，因为写一笔好字，张大千被逼着当了土匪。

他第一次和众匪徒一道去抢东西，就让这帮土匪很生气。怎么回事儿呢？原来，他们去抢的这家有钱人家是书香门第，家里有一个蛮大的书房，众土匪冲进去自然是抢钱和值钱的东西，张大千是有钱人家出身，没受过穷，也不想抢什么东西，但是土匪圈儿里有个规矩，一块儿出去抢东西，人人都得动手，否则以后你去报警，说你没干过，把众兄弟给卖了咋办？所以，有人一看张大千什么都没拿，就说你无论如何都得拿一件。张大千往周围一看，这书房里有一套《说文解字》，觉得这本字典还不错，就拿上走吧！可众土匪一看就很生气，因为这本字典自然是书，而这个书字与输赢的"输"字同音，触了霉头，好像大家这笔买卖都得输光似的。不过这伙土匪也没赶他走，他还接着当他的土匪师爷。等他找到机会离开土匪时，刚好100天。后来他和家人意见不合，又出家做了100天的和尚。张大千年轻时这100天土匪和100天和尚的奇特经历，在后来他去敦煌临摹壁画时，都派上了用场。敦煌当时治安不好，常有土匪出没，张大千当过土匪，知道怎么对付他们。而敦煌艺术属于佛教艺术，他当和尚时涉猎的佛经知识，这时也派上了用场。

1940年，在抗战大后方安逸舒适的成都，当时已经既有钱又有名的大画家张大千，突然决定要去西北地区大戈壁中的敦煌，这使许多人大惑不解。后来有人对张大千远走敦煌的动机提出了一些猜测，比如有个叫高阳的作家就很迷惑，他说："张大千是职业画家，他率领门生子侄在敦煌两年多，全部花费据说高达五百条黄金之多，结果收获了两百七十六件壁画的复制品！目的何在？是要卖画吗？不是！因为至今未闻有张大千复制敦煌壁画的交易行为。是为了研究元魏以来中国人物画的源流变迁吗？也未见得是，因为要作此研究，并不需要全部临摹。是为了保留敦煌的壁画艺术吗？似乎并不需要如此，敦煌壁画本来就保留在那里，即使要介绍给世人，亦只需择优临摹，不用全部。那么这样做不是傻得不能再傻的事吗？"

实际上，张大千的敦煌之行，并没有人们想象的那么复杂和神秘。一开始，他只是想去简单看看，游览一下西北风光，体会一下异族风情，看看敦煌是否真有那么多了不起的远古壁画。但到了敦煌莫高窟之后，他被满眼色彩斑斓的壁画震住了！他说："了不得！比我想象的不知伟大多少倍！恐怕留下半年还不够！"最后，他在敦煌足足工作了两年半之久！共画了三百多幅临摹作品，平均每两三天就得完成一幅精细的临摹画，其工作量之大，普通画家是很难胜任的！

张大千临摹的敦煌壁画，在成都和重庆举办了大型画展，引起了很大轰动。因为在此之前，中国内地的人根本不知道敦煌壁画究竟有多大，色彩究竟如何，张大千临摹的敦煌壁画都是原大，而且色彩斑斓，使看惯了水墨、淡彩小画的观众耳目一新，受到很大震动。尤其是身在陪都重庆的年轻艺术家，纷纷动身前往敦煌，欲以敦煌壁画为楷模，创造有民族风格的新艺术。这些年轻画家包括岭南画派的杰出代表关山月，新国画人物仕女图名

图026　张大千临摹敦煌壁画（四川博物院藏）

家潘洁兹，成名于香港的现代人物画家黎雄才和以画沙漠、骆驼著称的吴作人等。这些画家对敦煌艺术的强烈兴趣，印证了敦煌艺术的特殊魅力，也引起了政府和民众对敦煌石窟的关注。将敦煌石窟收归国有，使其免遭人为和自然的进一步破坏，就成为知识界和政府中有识之士的共识，而完成这一重大历史使命的人，是从法国归来的著名画家常书鸿。

常书鸿是在杭州长大的满族人，生于1904年，他出生的年代离敦煌"藏经洞"的发现，已有四年之久。他从小喜欢绘画，23岁时得到同学父亲的资助，前往法国留学，学习西洋画。在法国的里昂和巴黎，常书鸿接受了正规的素描和油画技法训练，其作品在法国举办的画展中多次获奖，并被博物馆收藏，可以说是相

图027　常书鸿油画《家庭》

当成功的旅法中国画家。那么，他为什么突然放弃在法国取得的成就，执意要去中国西北大漠深处的敦煌莫高窟呢？

1935年，常书鸿留学法国的第八个年头，是他留法生涯的多事之年。在上半年，他经历了三件值得一提的大事：首先，他创作了一大批画，包括《塞纳河畔》《卢森堡公园》《沙娜像》《紫葡萄》《裸妇》等，这些作品有的被法国国家博物馆收藏，有的获沙龙展览大奖；其次，他在巴黎举办了个人画展，并当选为巴黎美术家协会会员，又加入了法国巴黎肖像画协会；最后，中国教育部门的官员来巴黎考察，邀请他回国工作，但事业发展顺利的常书鸿回绝了他们的邀请。

但到了下半年，情况却有了突然的变化：第一，一直很照顾他的劳郎斯教授在秋天去世了，教授生前多次告诉他，中国的艺术比法国的艺术水平高得多，真正的艺术在中国，教授的死，使常书鸿对未来的思考陷入迷茫；第二，常书鸿与朋友一道去英国伦敦参观正在举办的《中国古代艺术展》，发现中国艺术在西方很受欢迎；第三，常书鸿在巴黎塞纳河畔旧书摊上，看到了伯希和编著的《敦煌图录》，被敦煌壁画古老的年代和鲜明的造型特征所震撼，开始有了回国去敦煌的念头。

那么，常书鸿第一次接触到敦煌的图像时，具体是怎样一种感受呢？常书鸿回忆录里是这么记载的："我打开了盒装书壳，看到里面是甘肃敦煌千佛洞壁画和塑像图片三百余幅，那是我陌生的东西……这些壁画和塑像的图片虽然没有颜色，但那大幅大幅的佛教画，尤其是5世纪北魏早期壁画，气势雄伟的构图像西方拜占庭基督教绘画那样，人物刻画生动有力，其笔触的奔放甚至于比现代野兽派的画还要粗野。这距今1500年的古画，使我十分惊异，甚至不能相信。"后来，常书鸿又去看了伯希和收集的敦煌彩色绢画原件，印象更加深刻，于是发出这样的感叹："拿远古的西洋文艺发展的早期历史与我们敦煌石窟艺术相比较，无论在时代上或在艺术表现技法上，敦煌艺术更显出先进的技术水平。这对于当时的我来说真是不可思议的奇迹。"[4]

第二年，也就是1936年，常书鸿回到了中国，开始了教书育人、绘画创作的生涯。至于西北沙漠中的敦煌石窟，仍然是一个遥远的梦想。

20世纪40年代初，由于张大千身体力行的敦煌之行和长达两年半的艰苦临摹，他展览的临摹敦煌壁画之美感动了许许多多的中国人。而他也运用自己著名画家的影响力，强烈呼吁将敦煌石窟收归国有，要求建立国家机构来保护管理敦煌石窟。张大千的呼吁，得到了国民党元老、国民政府监察院院长于右任的积极响应。于右任向国民政府提交了一份详尽的建议书，提议设立"敦煌艺术学院"，寓保管于研究之中。1943年6月，国民政府决定成立"国立敦煌艺术研究所"。由教育部出面，邀请留法归来的画家常书鸿担任筹备委员会副主任，负责筹办这个机构。

当常书鸿到达敦煌莫高窟的时候，在这里守候两年的张大千就要启程离去，守护敦煌石窟的接力棒，就要从一个艺术家手中传递到另一个艺术家手里了。而张大千传递给常书鸿的除了守护莫高窟的神圣接力棒，还有一个神秘的卷轴。

关于这个神秘的卷轴，张大千告诉常书鸿要等他走了以后才能看。等张大千的身影消失在茫茫戈壁之中，常书鸿迫不及待地打开卷轴，原来是张大千亲手绘制的一幅莫高窟地图，图上特地标明了一处有野蘑菇生长的地方。在这个蔬菜严重缺乏的地方，野蘑菇无疑是绝好的美味。

当常书鸿到达莫高窟时，那里的真实状况究竟如何呢？我们还是来看看常书鸿自己的描述："我们初到这里时，窟前还放牧着牛羊，洞窟被当作去金沟淘金沙的人夜宿的地方。他们在那里做饭煮水，并随意毁坏树木。洞窟中流沙堆积，脱落的壁画夹杂在断垣残壁中随处皆是，无人管理，无人修缮，无人研究，无人宣传，继续遭受着大自然和人为毁损的厄运……"[5]

于是，常书鸿和他的同事们从最简单的活开始做起，清除积沙，修建围墙，使莫高窟免受自然和人为的直接破坏。紧跟着，一批年轻的画家从内地赶来莫高窟，与常书鸿一道，开始了对敦煌壁画的临摹与创新。敦煌莫高窟从此有了专门

---

[4] 常书鸿：《九十春秋》，浙江大学出版社，1994年。

[5] 常书鸿：《九十春秋》。

图028 20世纪初破败的莫高窟

的管理机构，被破坏的危险大大降低，系统的保护和研究工作也从此展开。

值得注意的是，来敦煌长期工作的人，几乎都是艺术家。这和从前只关心古文献研究的敦煌学家形成鲜明的对比。对于保护敦煌石窟工作做出贡献最大的人之中，张大千与常书鸿都是有名的画家，他们对敦煌艺术之美体会最深，情感也最强烈。那么，敦煌艺术究竟有多美呢？

下面，我从五个方面来简单地谈一下敦煌艺术之美：一是壁画构图之美，二是人物造型之美，三是灿烂色彩之美，四是灵动线条之美，五是丰富人性之美。

1. 壁画构图之美：敦煌壁画中有大量的故事画、经变画和装饰图案等，这些大幅画面，都经过画家的精心设计，不仅很好地表达了不同的主题，而且令人赏心悦目。比如北魏时期第 257 窟西壁上的"九色鹿本生"故事画，是一幅知名度很高的壁画，常书鸿先生就曾临摹过此画。

　　这幅画表现的是一个简短而优美的故事：一个进山采药的人不小心掉进了河里，他大声呼救，引来了一只漂亮的鹿。这只鹿因为皮毛有九种颜色而被称作"九色鹿"。出于同情，这只"九色鹿"救起了溺水之人，但要求此人不能泄露它的藏身之地。与此同时，该国的王后做了一个梦，她梦见了那只美丽的"九色鹿"，就想用"九色鹿"的皮毛做一件大衣。于是，她要求国王带兵去寻找"九色鹿"，可是没人知道"九色鹿"的藏身之地。国王便在全国张贴告示，悬重赏征求"九色鹿"藏身之地的消息。那个被救的溺水之人经不起诱惑，便前往宫廷告密。得知了"九色鹿"的藏身之地后，国王带兵进山，包围了在山中休息的"九色鹿"。"九色鹿"见无路可逃，就来到国王的面前，讲述自己救起溺水之人，而此人却恩将仇报的经过。国王被"九色鹿"的善良和勇敢所感动，释放了它，让其自由生活在山中。而王后则因气愤引发心脏病而死，告密的溺水人也全身长疮，痛苦死去。

　　这个故事虽然短小，讲的道理也不复杂，但画家在表现这个故事时却颇费了一番心思：首先，画家没有平铺直叙地把故事从头画到尾，而是把这个故事一分为二，与"九色鹿"有关的情节画在左边，与国王有关的情节画在右边，故事最后的高潮情节则画在中间。这样构图，不仅突出了主题，使两个正面的善良主角占据了画面的中心位置，而且，故事的发展线索，也交代得清清楚楚。

　　画中的许多细节也描绘得十分有趣。比如，画中的山脉，都画得很低矮，像是舞台上的道具，这样一来，人物形象和故事情节就可以表现得更加清楚明了了，这在中国古代画史上有一个说法，就叫做"人大于山"。这个"人大于山"画法

图029　莫高窟北魏第257窟西壁《九色鹿本生》

的目的，就是要突出人物和故事，颠覆了人们正常的逻辑思维。这幅画上的另外一个细节也有异曲同工之妙：在画面的右边画了一座宫殿，国王和王后坐在里面，可是画上的这座宫殿十分矮小，如果我们想象国王和王后站起身来，他们的头一定会穿破屋顶！显然，这座宫殿在画面上也只起一个"道具"的作用，表明这是在皇宫里发生的事。有趣的是，王后的装束表明她既不是汉族人，也不是印度人，而是古龟兹国人，也就是现在的新疆库车一带的贵夫人。大概，敦煌当地的以汉族为主的供养人，对这个想要害死"九色鹿"的邪恶女人不太喜欢，所以把她画成他乡异族人，表明和自己没什么关系。

这幅画还有一个细节值得一提，那就是画面中间的国王与"九色鹿"对话的场面。在印度的山奇大塔石刻和新疆克孜尔的壁画中，有表现同一个故事的作品，但"九色鹿"一直被画或刻成跪在地上，请求国王怜悯的形象。可是在敦煌壁画里，"九色鹿"被画成站立的姿势，好像是理直气壮地在讲述它救人的故事。看来，不同地方的画家，对同一个故事，有着不同的理解，也就有了不同的构图和描绘方法。

2. 人物造型之美：敦煌石窟壁画和彩塑中有许多优美动人的人物造型，这里我选两个例子，和大家一起来欣赏。首先，我们来看一件唐代的菩萨。这身菩萨位于第194号窟的西龛内，是先用木头和麦草捆绑做成内胎，然后敷上泥，做出人物形象，最后涂上表面的颜色。我们知道，西方的雕塑主要是石头的，也大多不上颜色。而敦煌的塑像都是泥塑，并涂满颜色，被称为"彩塑"，具有生动逼真的特点，现在我们看到的，就是一身盛唐时期的彩塑菩萨。

图030　莫高窟北魏第257窟西壁《九色鹿本生》局部"溺人告密"

图031　莫高窟北魏第257窟西壁《九色鹿本生》局部"王鹿对话"

在佛教艺术的起源地印度，菩萨像大多是男的，体格健壮。可是这身敦煌彩塑菩萨却显示出更明显的女性特征。她脸庞圆润，体态丰满，身着花色图案的衣裙，站姿随意自然，充分显示了成熟女性的幽雅和美丽。民间流传唐代的女性是"以胖为美"的，我们看看这身以现实中的美女为蓝本创作的菩萨，马上明白，唐代人喜欢的"胖"是以健康为前提的，并非"圆桶腰，大象腿"的肥胖症患者。

与此女性化的菩萨相对，站在同窟龛外的力士，则是男性阳刚，力量之美的象征。力士和天王，都是佛教的护法神，所以大多塑造得孔武有力，威风凛凛。这身半裸的力士像，全身肌肉鼓胀，造型夸张，但又不违反人体解剖的原理，具有一种真实而又浪漫的感染力。

图032　印度公元前2世纪巴鲁特石刻《九色鹿本生》

图033　莫高窟盛唐第194窟西龛内彩塑菩萨　　　　图034　莫高窟盛唐第194窟西龛内彩塑力士

3. 灿烂色彩之美：敦煌壁画和彩塑都是以色彩灿烂，华丽精美著称的。说到敦煌壁画的色彩，大家可能有一个疑问，就是许多敦煌壁画中的人物，皮肤的颜色是黑色或深灰色的，特别是早期壁画中，几乎所有人物皮肤都是深色的，因此有人推测画中的人物可能都是印度的土著黑人。其实，这些人物的皮肤最初都是粉白色的，与中国人皮肤的自然色彩是一致的，只是因为长期的空气氧化作用，使颜料中的铅变深变黑，原来粉白的皮肤也跟着变深变黑了，我们在西魏时期修建的第263号窟北壁东侧的千佛图上，就可以看到这一神奇的变化过程。敦煌早期壁画中有大量的千佛图案，这些单个的千佛貌似造型一致没什么变化，但画家在总体构图上采用了特殊的色彩排列组合方式，每一层内的千佛所着袈裟，左右横向用不同颜色描绘，形成有规律的变化。上层、下层的千佛图像颜色则错一位安排，使同一种颜色的千佛在墙壁上构成一个放射状的斜线光带。当全窟四壁布满千佛图案时，整个洞窟内就形成一个彩带环绕、五彩缤纷的灿烂色彩世界。古代敦煌艺术家把握驾驭色彩的能力令人叹为观止。

4.灵动线条之美：以
线条为造型的基础是中国
传统绘画的主要特征之
一，这与西洋油画用色块
造型有明显的区别。经过
长期积累磨炼，中国画的
线条造型技法，在宋元时
期达到一个新的水平，这
在敦煌壁画中有精彩范例
可寻。如第3窟内保存完
好的元代千手千眼观音菩
萨壁画，采用变化多端的
各种不同类型线描手法，
表现描绘对象的不同质
感。画家用光滑而富有弹
性的"铁线描"来表现丰
满圆润的肌体；用转折有
致的"折芦描"来表现曲
折重叠的衣纹；用"兰叶
描"表现绸缎起伏多变的
形态；又用"高古游丝描"
来表现飞举飘扬的头发。
有这样精彩绝妙的线条，
真可以称得上是举世无双
的名作。

5.丰富人性之美：除
了艺术表现技法的高超，
敦煌壁画和彩塑作品还显
示出令人感动的人性之

图035　莫高窟北魏第263窟北壁东侧千佛图局部

图036　莫高窟元代第3窟北壁金刚像头部

美。隋代第419窟内的一身佛弟子像，虽然位居佛龛的转角处，位置不显眼突出，但却刻画得极为生动。稀疏的牙齿，多而深的皱纹，枯瘦的躯体，表现了这位老年弟子所经历的坎坷和磨难。而开朗明亮的双眼，却透露出积极进取的生活态度和充满智慧的精神面貌。我们看到的，分明是一个生活在隋代敦煌的老和尚，他是当地社会的普通一员，同时又是充满人性的宗教人物。

图037　莫高窟隋代第419窟西龛彩塑迦叶像

I—2．解析敦煌：石窟艺术的结构分析

敦煌石窟艺术，从本质上讲，是特定时间和空间条件的产物，具备与其他类型艺术迥然相异的艺术特征。因此，对敦煌艺术的剖析就应寻找与之相适应的角度和方式。我认为，可以从如下三个角度来分析敦煌艺术的总体结构：

（一）自然结构：敦煌石窟是在自然形成的崖面上开凿修建而成的，因而必然受到地理位置、地质结构和气候环境的巨大影响。

敦煌位于中国西北部的戈壁深处，但在汉代至元代的一千多年时间里，这里却是东西方贸易主干线——丝绸之路的重要中转站。西方的玻璃器、玉器、毛毯等通过敦煌运往中国内地，或进而贩往朝鲜和日本，而中国的丝绸和茶叶等也通过敦煌运往西方。在相当长的时间里，敦煌聚集了来自世界各地的商人、官吏、僧侣和艺术家等，被称为"华戎所交一都会"。商业的繁荣，导致了财富的积累。敦煌农业的发达，使相当数量的人口得以生存。这一切，正是敦煌艺术赖以生成、发展的地理前提。

敦煌石窟所在的崖
面，属于玉门系砾石岩，
也叫"第四纪岩层"。它
由河水冲积而成，是大小
不等的鹅卵石和砂土的混
凝物，地质结构松脆。这
就直接影响了敦煌艺术的
构成。第一，洞窟的形制，
四壁须垂直于底面，顶部
则呈凸形，如采用平顶则
留出中心柱支撑，以防止
塌毁；第二，由于岩质细
碎松脆，无法雕刻，敦煌
没有采用印度石窟和中国
内地云冈、龙门等石窟的
石刻雕像形式，全部塑像
均用泥塑加彩绘，发展出
一种细腻精致的风格；第
三，由于岩面无法雕刻，
四壁及顶部便满糊泥层，
绘制壁画，所以敦煌成了

图038　莫高窟五代石窟窟檐

图039　莫高窟对面三危山奇观

世界上规模最大的壁画宝库；第四，为保护已建好的石窟，窟外多修有木构窟檐，
形成一种独特的外观。

　　敦煌的气候环境很有特点，干燥的空气不仅很好地保存了壁画和塑像，而且
使阳光的照度更强，且富于变化。每一季节、每一月份、每天、甚至一天中的每
小时，莫高窟和对面的三危山都在变幻着色彩和形态。特别在夏季，我们常会见
到由于阳光的突变或云朵的遮挡而产生的绮丽风景，尤其是三危山，有时会在夕
阳下变得红光四射。我在莫高窟前生活工作了多年，仍不时被这种奇观所迷惑，
以为有某种不可思议的奇妙事件正在悄悄发生！莫高窟第一座洞窟的开凿，正是

由于 366 年的某一天，禅僧乐僔"杖锡林野，行至此山，忽见金光，状有千佛"[6]，心灵受到强烈震撼，开凿而成的。

显然，敦煌艺术的形成和其所处的地理位置、地质结构和气候环境等有着密不可分的关系。这些外在的因素，已成为敦煌艺术不可分割的组成部分，所以我们将此"自然结构"纳入敦煌石窟艺术结构系统。

（二）形式结构：所谓"形式结构"，是指敦煌艺术存在的物质形式，即洞窟建筑形制、彩塑和壁画的形、色、线、面、体和布局方式等。本书主要从艺术史的角度研究敦煌艺术，因此，形式结构自然是讨论的中心，我将在下一节中作专门的介绍、分析，此处从略。

（三）意识结构：所谓"意识结构"，是指与形式结构相统一的精神内涵，也就是敦煌艺术的内容和与此相关的其他因素，总括起来，敦煌艺术的"意识结构"主要有四个层次，即：佛经内容（包括一些道教内容）、社会意识、艺术家思想和施主的要求。

1. 佛经内容。敦煌艺术的佛经内容，从大类上可以和《大藏经》相比，同样包容了经、律、论、史四大部分。此外，还加入了唐代以来的"俗讲"的某些内容。就建筑形制看，有主要供信徒礼拜供养佛和菩萨的覆斗顶方形殿堂窟、供僧人绕行修习的中心柱窟和供禅僧禅定思维的"禅窟"等。塑像主要有佛陀、菩萨、弟子、天王、力士、魔鬼、天兽等，还有一些以浮塑或"影塑"形式出现的千佛、供养菩萨、飞天、天人、龙头。壁画的内容最为丰富，其佛经内容主要有三大类：（1）尊像类：主要是佛像、菩萨像、弟子像、天王像、力士像等，大多表现在数目庞大的"说法图"中；（2）故事类：主要有本生故事、因缘故事、佛传故事和佛教史迹故事四种；（3）经变类：主要有"阿弥陀经变""观无量寿经变""弥勒经变""药师经变""法华经变""华严经变""维摩诘经变""福田经变""涅槃经变""宝雨经变""天请问经变""观音经变""贤愚经变""报恩经变""报父母恩重经变""金刚经变""金光明经变""楞伽经变""思益梵天问经变""密严经变"和"佛顶尊胜陀罗尼经变"。壁画中除以上三类佛经内容外，还有中国传统道教神话题材、供养人画像和装饰图案等。

---

[6] 见 698 年所立的《李怀让修莫高窟佛龛碑》，该碑现藏敦煌研究院。

图040　莫高窟第220窟甬道北壁五代绘翟氏家族供养像

2.社会意识。敦煌石窟艺术产生在一定的时空环境内,不可避免地要反映当时的社会意识。比较明显的有四点:第一,尊卑观念。在佛教传入前,敦煌人的文化思想基本是沿袭汉文化传统,强烈的尊卑等级观念已根植于敦煌人心中。这与佛教宣扬"生死轮回""众生平等"的教义是相抵触的。然而,敦煌艺术中,在佛、菩萨、弟子、天王、力士、小菩萨等形象的布局、大小、朝向等方面都有很多讲究,体现出森严的等级。供养人像也是如此,父子、夫妇、主仆、长幼,均可见出明显的差别。第二,孝悌观念。深受传统儒学熏陶的敦煌人自然注重孝道,所以壁画中有选择地描绘了"睒子本生""须阇提本生""报恩经变"和"报父母恩重经变"等与孝道相合的佛教内容。第三,家族观念。血缘关系在中国封建社会中,是联系人与人之间关系的纽带。敦煌的人口主要是从中国内地迁徙而来,一开始就多是以家族为单位发展起来的,在汉晋时代已形成世家大族。隋、唐、五代、宋时期,更是豪族称雄,盛极一时。大姓如索、李、张、曹、阴、令狐、翟等相互联姻,使敦煌长期处于世家大族统治之下,随之出现了许多属于不同家族的"家窟",如"翟家窟""阴家窟""曹大王窟"等。在这些窟内,往往画有家族的列祖列宗、父母叔姊、兄弟姊妹等诸多肖像,俨然是自己的"家庙"或"祠堂",如现存的第220、156、98、100、61窟等均是如此。第四,禁欲观念。中国的传统儒学强调"礼"，限制人自由地表达自己的"欲望"，特别在"性观念"上尤为保守。所以，印度艺术中常见的裸体人像，在敦煌几乎没有，除元代465等窟外，仅第285窟南壁西侧有两身裸飞天和第428窟平棊顶后部有一组四身裸飞天。而第285窟的裸飞天形象的性征并不明显。第428窟的男裸飞天也只是象征性地画出男性生殖器，毫无细节可言，而且飞天位置隐蔽，一般人很难发现。

图041　莫高窟西魏第285窟南壁西端童子飞天

图042　莫高窟北周第428窟窟顶藻井飞天

这六个小形象与敦煌壁画成千上万的形象相比不过九牛一毛，并无大的影响。其他如佛、菩萨形象，也没有按照印度男女性征突出的模式来塑造，而是采用了一种"中性"或曰"无性"的方式。印度造像中常见的"丰乳、细腰、大臀"的女神在敦煌绘、塑中很难见到。这些特点都是中国传统禁欲观念的具体反映。但要指出的是，在蒙古族统治的元代，敦煌壁画中出现了男女两性合抱双修的巨幅画像，这是因异族统治和宗教演变导致的特别情况，数量很少，仅有第465窟一个洞。

3. 艺术家思想。敦煌艺术的创造者们人数众多，经历了一千多年的更新换代，他们的思想、习惯毫无疑问会影响到敦煌艺术的创作。虽然关于这些艺术家的记载非常稀少，甚至对早期、盛期艺术的创造者我们也几乎没有一点直接的文字资料，但我们从《历代名画记》《唐朝名画录》《贞观公私画史》《洛阳伽蓝记》等史书中可发现若干间接的资料，可以了解到如下情况：第一，许多佛教艺术家有一定的社会地位，有些是附属于宫廷或大官僚的，他们往往是当时的第一流艺术家，如东晋南北朝时期的顾恺之、戴逵父子、陆探微、张僧繇、曹仲达，唐代的吴道子等。敦煌艺术的风格随朝代更换或官员调任而起明显变化，显然与这一阶层的艺术家的影响有关。第二，这些艺术家中许多人自己就信仰佛教，这就不难理解敦煌壁画中那些极端细腻烦琐的细节描绘，如果没有狂热的宗教热忱，很难想象普通艺术家会有如此的耐心。第三，佛教艺术的创造者有些是来自西方的僧人或艺术家，他们不仅带来了佛教，也带来了新的佛教艺术。敦煌早期艺术中浓郁的西来风格就与他们的影响有关 [7]。 至于中、晚期的艺术家，他们多出自当地官方的"画院"，有一些文献和遗书资料记载了他们的情况，我将在后面仔细介绍。

4. 施主的要求。敦煌艺术在题材选择、制作规模和完成时期等诸方面，都不可避免地要受到"施主"要求的影响，因为他们是真正的"画主""像主""窟主"，艺术家们受他们的雇用，经济上依赖于他们，必须在创作时遵照他们的意愿和财力行事，所以，敦煌艺术有浓厚的世俗性。

以上我们从自然结构、形式结构和意识结构三个角度分析了敦煌石窟艺术的总体结构系统。简化之，可如下图。

---

[7] 详细讨论可参考宁强：《历代名画记与敦煌早期壁画》，《敦煌研究》，1988 年第 4 期。

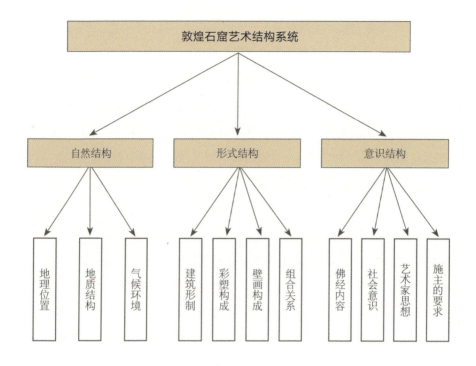

I—3.描述敦煌:石窟艺术的表现形式

从总体上看,敦煌石窟艺术的表现形式可分解为三大组成部分:建筑(主要指石窟形制,也包括木构窟檐和窟内斗拱等)、彩塑和壁画。就其组合关系看,三部分之间相互联系、相互制约、相互补充,是一个不可分割的有机整体,存在着明显的内在一体性,主要表现在以下几个方面。

(一)艺术效果的产生是三者共同作用的结果。当我们走进敦煌石窟时,首先是建筑形制界定了我们所处的特有空间,迫使我们在这有限的空间中观赏彩塑和壁画,这与在宽敞自然的空间中自由地观赏差别是很大的。同时,从洞窟东门(或明窗)中射入的相对固定的光源,对窟内空间的明度和光线分布起着决定性的作用,直接影响着观者的视觉和心理活动。其次,庞大或是小巧的、单个或是成组的塑像多以生动的圆塑或高浮塑形式呈现在我们的眼前。古代雕塑家在这些无机的泥木中灌注了无限生气,通过这些栩栩如生的立体形象,我们不仅可以感觉到它们作为偶像的宗教特质,也可体会到那个时代特有的审美情趣,更能感受到那永恒不朽的艺术魅力。第三,布满全窟每一个部位的壁画,烘托了整个窟内艺术气氛,并以其丰富的内容和细腻的描绘,发建筑和塑像之未发或未能发者,令观者击节三叹、流连忘返。很显然,敦煌石窟艺术审美效果和说教功能都是通过建筑、塑像和壁画共同作用来完成的。

(二)建筑形制对塑像、壁画的限制和影响。石窟建筑形制对窟内塑像的影响在于:第一,决定着塑像的数量、大小和方位。如果洞窟的规模不大,一般只能容纳较少数量的塑像,而开龛的方位和大小,则决定着塑像的位置和体量,因为塑像大多位于龛内(如第285、194、45窟等)。有些塑像尽管不在龛内,但也在数量、大小、排列组合上受到洞窟内部空间的限制和影响(如第275、427窟)。第二,决定着人们观赏塑像的距离和角度。由于窟内空间一般不大,所以,人们只能在几米或十几米的距离内观看塑像。这就要求对塑像的艺术处理不仅要重视整体效果,而且须在细部刻画上着意求工。又因塑像多位于龛内或紧靠墙面,观赏角度被限定在小于一百八十度的区间范围内,使观者总是面对着雕塑家主观上想要强调的那些场面。这不仅使主题内容的表现明确突出,而且为组塑合成效果的产生创造了有利条件。如隋代第427窟,庞大的三组佛像紧靠着南北两壁前部和中心塔柱东向面,构成一个"凹"形空间,观者置身于这个狭小紧凑的空间中,承受着三组高大塑像略微前倾所产生的量感上的压力,更能强烈体会到宗教偶像特有的威严。此外,由于观赏角度的相对固定,使雕塑家有条件简化或省略对很难看到的部位的艺术处理,使之在很大程度上只能是其所属洞窟的一个组成部分。如果我们把这类塑像搬出洞窟,使之脱离原来所处的环境,并转而把它们放置在博物馆,当作独立的艺术品看待,它们就会立即暴露出形式和内容方面的局限性,暴露出它们曾经是某一大的整体的一部分。第三,决定着塑像的光线强度和角度。塑像作为一种立体的造型艺术,光线的强度和角度对艺术效果有着巨大影响。虽然由于洞窟多是仅在东壁开门洞(有时加开明窗),使进光方向处于相对固定状态,但早、中、晚不同时刻阳光的强度和折射角度不断变化,形成丰富的光影变幻,而夜间则在龛沿燃灯,光线的强度和角度又产生新的转换,构成若明若暗的特殊效果。

石窟建筑形制不仅与塑像制作密切相关,而且对壁画的绘制影响很大。壁画是为装饰建筑墙面而做的,它附属于建筑,是把建筑从物质世界引向精神世界的重要手段。因此,敦煌壁画在构成上具有许多适应于建筑形制的特性:

第一，整体性与对称设计。为了维护建筑本身的完整统一，壁画在总体设计上特别强调全窟的联系性。有些故事画被连续描绘在不同方位的墙面上，如北周第296窟顶部"善事太子入海品"分画于西、南、东三披，"微妙比丘尼变"则画于西、北两披，与"福田经变"相连接，合成一个紧密相连的"环"，加强了石窟四披的统一。同时，许多连环故事画构图上情节并不截然分开，情节多以榜题作说明，全画一气贯通，避免了琐碎画面的出现，加强了壁画的整体性。敦煌石窟建筑的内界面，一般是东、南、西、北四面相互垂直，顶部则有平顶（第268窟）、穹隆顶（第272窟）、盝形顶（第158窟）、覆斗顶（45窟）、前部起脊人字披后部平顶（254窟）等多种形式。总的来看，壁面呈现出一种朴素、坚实、稳定的性格。与此相适应的是，壁画在布局上尽量保持着相对的安定性，各类主题壁画的中轴线和边缘线多与墙面保持垂直或平行，而且在总的壁面分割经营下，绝大多数洞窟保持着横向的左右对称结构。此外，壁画中所有单幅式经变画，也基本都采用了对称式构图。这些结构形式极富安定性，与墙面朴素、坚实、稳定的性格相符合。

第二，装饰性。壁画本为装饰墙面而作，它和画在梁枋斗拱上的建筑彩画性质相似，所以，比起其他画种来，要求更多的装饰性。敦煌壁画装饰性的表现是多方面的，如景深的平面化（净土变）、人物的图案化排列（千佛、供养人）、建筑与人物的比例夸张（早期故事画、天宫伎乐）等。我们注意到，敦煌壁画的装饰性，与宗教画的想象性是密切相关的。自由的夸张与变形、不同内容的跨时空组合，布局上的对称均衡，对子虚乌有的佛国世界的主观想象，构成了敦煌壁画以装饰性为基调的艺术风格。图案化的云彩，飘舞的飞天如果被画在绢或纸的单幅山水画中将是不协调的，而将其画在敦煌壁画中却特别合适，它们使整个画面弥漫一种幻境似的感觉，具有很强的艺术魅力，这也正是壁画所特别要求的装饰性的表现。

第三，平面感。壁画画在墙壁上，同时也从属于墙壁，因而需要尽量维护墙壁的平面属性，所以敦煌壁画呈现出明显的平面感。首先，"散点透视"，更确切些说是"多焦点透视"的大量运用，是产生平面感的主要原因。特别是大型单幅式经变画中有大量建筑和人物，画家为再现宏大的场面而拉大了景深，但同时又运用"多焦点透视"使全画恢复为接近平面的状态（如第172窟北壁的"观无量寿经变")。其次，在物体明暗关系的处理上，不管是西域式的"凹凸晕染"，还是中原式的"强调晕染"，抑或两种晕染方式的结合，都只是表现大场面的差异变化，并不特别强调真实的立体感。再次，大面积单线平涂或略施"叠晕"的图案装饰，也强化了敦煌壁画的平面感。

（三）塑像对窟形的影响。敦煌石窟中的塑像除对窟形的被动适应性外，有时又主动作用于石窟形制，这种作用明显地表现在"大佛窟"和"涅槃窟"中。

所谓"大佛窟"，是指以窟内庞大的佛像为中心，根据塑像的特定需要而开凿的特殊形制的大窟。如莫高窟第96窟和第130窟，榆林窟第6窟等。这些窟的大像都没有直接采用普通的木泥结构塑造，而是在岩石的内部直接留出石胎，外敷泥，再赋彩。为了适应大佛像的特殊需要，石窟建筑形制是一个高耸的空间，下大上小，石壁向上弧转收小，下部平面是方形，窟顶和壁画交接处转折自然，

图044　莫高窟盛唐第130窟内景

没有明显的界线。这种窟形能引起人的透视错觉，益感空间的高耸，形成一种向上的张力，将观者的视线导往塑像的头胸部。窟底佛像前的空间并不宽阔，西壁本身即由塑像构成，塑像成了建筑的一部分，由于空间局限，人们不得不在窟内极近距离仰视大佛，更觉佛的庄严伟大而感到自身的渺小，增强了宗教的感染作用。为了解决庞大塑像的光源问题，这类窟一般在东壁上层加开二至三个明窗，使大佛头胸部较为明亮，腹部以下转暗，突出了佛像造型上的重点。所以，我们可以明显看出大佛窟的建筑形制很大程度上是从属于塑像的。

所谓"涅槃窟"，也与大佛窟相类，是应某一特定需要而开凿的。涅槃窟是将涅槃塑像作为洞窟的主体，前面没有遮挡而使卧佛像赫然横陈在观众面前。所以涅槃窟平面一般都作横长方形，顶为盝顶或拱券，塑像也是石胎泥塑。石窟形制对塑像来说也居于从属地位。

（四）壁画在石窟艺术一体性中的作用。在敦煌石窟中，壁画在统一全窟方面有相当重要的作用。首先，壁画几乎遍布石窟内界面的每一部位，壁画自身风格的相对统一，可使全窟保持较为统一的造型基调。其次，石窟中的泥塑，多是先塑出简练的形体，然后用点、染、刷、涂、描等绘画技法赋彩，润饰皮肤，画出细节，体现质感，此即中国画史上记载的"塑容绘质"。这些彩绘后的塑像具有一定的"绘画性"，其色彩构成、线描方式、晕染规律等都与壁画完全一致，因而与全窟的艺术基调协调统一。第三，壁画常常补建筑和彩塑之不足，更直接、更明晰地表现宗教内容。早期的故事画，中期的大幅经变画，表现了许多单靠彩塑和建筑无法表现的复杂内容，起到了相互补充的作用。此外，全窟色彩丰富的壁画在渲染宗教气息，构成艺术氛围方面更有难以估量的特殊作用。

（五）建筑、彩塑和壁画在内容表现上的一体性。敦煌石窟主要是围绕佛教这一基本主题制作的，建筑、彩塑和壁画均要为这一主题服务，甚至有些窟在专题选择上也是三者统一的。如西魏第285窟，其形制为覆斗顶禅窟，南北壁下部共开有八个小禅室以供僧人坐禅之用；西壁南北两侧塑有两个坐禅僧人塑像；窟顶四披也画一圈在山林中坐禅修行的僧侣，窟形、彩塑和壁画统一在以坐禅为中心的主题上。又如中唐第158窟，即前面谈到的"涅槃窟"，巨大的涅槃塑像决定了特殊的类似"棺材"的窟形，塑像周围画满各种与释迦涅槃相关联的故事场面，也是塑像、窟形、壁画表现同一题材的典型洞窟。

在分析石窟建筑形制、彩塑和壁画之间的相互关系基础上，我们进一步对它们再作个别的深入解剖。

1.建筑形制。敦煌石窟的建筑形制大致可划分为六类，即中心塔柱式、毗诃罗式、覆斗式、涅槃窟、大佛窟和背屏式。其中又以中心塔柱式、覆斗式和背屏式三种为最多，也最典型。

中心塔柱式：就完整形而论，这类窟原本有一前室，但此前室没有东墙，实际上是一个大敞口的半边屋，敦煌遗书中称为"窟厂（敞）"。一千多年后的今天，这种"窟厂"多已残毁，只剩一些残迹。中心塔柱窟的主室平面呈纵长方形，规模一般不很大，如第254窟深9.8米，横宽6.9米，高4米（不算起脊人字披）。室内空间可划分为前后两部分，前部是由起脊人字披和南北壁前部及东壁构成，约占全窟的三分之一，形成可供"礼拜"的"箱"状空间。后部是由中心柱与南北壁后部及西壁构成的可供"绕行"的甬道式空间。

中心柱窟的顶部，前为起脊人字披（约占四分之一），后为平顶。人字披的前后两披多塑出断面为半圆形的椽子。椽子和椽子之间是平面的望板。两披之间塑出脊方横梁，后坡与后部平顶之交也塑出方梁。这两条方梁与南北壁的交接处，从石壁内伸出木制斗拱一双，以散头、替木托在方底。这一部分顶部非常特殊，我们在中原地区石窟和印度及新疆石窟中很难见到，看来应是河西石窟，特别是敦煌石窟的一种创造。主要应是模仿木结构寺庙和世俗建筑的顶部构造而形成的。

中心塔柱柱身平面呈方形。柱体下部是简单的塔座，上部是塔身，四面凿龛。有些窟内，塔左右面和后面凿上下双重龛。

中心塔柱窟内的龛，除在中心柱上开凿外，有时也开在南北两壁上。龛的基本构成形式有两类：一类是龛体凹入呈圆券形，上部为火焰形龛楣，左右两边各塑一柱承住楣脚，龛内塑佛像，佛像两侧为菩萨像；另一类称作"阙形龛"，顶部是一汉式屋檐，龛内是一方形空间，龛柱上画有承接屋顶的斗拱等，其形状与汉代"明器"中的阙形建筑很相似。

入口和明窗。敞口的窟前室，据有关古文献记载和现存的梁孔残迹推测，原本应有木构的窟檐障蔽风沙。前后室之间开有甬道（入口）。甬道横截面上部是弧拱形，下部为长方形，高约两米，宽约一米多。甬道既是入口，又是唯一的自

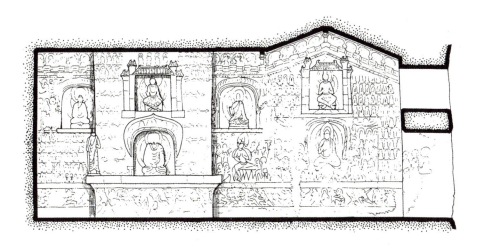

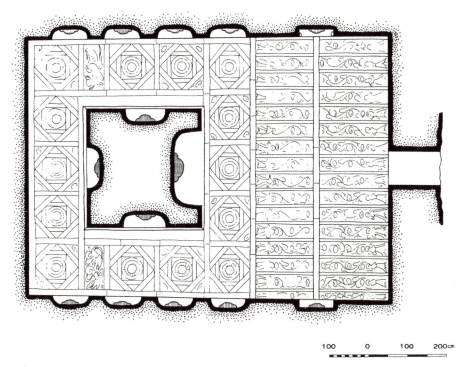

图045　莫高窟北魏第254窟（中心塔柱窟）剖面、平面图

然光源，所以窟内的光线是很弱的。因此，有些窟在甬道上边加开了一个方形明
窗以增加室内光线。

　　关于中心柱窟形制的起源，一直存在一些争议。许多学者都注意到这种窟形
与印度支提窟之间的相似性。印度的支提窟出现在公元前 1 至 2 世纪，其后一直

图046 莫高窟北魏第435窟（中心塔柱窟）内景

图047 印度阿旃陀石窟支提窟内景

到7世纪仍有开凿。它的特点是：窟的平面呈狭长的马蹄形，也分前后两个空间；前部是长方形平面的"礼堂"，后部半圆形平面的中心凿有一圆形塔，塔周围也形成通道；窟左右和塔后有一圈石凿的列柱，整个窟顶凿成圆拱形。敦煌中心塔柱窟与印度支提窟的不同之处主要有三点：第一，洞窟后部的"塔"，支提窟是未达窟顶的覆钵式圆塔，敦煌则是模仿汉式多层方形木塔，且与顶部相接，客观上起到支撑窟顶的"柱"的作用，因而称为"塔柱"；第二，支提窟整个窟顶是券拱形，敦煌则是后部平顶，前部人字披顶，这种由两披倾斜相接而成的人字披顶，显然是对汉式民间建筑的模仿；第三，支提窟内左右和塔后有一圈石柱，使窟内空间变得琐碎而富有变化，敦煌中心柱窟内没有类似的列柱，窟内空间相对来说更加完整简明。

也许，敦煌的中心塔柱窟的"原型"即是印度的支提窟，但因本地的地质状况和传统习惯影响，敦煌的匠师们对"原型"

作了不少改动，形成了自己的特
点[8]。

敦煌北魏时期开凿的洞窟，
大多采用中心塔柱式。西魏、北
周和隋唐时期仍可见到少量这种
窟，再后便基本消失了。

覆斗式窟：覆斗式窟是因其
顶部形状与倒覆之"斗"相似而
得名。其特征是：（1）平面为方
形，四壁直立，主体空间非常完整；
（2）顶部呈覆斗形，四披倾斜而
上，交接于正中藻井部，形成自拱，
从建筑工程意义上讲，起到了很
好的支撑作用，同时，高耸的窟

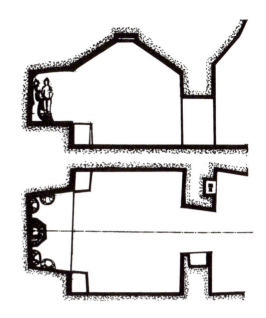

图048　莫高窟初唐第220窟（覆斗顶深龛窟）剖面、
平面示意图

顶造成空间的上升效果，避免了平顶所形成的压抑感；（3）西壁多开大龛，佛
及其侍从之像置于深龛内，自成一个神圣的小天地，与礼拜供养的信徒拉开了一
定距离，产生出一种神秘感。

覆斗式窟的西龛是主龛，有双层（内、外）和单层之分。许多窟内仅此一龛，
但有些窟也在南北壁加开小龛。龛形及装饰纹样随时代变化而不断演变，我想在
分析各时代艺术特征时再分别介绍更合适些。覆斗式窟的入口和前室与中心塔柱
窟并无多大区别。

就实用功能看，覆斗式窟没有可供绕行的中心塔柱，看来主要是做礼拜供养
之用。

覆斗式窟的起源，过去讨论得不多。莫高窟现存最早的洞窟之一的第272窟，
就基本上属于这类窟形，但其覆斗顶坡度很缓和，且坡面略呈凹弧状，显然是受
到阿富汗巴米扬石窟中穹隆顶式窟形的影响，还不算是标准的覆斗式窟。第一个
完整的覆斗式标准窟应是北魏末西魏初的第249窟。这种窟形经北周和隋代的发

---

[8] 对中心塔柱窟源流的详细讨论可参考李崇峰：《中印佛教石窟寺比较研究：以塔庙窟为中心》，北京大学
　　出版社，2003年。

展完善，在唐代成为风靡的基本式样，以后一直存在，直到元代仍有开凿。可以说，这是从十六国晚期直至元代不断出现的唯一窟形。这种窟形的起源和流行，看来和河西一带墓葬形制有很深的关系。

酒泉十六国时期的丁家闸墓，主室平面呈方形，顶如覆斗，形制与莫高窟第249窟几乎完全一样。墓室顶部四披画东王公、西王母、天马和天鹿等，也与第249窟顶部壁画题材很相近。河西墓葬形式与敦煌覆斗式窟的惊人相似性，不仅是由于相似的地质结构对建筑形制的要求，而且也是当地文化传统的强大影响，使当地人更多地选择自己熟悉的式样的结果。

背屏式窟：背屏式窟的形制接近覆斗式，也是平面方形，覆斗顶。但顶的四角常有稍稍凹进的弧面，弧面上画四大天王。四壁均不开龛，只在窟内中部靠后设凹字形或矩形的坛，坛四周与四壁之间保持一定的距离，可作通道。所谓"背屏"，则是在凿窟时于坛后沿留出的一面石壁，石壁高达窟顶，厚约一米，宽约四米。由于在坛上紧靠这面石壁正是主尊像的地位，故习称这样的石壁为"背屏"。这一大屏，正是此类洞窟最显著的特征，因此把这种窟称作"背屏式窟"。

背屏式是五代、宋时期的代表窟形。在此之前，也曾个别地出现过背屏式窟，如晚唐凿建的第196窟。此外，初唐开凿的第205窟和榆林窟中唐第25窟，都是覆斗式窟，但四壁无龛，尊像塑在窟内方坛上，这些特征与背屏式窟一致，只是没有背屏。因此，似乎可以说，它们是覆斗式和背屏式之间的过渡形制。

背屏式窟虽是由覆斗式窟演变而来，但这种演变的发生，显然是受到寺庙建筑形式的影响。山西五台山唐代佛光寺东大殿内设有扇面墙，墙前筑有矩形佛坛。同在五台山比佛光寺略早的南禅寺大殿的佛坛呈"凹"字形，虽然没有建筑扇面墙，但主尊的背光、圆光直通室顶，这同洞窟里的背屏相似。因此可以说，敦煌石窟中背屏式窟形的诞生，也可能是模仿内地寺庙建筑式样的结果。

以上三种建筑形制，中心塔柱式、覆斗式和背屏式，分别是敦煌北朝、隋唐和五代宋时期的代表窟形。除此之外，还有三种数量不多，但却特色鲜明的窟形，即毗诃罗式窟、涅槃窟和大佛窟。

毗诃罗式窟："毗诃罗"是梵文 Vihara 的音译，意译则为"精舍""僧院""住处"。其基本形制特征是：方形主窟较大，除正面入口外，在左、右壁和后壁开凿一些小的支洞。这种窟式在敦煌仅有三处，都是早期窟，即开于十六国时期的

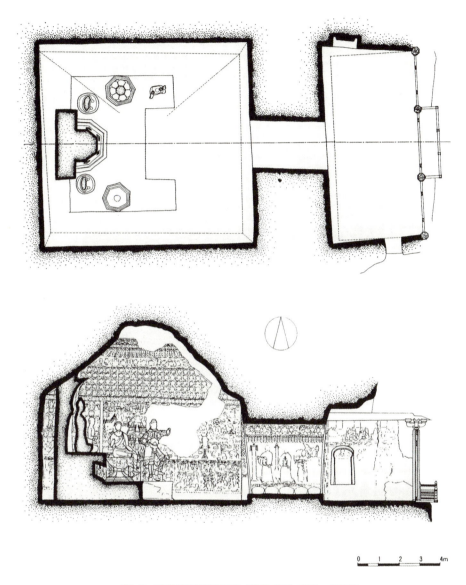

图049　莫高窟晚唐第196窟（背屏式窟）平面、剖面图

第268窟（包括267、269、270、271四个编号支洞）、北魏第487窟和西魏第285窟。

这种窟在印度比较常见，如阿旃陀石窟共26个洞窟，其中有22个是毗诃罗窟，它们开凿于公元前2世纪到7世纪之间。敦煌的毗诃罗窟与印度的非常相似，显然是对后者的模仿。敦煌毗诃罗窟的小支洞一般仅一米见方，仅能供一个僧人打坐禅定，看来只是修行场所而非生活之地。这种窟形的出现，显然与北朝时期中国北方禅学流行的社会环境有关，在禅定修行之风消失之后，敦煌石窟中也就没有这种窟出现了。

涅槃窟敦煌只有两个，都是唐代建造的，即第 148、156 窟。大佛窟在莫高窟也只有两处，即初唐第 96 窟和盛唐第 130 窟，在榆林窟有一处，为唐代第 6 窟。这两种窟前面已经介绍过，此不赘言[9]。

以上六种建筑式样，囊括了绝大多数敦煌洞窟，但仍然还有一些特异型洞窟，我将在分析不同时代的洞窟艺术时，再分别予以介绍。

附带谈一下敦煌石窟开凿的过程和方法。

关于开凿过程，没有现存的文字记载。我们注意到各洞窟的内部空间均有一定的比例关系。如北魏时期的中心塔柱窟，墙面的高宽之比多为 4∶6，正合乎"黄金分割"的法则。因此有理由说，这些洞窟在开凿之前有精心设计的施工方案。根据石质情况和窟形来推测，估计古人是采用下挖法来施工的。首先，这样做比较安全；其次，用力方向朝下省力方便；再次，从上往下挖可用水浸泡以使石质松软，易于挖凿。果如此，打窟匠人很可能是开完甬道后即斜上凿导洞至顶，扩大窟顶后再逐渐下挖成形。

各窟开凿所用时间，因用工多寡和洞窟大小而不同。据《张淮深碑》记载，开凿中等偏大的第 94 窟用了三年时间。虽然其他洞窟都没有文字记载，但我们可以第 94 窟为参照作出推断。

关于开窟所用工具，据有关碑记的描述，可知有绳、钩、锤、錾等，均是很原始的工具。没有关于使用火药爆破的记载和痕迹。由此可见当年开窟造像之艰难。

2. 塑像。敦煌的塑像几乎都是经过彩绘的所谓"彩塑"，与一般石刻像有明显区别。鉴别彩塑作品的水准，除看其塑造技巧外，还要看绘与塑是否和谐统一。

敦煌彩塑总体上可分为圆塑、高浮塑、低浮塑和"影塑"四大类。早期石窟中浮塑和影塑居多，盛、中、末期则以圆塑和浮塑为主。

圆塑：敦煌彩塑中的圆塑，指脱离墙面的独立塑像，主要用于表现佛、菩萨、

---

[9] 本节关于敦煌石窟建筑式样的介绍主要参考自萧墨：《敦煌建筑研究》，文物出版社，1986 年。特此致谢。

弟子、天王、力士等重要形象。有些圆塑放置在中心佛坛上，可以从四面欣赏，如第196窟的菩萨、天王等。但大多数塑像都被放置在龛内，后背距墙面很近，虽然是完全独立的圆塑，也只能从一定的角度来观看，因此，在不易看到的部分，艺术家的处理是较随意的，如果将其取出放在大厅中央，立刻就会显露出明显的原属于某一特定环境的特征来。

高浮塑：敦煌彩塑中有许多塑像后背紧贴墙面，但三分之二的形体是塑造而成的，早期洞窟中的佛像和菩萨像大多是如此，我们称之为高浮塑。

低浮塑：有些并不主要的题材，如龙首龛梁、龛柱、飘带和饕餮形象等，是用低浮塑的方法做成的，形体较扁平，但有立体感。

影塑：敦煌的所谓"影塑"是指用范复制后贴到墙面上的浮塑小像，主要题材有千佛、飞天、伎乐天和供养菩萨等。这些影塑造型种类不多，但经参差排列贴到墙上，再敷以有规律地变化的色彩，富有装饰效果。

敦煌彩塑在窟内的布局方式主要有四种：独立式、向心式、多中心式和平列式。

独立式：指独立设计制作的单身塑像，如佛、菩萨、高僧等。他们单独地位于龛内或窟内，并不与其他塑像相呼应，艺术上显出一种完整性。

向心式：指以佛为中心的组塑形式，这是敦煌彩塑中最常见的布局方式，有一佛二菩萨、一佛二菩萨二弟子、一佛二菩萨十弟子、一佛二弟子二菩萨二天王二力士等多种组合。这些组塑多是佛像居中而坐，形体高大，坐姿稳健，自然成为组塑的中心，两侧对称排列弟子、菩萨、天王和力士，他们的姿势和神态均与中心的佛像保持某种联系。这样既表明了形象间的尊卑关系，又使整组塑像和谐统一。

多中心式：有些洞窟中安置了好几组塑像，每组像中都有一身佛像，各组均以本组的佛像为中心设计动态和神情，形成同一窟内的多中心塑像群。

平列式：主要指造型一致，按纵横等距排列的影塑千佛等。它们之间虽无中心形象，但排列整齐，仍显出紧密的联系。

敦煌彩塑依体量不同又可分写大、中、小三种类型：

大型塑像：主要指几倍于常人的大型塑像，也包括几十倍于常人的巨型造像，如唐代的北大像（高35米）和南大像（高26米）、隋代第427窟的佛、菩萨和天王像等。这些像因形体高大、体量敦实而显出威严，令人肃然起敬，或望而生畏。

中型塑像：指基本与常人大小一致的塑像。这类塑像数量最多，常置于龛内，塑造方式也较细腻，展现出真实生动的效果。

小型塑像：指远小于常人多置于小龛中的造像和影塑等。这些小像主要为适应狭小的空间而作，注重装饰效果[10]。

关于敦煌彩塑的制作过程和方法，经过对现存塑像和仍流行于民间的佛像制作法，以及有关古文献的研究，我们大致有了一些认识，主要有以下几点：

第一，材料。敦煌彩塑因受到自然环境的限制，无法像印度、希腊、罗马和中国内地许多地区一样使用优质石料进行雕刻，因而全部采用当地容易弄到的材料，主要有：（1）泥土：取自当地河床内沉淀的一层河泥土，俗称"澄板土"，质细而无胶性，制泥时需加入适量的细沙和纤维；（2）细沙：采用本地易得的细沙；（3）木头：有木棒、木板和树枝，木棒用麻绳绑扎成人体骨架，木板用于制作手掌等宽而薄的部位，柳枝条用于做手指；（4）纤维：有麻布、麦秸、芨芨草等，用于绑扎人体结构。

第二，制作方法。依塑像体量大小而有不同做法，主要有三种：（1）小型像：先用木头削成人物的大体结构，木胎本身已显示出人物的基本造型和动态，再敷上一层薄泥，刻画细部，最后上色而成。（2）中型像：用圆木扎成骨架，骨架上绑扎芨芨草或麦秸，形成大体结构。这样既省泥，又可减轻圆木的负重。然后上粗泥，做出具体形状，再上细泥表现皮肤质感，最后赋彩。有的塑像以木板制作手掌，以红柳枝条做手指，用泥节省而牢固。还有的像在骨架上扎一横木桩，往后伸出体外，楔入墙壁，以固定塑像。（3）巨型像：体积庞大的塑像，如南大像和北大像，很难用木架制成，因而在凿窟时便在西壁上留出石胎，然后在石胎上插桩，再于表层敷泥塑成。

塑像身体的某些局部，如头、手指、脚趾等，有时是预先制好后安到塑像上去的。某些装饰品，如璎珞、珠串和花冠等，则用泥范（即泥制模具）做成后贴到像上。

第三，敷彩。首先是按人体及服饰的固有颜色描绘，以便肖似真人。其次用强调色，使塑像更为鲜明生动，如根据人体肌肉的起伏变化上色，凹处用重色，

---

[10] 对敦煌彩塑的分类主要参考自段文杰：《敦煌彩塑艺术》，《敦煌彩塑》，文物出版社，1978 年。特此致谢。

凸处用浅色，强化了塑像的立体感。再次绘制塑像时略去的细部，如胡须、眉毛、皮肤的皱纹和衣裙上的图案等。在敦煌彩塑中，敷彩是一个加工提高的过程，是使塑像更加完美无缺的手段，因而是不可忽略的。

3. 壁画。敦煌壁画主要是所谓"干壁画"，即在已干定的墙面上刷底色，底色干后再作画。也有少量洞窟采用了所谓"湿壁画"的方法，即在墙面未完全干定时便开始作画，颜色因湿度的作用浸入壁面，显出莹润的感觉。如元代第 3 窟就是用此法画成。

敦煌壁画的制作过程主要分如下几步：

第一，制作壁面。用掺入麦秆的粗泥敷到凿好的石壁上，捶紧压平，然后敷刷一层细沙泥，形成光滑平整的壁面。

第二，勾画轮廓。用长线以土红粉末弹出各大部分的大体位置，将墙面分割成若干块小平面。然后在各小平面内再确定形象的具体比例关系。或是用刺有小孔的粉本，以色粉透到壁面上，连成形象的轮廓线。在勾勒轮廓线时，早期多用土红色，中晚期多用淡墨线。

第三，涂刷底色。用有一定覆盖力的颜色刷底，使全窟壁面有一个统一的基调，形象的轮廓仅隐约可见。

第四，晕染分明暗。根据底色下隐约显出的轮廓，用重色描绘凹入部位，用浅色点缀凸出部位，使形象显出鲜明的立体感。

第五，上色。根据物体固有的颜色，细致地将各种颜色描绘到应有位置上，特别注重处理好色与色之间的交接关系，使晕染时的重色与浅色间形成自然的过渡。

第六，勾定稿线。上完色后，用墨线或赭色线精心勾勒人物五官、手足、衣饰等细部，使形象更加清晰完整。

第七，提神点睛。定稿之后，画面形象已完整清晰，但有时画家为了使形象更加生动传神，往往于人物的眼、鼻等处勾描"高光"，达到形象鲜明、生动传神的艺术效果。

敦煌壁画中使用的颜料较为丰富，主要使用的是无机颜料，也有少量有机颜料。最常用的色种，红、蓝、绿、白、黑都采用无机颜料，多是天然生成的，略作加工便可使用。根据专家们用 X 射线衍射仪对敦煌壁画所用颜料的分析：红色颜料有红土、朱砂、铅丹、雄黄；白色颜料有高岭土、白垩、云母、滑石、石膏、碳酸钙镁石、氯铅矿、硫酸铅矿、白铅矿、角铅矿、石英；蓝色颜料有石青、青金石（包括人造群青）；绿色颜料有石绿、氯铜矿；棕黑色颜料中原墨色颜料有炭黑（或墨）和铁黑，以及变色颜料二氧化铅；金色颜料有金粉（或金箔）；银色颜料有云母[11]。

由于水墨文人画的流行和历史的影响，中国现存的绢纸彩画很少。因此，敦煌色彩斑斓的壁画，对了解古代中国人的色彩观念是极其宝贵、不可或缺的重要资料。

敦煌壁画在总体设计上遵循着如下原则：

第一，对称性。几乎所有的洞窟在建筑形制上都是对称的，与此相适应，窟内的壁画便以西壁正中为中轴线，两边对称设计，虽然两边表现的具体内容可能各不相同，但大块面的分隔是一致的。

第二，秩序感。窟内壁面上需要描绘众多的内容，如果没有一定的规则，就会混乱不堪。敦煌壁画主要采用"分层分段"的方法使众多的内容秩序化。一般是横向分层，层内分段。横向分层可形成环形运动的连续性，有一种不断"轮回"的感觉；层内分段则有利于表现不同的内容，并形成一定的节奏感。

第三，统一性。窟内壁画的设计总是围绕佛像所在的位置来考虑的，各局部的安排有意识地注重与中心形象的附属关系，因此，全窟壁画呈现出较强的统一性。

在讨论壁画时，我们不能忽略敦煌藏经洞出土的大批绢画、纸画、麻布画等。从某种意义上讲，它们是壁画的一种延伸形式，是"可以搬动的壁画"，可起到壁画无法起到的作用。如在旅行途中供养礼拜、讲经说法时悬挂说明、表演佛戏时用作道具等。

藏经洞出土的遗画总数近千件，主要是绢画、麻布画、纸画、版画、刺绣和染织品等。其内容与壁画一致，也有尊像画、经变画、故事画、供养人、装饰图案等。表现形式也很相似，有些甚至可以说是壁画式样的翻版。为了描述方便，我将这批作品插入不同时代分别介绍分析。

---

[11] 徐位业、周国信、李云鹤：《莫高窟壁画、彩塑、无机颜料的 X 射线剖析报告》，《敦煌研究》，1983 年第 3 期。

第二章　敦煌艺术的起源与分期

中国有明确纪年的历史开始于西周共和元年，即公元前 841 年。敦煌有明确纪年的历史，则始于汉武帝元鼎六年（公元前 111 年），这一年，敦煌成为汉王朝最西端的一个郡。然而，人类在这块沙漠绿洲上的活动远远早于这些见于史载的时间。

《尚书·舜典》记载："流共工于幽州，放驩兜于崇山，窜三苗于三危，殛鲧于羽山，四罪而天下咸服。"

《史记·五帝本纪》也有记载："三苗在江淮、荆州数为乱。于是舜归而言于帝，请……迁三苗于三危，以变西戎。"

此外还有一些别的古代文献记载了"窜三苗于三危"的历史传说。由此我们可知在公元前 2200 年左右 [1]，有一个曾经生活在江淮、荆州地区被称为"三苗"的部族被强行迁徙到西边的"三危"。这个"三危"，可能就是指现在莫高窟对面的三危山。当年禅僧乐僔正是因为看见这座三危山上金光万道，"状有千佛"而开凿了第一个石窟，莫高窟由此而诞生。据《元和郡县图志》卷四十载："三危山在县（敦煌）南三十里，山有三峰，故曰三危。《尚书》'窜三苗于三危'，即此山也。"

实际上，考古发掘的材料已说明在"三苗"到来之后敦煌一带有人类活动的痕迹。1987 年，在南湖阳关遗址中发现了火烧沟类型的文化遗物，这一类型的文化，据研究其存在的年代"最晚约公元前 1600 年左右，即夏商之际"。这一文化类型的文明程度较高，并与"马厂类型及东面的齐家文化没有明显的继承关系"，其存在的地区正是文献中所记"三苗"被放逐之地，估计可能是他们的后裔留下的痕迹 [2]。

---

[1] 李聚宝：《"舜窜三苗于三危"之"三危"在敦煌》，《敦煌研究》，1986 年第 3 期。

[2] 何双全：《汉代敦煌史概论》，敦煌研究院编《敦煌学国际学术研讨会文集 1990·石窟考古编》，1990 年；李聚宝：《"舜窜三苗于三危"之"三危"在敦煌》。

由此看来，敦煌最早的居民便是"数为乱"的强悍民族"三苗"人。

战国以前，敦煌属古瓜州范围，居民是羌戎。《左传》昭公九年："允姓之戎，居于瓜州。"又襄公十四年："羌戎氏，秦人迫逐乃祖吾离于瓜州。"这些羌戎，应当就是"三苗"人的后裔，《后汉书·西羌传》："西羌之本，出于三苗，羌姓之别也。"唐杜佑《通典》也说："沙州（敦煌），昔舜流三苗于三危，即其地也。其后子孙为羌戎，代有其地。"（见卷一七四"沙州条"）这些居住在敦煌一带的羌戎实际上并未被彻底征服，他们在实力有所恢复时，便东进报复中原的政权，我们在甲骨文中时可读到"伐羌"或"羌人来犯"的记载。

战国到秦代，活动在这一带的人主要有月氏、塞种胡和乌孙等族，原来的羌人被强大的月氏人吞并了许多，据《汉书·西域传》称："瓜州之戎，并于月氏。"由于月氏军力充足，"控弦十余万"，迫使塞种胡人（即"允姓之戎"）迁往西边的葱岭一带，乌孙人也被迫转移到伊犁河流域去了。但到西汉初年，蒙古高原上的匈奴人南侵，发兵征服月氏，杀其王，月氏部众大部分西迁到中亚阿姆河流域，称大月氏；小部分仍留居南山（祁连山西头），叫小月氏。从此，敦煌一带成为匈奴人的领地。

秦汉之际，匈奴雄踞大漠南北，占领河西之后，对汉地侵扰更甚。秦为抵御匈奴而筑长城，用戍卒三十万。汉高祖刘邦亲自将兵往击匈奴，结果却在平城白登（今大同东北）被匈奴军围困七日，烽火通于长安，举国震惊。只好改用"和亲"之策，以求苟安一时。到武帝时，经过了六七十年休养生息，积聚了力量，开始计划全面反击，于是有张骞应募出使西域联络月氏、乌孙之行。

建元二年（公元前139年）至元朔三年（公元前126年），张骞第一次出使西域，往返途中在河西一带两次被匈奴抓获拘禁，历尽艰险。虽然这次经过大宛（今费尔干纳）、康居（今撒马尔罕）到了阿姆河上游，但大月氏人在此安居无事，不再想向匈奴报复。张骞未能完成与大月氏结盟夹击匈奴的使命，但却获得了大量有关西域人文地理的知识。

元狩四年（公元前119年），张骞第二次出使西域，"厚赂乌孙，招以东居故地"，以"断匈奴右臂"[3]。他顺利到达了乌孙的赤古城，副使们还到了大宛、康居、

---

[3] 见《汉书·张骞传》。

大月氏、大夏、安息（今伊朗）和身毒（今印度）等地。但由于乌孙内乱，也未
能实现结盟的目的。

张骞两次出使，使生活在中原内地的人们更多地了解到西部的实况，刺激了
"拓边"的雄心。汉武帝从张骞第一次出使西域的第六年（公元前 133 年）开始，
发动了一系列抗击匈奴的战争。决定胜负的三大战役是元朔二年（公元前 127 年）
的河南战役，元狩二年（公元前 121 年）的河西战役和元狩四年（公元前 119 年）
的漠北战役，迫使"匈奴远遁，而漠南无王庭"[4]。其中元狩二年在河西进行的战
役是名将霍去病指挥的，骑兵两度奔袭祁连山，杀虏数以万计。匈奴单于恼怒，
欲召浑邪王、休屠王而诛之。二王惧罪，谋降汉，后休屠王迟疑反悔，浑邪王杀
之来降，河西之地从此归汉，当年就设置了武威、酒泉二郡。元鼎六年（公元前
111 年），又分武威、酒泉地更置张掖、敦煌二郡，这就是有名的"河西四郡"。

鉴于对匈奴的战争并未完全结束，潜在的威胁仍然存在，所以汉武帝在河西
设立四郡之际，又筑边塞，置亭燧，兴建军事设施。秦长城只修到临洮（今甘肃
岷县），续修的汉长城沿河西走廊的北边向西延伸，直到敦煌以西的马迷兔，而"自
敦煌西至盐泽（今罗布泊），往往起亭障"[5]。

出于扼守河西，开发西域的战略需要，西汉王朝不断向敦煌大量移民，实行
"屯田戍边"的政策。屯田组织分为军屯和民屯两种，军屯的主要劳动力是戍卒
和士兵，民屯的主要劳动力是田卒和移民。大量的移民中，有一些是因犯罪而贬
谪徙边的世家豪族，也有普通的贫民和罪犯。元狩五年（公元前 118 年），"徙天
下奸滑吏民于边"[6]。元鼎四年（公元前 113 年）秋，"南阳新野有暴利长，当武帝
时遭刑，屯田敦煌界"[7]。武帝晚年，发生戾太子叛乱，"其随太子发兵，以反法族。
吏士劫略（掠）者，皆徙敦煌郡"。

看来，西汉时的敦煌，聚集着来自中国各地的军人、犯人和亡命之徒，这使
我们重新想起"窜三苗于三危"的故事，好像历史在不断地重演。实际上，封建
社会中的所谓"奸滑吏民"，正是社会中最有活力和生气的一批人，他们不安于

---

[4] 见《汉书·匈奴传》。

[5] 见《汉书·西域传》。

[6] 见《汉书·武帝纪》。

[7] 见《汉书·武帝纪》之李斐注④《汉窨·刘屈整传》。

现状，勇者"奋而思斗"，智者"静而思谋"，于是被作为危险分子发配边地开垦荒地。因此我们有理由相信，这批不安分守己的人们，定会在这块孤悬西陲的土地上，创造出令人惊叹的奇迹。所以，在西汉时，敦煌便很快成为在政治、军事、经济、文化等方面都颇具实力的西疆重镇。自 2 世纪初东汉西域都护设治所于敦煌之后，这里更成为统辖西境的军政中心，西域许多邦国的"质子"（即属国派来做"人质"的王子）也留驻敦煌。当地商业贸易和交通的发展，要求有完善的管理，魏时敦煌太守仓慈明令禁止对西域胡商横加勒索，建立方便胡商交易和过境的各种措施，"民夷翕然，称其清惠"。仓慈死后，西域诸胡"悉共会聚于戊已校尉及长吏（史）治下发哀，或有以刀画面以明血诚。又为立祠，遥共嗣之"[8]。由于多年的积累和新的生产技术的运用，加之地当东西往来咽喉要地，敦煌在农业、商业繁荣的坚实经济基础上，发展成为远近闻名的"华戎所交一都会"[9]。

II—1. 莫高窟诞生前的敦煌艺术

以上我们简单追溯了敦煌的早期历史。这块由祁连山雪水哺育而成的神奇绿洲，和这块土地上生息的非凡的移民，组成了一个神奇的世界。全国各地的移民们士兵们带着他们各自的文化传统聚集在这块相对独立的土地上，与西北游牧民族共同生活，创造了历史的奇迹，也创造了艺术的奇迹。

现在所能见到的最早的艺术遗迹，是敦煌南邻肃北县境内祁连山上的岩画。这些岩画表现的主题有"鹿与树""大象与树""猎人""驯虎图"等，其常见题材和刻画方法与嘉峪关市西北黑山崖壁上的岩画颇相似，说明两地岩画的制作时间相去不远。嘉峪关黑山岩画有较为复杂的大幅画面，如集体射猎野牛图、列队操练图、牵驼图等。此外还有人物、马、牛、羊、骆驼、虎、鹿、狗、射雁，以及杂鱼等形象，"这些记事性的岩画，可以证明先后活动在这个地区的羌戎、月氏、塞种胡、乌孙、匈奴等民族，大多过着狩猎和游牧的生活"[10]。确实,这批题材丰富的岩画看来并非"原始遗迹"，而是战国、秦、汉时期生活在这一带的游牧民族的作品。肃北境内的祁

---

[8] 见《三国志.魏志.仓慈传》

[9] 见《续汉书·地理志》刘昭注引《耆旧记》。

[10] 潘玉闪：《略谈"丝绸之路"和汉魏敦煌》，《敦煌研究》，1982 年试刊第一期。

连山，也就是古时敦煌以南的所谓"南山"。南山上的这批岩画有三幅特别值得注意，即"大象与树""驯虎图"和"山羊与树"。"大象与树"图中的大象距"树"较远，可能没有必然联系，但大象的形象我们在嘉峪关岩画和内蒙古阴山岩画中都见不到，青海境内的岩画也未见到。

　　有人依据这一大象形象推论这批岩画为一万年以前的作品，因为一万年以前大象就在这一地区消失了[11]。对这一结论我十分怀疑，因为一万年以前这里有没有大象还有待证实，如果要有，我们在离此地不远的青海西北部岩画群中应该可以见到，而且仅凭这一图像作此判断亦难以令人置信。在我看来，这幅图很可能是留居南山的"小月氏"人的作品，制作时间是西汉初年。因为月氏人被匈奴击溃以后大部西迁，他们的新居留地是阿姆河流域的"大夏故地"，即印度北边的阿富汗一带，后来建立了强盛的贵霜帝国。西迁的月氏人新居之地是有大象出没的，印度北方发现的岩画中就有"猎象图"。在敦煌南山的小月氏与西迁的大月氏很难说没有往来。特别是汉武帝打败匈奴人以后，通西方的路已畅通无阻，这种来往的可能性就更大了。所以很可能正是留居南山的小月氏从西迁大夏故地的大月氏接触到大象，并刻之于南山石上。所以肃北南山的这批岩画作品，可能是公元前 2 至 1 世纪时刻画的。

图050　敦煌南山（今肃北县境内祁连山）岩画《大象与树》

　　"驯虎图"描绘了一人骑虎背之上，另一人站立虎背，虎正欲前跃。

　　这样的图像也极为特殊，其他地方岩画虽有虎，却不见有二人乘骑戏要的例子。这样

[11] 陈兆复：《中国岩画发现史》，上海人民出版社，2009 年。

图051　敦煌南山（今肃北县境内祁连山）岩画《驯虎图》

图052 莫高窟西魏第249窟窟顶白描老虎

的图像使我们联想到汉代画像砖石上的"仙人戏虎"和"驯马图"以及各类杂耍场面。似乎也可以证明这组岩画不应早于秦汉之际。有意思的是，这种简略的虎造型，我们在后来的嘉峪关墓画和敦煌西魏初年的第249窟窟顶壁画中仍可见到，可见本地文化传统和旧有图式延续了很长时间。

还有一幅"鹿与树"，也值得注意。这幅岩画中的"树"（按其与鹿的比例看，倒更像是"草"）形状与后来嘉峪关魏晋墓画中的树有相似之处。当然，仅凭以上画面来判断这批岩画仍是不够的，我也只是根据历史记载作一些推测而已，真正要解决这个问题，看来还有待于新资料的进一步发现。

西汉时期的敦煌绘画目前尚未发现，但离敦煌不远的另一个屯田地点，出土了一些木板、木简画，简介数幅如下：

（一）木板画。1973年居延肩水金关出土。画面高20厘米、宽25厘米，由两块木板组成，两侧用麻绳连接。画面用墨绘成，右方为一大树，树下系一大黑马，马的画法是用墨线勾出轮廓，中用枯墨干笔填实，呈影像效果。马后站立一人，侧脸，微须，着长袍。树上似

图053 敦煌南山（今肃北县境内祁连山）岩画
《鹿与树》

攀缘二人，树左上方有一蓬发人。上有栖立的鸟，还有正飞来的鸟。据同处所出汉简来看，这木板画的年代，当为西汉时期[12]。

（二）木简画。1972 年居延查科尔帖出土。在一木简的两面，用墨线绘画，简微残，残长 17 厘米、宽 3 厘米。简的一面上方，画一佩剑的官吏，侧脸，微须，头戴着前高后低的冠，身穿长袍。下部竖画着一匹鞍马，似为上部官吏的乘骑。木简另一面上方也画一官吏，侧脸，微须，穿长袍，有方格做的袖缘，袍下露出黑靴。简下部画一人，拱手于胸前，头戴黑帻。此简为汉代何期尚待考证，但绘画风格与上述肩水金关西汉木板画大致相同。

（三）木板画。1974 年居延破城子出土。木板上部已残，从现存画面来看，内容为车马出行。画面残高 3 厘米、宽 13.2 厘米，尚存马车和四乘骑的下半部，四马皆黑色，乘骑者穿红、黑袍。据同地所出木简来看，此木板画为西汉遗物。

（四）木板画。1974 年居延破城子出土。画面高 6.6 厘米、宽 9 厘米。画一站立的带翼白虎，身姿短健，线描劲细有力，运笔注意停顿起落，有节奏感。据同地所出木简，此木板画为王莽时期至东汉初期所作。

图055　居延破城子出土西汉木板画《车马出行》

图054　居延肩水金关出土西汉木板画
《树下黑马》

图056　居延破城子出土东汉木板画《带翼白虎》

---

[12] 这里介绍的作品主要依据张朋川《河西出土的汉晋绘画简述》一文，刊载于《文物》1978 年第 6 期。因为文内的插图有些不清楚，所以我将部分画面配上白描，以展示概况。

以上这批居延木板、木简画，既不是建筑装饰画，也不同于绢画，故有其独特的意义。这些画的存在，表明敦煌一带的移民屯田者中，有一些人懂得绘画。他们的徒子徒孙们就是那些后来活跃在墓室和佛教石窟中的画师中的一部分。

东汉时期的绘画敦煌一带尚未发现，但东面的武威却有一大批墓室壁画、墓铭旌绘画和随葬木板画，题材有日月图、人物和一些生活场景等。

魏晋时期，河西走廊西部的酒泉、嘉峪关和敦煌，以至新疆吐鲁番，都有壁画墓发现，其间保存了大批珍贵的魏晋绘画资料。主要有：（1）嘉峪关市牌坊梁壁画砖墓；（2）嘉峪关市新城魏晋壁画墓群，其中1、2号墓为曹魏时期，5、4、3和6、7号的年代为西晋；（3）酒泉县石庙子滩壁画墓；（4）永昌县东四沟画砖墓；（5）酒泉县下河清1号画砖墓；（6）酒泉县下河清五坝河画砖墓；（7）敦煌县佛爷庙翟宗盈墓；（8）酒泉县崔家南湾1、2号墓。

这些画砖墓里出土了大批表现丝绸之路有关的题材，特别是种植桑树、采摘桑叶的《采桑图》，表现了河西走廊西端的酒泉、敦煌一带居民赖以生存的"家园经济"模式的方方面面。嘉峪关魏晋墓出土一件画砖《采桑图》描绘了一个妇女手提竹篮采摘桑叶的场景，她的小儿子身穿"两裆"背心，手拿弓箭，正在射鸟保护桑葚。母子二人配合默契，在自家桑园里采桑养蚕，制作丝绸，参与丝路贸易，正是河西走廊上农村家庭经济模式的典型表现。

图057　嘉峪关魏晋墓出土画像砖《采桑图》

我们在嘉峪关画砖里还可以见到已经制作完成的丝绸产品。这些丝绸已经经过染色晾干，裁剪成标准尺寸，卷成圆筒状，集中放在木几上，准备出售。图上有"采帛"文字来说明彩色圆筒的用途，旁边还有一个"机"字，指的是摆放采帛卷筒的木几。

除了砖画，酒泉嘉峪关

图058　嘉峪关魏晋墓出土画像砖《彩帛与木几》

一带的墓室壁画也很有名。特别值得一提的是酒泉丁家闸墓，墓前室呈方形，覆斗顶，顶中为莲花藻井，四披上部画天空，各有一倒悬的龙头，形成四龙守护天井的阵势。东披画东王公，戴三危冠，儒服羽衣，拱手坐昆仑山上，头有一日轮，内画三足乌。西披画西王母，头饰三起大髻，着襦裙羽衣，拱手坐昆仑山上，头上有月轮，月中画蟾蜍，昆仑山下有三足乌和九尾狐，南披画天鹿与羽人，北披画天马，画面云气流动，神鸟飞翔，一派仙灵缥缈境界。四披下部画山峦树木，其中杂有飞禽走兽。这个墓顶与敦煌第249窟窟顶的内容、结构、境界均很相似，反映了敦煌艺术与本地艺术传统间的血肉联系。

　　敦煌地接西域，是我国汉族最早接触佛教的地方。从印度东来传教的和尚和中土西行求法的僧人都要经过敦煌。到3世纪末年，敦煌已有了寺院和佛经的翻译家，号称"敦煌菩萨"的竺法护曾在此地译经多年并授徒。其弟子竺法乘早年随侍在敦煌、长安笔录译文，后"西到敦煌、立寺延学，忘身为道，海

图059　酒泉丁家闸十六国时期古墓壁画《西王母图》

图060　酒泉丁家闸十六国时期古墓壁画《天鹿、羽人》

而不倦。使夫豺狼革心，戎狄知礼，大化西行，乘之力也"[13]。另外，长安名僧于法兰的高徒于道邃也是敦煌人。这些记载表明，敦煌的佛教有一定基础，这是敦煌佛教艺术诞生的前提条件之一。但总的来看，这个时期佛教在敦煌当地人口中的影响仍然十分有限。

图061　莫高窟西魏第249窟窟顶全图

[13]（南朝·梁）慧皎等:《高僧传·晋敦煌竺法乘传》，中国书店出版社，2018年。

II—2. 第一个窟开凿的时间、地点及其性质

莫高窟第一个洞窟的诞生，似乎是导因于一件偶然的事件：366 年（前秦建元二年、晋废帝太和元年）某日，禅僧乐僔从东方缓缓西行，来到三危山前的阔地。时近黄昏，夕阳西下，红色的光芒照射在三危山荒凉的山巅上，映出无数耀眼的光斑，犹如千佛化现，神奇而辉煌。乐僔被眼前的奇妙景象炫惑了，仿佛受到神灵的启示，他决心在与三危山相对的鸣沙山东崖开凿石窟，坐禅修行。于是，敦煌石窟修建的历史开始了。

对这一重大事件，乐僔自己曾立有一石碑记述经过，可惜此碑早已断毁，并被流沙湮没[14]。但幸运的是，唐代人为我们留下了几件较详细的记载：

唐武周圣历元年（698 年）李怀让《重修莫高窟佛龛碑》记载："莫高窟者，厥初秦建元二年（366 年），有沙门乐僔，戒行清虚，执心恬静，尝杖锡林野，行至此山，忽见金光，状有千佛，遂架空凿岩，造窟一龛。次有法良禅师，从东届此，又于僔师窟侧，更即营建。伽蓝之起，滥觞于二僧。"

图062　莫高窟唐武周圣历元年（698 年）李怀让《重修莫高窟佛龛碑》碑文

在莫高窟第 156 窟前室北壁有墨书题记《莫高窟记》，其中与乐僔开窟有关的文字记载与《李君莫高窟佛龛碑》的记载略有差别："右在州东南廿五里三危山西，秦建元之世，有沙门乐僔，杖锡西游至此，巡礼其山，见金光如千佛之状，遂□（架）空□岩，大造龛像。次有

---

[14] 关于《乐僔碑》，据徐松《西域水道记》卷三记载："彼土耆士赵吉言：乾隆癸卯岁（乾隆四十八年，1783 年）岩畔沙中掘得断碑，有文言：秦建元二年沙门乐僔立，旋为沙所没。"赵吉是清代敦煌一位秀才，莫高窟第 23 窟里还有他在嘉庆十八年（1813 年）抄题的汪隆长诗一首。

法良禅师东来，多诸神异，复于傅师龛侧，又造一龛。伽蓝之□，肇于二僧。" 这两段文字的主要区别，是乐僔开窟的数量和他是否造像的问题。前者记载为只"造窟一龛"，没有提到是否造像，而后者记为"大造龛像"。显然，后者的意思，是说乐僔造了多龛，并且还造了不少佛像。第 156 窟北壁题记比《重修莫高窟佛龛碑》要晚出 167 年，可信度相对较差，可能对乐僔开窟之事，做了一些夸张，把开一窟说成"大造龛像"，暗示在乐僔开窟时的 4 世纪中叶，敦煌的佛教和佛教艺术已很兴盛，这显然不符合当时的历史事实。此外，敦煌藏经洞出土有《莫高窟记》写卷，现藏法国巴黎，内容与莫高窟第 156 窟前室北壁上所书一致。

乐僔所造佛龛是否现在仍能见到，这一直是一个争议颇大的问题。大多数学者认为已经坍毁消失，现存最早的窟建于五十多年以后的北凉时期。也有学者认为现在编号为第 268（含 267、269、270、271 窟）窟的一组禅室可能就是乐僔窟，这是基于认为在此窟现存北凉供养人下"还有一层供养人像，现在因脱落露出一身，着红色服装，形象已看不清；在这下面，还有第三层，是一层薄似蛋壳的白灰皮，抹得很光，但未绘画。北凉灭西凉，占领敦煌，是在公元 420 年。第 267 至 271 窟里的北凉画当画于 420 年以后。第 268 窟北凉画下面的那一层供养人像画于何时，现在还不清楚。但在画那一层画之前，这一组专供禅僧坐禅修行的洞窟有一段时间仅涂成白色的素壁，没有绘画，其时代可能正与乐僔、法良的时代相当。他们都是从东边来的禅僧，认为第 267 至 271 号的洞窟，或许就是他们哪一位当年用过的禅窟。当然这仅仅是一种推测，尚无可靠资料来证实"[15]。

这种看法有几个疑点难以厘清：第一，乐僔是独行禅僧，即便准备坐下来定居修行，也似无必要开凿四个禅室。第二，第 268 窟西壁龛内的塑像与龛下供养人同属北凉时期的作品，在此之前窟内既无壁画，又无塑像，单单坐禅还可以，但要"观像"就无法做到了。第三，此窟位于悬崖高处，现在距地面的高度约有十米，但根据发掘情形看，唐代的地面已比现在低下去六米左右，因为窟前地面一直因流沙堆积和开窟挖出的土石堆积而不断增高，所以，北凉时的地面肯定比唐代要低得多。因此，如要在这个窟内修禅，上下很困难。如遇刮大风的天气，则比较危险。如此看来乐僔在此窟内修禅的可能性较少。

---

[15] 贺世哲：《从供养人题记看莫高窟部分洞窟营建年代》，《敦煌莫高窟供养人题记》，文物出版社，1986 年，第 197 页。

　　总之，乐僔开凿的第一个洞窟，由于种种自然的或人为的原因，如地震、改旧窟为新窟等，很可能已经坍毁无存了。但根据现存的文字记载，我们仍可以对这个洞窟的兴建情况有所了解。

　　从考古资料来看，在乐僔开窟时的 4 世纪中叶，敦煌地区本地的居民大多并非佛教徒，他们的宗教信仰，主要是汉、晋时期流传下来的带有道教色彩的民间鬼神信养。敦煌博物馆收藏有一件前凉时期傅长然墓出土的斗瓶，其上有 339 年的墨书镇墓文题记，下距乐僔开窟的 366 年仅有短短的 27 年时间。该题记文曰：

> 建兴廿七年三月丙子朔
>
> 三日戊寅，傅长然身死。今
>
> 下斗瓶、五谷、铅人，用当复
>
> 地上、地下。青乌子，北辰，诏
>
> 令死者自受其殃，罚
>
> 不两加，移殃转咎，远
>
> 置他乡。各如律令。
>
> 傅长然，汝死，适值
>
> 八魁九坎，当星四时，
>
> 厌解天注、地注、岁注、
>
> 月注、日注、时注。千秋
>
> 万岁，不相注仵。各□
>
> 律令。

　　这则镇墓文被重复书写在相同的器物上，内容行文完全一致。应是按当时流行的范本写成。类似的镇墓文发现了不少，表明在 4 世纪中叶的敦煌地区，当地居民基本没有"往生净土"之类的佛教概念，而主要是想用符咒文字或再加上某种可能与道教相关的丧葬仪式来赶走死者的凶魂，以免伤害到活着的亲属。这类文字在敦煌当地的墓葬中有大量发现。

　　就在乐僔开窟的八年前（358 年），敦煌有位名叫傅女芝的人死亡，安葬时墓内有陶质镇墓罐，罐上文字如下：

　　建兴卅六年正月丙辰朔五日庚申直□之□傅女芝，汝自薄命早终，□尽寿穷。汝死，见重复八魁九坎，太山长阅，死者傅女芝，自往应之。苦莫相念，乐莫相

图063　敦煌地区出土3至4世纪墓葬镇墓罐

思。从别以后，□□（无令）死者注□（于）□（生）人。祠社腊伏，□□□□。千里□（万）岁，乃复得□（会）。如律令。

这段文字反映的宗教信仰与前面的题记相一致。乐僔开窟的两年后（368年），也有一则镇墓文：

升平十二年二

月戊午朔十二日

乙巳直除，郭

遥黄之身

死。今下斗瓶、

五谷、铅人，用

当地上生人。青

乌子，北辰，诏令

死者自受殃，

罚不加两，移殃

转咎，远与他乡。

如律令。

显然，在乐僔开窟前后的4世纪中叶，敦煌当地人基本不信佛教。乐僔开窟只是一个外来的游方僧人的个人行为。并没有在当地形成一种修建佛教石窟的风潮。从供养人研究的角度看，他所扮演的角色是多重的：既是供养人，又是实际造窟者，更是使用受益者。因为他是在荒野旅行时，"忽见金光，状如千佛"，才临时决定在此地开窟修行，既无弟子代劳，也无民工帮忙，更无画师随行。因此，乐僔所开洞窟，应该是空间狭小，墙面空无一物的简单禅窟。

至于碑文中提到的法良禅师，我们知道的更少。《重修莫高窟佛龛碑》说他"从东届此"，而晚出的《莫高窟记》却说是"东来"。这里的"东来"可以理解为"从东边来"，也可理解为"从西往东来"。如果是"从西往东来"，法良禅师就有可能是西域的僧人。但是，如果我们结合《重修莫高窟佛龛碑》记载他"从东届此"，那么他是从敦煌以东地区云游至此的禅僧可能性更大。他在乐僔窟的旁边

"更即营建"，看来是为自己开了一窟，用于坐禅。既然《重修莫高窟佛龛碑》和《莫高窟记》都把他和乐僔并称为最早开窟的肇始者，看来二人开窟的时间虽有先后，但前后相距很近，基本同时而法良略晚。法良来到宕泉峡谷时，乐僔可能还在那里修禅，故法良仿效乐僔，在其窟旁另开一窟，以便共同修习禅定。多人在同一地方，但各处一室修习禅定，应是早期修禅活动的流行方式。新疆喀什附近可能造于3至4世纪的"三仙洞"禅窟群和北魏早期云冈附近的"鹿野苑"禅窟群，均是多个禅室并存。莫高窟现存最早的北凉禅窟也是一组共四个禅室（编号267、269、270、271，合编为第268窟）。法良开窟的性质，显然与乐僔开窟的性质相同，都是自开自用的个人化的造窟活动，他们既是最早的供养人，又是最早的建窟人，还是最早的窟主和洞窟使用者。可以说，在莫高窟开凿的起始阶

图064　新疆喀什3至4世纪"三仙洞"禅窟群

图065　山西大同云冈附近的北魏"鹿野苑"禅窟群剖面图

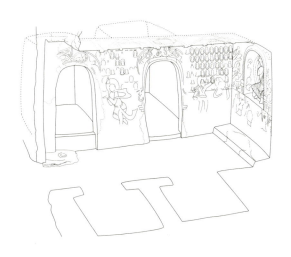

图066　莫高窟北凉第268窟结构图

段，供养人与建窟人以及使用者之间并无区别。直到后来造窟活动社会化以后，这些不同人担当的不同角色，才明确区分开来。

II—3. 敦煌石窟艺术的历史分期

对敦煌现存492个洞窟的编号，是按其所处的位置依次排列的，相邻的两个洞窟，其修建时间有可能相隔好几百年，所以，有人将敦煌石窟戏称为"一册装订错了的史书"。要将这本"装订错了的史书"按时代顺序重装一遍，实在是一件极不容易的事。

对敦煌石窟的分期排年工作，早在20世纪40年代初就有一些学者在莫高窟展开研究，并发表了一些调查结果。如《说文明刊》上刊载何正璜撰《敦煌莫高窟现存佛洞概况之调查》，记录了共305个洞窟的内容，还给一些洞窟注明了时代。谢稚柳先生也在敦煌以张大千所作洞窟编号为序，对各个洞窟逐一记录，按窟形、塑像、壁画、供养人题记等项目排列，有些记录内容十分详尽，并附有尺寸。这批资料后以《敦煌艺术叙录》为题出版成书，为研究者提供了许多方便。1944年，李浴先生又全面调查，补充以前的遗漏，共得437窟，编撰出《莫高窟内容之调查》，除记录内容外，还对许多洞窟的时代问题进行了探讨。然而，真正全面系统的内容考证和时代区分是从20世纪60年代初开始，由敦煌文物研究所的专家集体进行的。这项庞大而艰难的工作一直进行到20世纪80年代初，最后在1982年以《敦煌莫高窟内容总录》为题，由文物出版社正式出版。此书无一遗漏地记录了现存的492个洞窟[16]，内容完整，体例统一，定名和断代都比较合理，且编制有索引以备查检，使用方便。可以说，此书是迄今为止最为完备，最为信实可靠的敦煌莫高窟总目录，是研究敦煌艺术必不可少的工具书。

对敦煌石窟的分期断代主要采用了两种方法：一种是较为传统的方法，主要以内容考证和风格分析（包括对建筑形制、彩塑和壁画特征的系统分析）相结合，联系不同时期的历史背景，综合考虑后作出判断；另一种是从国外引入的"考古类型学"分期排年法，从洞窟中选择一些共有的"要素"，如洞窟形制、佛像袈裟、

---

[16] 实际上，莫高窟已编号的洞窟（北区有一批小破残洞未编）只有491个，因为第485窟与第486窟是同一个窟（重号）。但大家已习惯以492个洞窟称呼，故仍沿旧说。

装饰图案等，将同类项目逐一排比，鉴别细微的演变过程，从而确定洞窟的时代先后。这两种方法都特别注重以有确切年代记载的洞窟为标尺来论证分期的科学性。这种能确定年代的洞窟，我们称之为"标准窟"。敦煌迄今已发现的标准窟共有 47 个，占洞窟总数的百分之一，这些窟又可分为两类：一类是直接有年代题记说明建窟时间的；另一类是通过对现存题记的分析，结合现有文献，可以较为肯定地推断出建窟时间的。为方便研究者，现将这 47 个洞窟依时代先后列表如下：

时代	窟号	建窟题记年号（或推论出的年号）	公元纪年
北凉	无	无	无
北魏	无	无	无
西魏	285	大同四年、大同五年	538、539
北周	428	天和前后 *	565~574
	442	保定三年至大象二年 *	563~580
隋	302	开皇四年六月十一日	584
	305	□（开）皇四年三月十五日、□（开）皇五年正月	584~585
	282	大业九年七月一日	613
初唐	390	武德元年至七年 *	618~624
	220	贞观十六年	642
	335	垂拱二年五月十七日、长安二年二月廿日	686~702
	323	载初前后 *	约 689
	96	延载二年（即证圣元年）	695
	123	万岁三年（即神功元年？）*	697
	332	圣历元年五月十四日（据碑文）	698
	217	神龙年之前不远 *	705 之前不远
盛唐	41	开元十四年五月十一日	726
	130	开元九年、开元十三年七月十四日	721~725
	180	天宝七载五月十三日	748
	185	天宝八载四月廿五日	749
	148	大历年间（十一年之前）*	766~776
中唐	365	水鼠（壬子）年、木虎（甲寅）年（藏文）	832~834
	158	开成四年之前 *	839 之前
	231	己未四月（开成四年）*	839

时代	窟号	建窟题记年号（或推论出的年号）	公元纪年
晚唐	16	大中五年至咸通三年 *	851~862
	17	大中五年至咸通三年 *	851~862
	156	咸通二年至咸通六年 *	861~865
	85	"敦牂之岁"（午）至"大渊之年"（亥）*（咸通三年至咸通八年）	862~867
	192	咸通八年	867
	12	咸通十年 *	869
	107	咸通十二年	871
	94	乾符三年至文德元年 *	876~888
	54	中和元年之前 *	881 之前
	256	龙纪年以后 *	889 以后
	9	约景福元年 *	892 左右
	196	景福二年至乾宁元年 *	893~894
	138	光化三年至天祐二年 *	900~905
五代、宋	98	同光年前后 *	923~925 左右
	100	清泰二年至天福五年 *	935~940
	108	清泰三年至天福五年 *	936~940
	22	天福五年至天福十二年 *	940~947
	61	天福十二年至显德四年 *	947~957
	55	建隆三年前后 *	962
	25	开运二年至开宝七年 *	945~974
	5	显德四年以后 *	957 以后
	454	开宝七年至太平兴国五年 *	974~980
	449	太平兴国五年以后 *	980 左右
西夏、元	65	大安十一年以前 *	1085 以前
	3	至正十九年前后 *	1357 前后

说明：

1. 此表据《敦煌莫高窟供养人题记》编制而成。洞窟年代详细考证过程参见书后所附贺世哲《从供养人题记看莫高窟部分洞窟的营建年代》，文物出版社，1986 年。

2. 有 * 号者系根据有关题记资料等考证分析鉴别的年代。

　　除上表列出的 47 个洞窟外，还有一批极为重要的题记资料，说明了某些洞窟重修重绘的时间，虽然这些时间并非建窟时间，不能用于洞窟形制年代的判定参考，但起码指明了某些部位壁画的绘制年代，以此为依据，则可推测出一大批风格相似的洞窟的修建时间。这批资料共有约 30 条，亦一并列表于下以供参考。

时代	窟号	位置	题记年号（或推论年号）	公元纪年
唐	432	前室顶部	贞观廿二年正月	648
	386	南壁底层泥皮上	上元二年七月十一日	675
	220	通道南壁	大中十一年六月三日	857
	30	前室北壁底层	大顺三年岁次壬子四月一日	892
	148	"再修公德记"碑文	龙纪二年以前	890 以前
五代、宋	401	东壁北侧	隆德二年	922
	98	动笔南侧李圣天像	（曹元深时期）*	940~945
	84	前室西壁通道	真明五年	919
	220	通道北壁	同光三年	925
	387	西龛下部	清泰甲午（元年）	934
	166	东壁北侧	唐□（己）亥年（即天福四年）	939
	329	通道南北两壁	后唐时期*	923~936
	244	通道南北两壁底层	曹元德时期*	935~940
	412	西龛下部	天福年间	936~943
	205	通道北壁	曹元深时期*	940~945
	469		广顺三年	953
	96	北壁 据《梁国夫人重修北大像记》	乾德四年五至六月*	966
	124	前室西壁门上	大同广顺□年	951~953
	79	通道南壁	建隆三年前后*	962 前后
	203	前室西壁门上	建隆三年前后*	962 前后
	427	前室窟檐横梁	乾德八年岁次庚午正月	970
	437	通道南壁	开宝三年左右*	970
	444	窟檐横梁	开宝九年（即太平兴国元年）	976
	431	前室窟檐前梁	太平兴国五年	980
	342	通道南壁	曹延禄初当权时*	980 前后
	311	通道南壁	曹延禄初当权时*	980 前后
	130	主室东壁	曹宗寿时期*	1002~1014
	256	东壁门南、门北	曹宗寿时期*	1002~1014
西夏	285	窟内西起地一小禅室北壁	雍宁乙未二年（西夏文）	1115
元	61	南北两壁	皇庆年间*	1312~1313

从前秦建元二年（366 年）乐僔开窟算起，到元朝至正二十八年（1368 年）灭亡为止，约有一千年时间。这期间经历了十多次改朝换代，敦煌莫高窟修建的历史未曾间断。由于敦煌地方政权更迭转换的时间与中原地区有所不同，所以对敦煌莫高窟历史的分期就不能照搬中原王朝演变的时期划分，而应根据当地的历史特殊性来区别。

我们知道，敦煌现存最早的有明确纪年的洞窟是第 285 窟，修建时间是西魏大统四年至五年（538~539 年）。比此窟更早的洞窟就只能依据相对间接的资料来探讨，因此对这批洞窟的分期断代学者间分歧较多。特别是对现存最早的一组洞窟，即第 268、272、275 窟，看法颇有不同，主要有如下几种意见：一种认为建于十六国晚期北凉统治敦煌时期，即 421~442 年[17]；另一种认为始于北魏，晚于云冈初期，约在太和初年 (476 年以后)[18]；第三种认为建于西凉统治敦煌时期，约当 400~421 年[19]。此外还有人主张 300 年以前的看法[20]。最近又有学者撰文提出将这组窟的修建时间定为"西凉与北凉、北凉与北魏政权交替之际所建，时在 421~439 年之间"[21]。当然，如果我们按《敦煌莫高窟内容总录》的分法，将这组窟归入较宽上限的范围，可能就更保险一些，即将其定在乐僔开窟以后至北魏占领敦煌之前这段时间（366~439 年）。为给读者提供一个较为清晰的时间概念，此将敦煌石窟历史分期列表如下：

敦煌石窟历史分期		
时期	中国传统纪年	公元纪年
十六国	前凉张天锡三年—北凉永和七年	366~439
北魏	太延五年—永熙三年	439~534
西魏	大统元年—恭帝三年	535~556
北周	宇文觉元年—大象二年	557~580
隋	开皇元年—义宁二年	581~618
唐	武德元年—天祐三年	618~906
初唐	武德元年—长安四年	618~704
盛唐	神龙元年—建中元年	705~780
中唐	建中二年—大中原年	781~847
晚唐	大中二年—天祐三年	848~906
五代	后梁开平元年—后周显德六年	907~959

---

[17] 樊锦诗、马世长、关友惠：《敦煌莫高窟北朝洞窟的分期》，《敦煌研究文集》，甘肃人民出版社，1982 年。

[18] 宿白：《敦煌莫高窟早期洞窟杂考》，《大公报在港复刊三十周年纪念文集》卷上，香港：香港大公报社，1978 年。

[19] 王泷：《甘肃早期石窟的两个问题》，《1983 年全国敦煌学术讨论会文集》(石窟·艺术编·上)，甘肃人民出版社，1985 年。

[20] 阎文儒：《莫高窟的创建与藏经洞的开凿及其封闭》，《文物》，1980 年第 6 期。

[21] 史苇湘：《莫高窟北凉石窟漫谈》，敦煌研究院编《敦煌学国际学术研讨会文集 1990·石窟考古编》，辽宁美术出版社，1995 年。

敦煌石窟历史分期		
时期	中国传统纪年	公元纪年
宋	建隆元年—景祐二年	960~1035
西夏	大庆元年—宝义二年	1036~1266
元	成吉思汗二十二年—至正二十八年	1227~1368

在确定分期标准之后，仍有许多问题不易解决。除了最早一组洞窟的时代问题，还有一些洞窟由于残破等原因难以归入具体的时期。但不管怎么说，有几十年来的研究基础，全部 492 个洞窟都可以有一个归属了。为使读者查阅方便，兹将全部洞窟按时代先后分组并列，同一组内则以编号数目大小为序。

时期	窟　号	合计
十六国（366~439 年）	267、268、269、270、271、272、275	7
北魏（439~534 年）	251、254、257、259、260、263、265、273、431、435、437、441、487	13
西魏（535~556 年）	246、247、248、249、285、286、288	7
北周（557~580 年）	250、290、291、294、296、297、298、299、301、428、430、438、439、440、442	15
隋（581~618 年）	56、59、62、63、64、206、243、244、253、255、262、266、274、276、277、278、279、280、281、282、284、289、292、293、295、302、303、304、305、306、307、308、309、310、311、312、313、314、315、316、317、318、376、378、379、380、383、388、389、390、391、392、393、394、395、396、397、398、399、400、401、402、403、404、405、406、407、408、409、410、411、412、413、414、416、417、418、419、420、421、422、423、424、425、426、427、429、433、434、436、451、453、455、456、457	96
初唐（581~618 年）	51、57、58、60、67、68、70、71、77、78、96、202、203、204、205、207、209、210、211、212、213、220、242、283、287、321、322、328、329、331、332、333、334、335、338、339、340、341、342、371、372、373、375、381、386、448	46
盛唐（705~780 年）	23、26、27、28、31、32、33、34、38、39、41、42、44、45、46、47、48、49、50、52、65、66、74、75、79、80、83、84、87、88、89、91、101、103、109、113、115、116、117、118、119、120、121、122、123、124、125、126、129、130、148、162、164、165、166、170、171、172、	98

时期	窟　　号	合计
盛唐 （705~780 年）	175、176、179、180、182、185、188、194、199、208、214、215、216、217、218、219、223、225、264、300、319、320、323、345、347、353、374、384、387、444、445、446、450、458、460、482、483、484、490、492	98
中唐 （781~847 年）	7、21、43、53、69、92、93、112、133、134、135、144、151、153、154、155、157、158、159、186、191、197、200、201、222、226、231、234、236、237、238、240、258、357、358、359、360、361、363、365、366、368、369、370、447、449、467、468、469、471、472、474、475、478、479	55
晚唐 （848~906 年）	8、9、10、12、13、14、15、16、17、18、19、20、24、29、30、54、82、85、94、102、104、105、106、107、111、114、127、128、132、136、138、139、140、141、142、143、145、147、150、156、160、161、163、167、168、173、177、178、181、183、184、190、192、193、195、196、198、221、224、227、229、232、241、336、337、343、348、349、459、470、473	71
五代 （907~959 年）	4、5、6、22、35、36、40、61、72、86、90、98、99、100、108、137、146、187、189、261、325、346、351、362、385、476	26
宋 （960~1035 年）	25、55、73、152、174、230、233、235、256、355、364、377、443、452、454	15
西夏 （1036~1226 年）	37、239、245、324、326、327、330、350、352、354、356、367、382、415、464、491	16
元 （1227~1368 年）	1、2、3、95、149、462、463、465、477	9

说明：

1. 另有 9 个洞窟断为"唐代"，难分早晚。它们是：76、81、97、110、131、169、252、344、466。

2. 另有残毁严重，情况不明者共 7 个（包括一个重号）480、481、485、486（同 485）、488、489。

3. 清代开有两窟：11、228。

4. 以上所有洞窟合计 492 号。

5. 此表根据《敦煌莫高窟内容总录》编成，但与此书所附史苇湘《关于敦煌莫高窟内容总录》所列的窟号有较多区别，因为史文记入了一批"重修"洞，易与开凿之窟相混，本表依据该书正文，以开窟时间为准。

　　如从总体上对这 492 个洞窟作一宏观分析，又可将其归纳为早、盛、中、晚四个阶段。我将从下一章开始，对这四大阶段的敦煌艺术逐一介绍分析。

第三章　融合：敦煌早期艺术（366~580年）

敦煌早期艺术，从理论上讲，是以前秦建元二年（366年）乐僔开窟算起，因为虽然我们现在未见到当年的乐僔窟，在莫高窟前所做的考古发掘也没有找到坍毁的残片，但迄今为止的发掘工作还不够全面彻底，找到当年遗迹的可能性依然存在，而且我们也没有足够的证据肯定地说，今天仍存在的第268窟绝对不是当年的乐僔窟。

实际上，正如我们在上一章中讨论过的，敦煌现存最早的一组洞窟，应属于北凉时期。紧跟其后的是北魏、西魏和北周三个朝代。北凉对敦煌的统治始于421年，至北周被隋朝所灭（580年），其间约有一百六十年的时间。此期间的敦煌艺术，虽然随历史的演进而变化多端，但在总体上仍存在着某些共同的特征，兹略举数端如下：

一、内容选择上有两个基本的主题，佛像和故事画。早期洞窟中有相当数量的佛像，不仅几乎每个洞窟的主要图像都是佛像，而且在洞窟南北两壁也塑禅定佛像（如第259、254窟），更为大量的则是壁画中的千佛和说法图。与佛像相配的自然有一定数量的菩萨像，主要是以佛的"侍从"身份出现，即所谓"供养菩萨"。此外还有一些弥勒菩萨造像，而且在第275窟弥勒菩萨还被塑为主尊像，但仅此一例而已。大量绘制和塑造佛像的原因，主要是这段时间中国北方正盛行禅学，特重禅修与观像，这与当时流行于南朝偏重于教义的宣传和研究的般若学派是大不一样的。敦煌仅有的三个"毗诃罗（Vihara）"式洞窟——北凉第268窟、北魏第487窟和西魏第285窟——均开凿于这个时期，反映了禅学流行对石窟艺术的影响。

敦煌壁画中的故事画主要有四大类。本生故事、因缘故事、佛传故事和佛教史迹故事。除最后一类外，前三类在早期均已出现。

早期故事画多选择悲剧性的主题，如施头、挖眼、割肉、饲虎、活埋等，而画家在描绘这些故事时又特别强调突出惨烈的场景，如饿虎瞰食人体、刽子手持刀割人肉、行刑者挖眼等，以悲惨壮烈的画面来反衬故事主人翁的崇高——超人的痛苦，超人的忍受力，抛舍一切的狂热，执着赤诚的信仰……这种种交织着呻吟、叹息，同时激昂、庄严、遥远而又沉重的历史回声，让我们知觉到人类的坚忍、毅力、勇气和大无畏的牺牲精神。"这种知觉、体验有时使我们好像也进入了同样的道德境界，欣赏中的痛感又部分转为喜悦、激动"[1]。在敦煌早期壁画中，宗教的内容虽然占据绝对中心的地位，但画面形、色、线的艺术表现力，已经使这些佛教壁画超越了宗教自身的含义，成为人们共同拥有和享受的文化财富。

二、表现形式上强调神的伟大、庄严和神圣。早期的主尊像形体雄壮，姿态有力，表情莫测高深。而供养人形象则小而简略，且多画于不显眼的位置。这种强烈的对比，反映了早期佛教艺术的一个重要特征：神的伟大和人的渺小。这和隋、唐以后世俗性很强的石窟艺术形式有明显的区别。

三、早期敦煌艺术的风格多处在吸收、融合、变革、创新的状态，充满了勃勃生机。虽然在北魏时期初步形成了自己独具特色的风格——敦煌风格，但仍不够成熟，经受不住外来艺术风格的强烈冲击，几乎很快被东来的"秀骨清像"风格所淹没，而后也一直处于不很肯定的状态，但其旺盛的生命力和创造力，为隋唐时期敦煌风格的确立奠定了基础。

四、早期敦煌壁画的形式风格展示出一种未曾失去童真魅力的独特风采，这与和谐完美的唐画迥然相异。它激动不安，阴郁而又热烈，奇异而又朴实，豪爽而又多姿。许多被后人视为不可逾越的规范和法度，它往往任意突破，不予理睬；许多难以融合在一起的表现方法，它常常随心所欲地使用。这种充满自信的自由、豪迈和潇洒，使人感受到解放的欢欣和创造的喜悦。而早期敦煌彩塑则更多地显示出庄严、神秘和抽象之美，引人入胜而又似乎难以捉摸。同期的建筑空间也给人许多想象和探索的余地，如中心柱窟光线很暗的后部空间、毗诃罗窟神秘的小禅室等，这与后来占绝大多数的覆斗式殿堂窟那种一览无遗的内部空间差别很大。

鉴于许多共同特征的实际存在，我们将这段时间的敦煌艺术总称早期艺术，以便更好地从总体上把握敦煌艺术发生、发展和消亡的变化过程。

---

[1] 郎绍君：《早期敦煌壁画的美学性格》，《文艺研究》，1983 年第 2 期。

III—1. 北凉：佛教艺术与地方社会史

作为莫高窟现存最早的一组洞窟，北凉艺术显示出不肯定的探索痕迹和浓厚的西域影响，特别是来自古龟兹国佛教艺术的影响，这可以在克孜尔石窟同时期石窟壁画中找到证据。

北凉时期这组洞窟——第268（含267、269、270、271）、272、275窟——它们互为比邻，均处在整个莫高窟的中部，但在建筑形制上却有很大差别。这组北凉时期建造的洞窟，通常被合称为"北凉三窟"。

第268窟是由窄长的通道式主窟和南北（左右）两侧壁各两个小支洞（禅室）组成的，开凿并不规范，大小深浅参差不齐，显示出明显的探索特征。窟顶平面，上浮塑斗四藻井，后壁（西壁）开一尖楣圆弧形龛，内塑交脚佛像。

第272窟平面为方形。窟顶近似穹隆形，中心浮塑斗四藻井。窟顶与四壁的连接圆转，上下之间无明显界限。西壁开一穹隆形龛，龛内塑倚坐佛像。

第275窟平面呈长方形，顶作起脊较宽的纵向人字披形，其上浮塑脊枋和椽子。西壁前塑交脚菩萨一身，坐于方座之上，座两侧各塑一狮。南北两侧壁上部各开阙形方龛二，对树形圆弧龛一，龛内分别塑一交脚菩萨或思惟菩萨。

这一组互为比邻的窟形制非常特殊，不仅各具特色，而且在以后开凿的洞窟中没有再出现同样的形制。此外，我们在河西现存诸石窟和中原内地的早期石窟中也没有见到这样的窟形，但与此相类似的窟我们在印度早期石窟中却很常见，如著名的阿旃陀石窟，全部26个窟中，就有22个是与敦煌第268窟相似的毗诃罗窟，其凿造时间是公元前2世纪到7世纪。在我国新疆地区也有一批这类窟，如拜城克孜尔和库车以北苏巴什一带等。敦煌第272窟的拱形穹隆窟顶和龛顶，似乎还带有西城游牧地区传来的遗意。因此，我们有理由说，敦煌现存最早的一组窟，在

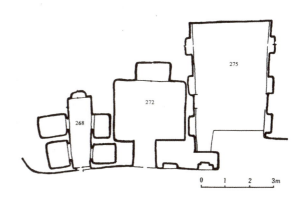

图067 莫高窟"北凉三窟"（第268、272、275窟）平面布局图

图068 莫高窟北凉第268窟内景　　　　　　图069 莫高窟北凉第272窟内景

建筑形制上，主要是继承了从西边传来的艺术形式。

　　但是，敦煌的艺术家显然并不满足于照搬西来的旧有模式，而力图有所创新。他们的努力，在第275窟反映得最充分。最突出的例证，就是在表现弥勒天宫时，他们采用了汉朝以来在中国广为流行的"阙"。

图070 莫高窟北凉第275窟内景

据萧默先生研究考证，阙的历史在中国至少可以上溯到周代，汉代中国各地建筑已广泛使用阙，如宫阙、城阙、墓阙、庙阙等，在考古发掘出的汉代画像砖和随葬"明器"中，我们也可以大量见到阙的形象，有些实例，如四川羊子山东汉墓出土的门阙图画像砖，与敦煌第275窟的阙形龛几乎一模一样。后人有诗云：

图071　莫高窟北凉第275窟阙形龛

"不知天上宫阙，今夕是何年？"反映出在中国诗人的心目中，天宫与阙是连在一起的。只是敦煌的"天上宫阙"里坐的是弥勒菩萨，而非中国的玉皇大帝之流。此外，画家在描绘悉达多太子离宫出游四门的情节时，也用汉阙来表现宫门。

北凉三窟的塑像，同样反映出浓重的西来影响。三窟中塑像保存最完好，数量最多的是第275窟，而第268窟和第272窟仅各存一身，而且头部是宋代重修的，只能就躯干四肢来探讨北凉塑像的特征。

图072　四川羊子山东汉墓出土"门阙"画像砖（转引自萧默《敦煌建筑研究》）

图073　莫高窟北凉第275窟南壁出游四门中的城门（转引自萧默《敦煌建筑研究》）

图074　莫高窟北凉第275窟西壁前彩塑弥勒菩萨像

第 275 窟西壁未开龛，在紧靠西
壁的中间部位塑交脚菩萨像，坐于狮
子座上。一般学界公认"这种头戴三
珠宝冠、裸上体、着裙、两脚交叉而
坐的菩萨像就是代表《佛说观弥勒菩
萨上生兜率陀天经》上所说弥勒菩萨
于阎浮提殁后上生兜率陀天宫的弥勒
菩萨造像"[2]。此像高 3.34 米，在并不
宽敞的室内空间中显得庞大威严。值
得注意的是，这尊弥勒塑像的头冠正
中浮塑了一个作禅定状的佛像，这与
后来的弥勒菩萨像有所不同，应该是
表现了弥勒菩萨和弥勒佛集于一身，
这就使这个居于主尊位置的菩萨更具
主次尊卑的合法性。

图075　莫高窟北凉第275窟西壁前彩塑弥勒菩萨像
头部特写

　　这尊塑像形体粗壮，上身虽有少量璎珞装饰和帔巾，但肉体大部裸露，扁平
的胸部，壮硕的腰部和粗大的四肢均显出男性的特征。肉体表面平整光洁，着眼
于大的轮廓，省略了肌肉起伏变化的细节，反映出汉族塑匠对光洁平滑人体的喜
爱，类似的处理方法我们在汉墓出土的许多陶俑上可以见到。下体束裙的褶纹采
用了贴泥条式和阴刻线相结合的手法，纹路的起伏变化紧贴人体，这是后来名显
一时的"曹衣出水式"人像在中国塑像中最早的范例之一。此像头部方中带圆，
两颊丰满，五官线条柔和，鼻梁隆起直通前庭，眼球外突，鼻翼单薄，嘴唇上厚
下薄，嘴角内收，露出含蓄的微笑。头发采用细密的阴刻线均匀排列，发绺长垂，
散披两肩，颇具质感。

　　总的来看，此像体形粗壮，表情生动，衣纹以平列的凸起贴泥条为主，明显
是从印度笈多（Gupta）时期的秣菟罗（Mathura）派造像发展而来。笈多时期（特
别是 5 世纪时）的秣菟罗造像受到犍陀罗造像风格的影响，人像的衣纹多采用凸

[2] 史苇湘：《珍贵的敦煌彩塑》，《中国美术全集・雕塑编・敦煌彩塑》，上海人民美术出版社，1987 年。

出的线条平行排列，西方有些学者称之为"细绳样衣折"（String-like folds），但仍保持了本地旧有的强壮的体形和生动的表情。所以，可以说敦煌北凉彩塑的风格与同时期印度北部秣菟罗一带造像的风格是基本一致的。但敦煌的塑匠并不是完全照搬印度的造像方法，而是结合中国传统的塑像技法作了改造和创新。对比同时期秣菟罗与敦煌的佛教造像，我们很快就会发现二者间也有明显的不同之处，前者有更重的希腊雕像影响，人体较为写实，五官刻划清晰并具有一些希腊人特征，后者人体较为抽象概括，五官与面颊等浑然一体，有更多的东亚人特征。

第 272 窟塑像头部是后人补塑的，但人体却保留了北凉原塑的风貌。此像肩宽体壮，姿态雄健，贴体的袈裟褶纹与前述第 275 窟菩萨褶纹相似。第 268 窟西龛内所塑的交脚佛头部也是后人所修，形体仍具备肩宽体健之特征。此像高 0.76米，着右袒袈裟，衣纹为浅刻阴线，紧贴人体。

有些较小的塑像虽非主尊，但仍刻塑得细腻生动，如第 275 窟南壁上部东侧阙形龛内的交脚弥勒菩萨，头戴三珠宝冠，肩披长巾，腰束短裙，双手交置胸前，似正为惑者"决疑"解难。嫣然含笑的神情，优美自然的姿态，令人神往，使观者对富足美满的未来弥勒世界油然生出向往之情。

图076　莫高窟北凉第272窟西龛内主尊佛像　　　图077　莫高窟北凉第275窟南壁阙形龛内弥勒菩萨

　　特别需要指出的是，敦煌的塑像一开始就是塑绘结合，互为补充的，一些难以塑出的细节，或不太重要的某些部位，则辅以绘画来表现，如阙形龛顶部及瓦饰、门楣皆泥塑而成，椽与斗拱则为笔绘，绘塑结合自然，体现出中国传统艺术绘塑不分的特点。

　　北凉时期的壁画，在总体设计上主要以横向分层为特点。如第272窟窟顶中央是绘塑结合的藻井图案，侧壁壁画则分为上中下三层：上层绘天宫伎乐；中层绘说法图、千佛、供养菩萨；下层绘三角垂帐纹。第275窟南北侧壁也各分为上、中、下三层：上层各开阙形方龛二，对树圆券形龛一，龛内分别塑一交脚菩萨或思惟菩萨；中层画佛传和本生故事，其下绘供养人或供养菩萨一列；最下层绘三角垂帐纹。

　　北凉壁画表现的题材主要有佛、菩萨、天人、飞天、天宫伎乐、佛传故事、本生故事、供养人、装饰图案等。

　　北凉的佛像见于第272窟南北两壁的小型说法图中，形象小而模糊，远不如供养菩萨形象生动有趣。第272窟西龛内南北两侧分别绘一形象较为突出的供养菩萨，南侧一身面相椭圆，体态丰满，手臂细长柔软，十指纤细修长，特别用厚重的晕染突出乳房和腹部及肚脐，明显反映出印度壁画人物造型强调乳房和腹部的特征。此像头戴三珠宝冠，脑后有双层头光，帔巾从两侧对称下垂，富于装饰美。

　　第272窟西壁龛外南北两侧对称描绘了两队动态极为优美的供养菩萨。南侧菩萨可分为上下四组，每组五身，各身动态不一，婀娜多姿。但每组相邻的两身动势连贯、互为因果，均向中间佛陀塑像运动。此图的对面（北侧）以对称的方式描绘了同样数目、大小相等的供养菩萨，但动势方向相反，正好与此图对应，形成强大的向心力，使八组共四十身不同动态的菩萨统一在佛陀的周围，表现了供养菩萨的虔敬心理及其与佛的关系。此图以单纯的土红作地色，菩萨的头光、腰布也以纯色为主，略施晕染。全图波澜起伏，气氛热烈。值得注意的是这些菩萨的舞姿多有拧腰、侧目、弄指、跷脚等动作，显然受印度舞蹈风格的影响。

　　敦煌北凉壁画中的天宫伎乐图也颇具特色。如第272窟窟顶四披所绘，天宫皆为穹隆顶的西域式建筑，门两侧有希腊式柱头，栏台用透视画法，立体感很强，这是中国古代绘画中最早采用透视法描绘建筑的范例之一，值得特别注意。此图中四身伎乐神情各异，舞姿优美，其中一身正弹奏琵琶。这种乐师与舞者间隔排

图078 莫高窟北凉第272窟西龛内北侧胁侍菩萨

图079 莫高窟北凉第272窟西壁南侧供养菩萨

图080 莫高窟北凉第272窟西壁北侧供养菩萨

列作环状舞动的舞蹈，应是当时西域舞蹈实况的再现。此图中三身飞天是环绕藻井的飞天行列中的一部分，飞行方向一致。由于身材短壮，又处于一窄长空间内，飞动感不强，但因其与所处空间正相适合，故富有装饰美。

第 272 窟整个窟顶被一圈飞天和一圈天宫伎乐环绕，像是逐渐升高的天空。天顶正中是方形套叠藻井，中心是一朵大莲花漂浮在水池里，表现一片单纯清净的佛国净土。

图081　莫高窟北凉第272窟窟顶天宫伎乐

图082　莫高窟北凉第272窟窟顶全图

图083　莫高窟北凉第275窟北壁诸故事画横带

敦煌北凉飞天除画在藻井四周外，还见于故事画中或佛背光内。其造型特征是：身材粗短，上身裸露，肩披大巾，鼻梁和眼球上点染白粉以示高光，与西域佛教石窟特别是龟兹石窟中的飞天形象，在飞动姿态、色彩、线描及绘制过程方面均很相似。

当然，北凉壁画中最为引人注目的，还是绘于第275窟南北两壁中层的两组故事画。北壁中层从里到外连续画了五个本生故事，即《毗楞竭梨王本生》《虔阇尼婆梨王本生》《尸毗王本生》《月光王本生》和《快目王本生》。

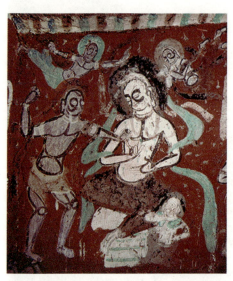

图084　莫高窟北凉第275窟北壁《毗楞竭梨王本生》

北壁最西端所绘《毗楞竭梨王本生》，故事讲的是阎浮提地方有一大王名叫毗楞竭梨，他心好妙法，派遣大臣四处寻找能说妙法的人。有一婆罗门名劳度叉，自称能说妙法，但必须在毗楞竭梨王身上钉入一千根铁钉才能为其说法。大王不顾国中臣眷属的哀求劝阻，于七日后让劳度叉在身上钉千根铁钉以求妙法。大王身钉千钉而无悔，誓求佛道，帝释天便以神通力使大王身上的创伤当即平复 [3]。

---

[3] 参见佛典《贤愚经》卷一"梵天请法六事品"。更早译出的相关佛典有《菩萨本行经》。

　　画家选择了"砸钉入身"这一惨烈的场面来概括整个故事。画中的毗楞竭梨王交脚而坐，以超人的忍耐力承受着肉体的极大痛苦，表情坦然，隐忍自持，表现出矢志求佛道的坚定信念。旁边的劳度叉仅穿一裤衩，双眼圆睁，紧盯着正凿进大王身体的铁钉，右手高举铁锤，正准备狠砸下来。两个主要人物性格鲜明，对比强烈，十分传神。大王膝下哀哭的眷属，更增强了画面的悲剧气氛。

　　此图色彩处理简洁，在土红地色上衬托出石绿色披巾和黑色的头光与腰布，乳白色的肉体上有粗壮的晕染线，使人物形象显得更为醒目、古朴。

　　紧接此图绘的是《虔阇尼婆梨王本生》，故事内容与上图较为相似。这个名叫虔阇尼婆梨的国王为求妙法愿让劳度叉在身上剜肉燃千灯，最后也是帝释天以神通力使其创伤当即平复[4]。这幅壁画虽然残破，国王的身体部分已经难以看清，但劳度叉左手伸向国王腰部，右手拿着燃烧的油灯，灯上火苗清晰可见，为我们识别此画主题提供了重要参考。

　　紧接《虔阇尼婆梨王本生》的是《尸毗王本生》，描绘的故事主角是古代印度大国阎浮提的国王，名叫尸毗。他行菩萨道，志固精进。帝释天为了考验尸毗是否至诚，命毗首羯磨天化作鸽，自己化作鹰，急迫相逐捉食。鸽飞至尸毗王腋下求救，尸毗王向鹰提出以其他肉代替，鹰却要等量的新鲜热肉，尸毗王不忍害一救一，愿以自己的身肉代替鸽肉。他命人取来秤盘，一头置鸽，一头置所割身肉。由于所割身肉始终不够等量，他毅然在气力不支的情况下，强力举身置秤盘上，欲以全身之肉换取小鸽性命。尸毗王精进立行的行为感动了天地诸神，顷刻间天宫倾摇，大地震动，天神啼哭，天花供养。帝释天终于还复了本形，尸毗王身体恢复原状[5]。

　　在此图中，画家选择了割肉和过秤

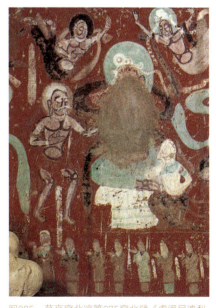

图085　莫高窟北凉第275窟北壁《虔阇尼婆梨王本生》

[4] 参见佛典《大智度论》卷十一"释初品"。
[5] 参见佛典《六度集经》卷一"菩萨本生"。

图086 莫高窟北凉第275窟北壁《尸毗王本生》

两个连续情节,表现从忍痛割肉到不惜献身这一悲剧高潮的形成。画面人物平列,没有景深,略去了各种细节,使画面呈现出简洁明快的装饰效果。两个情节之间虽有一条象征性的间隔线,但上部的飞天和下部割肉的刽子手成为两场面间的过渡连接,使全画浑然一体。此图是莫高窟最早的连环故事画之一,也是以后大量出现的横卷直线型构图连环故事画的先导。

此图旁边接画《月光王本生》,故事说:月光王乐善好施,驰誉诸国。有一小国国王名毗摩斯那者心生忌妒,欲加害于月光王,重赏募婆罗门,许能得月光王头者,"分国半治,以女妻之"。有劳度叉应征,至月光王处乞头。月光王允之。劳度叉持刀欲砍头,被树神以神通力惩治,命"其项反向"。月光王即向树神说,我于此树下曾以头施人九百九十九次,施此一次,即满千数,遂由劳度叉砍头而去 [6]。壁画上是月光王施头情节,前有一人胡跪以盘盛三头,以示施头千次。画中的月光王仍是有头的完整形象,似乎画家不愿让月光王以无头尸体的恐怖样子呈现在观者面前。

由此图再往东部分,因宋代修土坯隔墙和重绘壁画覆盖,内容长期难以知晓。

---

[6] 参见佛典《六度集经》卷一"干夷(月光)王本生"。

前些年由于表层宋代壁画逐渐剥落，部分原画露出，经有关专家仔细辨认画面，查阅佛经，考证出所绘为《快目王本生》[7]。

与这组故事画相对的南壁绘的则是选自佛传中的故事情节"出游四门"。故事是讲释迦牟尼在净饭王家为太子时，因久居宫中闷闷不乐，便骑马出游，在东、南、西、北四门，分别遇见老人、病人、死人、生人，悟人间诸"苦"，立志出家，最后终于成佛。

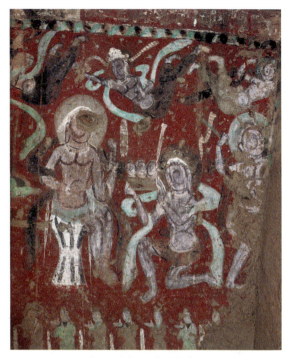

图087 　 莫高窟北凉第275窟北壁《月光王本生》

南壁西头画"路遇老人"一节，画中右侧的建筑物是与另一情节间的自然分界，同时也是联结两者的绝妙纽带，使画面形成既有阶段性，又有连续感的统一结构。两个中心人物——太子与老人，形象均大于其他人物，使观者易于分辨。白发苍苍的老人双眉紧皱，胡须颤动，抬眼望着马上的太子，似在激动地"诉苦"。太子眉头微蹙，眼望老人似在倾听，如在思索。次要人物可分为两组：太子一侧

图088 　 莫高窟北凉第275窟北壁宋代土坯墙被移除后的壁画状况

[7] 樊锦诗、马世长：《莫高窟北朝洞窟本生、因缘故事画补考》，《敦煌研究》，1986 年第 1 期。

图089　莫高窟北凉第275窟南壁"路遇老人"

图090　莫高窟北凉第275窟北壁中层供养人行列

者目视老人，老人一侧者则回望太子。两组人物虽有两个不同的视线点，但两个
主要人物的对视，将两组人物有机结合为一体，很好地传达出人物特殊的心理活
动。这种表现方式，与顾恺之所谓"凡生人亡有手揖眼视而前亡所对者，以形写神，
而空其实对，荃生之用乖，传神之趋失矣。空其实对则大失，对而不正则小失"[8]
的论述正相吻合。

---

[8]（唐）张彦远：《历代名画记》卷五，浙江人民美术出版社，2011年，第92页。

在人—景关系上，图
中的房屋建筑只是说明故
事内容的"道具"，画得
小而简略，这与当时以"人
大于山"为典型的重人不
重景的美学思想是合拍
的。人物多被设计在同一
平面上，画面缺乏深远的
空间感。

图091　莫高窟北凉第275窟北壁西端 "音乐供养"

北凉时期的供养人像
一般尺寸较小，多描绘在一窄长平面中，人物高矮、服饰相似，没有什么性格刻
画，难辨具体画的是谁，只是在每像头侧书一榜题，写出供养人姓名以示区别。

第275窟北壁中部供养人行列的西头有四人，后两人双手合十，面佛虔
敬肃立。前两身昂首吹胡角，乐器被画得很大，并装饰有花穗，以示以"音
乐供养"。

敦煌壁画，从本质上讲，是一种建筑装饰画，所以，除佛、菩萨和故事人物
外，还有相当数量的纯图案装饰画。北凉时期的敦煌图案画主要有三类：平棊藻
井图案，边饰图案和头光背光图案。

第268窟窟顶平棊上的藻井图案采用四方岔角套叠形式，共画有三个大小相
异的藻井纹样。四方套叠共四层，逐层缩小叠涩幅度，形成三个向上升腾的视觉
空间，冲破了洞窟建筑内界面的空间限制，减少了由洞窟低矮造成的压抑感。正
中莲花的圆形，周围套叠的方形，方形错位叠压而成的三角形，构成渐次展开的
丰富变化。旋转飞舞的飞天，则给静态的几何形以强烈的动感，使整个画面充满
了活力。安插在藻井方形套叠拐角处的莲花化生，从莲蕾里伸出头来，观望净土
风光，造型生动有趣。

总的来说，敦煌北凉壁画反映出浓重的西域风格，人物形象大多面相丰圆、
直鼻、竖眉、大眼、厚唇，肢体短壮，上身半裸，胸饰璎珞，身披大巾，腰裹长裙。
菩萨与国王等多着西域式衣冠，世俗妇女服装则多为龟兹式。画面均以土红为地
色，色调质朴淳厚，气氛庄重热烈。人体画法用浓重色块晕染凹部，以再现起伏

图092　莫高窟北凉第268窟窟顶平棊藻井图案

变化之态，即画史上所谓"天竺遗法"，也就是从印度、西域传来的画法。人物面部轮廓及眼眶，多用朱色作圆圈状渲染（现已变为黑色），眼球和鼻梁点以白粉，显然画法已开始走向程序化。值得注意的是，部分供养人像着汉族衣冠，并采用中国传统的素面描线的画法。

　　从政治史、宗教史和社会史的角度来分析，北凉攻占敦煌之前，敦煌当地人的主要宗教信仰，是带有道教色彩的民间鬼神信仰。尽管有一些零星的佛教僧人在敦煌活动的记载，但他们对本地人宗教信仰习俗的影响显然十分有限。直到北凉攻占敦煌的421年，佛教在敦煌的统治性地位，才真正确立，并根本性地改变了当地人的宗教信仰、丧葬习俗和与其相关的艺术实践活动。

　　从考古发现的证据来分析敦煌当地的宗教信仰和丧葬习俗，可以看出从3世纪初到5世纪初的两百年间，当地人基本以鬼神信仰为主，并显露出道教观念的痕迹。与敦煌同位于河西走廊西头的嘉峪关曾出土一件甘露二年（257年）的斗瓶镇墓文，其上文字虽颇破损，但仍可识别出"各与俱去"和"死者不怨生者"

等句[9]，这与后来的大量出土的斗瓶镇墓文句式和表达的观念显然是一致的。1979年嘉峪关新城古墓区第13号墓出土一件265年的绢质招魂幡，其上有"死人之阴，生人之阳"八个字。这显然与道教的阴阳概念有关[10]。另外有一件265年的斗瓶，其上的镇墓文有"天帝昭告张氏□□后死者……如律令"等字样。敦煌烽燧遗址出土一件西晋时期（316年）的木简，其正面文字为"仙师赦令：贵龙星镇定空安"，背面文字为"金、木、水"，而且在正面的"赦令"二字下还画了一道符箓。这些出土文物，显然也与道教有关。

到了西晋的咸宁二年（276年），我们开始见到更完整的斗瓶镇墓文。现藏甘肃省博物馆的吕阿徵斗瓶镇墓文保存较好，文曰：

人膺五谷，乃得

□□序地置祁

□人立失，移央

传笿，后利父母，

女以兄弟。天

寇所过，罚不

得再。阿徵甲申

日死，致意八魁九

坎，天恭素□□

岁月传□□□

人殊路，人□□

□□□□□□

合曾青□□□

粟以□寅□□

与家。如律

令。

---

[9] 王素、李方：《魏晋南北朝敦煌文献编年》，（台北）新文丰出版公司，1997年，第54页。

[10] 王素、李方：《魏晋南北朝敦煌文献编年》，第59页。

现藏于甘肃省考古研究所的顿霓儿斗瓶镇墓文保存得更加完好，每个字都清晰可辨，其年代为西晋太康六年（285年）。文曰：

大康六年三
月己未朔五
日郊亥，顿霓
儿之身死。今
下斗瓶、五谷、
铅人，用当复
地上生人。青
乌子，北辰，诏
令死者自受
其殃，罚不加
尔，移殃传
咎，远与他
乡。如律
令。

这样的斗瓶镇墓文在敦煌地区还出土了很多件，表明这是3世纪到5世纪初敦煌当地很普及的民间宗教信仰，与佛教基本没什么关系。总的来看，这些墓葬出土文物具备如下特征：（1）能帮助我们识别死者的社会身份。如309年死去的苏治，在镇墓文中被称作"故吏"，表明其生前曾做过官。也有些死者被称作"民"，表明其生前为普通老百姓[11]。（2）能帮助我们识别死者的性别。如死于314年的吕轩女，死于316年的徐难□和死于321年的顿盈姜等，均被称作"女子"，还有人被称作"大女"，表明其在家的排行[12]。结婚后死去的妇女，则往往被称作"某某某之妻"[13]。男性死者则有被称作"大男"或"男子"的。不过从墓内发掘的随

[11] 王素、李方：《魏晋南北朝敦煌文献编年》，第104、113页。

[12] 王素、李方：《魏晋南北朝敦煌文献编年》，第79页。

[13] 王素、李方：《魏晋南北朝敦煌文献编年》，第84页。

葬品来看，男女死者并无明显差别，其镇墓文的基本内容完全一样，应该是依据同样的范本写成。（3）能帮助我们识别死者生前的居住地。如死于331年的李兴初的镇墓文说他是"敦煌郡效谷县东乡延寿里"的人。

图093　敦煌十六国时期古墓出土"铅人"

这种记载方式与官方的户籍登记册很相似。

迄今为止，共有六十多条镇墓文被发掘记录，时代最早的是魏甘露二年（257年）的段清镇墓文 [14]，时代最晚的是北凉攻占敦煌后的第一年（421年）。值得注意的是，这种下葬斗瓶、铅人和五谷的丧葬习俗从3世纪初一直到421年在敦煌一带长期流行。近年来考古发掘出的大批实物铅人及镇墓瓶等，证明文字材料与实物证据相吻合。

北凉军队攻占敦煌后，大肆屠杀本地居民，采取强硬手段统治敦煌，对当地的宗教信仰和社会习俗产生了重大影响。迷信鬼神的道教丧葬风俗突然消失，代之而起的是兴造佛教石塔和在悬崖峭壁上开窟造像。这一重大转变，显然是北凉统治者把自己狂热信仰的佛教带到敦煌，根本性地改变了当地人的主流宗教信仰，从而确立了佛教在敦煌的统治地位。

伴随着以鬼神和道教信仰为中心的丧葬习俗的消失，敦煌地区出现了一大批佛教石塔，这些实物资料，为我们研究北凉时期的敦煌佛教和佛教艺术的特点提供了重要参考。迄今为止，对这批敦煌北凉石塔最全面的统计和研究是殷光明所著《敦煌北凉石塔研究》，有兴趣者可以参考 [15]。

从这批北凉佛教石塔的造像题材和供养人题记的内容来看，旧有的道教影响仍然明显存在，以孝为中心的儒家影响也清晰可见。此外，有两个现象值得注意：

第一，大多数敦煌北凉佛教石塔的供养人都有名有姓，清楚记载于题记中。例如马德惠、田弘、高善穆、白双氏、索阿俊、程段儿、王明坚等。从姓氏看，这些佛塔供养人多为当地汉族人，并非新来的匈奴统治者。有可能是这些当地的

---

[14] 王素、李方：《魏晋南北朝敦煌文献编年》，第53页。

[15] 殷光明：《北凉石塔研究》，台北：财团法人觉风佛教文化基金会，2000年。

图094　敦煌出土北凉佛教石塔

汉人为了迎合新来的统治者的宗教习惯，开始改信佛教，但他们对自己旧有的道教信仰和儒学传统仍然难以完全放弃，所以在他们供养的佛教石塔上，我们仍可见到明显的道、儒影响。

第二，大多数敦煌北凉佛教石塔的供养人为世俗信徒而非出家僧侣。他们的儒家孝道思想往往比佛教信仰更重。他们建造石塔的主要目的，是为自己的父母，包括过去的七世父母祈福，而非追求达于涅槃或成佛。因此，我们可以认为，敦煌当地的部分汉人在北凉匈奴统治者的影响下，开始加入到信仰佛法、供养营建佛塔的行列，但他们对儒家思想和道教传统的兴趣仍然很浓厚。这种兴趣也清楚反映在他们供养建造的佛塔上。

敦煌莫高窟现存最早的一组洞窟为北凉时期开凿的第 268、272 和 275 三个洞窟。关于这组洞窟的修建时代，美国的索柏（Alexander Soper）教授早在 20 世纪 60 年代就指出它们应该是北凉时期开凿的[16]。敦煌研究院的考古专家和美术史家经过长时间的仔细排年分期研究，确认了索柏提出的北凉分期说，并提供了大量有说服力的证据对此加以论证。这一分期结论因此在 20 世纪 80 年代初开始被大多数学者所接受。

然而，由于与北凉有关的文献和考古资料比较零散，迄今为止，对北凉三窟的研究仍基本停留在内容考证阶段。虽然有人开始对这组洞窟的实用功能进行探讨，但许多关键问题仍未得到解决。比如说，是谁出资修建这组洞窟？为什么要修建这组洞窟？对这组洞窟内的图像构成（pictorial program）我们应当怎样理解？换句话说，这些图像究竟反映了哪些宗教、政治和社会问题？这些问题都值得我们深思。

北凉三窟中现存两组供养人图像，一组画于第 275 窟北壁中层，另一组见于

---

[16] Alexander Soper, *Northern Liang and Northern Wei in Kansu*, Artibus Asiae, XXI, 2, 1958.

第268窟西壁龛下。第275
窟中的供养人均为男性，数
目多达三十三身以上。这些
世俗供养人均作同样装束，
头戴圆筒形高帽，帽后悬一
布条，上身穿窄袖紧身衣，
下着紧腿裤（参见图090）。
这种便于骑射的精干胡装，

图095　莫高窟北凉第268窟西壁供养人像

据段文杰先生研究，正是当时统治敦煌的匈奴族的装束。

第268窟西壁上的供养人则完全不同。男女分列左右两侧，均穿交领宽袖长袍的汉式服装，与河西走廊东端的炳灵寺建弘元年的汉族供养人极为相似。当属汉人无疑。

值得注意的是，第275窟中的匈奴供养人排列整齐，姿态恭谨，双手合十，虔诚礼拜，显示出以沮渠蒙逊为首的匈奴军事贵族狂热信佛的宗教态度。与此相对，第268窟中的汉族供养人站姿随意，双手笼于袖中。其信佛敬佛的态度远不如匈奴人虔诚。有趣的是，位于汉族供养人前面的僧尼并不面向中间的佛像，而是回头与身后的世俗供养人交谈，似乎在劝说这些长期信奉传统儒学和道教的汉人改信佛教。

仔细调查北凉攻占敦煌（420年）之前本地人的宗教信仰，正如我们在大量镇墓文等考古材料中所见，当地大多数人显然是不信佛教的。当时的西凉统治者则是以儒家思想治国，提倡忠孝伦常，而普通民众多信道教。这些当时当地人的宗教信仰特征，我们在现存历史文献、藏经洞出土文书和当地古墓出土文物中均可找到大量证据。

当沮渠蒙逊的北凉军队进攻敦煌时，遭到本地汉人政权的坚决抵抗，长时间难以攻下，蒙逊不得不下令修筑水渠引水灌城。敦煌守城者试图破坏水渠大堤失败，最后被迫投降。沮渠蒙逊没有宽恕投降者，而是下令"屠其城"，史书虽未明载究竟有多少人被杀，但"屠其城"三字后面蕴含的大规模的血腥屠杀和各种残暴行径则是不言自喻的。可以想见，本地汉族人口已降到最低点，剩下的老弱病残显然无力也无心造窟。只有战胜者匈奴军事贵族有能力和意愿开窟造像。

通过佛教的解释，再残暴无理的事都有其自身的因果关系，便可以降低"屠城"后残存的敦煌人的仇恨情绪，也可使杀人者稍觉心安。因此，北凉诸窟的主要供养人，很显然是北凉时统治敦煌的匈奴军事贵族集团。这与段文杰先生从服饰特点入手判断那一大批供养人实为匈奴人的结论是相符合的。

"屠城"后的历史特征，也为我们理解北凉三窟内的图像选择和形式特征提供了线索。例如，第 275 窟北壁中部显要位置上描绘了共五个以上的本生故事，包括"毗楞竭梨王本生""虔阇尼婆梨王本生""尸毗王本生""月光王本生"和"快目王本生"等。这些故事的共同特征是均以残毁肢体，包括砍头、剜眼、割肉等内容为主。而画面的场景也都选择最为残酷血腥的情节来表现。然而，这种血腥残酷的场面被宗教艺术神秘化、神圣化，或更加以美化，用以突出"忍耐"与"觉悟"的主题。这对减轻或消弭大屠杀之后本地人对北凉统治者的深仇大恨显然有帮助。虽然，普通的本地人甚至出钱供养的匈奴贵族未必真的前来看过这些壁画，但图像设计者迎合供养人心理需求的倾向却是一目了然的。

而在第 268 窟中我们看不到类似的图像。残存于西壁和窟顶上的莲花、化生和藻井是以"往生之处"为主题的，显示出本地汉人对死后去处的强烈兴趣。墓葬出土文物表明，当地汉人相信人死之后，灵魂仍然活着，而且有感情，并可能对活着的人造成伤害。佛教为死者提供了一个好去处，即"净土世界"，这对当地汉人有一定吸引力。因此，第 268 窟和第 272 窟西壁及顶部的"净土"画面暗示着人死之后的安乐去处，在一定程度上反映了敦煌本地汉人的宗教信仰特点[17]。

当然，除了这些因世俗供养人影响而显露的政治和社会含义外，这组洞窟及窟内画塑的设计，还有着重要的宗教功能。首先，我们检索敦煌出生的僧人及其活动范围，发现北朝时期的敦煌僧侣大多数习禅定，这可能暗示敦煌地区是禅观流行区。然而，这些敦煌僧侣大多离开出生地，反而在内地成名，并客死他乡。他们对敦煌当地的佛教实践活动究竟有多大影响是值得怀疑的。

有学者撰文指出，早在乐僔和尚西行来到敦煌之前，当地曾有一个叫单道开的僧人已在莫高窟所在的宕泉峡谷独自修行[18]。他的修行方式是一种佛教和道教

---

[17] 详细的讨论可参考 Ning Qiang, *Patrons of the Earliest Dunhuang Caves: A Historical Investigation*。

　　　巫鸿主编：《汉唐之间的宗教艺术与考古》，文物出版社，2000 年。

[18] 郭锋：《敦煌莫高窟究竟创建于何时》，《甘肃社会科学》，1987 年第 6 期。

相结合的做法。据《高僧传》记载，"单道开，姓孟，敦煌人。少怀栖隐，诵经四十余万言。绝谷饵柏实，柏实难得，复服松脂。后服细石子，一吞数枚，数日一服。或时多少啖姜椒，如此七年。后不畏寒暑，冬温夏凉，昼夜不卧"。这种服食松脂柏实的野外修行方式与道教求长生不老的修行方式很相似。单道开后来远离故土，前往中原，又至建业、南海等地，后入罗浮山，"春秋百余岁，卒于山舍"，至死未回敦煌。

单道开之后，又有敦煌人竺昙猷，"少苦行，习禅定"。"后游江左止剡之石城山，乞食坐禅"。竺昙猷后来又搬到浙江天台县的赤城山石室坐禅。据《高僧传》描述："赤城山，山有孤岩独立，秀出千云。猷搏石作梯，升岩宴坐。接竹传水，以供常用。禅学造者，十有余人。王羲之闻而故往，仰峰高挹，致敬而返。"看来竺昙猷到了江南之后，仍然保持了在悬崖峭壁上坐禅修行的习惯。

除了单道开和竺昙猷，敦煌地区出生的禅僧还有"专精禅业"的道法，"常习定闲房"的法颖，"山栖谷饮，禅诵无歇"的慧远，还有接受达摩禅法的慧览等。这些名僧虽然都离开了敦煌，在中国内地成名，并客死他乡。但他们对坐禅的共同兴趣，可能说明他们的故乡敦煌是禅法流行之地。

另外有一位半路出家的尼姑，名叫法相，在北凉统治敦煌前后，在当地修习禅定。据《比丘尼传》记载："法相，本姓侯，敦煌人也。履操清贞，才识英拔。笃志好学，不以屡空废业；清安贫穷，不以荣达移心。出适付氏，家道多故。苻坚败绩，眷属散亡。出家持戒，信解弥深。"[19]这位出嫁到付家，在眷属散亡后才出家为尼的敦煌女子曾"建禅斋七日"，以自己独特的方式修习禅定。而当时有僧人嘲笑她"佛法经律，曾未历心。欲学禅定，又无师范"。但这位半路出家的尼姑我行我素，活了九十多岁，直到元嘉（424~453年）末年才去世。

法相的故事，首先说明敦煌本地的出家僧尼对修习禅定有兴趣，但当时却没有禅师指导（"欲学禅定，又无师范"）。她大概在360~370年间出生，380~390年间出嫁到付家。当苻秦灭亡之时（394年）家破人亡，出家为尼。她"欲学禅定，又无师范"的时间应该是在5世纪初，接近北凉三窟的修建时间，这说明在北凉三窟修建时敦煌并无著名禅师。法相的故事还说明，由于战乱，敦煌许多家庭破败，无依无靠的妇女，有些便出家为尼。因此，妇女对当地佛教实践有一定影响。

既然敦煌当时并没有能为人师的禅修僧侣，那么，第 268 窟那些小禅室又是为谁建造的呢？进一步说，北凉匈奴军事集团在屠杀敦煌本地居民之后，也未必信得过本地汉僧。他们出资造窟，应该请的是外地来此的非汉人名僧。我们认为，这个外来的和尚，便是从龟兹来敦煌的名僧昙摩密多（Dharmamitra，356~442 年）。我们在第 275 窟北壁中层供养人行列前部看到的高大僧人就可能是这位高僧之像，旁边的白色竖长条中的题记文字已经不可见，所以我们无法确认。

昙摩密多汉文名叫法秀，罽宾人。据《高僧传》载："罽宾多出圣达，屡值明师，博贯群经，特深禅法。"[20] 又说他"生而连眉，故世号连眉禅师。少好游方，誓志宣化。周历诸国，遂适龟兹"。昙摩密多到达龟兹时，龟兹国王"自出郊迎，延请入宫，遂从禀戒，尽四时之礼"。显然，这位"特深禅法"的罽宾僧人很受龟兹王室的支持供养，但他并没有长住龟兹，而是东渡流沙，"进到敦煌，于闲旷之地，建立精舍，植柰千株，开园百亩。房阁池沼，极为严净。倾之，复适凉州，仍于公府旧寺，更茸堂宇，学徒济济，禅业甚盛"。

史料表明，昙摩密多善于与当权者结交。在龟兹时他便是王室贵宾，在北凉统治区亦极受推崇，曾在首府凉州的官方大寺庙授徒，传授禅法。后来去南朝首都，刘宋王朝的王后与太子妃便是他的供养人。声名显赫的昙摩密多在敦煌大兴土木，开园立寺，没有北凉统治者的大力支持也是不可能做到的。因此，昙摩密多与敦煌的匈奴统治者关系密切是肯定的。很有可能，昙摩密多正是北凉三窟修建的实际主持人。此三窟的形制设计和图像构成，也是以禅定和观像为目的的。这样的设计，完全符合禅学大师昙摩密多的实际需要。也许他当初准备收徒习禅，故开凿了四个小禅室备用，用于礼拜的第 272 窟和用于观像的第 275 窟也开得稍大，便于共同修习。不过，由于历史状况的迅速变化，昙摩密多很快便离开了敦煌，那时这组洞窟也许刚刚造好，或尚未完工，他是否真正使用过这些洞窟值得怀疑。但他对这组洞窟的设计修建产生过很大影响，这

---

[20] 转引自杜斗成编：《陇右高僧录》，兰州大学出版社，1993 年，第 231 页。

是很可能的。这一点，从第 275 窟图像与库车克孜尔早期洞窟壁画在题材内容上的密切关系也可得到证明。

敦煌第 275 窟北壁所绘五幅连环故事画的题材内容在克孜尔早期洞窟壁画中大多可以见到。例如，绘制于 4 世纪的克孜尔第 38 窟[21]

图096　新疆克孜尔第114窟《尸毗王本生》

和其他同时期甚至更早的洞窟中，就画有大量的佛经故事画，包括在敦煌莫高窟第 275 窟北壁也能见到的《尸毗王本生》就出现在了克孜尔石窟最早开凿的洞窟之一第 114 窟壁画中。其构图形式均为选取故事中的一两个重要情节描绘在棱格形或三角形的平面内。这种把众多佛经故事组合在同一个墙面上集中描绘，用一两个中心情节概括表现故事内容的方式，与敦煌莫高窟第 275 窟北壁故事画的方式是相似的，反映出库车和敦煌两地的佛教和佛教艺术在北凉时期曾经有过紧密联系。这可能和昙摩密多在库车和敦煌都先后从事过大规模的佛事活动有关。

当昙摩密多来到敦煌时，敦煌正处在一个很特殊的历史时刻。由于敦煌人在投降之后仍被大量屠杀，北凉统治者与当地人的关系极为紧张。昙摩密多的到来，为缓解这种紧张关系提供了一个契机。由于昙摩密多在龟兹国时受到王室的大力推崇，是声名显赫的大禅师，统治敦煌的北凉统治者支持他在敦煌弘扬佛法对双方都有很大的好处。对北凉统治者而言，在敦煌弘扬佛法可以降低本地人因投降后仍被大屠杀而生出的愤怒与怨恨。对大禅师昙摩密多而言，他也需要北凉统治者的大力支持，否则他在敦煌"开园百亩，植柰千株"的庞大计划是无法实现的。除了开园建寺，敦煌当时最大的佛教建设项目，应该就是在莫高窟开窟造像。

北凉统治者在攻占敦煌之前就虔诚信佛，并在河西走廊中部的凉州等地修建石窟，兴造佛像。占领敦煌之后，要在当地弘扬佛法，开窟造像是自然顺理成章的。

[21] 关于克孜尔第 38 窟的时代考证见宿白：《中国石窟寺研究》，文物出版社，1996 年，第 21~28 页。

但开什么样的窟，造什么样的像，却因大禅师昙摩密多的到来而有了新的选择。

北凉三窟作为敦煌莫高窟现存最早的洞窟，修建时并未以同是北凉统治区的武威天梯山或张掖马蹄寺、金塔寺为蓝本，而是受到龟兹石窟的明显影响。这很可能与昙摩密多刚从龟兹来到敦煌有关。

北凉三窟的开凿，具有划时代的意义。敦煌莫高窟的营造史，实际上是从北凉三窟开始的，因为在此之前的乐僔和法良窟估计只是无装饰的小禅窟，仅供自己习禅之用，对社会并无大的影响。当地人几乎都不知道它们的存在。当名僧法显西往印度求法时，曾在敦煌停留了一月有余，但在他的西行游记里对乐僔和法良的禅窟只字未提。法显的游记对各地的佛教遗迹、寺院等都有详细记载，但却没有关于敦煌宕泉峡谷有禅窟的任何记载，表明乐僔和法良的禅窟可能已被废弃，当地已无人知晓。只有在北凉三窟开凿之后，开窟造像的风气才开始在敦煌形成，这才有了其后莫高窟和西千佛洞大批北魏洞窟的兴建。

III—2. 北魏：敦煌艺术风格模式的形成

439 年，北魏攻灭北凉，结束了北凉对敦煌近二十年（421~439 年）的统治。敦煌在北魏开始后的一段时间里，局势动荡不安，有北魏对北凉残部的进攻（442 年）；有北魏进军西域军事活动的影响（445 年）；还有太武帝下诏诸州诛沙门、毁佛像、灭佛法（446 年）的风波。直到 452 年，北魏文成帝恢复佛教地位后，敦煌的佛事活动才重又进入较为正常的时期。莫高窟相继开凿了第 259、254、251、257、260、263、487、265 诸窟。

这一时期的洞窟，由于有北凉诸窟及其以前造窟活动积累的经验和探索历程，开始形成敦煌本地独有的风格。

洞窟形制初步形成统一的模式——中心塔柱式窟。其基本特征是内部空间可以划分为前后两部分：前部是由起脊人字披和南北壁前部及东壁构成，形成可供"礼拜"的殿堂式空间；后部是由中心塔柱与南北壁后部及西壁构成，形成一种可供"绕行"的甬道式空间。我在前面已详细介绍过这种窟的前室、甬道、明窗、窟顶、柱形、龛式等，并讨论了这种窟形与印度支提窟（Chaitya）之间的渊源关系，此处不再重复，但想再次强调二者间的不同点：第一，印度支提窟后部有一高度

图097　莫高窟北魏第260窟（中心塔柱式窟）内景

未达窟顶的覆钵式的圆塔，敦煌已变为模仿汉式多层方形塔楼的式样，并与窟顶连接，客观上可起到支撑窟顶以防坍毁的作用，因而称为"塔柱"；第二，印度支提窟的窟顶多为券拱形，敦煌则是后部平顶，前部人字披顶，这种由两披倾斜相接而成的人字披顶，显然是对汉式民间建筑的有意模仿；第三，印度支提窟内左右两侧和圆塔之后有一排相连的石柱，使窟内空间变得琐碎而富有变化，敦煌中心塔柱窟内却没有类似的列柱，窟内空间相对完整简明。

对以上不同点作出的分析我们可以看出，敦煌艺术家们所做的变革主要沿着两个方向：一是实用功能，因为敦煌的地质情况与印度石窟开凿之处大不一样，无法开凿细而多的"列柱"，而且相对松软的沙砾岩如无有力的支撑，平顶就可能会倒坍；二是民族传统，敦煌的艺术家选择自己熟悉而民众喜闻乐见的形式，如起脊人字披和层楼式的塔身等，来改造印度传来的式样，使之民族化、敦煌化（本地化）。敦煌北魏各窟基本上全部采用这种带人字披顶的中心塔柱式窟。这种窟不仅印度、西域（新疆）一带没有，而且中国内地诸石窟中也未见，是敦煌北魏独创的窟形，也是北魏敦煌风格的重要特征之一。

这种特殊窟形在敦煌的形成过程似乎可以在第 259 窟的形制上看到一点痕迹。此窟前部严重坍毁，但后部较完整。从现存情况推测，此窟平面呈长方形，两侧壁凿上下列龛，龛内造像。北壁上层四个阙形龛，下层三个尖楣圆券形龛。南壁大部已残。后壁中部凿成一前凸的半个中心塔柱，仅正面开龛造像。正面龛外两侧和塔柱两侧各塑一胁侍菩萨立像。柱身上部贴影塑。窟顶前部为人字披，后部平顶。有些专家认为："此窟应是中心塔柱窟的一种不成熟和不完备的形式。"[22]

第 259 窟的窟型应该是为表现特定主题专门设计的，不能以"不成熟"或"不完备"来简单推测。该窟主尊是两个坐在同一个长方形宝座上的佛像，可以确认为出自《法华经》"见宝塔品"中讲述的"释迦、多宝二佛并坐说法"的场景。

"见宝塔品"是《法华经》共 28 品中的第 11 品，讲的是释迦牟尼在给大众说法时，有宝塔"从地涌出"，塔内传出说话声，印证并赞叹释迦说法。众人惊诧之时，塔开了，塔内出现一位说话的佛名叫多宝佛。在众人欢呼中，多宝佛邀

---

[22] 樊锦诗、马世长、关友惠：《敦煌莫高窟北朝洞窟的分期》。

请释迦进入塔内，"分
半座与释迦"，形成
"释迦、多宝二佛并坐
说法"的奇妙场景。

《法华经》共有
7卷28品，内容极为
丰富。第11品"见宝
塔品"并非主要章节，
而是过渡性质的戏剧
化情节，为什么会被
单独挑出来作为一个
石窟寺的最重要主题
加以表现呢？

北凉攻占敦煌之
前的5世纪初，大多
数敦煌本地人是不信
佛教的。以匈奴人为
主的北凉占领军大规
模地改变了敦煌人口
的宗教信仰，使敦煌
开始成为佛教信仰流
行的地区。改变汉人

图098　莫高窟北魏第259窟内景

图099　莫高窟第259窟中心柱东向面释迦、多宝并坐说法

信仰的一个重要手段是魔术般的奇迹，很多从西域来汉地传法的高僧都会魔术，
能创造令人难以置信的奇迹，从而使当地人信仰佛教，如佛图澄、康僧慧等。北
魏对敦煌地区的统治开始时，以佛法教化敦煌当地人的工作仍然在进行中，所以，
在莫高窟出现像第259窟这样以奇迹般的"二佛并坐说法"为主题的洞窟就不足
为奇了。这样的石窟艺术奇迹再现，对在本地人口中传播佛教有着强大的实用功能。

此外还有第487窟需加以说明，此窟主室平面呈方形，中部偏西筑有方形低
坛，两侧壁各凿出四个小禅室。窟顶前部为人字披，后部平顶。发掘时曾发现人

字披上有浮塑泥椽，上涂土红地色，绘白色下垂三角纹。还发现有上绘菱形方格纹的泥塑挑檐枋。据窟形和人字披上浮塑椽子推测，应与第 254、257、259 等窟同时期。由此反映出北魏时坐禅观像活动仍在进行。

敦煌北魏时期塑像主要有四类题材，佛、菩萨、天王力士和飞天。表现手段上开始用浮塑和影塑来塑造供养菩萨和飞天等较次要的人物。

佛像有单身禅定佛、说法佛、释迦与多宝佛等，并开始在中心塔柱的四面分别塑造释迦牟尼坐禅、苦修、降魔和说法这种有一定连续性的所谓"四相"。

北魏佛像塑造主要有两种艺术风格：一种是以凸起的泥条随人体起伏转折表示衣纹，使袈裟显出紧贴人体的感觉，即所谓"出水式"。这是从北凉第 275 窟西壁交脚菩萨的裙子褶纹和第 272 窟西龛佛像袈裟纹饰继承而来，实际是受笈多盛期（5 世纪）秣菟罗（Mathura）一派风格影响而成。这种风格的佛像面相略显长圆，肩宽腰挺，姿态雄健，富有男性阳刚之美，典型作品有第 257 窟中心塔柱东向龛内说法佛，第 254 窟中心塔柱东向龛内说法佛和第 259 窟西龛内的释迦、多宝并坐说法像等。另一种风格是敦煌的艺术家以中国传统的塑像技法和审美习惯为基础，吸收西域印度佛像塑造式样而创造的富有本地特色的风格，亦即"敦煌风格"。其造型特征是面相丰满圆润，体态端庄匀称，袈裟蔽体，衣纹用纤细流畅的阴刻线表现，富有绘画的线条美。这种风格的佛像大都坐姿自然放松，神情微含笑意，具有恬淡和悦，温柔敦厚之美。这种风格的佛像既不同于山西云冈昙耀五窟大型佛像雄奇强健兼有生硬之感的特质，也不同于印度犍陀罗和秣菟罗佛像人体细腻写实并富异国情调的状貌，从而闪耀着独特的光彩，也正是敦煌风格初步形成在塑像上的表现。其典型作品有第 259 窟北壁下层三龛内佛像，特别是东头一身禅定佛最为典型，还有第

图100　莫高窟北魏第257窟中心柱东向面龛内主尊佛像

263窟北壁前部上层龛内佛像和第
248窟中心塔柱东向龛内说法佛像等
一些稍晚的实例。

　　敦煌北魏时期的菩萨塑像主要有
两类：一类是高踞"天宫"之中的弥
勒菩萨，一类是侍立佛旁的胁侍菩萨。

　　弥勒天宫的塑造与北凉时期一
样，采用了汉式阙形龛的形式，龛
的位置一般较高，如南北两壁上
部（第259窟）、中心塔柱上部（第
435、437窟）和人字披下（第254窟）
等，以象征高高在上的天宫。龛内
菩萨塑像一般不大，造型特征与北
凉第275窟南北壁上层所见同类菩

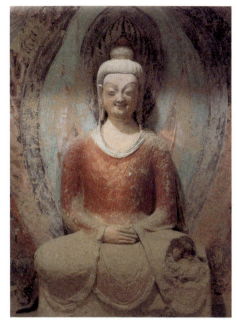

图101　莫高窟北魏第259窟北壁东端禅定佛像

萨基本相似，但身上的璎珞大大减少，显露出更多的人体。覆盖下体的裙子的褶
纹由北凉时期婉转流动的曲线，变为挺拔简洁的弧线。对比第254窟南壁上部人

图102　莫高窟北魏第263窟北壁前部上层龛内佛像

图103　莫高窟北魏第248窟中心塔柱东向面龛内说法佛像

图104 莫高窟北魏第254窟南壁上部人字披下阙形龛内彩塑菩萨

图105 莫高窟北魏第259窟西壁龛外胁侍菩萨

字披下阙形龛中的菩萨与前面所见北凉交脚菩萨，其异同自很明显。

　　北魏洞窟中保存了一批造型精美的胁侍菩萨。如第259窟西壁龛外南侧站立的胁侍菩萨，戴金胜冠、冠后垂帻，着长裙、披大巾，璎珞长垂、双耳挂环，服饰是典型的西域印度式。但此像面相丰圆、神情温婉，人体塑造简明概括。略去了许多人体解剖细节，展示出强烈的本地风格。其他同期窟中的胁侍菩萨也多自然生动，特别是第437窟中心塔柱南向龛东侧的菩萨，体形已渐显修长清秀，反映了流行于北

图106 莫高窟北魏第435窟中心塔柱东向龛北侧力士

魏末和西魏时期"秀骨清像"风格在敦煌出现的初始形态。天王、力士在唐代塑像中极为常见，但在早期塑像中却出现不多。第257窟中心塔柱东向龛外北侧的一尊天王像，身穿铠甲，肩披长巾，这是敦煌现存最早的天王像。更为生动的是第435窟中心塔柱东向龛北侧的力士像。此像高0.94米，站立在龛外北侧的拐角处。与同期简明概括的菩萨像相反，这身力士的形体突出强壮隆起的筋肌，右手握拳，抬起置于胸前，使手臂上发达的肌肉自然凸显，反映了北魏雕塑家对人体解剖的准确认识。这是敦煌现存最早的力士造像之一。

敦煌北魏洞窟保存了数目可观的影塑供养菩萨、小佛像和飞天等，有的是预先模制而成然后贴到墙上，也有的直接在墙上浮塑，还有的是浮雕身体而头部则是预先模制好安上去的。如第437窟中心柱东向面龛上的一组飞天，头部与头光就是模制好然后安装在贴壁的塑体上的。这组飞天身材修长，面貌清秀。身着汉式对襟大袖裙襦，裙裾裹足，双腿一前一后屈跪，右脚上翘，或持莲或撒花或合十礼敬，姿态优雅。其艺术风格已是北魏末期受到中原南朝"秀骨清像"新风影响后的产物。

北魏时期的壁画在总体设计上与北凉壁画一样，以横向分层为主，但又特别突出了纵向分段。由于中心塔柱式窟的内部空间可分为前后两部，壁画的设计也大致以中心塔柱东向面为界分为前后两部。以第254窟为例，南北壁前部两侧画独幅的故事画四幅，即《降魔变》、《萨埵本生》（南壁）、《难陀出家缘品》、《尸毗王本生》（北壁）。后部则与西壁连通画千佛与说法图，形成一个凹形以适应绕塔观像的需要。不过，在窟内四壁的上部画家设计了一条天宫伎乐装饰横带，下部也有一条药叉装饰带，上下两条贯通四壁的横带，加强了整窟的一体性。第251窟则在前部安排巨型佛说法图，南北对称，后部与第254窟相似。上下也有天宫伎乐和药叉装饰带贯通四壁。

北魏壁画的内容比北凉时期更为丰富，佛像已由简单小幅说法图发展为人物众多、结构宏伟的大型说法图，并出现了所谓"白衣佛"之类几乎只绘佛像的大型单幅画，此外还有三佛说法图、西方三圣图等。当然，最值得注意的佛像是每窟都绘、数量极多的千佛图。对这些千佛的性质和作用，过去曾有诸多分歧，有人认为千佛"就是一千个佛"，或称为"贤劫千佛"，也有人认为是"十方诸佛"，1986年初，我们仔细辨识了第254窟四壁千佛图中残存的所有榜题，结合现存

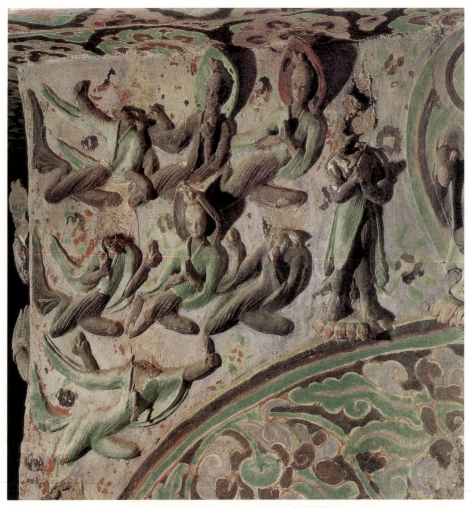

图107　莫高窟北魏第437窟中心塔柱东向面浮塑飞天

的有关佛经，如《佛说千佛因缘经》《过去庄严劫千佛名经》《现在贤劫千佛名经》和《未来星宿劫千佛名经》等，证明北魏诸窟中的千佛既非"一千个佛"，亦非"十方诸佛"，而是过去、现在、未来"三世三千佛"[23]。三世三千佛信仰的主要方式有五种：一为"持讽读诵"；二为"书写为他人说"；三为"画作立佛形象"；四为"供养香花伎乐"；五为"至心作礼"。虔心信仰三世三千佛就可以在来世"作佛而无穷尽"，而且能"使诸众生悉生彼刹"。敦煌北魏石窟中的千佛画，正是以

---

[23] 宁强、胡同庆：《敦煌莫高窟第254窟千佛画研究》，《敦煌研究》，1986年第4期。

上五种信仰方式的综合体：榜题有"书写
为他人说"的功用，具体画面便是"画作
立佛形象"的体现，至于"读诵""供养"
以及"至心作礼"的作用，则是由绕塔观
像、供养礼拜的僧侣和信众来实现的。

　　北魏时期的菩萨像主要绘于佛龛内
两侧和说法图中，以供养和胁侍的身份出
现。其衣冠服饰仍几乎是纯粹的印度西域
式。此时又增加了两个被释迦降服的仙人
形象，即婆薮仙和鹿头梵志。说法图中又
有天王、弟子和飞天等形象。总体上看，
比北凉壁画中的人物要丰富得多。

　　北魏时期的图案装饰也极为丰富，主
要有平棊藻井图案、间隔边饰图案和头光
背光图案。边饰纹样的种类增多了，出现

图108　莫高窟北魏第254窟中心塔柱东向龛
内鹿头梵志

图109　莫高窟北魏第435窟后部平棊顶壁画《藻井图案》

图110　莫高窟北魏第435窟北壁上部壁画《天宫伎乐》

了北凉壁画中没有的龟背忍冬纹、双叶桃形连圆忍冬纹、叶形同向回卷的藤蔓分枝单叶忍冬纹、藤蔓分枝双叶忍冬纹，菱格几何纹，散点花叶等新纹样[24]。天宫伎乐图中出现了西域式圆券形房屋同汉式方形大屋顶房屋相间排列的新式样。

当然，北魏壁画的精华，首推其丰富多彩的故事画。题材选择上，除北凉已有的"忍辱牺牲"类悲剧故事外，增加了一些寓言式的本生故事，如《九色鹿本生》等。特别是出现了一批过去未见的因缘故事画，如《难陀出家缘品》《须摩提女因缘》和《沙弥守戒自杀缘品》等，大大丰富了故事画的内容。

北魏壁画在表现形式上做出了许多新的探索，取得了丰硕的成果，在北凉及以前画师不断探索、吸收、改造、融合外来艺术的基础上，锐意进取，大胆创新，初步形成独具风采的敦煌风格。其特点如下：

第一，与敦煌独有的前部人字披顶、后部平顶的中心塔柱式窟相适应，北魏壁画在总体设计上既分出前后两段以突出不同功用，又以上下两条装饰带贯通四壁使全窟效果完整统一，显示出敦煌画家把握全局的杰出能力和敦煌风格壁画全窟一体的特征。

---

[24] 樊锦诗、马世长、关友惠：《敦煌莫高窟北朝洞窟的分期》，《敦煌研究文集》，甘肃人民出版社，1982 年。

　　第二，北凉时期的故事画多只选择一两个情节概括表现全故事，这与新疆克孜尔菱格网状构图的故事画很相似，但北凉壁画已将菱格形构图改为方形构图，并将一组故事画横向串联起来构成一个横卷，这与汉代画像砖、石的处理方法相类，反映了北凉敦煌画家努力用中国传统的艺术表现手法改造西方传来的故事画的有益尝试。北魏时期这种尝试努力终于开花结果，新的故事画构图形式诞生出来，主要有两种基本模式：一是横卷叙述式，二是异时同构式。两种模式中又有许多变化，如横卷叙述式中又分为从始到终直线发展的"直线型"（如《沙弥守戒自杀缘品》）；也有从两头开始中间结束的"双向式"（如《九色鹿本生》）；还有将故事情节按旋形结构线安排的"旋线形"（如《须摩提女因缘》）等。丰富多彩、独具特色的构图形式的诞生，是敦煌风格初步形成的又一重要标志。

　　第三，北凉壁画中的人物大多短而粗壮，姿态端直，上身半裸，面相丰圆，直鼻、竖眉、大眼、厚唇，面部多施以浓重而程序化的"圆环染"，并在双眼和鼻梁上涂白粉，色彩褪变后形成所谓"小字脸"。北魏壁画中的人物形体逐渐拉长，大致合于正常的人体比例，即头身之比1:7。坐像的高度一般是1:5，而盘腿而坐的大批千佛则是1:3，如将佛像的莲座计算在内则是1:3.5。这种比例原则被画工们概括为"立七、坐五、盘三半"的专业谚语流传至今[25]。由此我们也可以知道这种中国式的人体比例画法至少在北魏时便已形成并在敦煌壁画中广泛运用。或换句话说，正是敦煌北魏人物画的比例原则，影响了众多的画师，并成为后世的典范。敦煌北魏壁画人物的面相也变长而呈椭圆形，鼻子长而带弧形，曲线优美，眉平而眼秀，神情安详恬静。故事画中有些人物穿上了汉族服装。同时，配合故事情节的发展，将人物置于山水树木或房屋建筑等环境之中，更富有表现力。

　　第四，天宫伎乐所处的建筑由单一的圆拱形穹隆顶小屋演变为西域式穹隆顶与汉式起脊式屋顶相间排列的新颖形式，这是敦煌北魏画家努力融合东西风格并有所创新的结果。

　　第五，以大片土红作地色，使窟内气氛庄重热烈。同时又用单纯明快的蓝、绿、黄、白等色有排列规律地分涂满布四壁的千佛的袈裟和头光背光，形成条条斑斓的"光带"，使窟内景象犹如梦幻一般。这种浓郁的艺术气息和神秘的宗

---

[25] 有关测定数据参阅宁强、胡同庆：《敦煌莫高窟第254窟千佛画研究》。

图111　莫高窟北魏第254窟北壁前部《尸毗王本生》

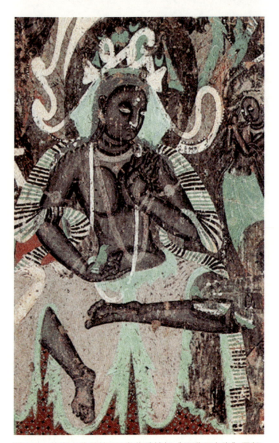

图112　莫高窟北魏第254窟北壁前部《尸毗王本生》局部
　　　　（尸毗王）

教气息，正是敦煌艺术风格的典型特征。当然，最有说服力和引人入胜的东西还是作品本身，所以我精选一些代表作品与读者共同赏析，并进一步阐释相关的问题。

绘于第254窟北壁前部的《尸毗王本生》比北凉第275窟所绘增加了鹰追鸽、鸽向尸毗王求救、眷属痛哭等情节，增大了内容的时空跨度。构图上，不再是两个情节的等量排列，而是把不同时空范围内发生的情节有机地组合到一个画面上，冲破"瞬间时空"表现规范的限制，使画面容量空前增大，而又中心突出，有条不紊，是典型的"异时同构"型构图，表现出画家高超的结构才能。画面正中的尸毗王像形体比周围形象大几倍，"顶天立地"，把画面分割为两半。被割肉的小腿抬起，尸毗工目视血淋淋的伤口，使"割肉"主题一目了然。痛哭的眷属、沉着凝重的色调、残破的画面现状，增加了悲剧气氛，整个画面浑然一体，震撼人心。左上角的一身小飞天冲破画面边框限制，使此画与画面其他部分有机结合在一起。

画中的尸毗王像在细部刻划上取得了高度的成就。尸毗王目视正被割肉的伤口，表情静穆坦然，画家以肉体的痛苦来衬托灵魂的高尚和伟大。同时又把王冠上的飘带处理成回卷飞动状，头光后的小树枝也像在随风摇晃，形成强烈的动感，以此衬托尸毗王的静穆表情和灵魂的安详伟大。

《萨埵本生》描绘的故事是：阎浮提国王摩诃罗檀那有三个儿子，一日入山狩猎，见一母虎领数幼虎，觅食无着，饥饿难忍，将食己子。第三王子摩诃萨埵行经此处，见状不忍，为救虎命，决心以己身饲虎，于是置身虎前，但虎因饥饿太甚，无力啖食。摩诃萨埵王子便爬上悬崖，以干竹刺颈出血，投身崖下，以身饲虎。饿虎吮血后瞰食其肉，遂得延续生命。偕行的萨埵王子二兄十分悲痛，即驰马还宫，以萨埵舍身饲虎之事禀告父母。国王及王后急忙赶至山谷，抱尸痛哭，悲痛欲绝。二兄为萨埵收拾遗骨，并为之起塔供养。

此图的第一个情节——遇虎，画在画面中上部，然后沿一条旋形结构线依次画萨埵刺颈、投崖、饲虎，二兄收拾尸骨、回宫报信，国王和王后哭尸，起塔供养等场面。此画将不同时间、空

图113　莫高窟北魏第254窟南壁前部《萨埵本生》

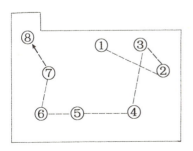

图114　莫高窟北魏第254窟南壁前部
《萨埵本生》布局示意图

间所发生的事情，巧妙地组合在一个画面中，同时把"饲虎"这一中心场面画得较大，占了近三分之一的画面，成为全画的主体。画家还突出描绘萨埵被咬的身躯和张牙舞爪的饿虎如何啖食人肉，用细节来深化悲剧主题。与饲虎相对应的东上角是起塔供养的场面，尖塔之顶冲出矩形画幅，造成

图115　莫高窟北魏第254窟南壁前部《萨埵本生》局部（饲虎）

一种上升感，用对角线的两端来隐喻萨埵饲虎与其灵魂升天之间的"因果关系"。全图结构严谨，浑然一体。由于时间久远，色彩变得更加沉郁丰富，画面笼罩着强烈的悲壮气氛。

第254窟南壁所绘是敦煌壁画中现存最早画得也最精彩的《降魔变》之一。"降魔"是佛传故事中的一节，讲述释迦牟尼在即将"成道"之时，魔王波旬率领三个女儿和魔军至佛修行处，先诱之以女色，继之以武力威胁，企图破坏释迦成佛的决心，释迦以神通力使美女变成了老丑妇人，魔军亦被降服的经过。

画面正中为释迦牟尼结跏趺坐，左手执衣裾，右手作"指地印"，形体高大，泰然自若。背光后有菩提树化生及象征性的山岳，打破了矩形平面的局限，形成了别致的"凸"形画面。魔众分列两侧，有象头、羊头、虎头、马面，甚至以乳为目，以脐为口。他们张弓搭箭、吐火吞蛇、狰狞怪异、杀气腾腾，表现出画家丰富的想象力。两侧魔军形象层层叠压，拥挤混乱，用"密"和"动"构成强大的张力，压向中坐的释迦。但释迦的背光和头光以外弧的多层拱形构成外扩的张力，与内压之力取得平衡，使中坐的释迦更显高大稳健，很好地表达了魔军必败的意态。

下部右侧画魔王的三个女儿，着龟兹装，戴宝冠，披大巾，身穿半袖外套背心，腰束长裙，正搔首弄姿，顾盼有情，企图以女性魅力诱惑释迦。左侧则画三

图116　莫高窟北魏第254窟南壁前部《降魔变》

图117　莫高窟北魏第254窟南壁前部《降魔变》局部（魔众）

图118　莫高窟北魏第254窟南壁前部《降魔变》局部（魔女）

美女变成了沮丧的三丑妇，为紧张的画面增添了几分轻松幽默的气息。

　　北魏第275窟西壁所绘《九色鹿本生》是北魏故事画的经典作品之一，知名度极高。此图根据《佛说九色鹿经》画成，描绘的故事是：恒河边常有一只"其毛九种色，其角白如雪"的神鹿来饮水食草。一天，有人落入水中，九色鹿听见呼救之声，便奋力将溺人救起，溺人向鹿保证不露其行止。这时国王的宠后忽然梦见一只美鹿，身毛九色，双角如银，便要求国王为其捕捉，欲以鹿皮做大衣，鹿角做扶柄。国王张榜悬赏，若有捕得九色鹿者，愿赐一银碗金粟，一金碗银粟，并把国家分一半给他。溺人见利忘义，进宫告密，引国王进山捕鹿。此时九色鹿正在山中安卧熟睡，虽有小鸟飞来报讯，但醒来时已被王军包围，九色鹿见无路可逃，便面见国王，慷慨陈词，诉说溺人忘恩负义之事。国王深为感动，下命保护九色鹿，并谴责溺人。此时溺人早已遭到报应，周身遍出毒疮，王后亦因私欲未能满足羞愤而死。

此图打破习惯上按时间先后为序的情节分布法。画面从南端开始，描绘：（1）溺人水中呼救；（2）九色鹿经过河边听见呼救声；（3）鹿救溺人；（4）溺人明誓不泄密；（5）九色鹿安趴山中。同时又从北端开始往南画：（6）王后夜梦九色鹿并要求国王悬赏捕鹿；（7）溺人告密；（8）国王带兵入山捕鹿等场面。最后将（9）王鹿对话这一高潮置于靠近中轴的"黄金线"上，以引人注目。画中的九色鹿和国王分站南北两侧，二者身后则绘与之相关的情节，"王鹿对话"成为连接两组情节的交点。整个画面线索清晰、主次分明、构图严谨、天衣无缝。背景山峦平列，"若钿饰犀栉"，合于"人大于山"的画史记载。北端起始处"王后夜梦九色鹿"和"溺人

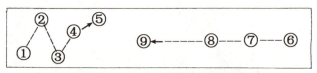

图119　莫高窟北魏第257窟西壁"九色鹿本生"布局示意图

图120　莫高窟北魏第257窟西壁《九色鹿本生》局部（王鹿对话）

告密"的场面中王后着龟兹装，姿态优雅地斜倚在国王身上，粉白的右臂撒娇似地搭在国王肩上，手指似乎在国王臂上轻轻叩打，长裙下露出的光脚，翘起的拇指，也像是在不自觉地晃动。这些细节描绘，极为生动地传达出王后洋洋自得的心理活动。溺人跪在宫门外合掌向国王告密，国王扬手作势似乎正在说什么，皇宫建筑则是纯粹的中国式，也许是从当地豪门的深宅大院借鉴而来，在画中被缩小了许多倍，成为说明情节场景的"道具"。

《须摩提女缘品》紧挨着《九色鹿本生》，画于第257窟西壁北端和北壁上。其描绘的故事是：舍卫国的长者阿那邠邸有个笃信佛教的漂亮女儿名叫须摩提，出嫁给满富长者之子为妻。过门后，有六千梵志前来赴宴，须摩提女因信仰不同而拒绝施礼，继而卧床不起。满富长者于是叫须摩提女焚香请佛，佛"遥知其意"，欣然受请，与众弟子一起赴会。诸弟子乘各种仙禽神兽凌空飞来，满富长者全家出迎。释迦当众说法，梵志与众人均皈依佛教。

这幅画采用了旋线形构图：第一个情节梵志赴宴画在中部，往左画须摩提女卧床拒见来宾，再往上画须摩提女焚香请佛，然后往右转北壁画佛遥知女信徒有请派弟子先行，最后又往左画须摩提女一家跪迎佛及弟子。

此画一开始便将主要情节集中描绘，突出渲染须摩提女一家的矛盾冲突，气氛紧张，富有戏剧性，④、⑤二情节则绘得较长，节奏舒缓轻快。全图张弛结合，起伏多变，很好地表现了故事的情绪变化。

图122是故事刚开始的一段场景，建筑是象征性的，有前厅、后室和花园。前厅内是奇形怪状的外道梵志，后室里是卧床不起的须摩提女，矛盾双方一目了然。满富长者位于双方之间，左右为难。人物造型生动，富有情趣。

第257窟南壁中层还绘有一幅很有特色的故事画，故事是说一虔心信佛的长者送儿子进山，受戒为沙弥。师傅常以清规戒律教导他。有一天，师傅命沙弥到一富贵人家乞食，正好此家人全部外出赴宴，只留下一位十六岁的妙龄少女看家。沙弥叩门索食，少女应声而出，一见沙弥英俊潇

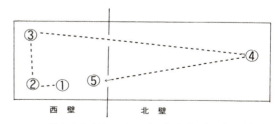

图121　莫高窟北魏第257窟西壁、北壁《须摩提女因缘》布局示意图

图122　莫高窟北魏第257窟西壁、北壁《须摩提女因缘》局部（焚香请佛）

洒，顿时心生爱慕，在沙弥面前作诸娇态，倾吐衷情。沙弥"坚慎威仪，颜色不改"，为了保持清白，持刀自刎而死。印度当时风俗，沙弥死于一般百姓家中，须交纳罚金一千，少女如实禀告赴宴归来的父母，其父即以金银财宝奉献于国王，国王以香木火化沙弥尸体，并起塔供养。

　　此画属直线型横卷式构图。情节从左至右顺序铺排，但画家又对各情节的大小长短依故事内容作了不同处理：开始两情节剃度和令沙弥外出乞食画得较长，节奏较为舒缓；叩门乞食、少女诱惑、沙弥自杀等情节集中在画面中部，节奏强

图123　莫高窟北魏第257窟南壁《沙弥守戒自杀缘品》

①→②→③④⑤→⑥→⑦→⑧

图124　莫高窟北魏第257窟南壁《沙弥守戒自杀缘品》布局示意图

烈紧凑，形成高潮，少女将沙弥自杀故事告诉父亲以后，情节描绘拉长，节奏又趋于舒缓。全图情绪变化多端，疏密有致。

值得注意的是送子当沙弥的长者身穿中国式的宽袖长袍，背景中的山体上勾描着表示起伏凹凸关系的线条，这些都透露出汉画传统影响的痕迹。

除了精彩纷呈的故事画，北魏其他题材的作品也显出极高的艺术水准和独有的特色。

绘于第254窟西壁中央的《白衣佛》很有特点。佛的袈裟颜色不同，其表意也不同，赤色是威猛除障之色，白色是清静慈悲之色。敦煌北魏洞窟中有许多白衣佛，都画在西壁。此图是其中保存较完好的一幅。

画面采用了对称式构图，佛像居中结跏而坐，仪态端庄，手势作"转法轮印"。佛身形高大，状若金字塔，稳定静穆。两侧的供养菩萨站姿随便，头巾飘舞，披巾潇洒，与静坐的佛像形成对比。值得注意的是佛像的衣纹紧密而下垂，有"出水"而来之感，也许可视为后来风靡一时的曹仲达佛像风格的雏形。

位于第263窟南壁说法图西侧的半侧面菩萨像是一幅很典型的北魏作品。此窟原建于北魏时期，西夏时覆盖了一层泥，重绘壁画。20世纪40年代初，部分西夏壁画被剥离，露出北魏原作，色泽鲜艳，形象完好，为我们研究北魏壁画最初的原貌提供了宝贵的范例。此图就是剥离西夏壁画后露出的北魏画。菩萨半裸

图125　莫高窟北魏第257窟南壁《沙弥守戒自杀缘品》局部（送子入山剃度）

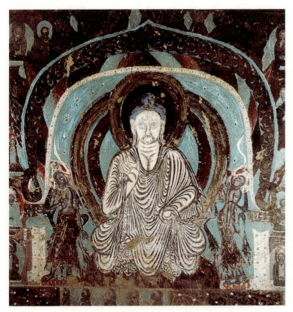

图126　莫高窟北魏第254窟西壁白衣佛　　　　图127　莫高窟北魏第263窟南壁菩萨

披巾，姿态妩媚。皮肤上是半透明的肉色，隐约可见晕染效果，明暗层次极为丰富，线描细劲有力，肌肉的弹性和质感得到了很好的表现。这些都与追求结构之美的北凉菩萨差别很大。

第263窟内还有一些部位的壁画正处于变色的中间时期，为我们理解魏画色彩的演变过程提供出珍贵范例，特别是东壁上一组千佛，由于被遮挡在一面墙内，下部受光照较少，因而色彩如新，近似北魏原貌。上部则明显变色，自下而上显示出逐步变色的过程。

北魏壁画中的药叉多画于窟内四壁下部和中心塔柱四周。如第251窟窟内就绘有一圈药叉，上部还绘有一圈天宫伎乐，下方的药叉刚劲有力，上部的伎乐柔媚多姿，天上地下，遥相呼应。图中下方药叉蹲踞在一狭小的平面内，奋力挣扎着，形成一种欲待喷发的力。平列的山峰均小于药叉形象，也合乎"人大于山"的画史描述。药叉赋色不一，或红绿对比，或黑白相间，单纯中又富于变化。

通过对以上作品的介绍分析，我们对敦煌北魏壁画的艺术风貌已可以有一个总体的把握，限于篇幅，本书也不可能再作更多的介绍分析了。

图128　莫高窟北魏第251窟上部《天宫伎乐》

敦煌艺术在北魏时期虽已初步形成本地风格——敦煌风格，但由于时间实际并不太长，开凿的洞窟也只有八九个，所以尚不够成熟稳定。

约525年，北魏宗室东阳王元荣出任瓜州刺史[26]。

图129　莫高窟北魏第251窟下部药叉

他将当时正风行于中原地区的"秀骨清像"之风带到了西北边地敦煌。由于统治者的大力提倡和敦煌人对中原文化的仰慕，这种风格立即进入佛窟，并蔚然成风，窟内旧有的本地风格虽仍然存在，但已退居较为次要的地位。在北魏末期绘制的

[26] 见《魏书》卷十"孝庄纪"。

图130　莫高窟北魏第435窟南壁《说法图》西侧菩萨

第435窟壁画中，我们可以明显感觉到新来的中原风格的强大影响。如南壁说法图西侧的菩萨面形瘦削，衣裙层叠繁杂，披巾飘舞，姿态潇洒，与北魏前期的菩萨有明显差别，已可视为西魏典型风格的先声。

III—3. 西魏：西域与南朝艺术的冲撞激荡

西魏敦煌艺术将北魏晚期开始出现的以"秀骨清像"为典型特征的造像风格发展成丰富多彩的各种形式，为佛教艺术注入了新的活力。所谓"秀骨清像"风格，是指佛教从不同渠道（如海路、中国西南部的神秘商路和其他途径）传入南朝属地后，与当时流行的玄学和道学思想相结合，按当地士大夫的美学趣味创制而成的一种通脱潇洒的造型风格。画史上关于这种风格的最早记载是顾恺之画维摩诘像，"有清羸示病之容，隐几忘言之状"。宋、齐时期（420~502年），陆探微等人继承顾恺之开创的人物画法，创出"秀骨清像"式人物画，并产生出深远影响。这类人物的特点主要有三：一是肤色白皙，二是体形清瘦文弱，三是气质女性化。其基本服饰则是褒衣博带，通脱潇洒。

这种"秀骨清像"式人物在北魏孝文帝太和年间（477~499年）推行"汉化"、实施改革时风靡中原地区石窟，在云冈、龙门、巩县、麦积山、炳灵寺、天梯山诸石窟中均可见到这种特征的造像。敦煌出现这种风格的人物画是在525年东阳王元荣出任敦煌刺史之后，距陆探微创立这种模式的人物画已有近百年时间。这种风格最初出现于北魏末西魏初之间的第248、435等窟，在西魏大统四、五年建造的第285窟中表现得最为充分，后来在北周洞窟中也能见到，延续了约半个世纪。但正如段文杰先生所言："这种风格从来没有全面占领过任何一个洞窟，一直作为远方来客与主人——敦煌风格（本土风格）同处一窟，争奇斗艳，然后逐渐融合。"[27]

西魏时期的洞窟在窟形上大致可分为两类：一类是继承了北魏模式的中心塔柱式窟；另一类则是北魏时期没有的方形平面覆斗顶窟。此外还有一个重要的禅窟——第285窟。

属于第一类的窟与北魏窟并无明显的区别，窟形、塑像和壁画风格都与北魏窟较相似，所以在相当长的时间里，这批大致包括第437、435、431、248等窟的洞窟被划在北魏时期，在编制《敦煌莫高窟内容总录》正文时也是如此。后来经过细致的分期排年工作，发现这批窟与标准的北魏窟有些区别，出现了一些北魏前期没有的新的服装、纹样和染色方法等，因此把这组洞窟归入了西魏时期[28]。我在编制莫高窟洞窟分期表时也据此作了修正。不过，由于东阳王元荣出任瓜州刺使时仍是北魏时期，将这组虽有南朝—中原式新风影响，但仍基本保持北魏风范的洞窟算在北魏后期也不为错。属于第二类的窟更为集中地体现了西魏新风。其中第249窟和第285窟是这类窟的典型代表。

第249窟与北魏251、254等窟位置相邻，建造时间应是北魏末西魏初。该窟平面呈方形，覆斗顶，东墙大部坍毁，故不知原来是否有前室。窟内西壁正中开一大龛，龛内塑一倚坐佛像，龛外两侧塑像已毁，但南北两壁后部二胁侍菩萨尚存。主尊佛塑像形体已较为清瘦，姿态也趋于柔和，宽大的汉式双领下垂袈裟已不是像北魏前期那样紧贴肉体，袈裟上的褶纹已由细绳似的贴泥条式向阶梯式过渡。显示一定的写实倾向。塑像头部虽经一定程度的重修，但仍保留了原作清秀超然的神采。

佛塑像两侧绘有一批姿态各异的供养菩萨。这些菩萨的画法仍保持了北魏前期的敦煌风人物画法，人体以晕染与线描相结合造型，色彩浓重热烈。但人体比例已大大拉长，超出了正常人生理限度，如西龛北侧龛柱的一身供养菩萨，两脚分开呈八字而立，头身之比约1:10，身高已明显超过正常比例。然因其"S"形躯体动态和长裙的装饰作用，人像仍显得优美生动而非怪异。

西壁上的其他形象呈现出类似的风格，如位于龛内北侧上部的两身飞天，被

---

[27] 段文杰：《谈敦煌早期壁画的时代风格》，《敦煌研究》，1988年第2期。

[28] 樊锦诗、马世长、关友惠：《敦煌莫高窟北朝洞窟的分期》。

图131　莫高窟西魏第249窟内景

图132　莫高窟西魏第249窟西龛

画在龛沿转角与背光之间的不规则几何形空间内，一身吹笛，一身击鼓。飞天的形体呈大弧度曲线，以适合特定空间并构成运动的势态，人体比例亦超出正常。画法是凹凸晕染与线描相得益彰，衣带上的白色提神线流畅自如，使画面充满音乐般的运动旋律。此外，变色后显现出的白鼻梁、白眼睛，使已灰暗的面部表情保持生动。

如果说西壁上的形象更多地保持了北魏前期形成的本地风格，那么，南北二壁上的形象则更清晰地反映了南朝新风与本地风格的共存和融合。如北壁中部的说法图，正在说法的佛站立在宝池中的莲花座上，身材修长，头身之比约1∶8，两侧的菩萨像也是如此，反映了南朝"秀骨清像"式人物造型的影响。但此像晕染厚重细腻，线描流畅，仍保留着北魏地方化了的特殊画法。佛的手指间有"缦网"（佛的"三十二相"之一），头顶上有饕餮和双凤的华盖。

此图上部的四身飞天可分为上下两组，采用了完全不同的两种画法：上面一对飞天着交领长袍，清瘦飘逸，衣带宽松，为"南朝式飞天"；
下面一对，半裸披巾，刚健有力，晕染厚重，为"敦
煌北魏式飞天"。

　　与此图相对的南壁说法图中的飞天也分属
"南朝式"和"敦煌式"：上面一身衣带飘飘，
回眸下视，身轻如燕，翩然而飞；下面一身形
体卷曲如满张之弓，飘带飞卷的方向与躯体一
致。两身飞天躯体的扭曲，使人感受到一种强
烈的运动与弹力。

　　从北魏时起，天宫的形式便由单纯的西域
式穹隆顶，转变为穹隆顶与汉式起脊屋顶楼阁
相间并用。西魏天宫继承了这种敦煌式样。第

图133　莫高窟西魏第249窟西龛北侧
菩萨

249窟四壁上部所绘天宫伎乐装饰带所选图像，位于南壁东头一段，图上左端西
域式天宫内有一个大人头像，高鼻大眼，头顶椎发，貌类婆罗门。这种形象，由

图134　莫高窟西魏第249窟西龛内上部飞天

图135　莫高窟西魏第249窟北壁中部《说法图》

图136 莫高窟西魏第249窟北壁中部《说法图》内飞天

图137 莫高窟西魏第249窟南壁中部《说法图》内飞天

于是在乐舞行列中出现，有人认为是传自西域的舞蹈面具，又有人认为是所谓"大头仙人"，即《法苑珠林》载《西国志》所云在阿修罗窟中因吃了仙桃而身体增大的人，其"才出一头，身大孔塞，不能尽出"，因此只画一头。带有滑稽意味的大头画在乐舞行列中，增加了欢乐气氛。右边两身伎乐，一吹法螺，一徒手舞蹈，姿态生动。

在第249窟四壁靠近顶部的位置，画了姿态生动的天宫伎乐，至今保存状况

图138 莫高窟西魏第249窟南壁上部《天宫伎乐》（部分）

图139　莫高窟西魏第249窟南壁上部　　图140　莫高窟西魏第249窟南壁上部《天
　　　《天宫伎乐》局部（击鼓）　　　　　　　宫伎乐》局部（弹箜篌）

图141　莫高窟西魏第249窟南壁上部　　图142　莫高窟西魏第249窟南壁上部《天
　　　《天宫伎乐》局部（击掌）　　　　　　　宫伎乐》局部（舞蹈）

良好。这里展示一组视觉效果较好的乐师和舞蹈者，供对音乐舞蹈特别感兴趣的读者欣赏。

　　当然，第249窟壁画学术价值最为突出的部分是窟顶。此窟顶藻井正中为圆形莲花图案，莲瓣隐约可见，周围饰以花草纹。佛经中常以莲花池水以示净土，草木以譬"受佛法雨露之众生"，所以，这里的藻井寓意着佛国净土世界。

　　藻井以下四披，上部天界：窟顶正中是莲花藻井，西披画"黄金四目"驱鬼避邪的方相氏（也有人称其为阿修罗），东披画"有求必应"的摩尼宝珠，南、北两边披画供养人的已经亡故后正在升天的父母。可以说，第249窟顶部壁画

图143　莫高窟西魏第249窟窟顶

上既有佛教题材，又有神仙道教思想，更有儒家的孝道观念[29]。下部绕窟一周画山林野兽及狩猎等人间生活。由此看来，小小的一个窟顶，包容了佛教世界（净土）、天空（天界）和人间，表现了当时人的宇宙观和画家勇于表现宇宙意识的宏大气魄。

　　窟顶壁画采用粉白底色，青绿朱紫交汇在洁白的粉壁上，显得格外虚净而高朗，这与北魏前期壁画土红为地的热烈庄重的意境大不一样。

　　窟顶西披除画在中间的方相氏外，还绘有中国道教里面的风、雨、雷、电四个自然神，方相氏背靠西王母所居之昆仑山，山顶有一个城堡式建筑，城墙中间有一个半开的城门，下部有环绕昆仑山的弱水，并有飞行的仙人和悠闲活动的野兽。

---

[29] 关于第249窟窟顶壁画的内容，研究者分歧很大：一说认为画面上既有佛教的阿修罗和摩尼珠，又有传统的神话题材东王公、西王母和四神等，是道教思想和外来佛教思想互相融合的反映，另一说认为佛教石窟的内容必须到佛经里去找答案。它们应是帝释天、帝释天妃或者他们与阿修罗作战。我在1988年北京敦煌学国际学术讨论会上发表论文《上士登仙图与维摩诘经变——莫高窟第249窟窟顶壁画新探》，提出西顶上的天宫实际是道教的"黄帝天宫"，南北两披上乘龙凤车的主要人物有可能是同时得道界天的男女"上士"（即功夫最深的道士），全文见《敦煌研究》1989年1期，我写此文之目的，主要为探讨更多的可能性。随着个人研究的不断深入和同行新研究成果的发表，本人对第249窟窟顶壁画的理解有了发展变化，认为西披所绘为西王母所居的昆仑山，而南北两披所绘则是供养人的死后升天的父母。

图144　莫高窟西魏第249窟窟顶西披

　　方相氏是汉代墓室内常见的神话人物形象，其功能主要是驱鬼避邪、清净墓室空间，为死者的到来作准备。他形象上最明显的特点是长着四只金色的眼睛，并穿红色裙，西披壁画里的人物与文献记载正相符合。在西披壁画中，方相氏是死者升天路上的保护神，驱鬼避邪，使死者安全顺利地进入昆仑山顶西王母所居增城。在这幅壁画里，增城的城墙高大，城墙上布满防御来犯之敌的瞭望塔射箭垛，与其说是西王母所居的平和天国，不如说是丝绸之路上随时可能被进攻的贸易城堡。中间有大屋顶的城门半闭半开，正是汉墓画像砖石里常见的欢迎死者的《启门图》中之门的样子。

　　窟顶西披南侧画的是雷公和电猪。雷公是我国远古神话传说中的雷神，在道教里有时做开路先锋。据东汉王充《论衡·雷虚篇》记述，"国画之工，图雷之状，累累如连鼓之形；又图一人，

图145　莫高窟西魏第249窟窟顶西披
细节（方相氏）

图146　莫高窟西魏第249窟窟顶西披细节（昆仑山顶增城）

图147　莫高窟西魏第249窟窟顶西披细节（雷公）线描图　宁强绘

图148　莫高窟西魏第249窟窟顶西披细节（电猪）线描图　宁强绘

若力士之容，谓之雷公"。此图中的雷公虎头人身，两臂生羽毛，张臂旋转连鼓，基本上与王充的记述相符。其飞旋之鼓令人目眩，如闻雷鸣之声。道教里称电神为"电猪"，正与壁画中猪头形象相合。他双手各握一只金属凿子，正挥动双臂，砸石发光，是为闪电。

　　在与雷公、电猪相对应的位置，画的是风伯和雨师。这个主管刮风的神在中国传统文献里被称为风伯，听起来应该是个中老年男子形象，但在这幅壁画里，风伯还是半人半兽的样子，与雷公电猪一样双臂上长有羽毛，可以飞行空中。他双手拉着一个向上飞动的风袋子，周围有飞动的云气，似乎正在鼓风。这个风伯的形象，我们在新疆克孜尔石窟壁画里很常见，敦煌的风神形象，应该是从西域佛教艺术借用过来的。

　　风伯的下方是雨师。这个雨师形象也是兽首（龙首有角）人身，他没有使用工具来造雨，而是直接从嘴里吐出雨水，和克孜尔壁画龙王吐水的方式也很相似。

　　窟顶南披所绘的女主人长期被认为是西王母及其随从仙人。我国神话传说中，西王母居西海之南，流沙之滨，赤水之后，黑水之前的昆仑山上，其形"戴胜虎齿有豹尾"，显系原始图腾形象。也有人认为王母所居的昆仑山可能就是现在莫高窟对面的三危山，山上现在还有一座王母宫。此图中的所谓西王母为贵妇人形象，乘三凤车，着大袖襦拱手而立。但西王母出行应该不会由道士持招魂幡引导，在整个北披壁画里，这位女性更可能是供养人死去的母亲，正在持招魂幡骑鸾鸟的道士引导下飞往昆仑山顶的增城去拜见西王母。凤（鸾）车前面有大力神乌获开路，飞天、道士引路，车旁还有道士、飞天、祥禽、瑞兽护卫，整个画面，构

图149　莫高窟西魏第249窟窟顶西披细节（风伯）

图150　克孜尔石窟壁画"风神"

图151　莫高窟西魏第249窟窟顶西披细节（雨师）

图152　克孜尔石窟壁画"雨神"

图153　莫高窟西魏第249窟窟顶南披

成一个人物众多、庞大奢华的飞行场景[30]。

　　值得注意的是，南披上女主人为中心的飞行行列末尾画了一个有 11 颗头的神话人物地皇。地皇是所谓天皇、地皇、人皇的"三皇"之一，天为父、地为母，这个地皇跟在亡母身后正合适，他应该也是起保护作用的神灵。

　　窟顶北披上的男主人通常被认为是东王公和他的侍从飞行队列，所以有人将南北两披壁画主题与周穆王"驭八龙之骏"西游会见西王母的故事联系起来[31]。

　　如果我们把此窟窟顶南北两披壁画与汉代以及十六国时期墓葬壁画作比较，我们就会得出不同的结论：汉画传统中的西王母大多端坐昆仑山顶或龙椅上，很少有乘车飞行天空者，东王公图像也是如此。与敦煌莫高窟地域相连的酒泉丁家闸十六国时期的墓葬壁画中的西王母正是坐于昆仑山顶，并有三足金乌和月亮蟾蜍相伴，这与莫高窟第 249 窟窟顶壁画的图像区别很大。因此，敦

---

[30] 在仔细观看高清图片时，我注意到这个西王母或者供养人亡母像的脸颊上有胡须状的线条，似乎要表现一位男性人物，驾车的红衣人脸上也有明显的胡须。但是也有可能是画家在勾画草图时本想把男性（供养人之亡父）画在南侧，后来改变了主意，用肉色覆盖了底子线稿，画成了女主人。现在表层颜色褪去，原来的草稿又露了出来。

[31] 段文杰：《道教题材是如何进入佛教石窟的——莫高窟 249 窟窟顶壁画内容探讨》，《敦煌研究》创刊号。

煌莫高窟第249窟南披所绘不应该是西王母，而更有可能是该窟主要供养人亡故的母亲，而北披所绘则应是其亡故的父亲。这对死后升天的夫妇正分乘龙、凤车在道教方士的导引下飞往仙境昆仑山。传说中西王母所居的昆仑山被画在窟顶西披，画面上部为一座城门半开的城堡，应该就是西王母的宫殿所在地。其城门半开，有迎接死者前往居住的意思。

　　值得注意的是，南、北两披上的形象明显存在着阴阳相对的关系：南披亡母（女为阴）、北披亡父（男为阳）；南披凤驾车（凤为阴）、北披龙驾车（龙为阳）；南披

图154　莫高窟西魏第249窟窟顶南披细节（女主人）

图155　莫高窟西魏第249窟窟顶南披细节（地皇）

图156　莫高窟西魏第249窟窟顶北披

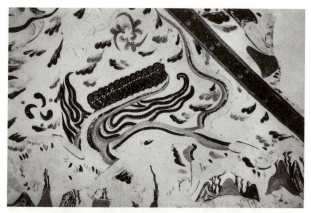

图157　莫高窟西魏第249窟窟顶北披细节（天皇）

亡母车后有十一头的地皇（地为阴），北披亡父车后则是十三头的天皇（天为阳）[32]。

第249窟窟顶所绘人间生活场景也很有特点。如北披下部的狩猎图，前面一猎人跃马山间，返身回眸，张弓搭箭，身后一猛虎飞身前扑，场面惊险，扣人心弦。猎人和马用厚重色彩填涂，造型概括简练；猛虎用生动有力的土红线白描而成，形成虚实对比。远处又有一猎人跨马疾驰，手举标枪，追逐奔腾的一群黄羊，扩大了画面景深，使狩猎场面更显广阔，气势更加磅礴。

值得特别说明的是位于第249窟窟顶北披东下角的一群野猪。画家只用几根

图158　莫高窟西魏第249窟窟顶北披细节（狩猎）

[32] 关于三皇（天皇、地皇、人皇）的考证详见拙文《上士登仙图与维摩诘经变——莫高窟第249窟窟顶壁画新探》，《敦煌研究》，1990年第1期。

图159　莫高窟西魏第249窟窟顶北披细节（野猪群）

简洁流畅的线条，便把一头母猪带领六头猪仔在山林中奔走觅食的情形，栩栩如
生地展现于眼前。山石则是由"没骨"法画成，以深浅色表现阴阳向背。山石浓
重的色块与野猪流畅的线条相互映衬。

　　总之，莫高窟第249窟的殿堂窟式建筑设计，反映了敦煌当地的佛教信仰开
始从以"绕窟观像"仪式为主，向以供养礼拜的方式为主转变。窟内大量新壁画
题材的出现，不仅仅是南朝绘画新风格的风靡，更是这个时期敦煌当地佛、道、
儒和谐共存，多种宗教杂糅的生动体现。

　　第285窟是敦煌现存最早有明确记年的洞窟，北壁供养人题记上所记最晚年
号是"大代大魏大统五年"，即539年，还有一方题记写于"大统四年"（538年）。
此窟因"前室"尚存一部分，前后室之间的通道狭小，内室光线较暗，故壁画保
存状况较好，被考古学家视为判断莫高窟早期石窟年代的"标准窟"。

　　此窟主室平面为方形。地面中央有方形低坛，泥土结构的低坛表面用阴刻线
的方式画了一幅《天象图》，据分析为元代作品。

　　西壁（后壁）凿龛身较低的三个圆券龛（其中中龛较大），龛内各塑一像。
南北两侧壁各开四个小禅室。窟顶为方形，覆斗顶。两侧壁壁画按横向分层原则

对称设计。

第 285 窟西壁中间大龛的主尊佛与第 249 窟一样，着汉式双领下垂的袈裟，有"褒衣博带"的特点。衣纹也不再是方形泥条，而是尖棱状，显出向"阶梯式"过渡的特征。人体亦更加清瘦。

南侧小龛中的禅僧显然更多地保持了以北魏第 259 窟北壁东侧禅定佛像为代表的敦煌本土风格，形体饱满浑厚，袈裟与人体若即若离，面部神情安宁和悦，有超然世外之感。塑像的精神有一种完美的自足而不必对任何东西有所依赖。塑像的色彩至今仍较完好，为我们研究早期塑像的色彩处理方法提供了珍贵的范例。

第 285 窟壁画与第 249 窟一样，也是敦煌地方风格与东边传来的南朝风格同时并存。此窟西壁上的形象从人物造型到色彩处理都是典型的初步形成于北魏的本土风格，如菩萨在浓重热烈的土红地色上，人体以凹凸晕染与墨线结合造型，线与色相互映衬，有极强的表现力。但人体比例已显著拉长，这是西魏人像的时代特征。同时，绘在北壁上的菩萨却显出完全不同的特征：菩萨头戴宝冠，身着双领下垂的宽松汉装，眉清目秀，风姿潇洒，似乎正侃侃而谈（南朝士大夫式的"清谈"）。面部皮肤白净细腻，脸颊、双唇、下额、上眼睑和前额等凸起处微加点染，再勾勒精细的线描。整个形象高雅隽永，超凡脱俗，一派南朝"名士"的风度。是这一时期外来风格的典型形象。

此窟不仅有禅僧塑像，凿有禅窟，而且在窟顶四披下部画了一组僧人习禅的场面。画中禅僧静坐禅室内，正入定思维，一心念佛。禅窟的两侧，饿虎伏首偃尾，虎视眈眈，缓

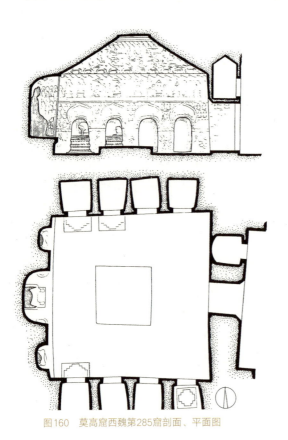

图160　莫高窟西魏第285窟剖面、平面图

步前行，准备偷袭对面的
三只小黄羊，黄羊警觉直
立，时刻准备奔逃。禅窟
外的骚动不安衬托出禅僧
的宁静潜心，既符合佛教
的要求，又有艺术的魅力。

西壁壁画的艺术风格
虽主要继承北魏风格，但
内容上却出现了若干新题
材。如菩萨装和武士装的
诸天外道形象，"有日天、
月天、摩醯首罗天（主龛
北侧，三面六臂，骑青牛）、
毗瑟纽天（主龛南侧，三
头八臂）、鸠摩罗天（主

图161　莫高窟西魏第285窟西龛内主尊佛像

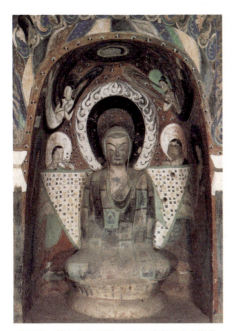

图162　莫高窟西魏第285窟西壁南侧龛内禅僧

龛北侧，面颜如童子、四臂、乘孔雀）、
毗那夜伽天（主龛北侧持三股叉，象
首人身）、四大天王（主龛两侧各二
身，穿甲，围战裙，持戟、执矛、托
塔、仗剑）"[33]。有学者认为这些题材内
容"属于中国早期的密教图像""敦煌
佛教艺术反映杂密信仰的开篇章"[34]。

西壁壁画分为上、中、下三层：
上层是日月星辰，中层是护卫佛法、

[33] 樊锦诗、马世长、关友惠：《敦煌莫高窟北朝
洞窟的分期》。
[34] 贺世哲：《敦煌莫高窟第285窟西壁内容考释
（摘要）》，《敦煌研究》，1988年第2期。

图163 莫高窟西魏第285窟西壁菩萨

图164 莫高窟西魏第285窟北壁菩萨

图165 莫高窟西魏第285窟窟顶下沿"禅僧修行图"

吉祥招财的神灵，下层是护法天王和力士等。

西壁上层的南北两端，以拟人化的方式画了日、月二神，背景用深蓝色表现天空的深邃悠远。西龛北侧的最末端画一大圆环，中有日神，其造型为一肩宽腰窄的成年男性，头上是否戴冠难以判断（模糊），上身裸露，双手合十于胸前但双掌均偏向左侧。肩披长巾，婉转于手臂肘弯处下垂。日神端坐在一辆绿色的轿子形状的小车上，这辆轿子形的小车应该就是文献里提到的"日辇"。在"日辇"的南侧，隐约可见两只大雁的飞翔姿态，可能是克孜尔石窟壁画《天象图》中绕日飞行的大雁的变通画法。日神所在的大圆环现在是棕黑色，推测最初是深红色，由于颜料中含铅（朱砂）经长时间氧化变成了现在的棕黑色[35]。

---

[35] 有人认为这个棕黑色圆形里的坐车人物是月神而非日神。张元林：《跨越洲际的旅程——敦煌壁画中日神、月神和风神图像上的希腊艺术元素》，沙武田主编《丝绸之路研究集刊》第一辑，商务印书馆，2017年，第56~68页。

图166　莫高窟西魏第285窟西壁

　　这个乘车的日神，可能是希腊神话里的赫利俄斯（Helios）。他乘四匹马拉的
"日辇"东西向奔驰，象征日出、日落的自然现象。在日神的南边，有七个椭圆
形排列成行，每个椭圆里画着一个
基本裸体只穿一条裤衩的中老年男
性，胡须和头发的颜色多样，有绿、
褐、白等色。这七个椭圆和其中的
胡须男，可能表示北斗七星。七个
椭圆里排在最前面（南面）是一位
须发皆绿，只穿裤衩，肩披长巾的
长者，后面还有长相各异的半裸体
人物，他们可能有婆罗门教的出生
渊源，但现在应该是纳入了佛教的
神系里，还是代表星宿。他们男性
星宿的身份，与太阳神赫利俄斯的
性别相匹配。

图167　莫高窟西魏第285窟西壁细节（日神）

图168　莫高窟西魏第285窟西壁细节（北斗七星）

图169　莫高窟西魏第285窟西壁细节（男性星宿之一）

图170　莫高窟西魏第285窟西壁细节（男性星宿之二）

　　在西壁上层的南端，画月神和与之相关的阴性星宿六位。月神画在白色的大圆盘里，六位星宿则画在椭圆形里，背景是深蓝色的夜空。

图171　莫高窟西魏第285窟西壁细节（月神与诸星宿）

图172　莫高窟西魏第285窟西壁细节（月神）

这个月神可能是希腊神话里的月亮女神塞勒涅（Selene）。按传说，她应该是戴新月冠，乘两匹神马拉的车。但壁画上的月亮女神头上没有"新月冠"，而是把头发梳到头顶中间扎成一个圆球状。她肤色银白，与明亮的圆月色泽相同；眉清目秀，五官精致；上半身裸体，双手合于胸前，但手掌偏向左边；肩披长巾婉转于肘弯部下垂。这个月亮神的体型比较女性化，肩部窄小，下腹部被绿色的车辇边板遮挡住。除了前面拉车的两匹马，车后还有两匹往相反方向拉车的马。

月亮女神北边的六个椭圆里画了较为女性化的六个坐姿人物，她们的发型和服装与月亮女神相同，但多数面向中间的大佛。她们头上都有头光，表明她们的身份很高，而她们所处的椭圆里都是银白色的底子，与月亮背景色相同。

图173　莫高窟西魏第285窟西壁细节（女性星宿）

在月亮女神下方，有两个乘车的武士，一个双手上举，似在托举上面的"月辇"，另外一个武士一手持人面盾牌、一手执剑，像在开路。他们乘的是四轮平底车，前面有三只凤鸟在飞动拉车。

与三凤拉车相对的位置，在太阳神的下方，也有两位武士，同样是乘四轮平底车。一个武士双手上举，像在托举上面的"日辇"，另外一个武士双手执三角形的锋锐金属盾牌，双眼瞪视前方，作开路引导状。驾车的是三头张牙舞爪的狮子。

图174　莫高窟西魏第285窟西壁细节（御车凤凰）

图175　莫高窟西魏第285窟西壁细节（御车狮子）

西壁中层画护卫佛法、吉祥招财的佛教神灵。在西壁中间主龛的北侧，画一个肤色黝黑，头顶盘卧小牛，上身裸体，下穿白裙，骑青牛，六臂的神像。这个造型奇特的人物，已经被识别为佛教的摩醯首罗天[36]。此神也称为大自在天，是三千大千世界（色界）之主，在印度教里更是创造宇宙之最高主神。

在西壁主龛南侧，摩醯首罗天的对面，画着一个头戴宝冠，长眉大眼，留八字胡须，上身裸露，下穿绿色长条纹裙子，肤色泛白，长着八只胳膊的人物。这个神像被识别为毗瑟纽天[37]，该天原为婆罗门教三大神之一的毗湿奴（创造万物之神），后被佛教吸收，成为佛教的保护神。

摩醯首罗天和毗瑟纽天画在相对应的位置上，他们二者之间应该有某种联系。我注意到这两个神灵又都同时名为那罗延天，被鸠摩罗什称为"天上力士"。此神也叫"人种神"或"人生本"，是反映生殖崇拜的神。据《续高僧传》之"玄

[36] 敦煌研究院编：《敦煌莫高窟内容总录》，文物出版社，1996 年，第115 页。

[37] 敦煌研究院编：《敦煌莫高窟内容总录》，115 页。

图176　莫高窟西魏第285窟西壁细节（摩醯首罗天）　　图177　莫高窟西魏第285窟西壁细节（毗瑟纽天）

奘传"记载："至劫比他国，俗事大自在天。其精舍者，高百余尺，中有天根。"
又据《西域记》之"犍陀罗国记"载："大自在天祠……初为男根，后为女根也。"
看来摩醯首罗天和毗瑟纽天都与生殖崇拜有关，在第285窟西壁图像总体设计的
语境里，他们既有满足祈求者"多子多福"愿望的功能，也是佛教的保护神。

在西龛北侧摩醯首罗天下边，画着两个造型奇特的神像。一身是童子样貌的
鸠摩罗天，一身是象鼻人身的毗那也迦天。

鸠摩罗天，汉译为"童子天"，是"护世二十天"之一，因其容颜如童子而得名。
他共有四只胳膊，往上举的双臂一手持"三股戟"，一手执扇柄。置于胸前的双
臂一手握法铃，一手持一串葡萄（或桑葚）。画里鸠摩罗天的童子发型与同窟南
壁西侧的童子飞天和北壁上供养人中小男孩的发型一致。

毗那也迦天，也叫"象鼻天"或"障碍神"，原为婆罗门教之神，是凶猛恶神。
后皈依佛法，成为"成就一切善事"、消灾灭祸之神。还能授予信徒财富，所以
又称"象鼻财神"，在藏传佛教里，此神叫"红财神"。

在西壁下层，画穿将军服装、着铠甲、持武器的护法天王。这些天王长眉、圆眼、
挺鼻，留八字胡，一副西域胡人的面孔，与内地的将军大不一样。

综观第285窟西壁上的壁画和彩塑，我们可以得出如下结论：第一，西壁中间大龛内主尊是释迦牟尼，南、北两小龛内则是两个禅定高僧，这是为在窟内坐禅修行的出家人树立榜样设计制作的。第二，西壁上部中间是一个巨大龛楣，龛楣内画西方净土，有池水莲花，花中是欢快嬉戏、欢迎往生者的化生，这是为俗家供养人准备的。第三，西壁上层的拟人化的"日、月、星辰"主要来自沿丝绸之路从西域传来的《天象图》中提取的诸要素，反映了东西方文化观念和图像式样的交流与融合。而西壁中下层的摩醯首罗、毗瑟纽、鸠摩罗、毗那也迦诸天，以及西域样貌的天王、力士，可能反映的正是此窟北壁上从西域诸国来的供养人的特殊宗教需求和审美取向。

图178　莫高窟西魏第285窟西壁细节（鸠摩罗天和毗那也迦天）

图179　莫高窟西魏第285窟西壁细节（胡像天王二身）

此窟北壁大致分为上、下两层，上层画七组供养人和他们供养的佛像，下层为四个禅窟和壁画菩萨。

北壁上层的这七组供养人像和相关题记，对我们理解第285窟整个洞窟的功能和图像的意义至关重要，值得仔细观察和解析。北壁上的供养人位于上层七

图180　莫高窟西魏第285窟西壁龛楣

组《佛说法图》下方，这样的位置设计，与稍早建造的第249窟较为相似。但第249窟只有一组男女供养人，而第285窟则有七组。也就是说，第249窟有可能是一家人供养建造的，是一个家庙窟，其窟顶南、北两披上画的正是这家人的亡父母飞升昆仑山顶西王母天宫的场景。而第285窟则是至少七个不同的家庭出资修建，他们的宗教需求、情感表达、艺术趣味是不一样的，所以我们在第285窟里的壁画和彩塑上看到差异很大的艺术题材和表现风格。

图181　莫高窟西魏第285窟北壁

　　第 285 窟北壁上的七组供养人的排列方式是有主次之分的：最靠近西壁中心大龛内主尊佛的位置，留给了身份最高贵的供养人，然后依次往东，以家庭为单位，分别绘制了六个家庭的供养人。其他不同身份的零散供养人，则被画到了东壁门道口的两侧。

　　第一组供养人画在北壁西端，因为这个位置最接近西壁中间大龛内的佛像，所以位置最为尊贵。这组供养人人数最少，只有一女三男，共四个人，但他们却占有了最宽大的壁面空间，这表明他们是出钱最多、社会地位最尊贵的供养人。特别是位于中间发愿文西侧的唯一一身女供养人，身穿白色圆领内衣，黑色的外套则是双领正面下垂相交的长袍。她腰系一条蓝色的短裙，身材高瘦，面庞圆润，眉清目秀，双眼神采奕奕。她左手前伸执香炉，右手拿着一卷佛经。双肩上伸出的衣带在风中飘动，背后也有三根风中飞动的蓝色飘带，非常醒目。整个人的形象完全是南朝与中原贵族人士追捧的"秀骨清像、褒衣博带"的美女。

　　第一组的这身女供养人像，头发扎成当时贵族妇女崇尚的"双髻"式样，我

图182　莫高窟西魏第285窟北壁西端《说法图》与供养人

图183　莫高窟西魏第285窟北壁西端女供养人

们在河南洛阳龙门石窟宾阳洞里的《帝后礼佛图》和巩县石窟中同时期的王公贵族供养人中，都可以见到贵族妇女采用这种发型。显然，莫高窟第285窟北壁西端的这身女供养人身份地位十分崇高。那么，在离都城千里之外的敦煌这样一个相对遥远而孤立的社会里，这位地位尊崇的贵妇究竟是谁呢？

北魏末西魏初，敦煌地区的最高统治者是从长安来的宗室"东阳王"元荣。我们在藏经洞出土的经卷文书中可以见到一批东阳王元荣主持抄写的佛经，其在"发愿文"题记里，提到写经是为了病体早日康复，愿社会安宁、盗贼破灭，还希望自己能早日返回帝都等。元荣在530~533年间向寺院奉献了大量写经，例如在"大代大魏永熙二年（533年）五月七日"所写《大方等大集经》（当时还是北魏）。同年的七月十三日，他又写了《大般涅槃经》等。但在533年之后，就不再有元荣的写经出现，可能他离开了敦煌，或是已经亡故。值得注意的是，元荣写经完成题写年号时经常使用"大代大魏"的称呼。大代是鲜卑人正式建立魏国之前的政权称谓，建国之后一般就只称"大魏"了，很少有人把两个不同时期的政权称谓连起来称"大代大魏"某年某月某日的。因此，我们可以说这个"大代大魏"

的叫法，主要是在元荣统治下的敦煌地区流行，在敦煌第285窟北壁上的这几组供养人都是使用"大代大魏"的称谓来记载年号的。很显然，这个洞窟的供养人与元荣推行的年号称谓颇有关系，但第285窟的绘制完成时间是538~539年，这时元荣可能已经离开敦煌或死去五六年了。为什么第285窟的供养人还要用"大代大魏"作为书写纪年的方式呢？

"大代大魏"这个特殊的年号称谓，在元荣消失后仍然流行，除了历史的惯性之外，是否还有别的原因呢？我们在藏经洞出土文书中发现一卷佛经的题记："大代大魏大统八年（542年）十一月十五日，瓜州刺史邓彦妻昌乐公主元写《摩诃衍经》。"根据这条写经题记，我们知道在莫高窟第285窟壁画绘制完成三年之后的大统八年，元荣的瓜州刺史职位已经传给了他的女婿邓彦。而这个邓彦也很有可能是靠着元荣女婿的身份才获得了这"一方诸侯"似的重要职位的，所以他对元荣的女儿昌乐公主十分尊敬。可以说，昌乐公主是敦煌当时社会地位最高的女性，她既是前刺史的女儿，又是现在刺史的夫人。所以，这个在莫高窟第285窟北壁上独霸最大最尊贵的一块供养人画像空间，衣着华丽、神采飞扬的贵妇，很可能就是元荣的女儿，当时的刺史夫人昌乐公主。

昌乐公主对面站立着三位男性供养人，排在最前面的那位应该就是当时在位的瓜州刺史邓彦。他身穿交领宽袖长袍，双手笼于袖中，恭敬站立。头上戴着高耸的圆筒状丝网"笼冠"，这种透明的丝网笼冠是当时宫廷高官的正式官帽，我们在龙门石窟、巩县石窟里的《帝后礼佛图》里的高官头上可以看到这种帽子，在初唐出现的阎立本《历代帝王图》里宫廷官员的头上也能看到。而且在第285窟内南壁壁画《五百强盗成佛》故事画里的国王和审判官的头上，还有同壁下部《沙弥守戒自杀缘品》故事画里的国王和富豪的头上也能看到这种帽子。供养人戴这种帽子，表明了他的高官身份。邓彦像的后面，是一个身形较之矮半个头的半大孩子，十六七岁的样子，可

图184　莫高窟西魏第285窟北壁西端男供养人

能是昌乐公主和邓彦的儿子。第三个男供养人也戴圆筒丝网笼冠，着交领宽袖长袍，身形和服饰与第一身供养人相似，也应该是在当地政府任职的高官。

由于这组供养人的身份十分尊贵，所以他们被安排在最靠近西龛内佛像的北壁西端位置，并且占据了两倍大于旁边一组供养人的空间。这种一女三男的供养人组合在敦煌石窟中十分罕见，反映了这位女供养人身为宗室公主的独尊地位。

这组供养人供奉的是并排而坐的两尊佛像。这两尊佛像均穿红色袈裟，双手作"转法轮印"说法状。大多数学者认为这两尊并坐说法的佛像是"释迦、多宝并坐说法"，内容出自《法华经》[38]。但是，我认为这种说法是不对的，因为这两尊佛虽然在一起并肩说法，但他们并没有并坐在同一个座子上，而是分别坐在两个完全不同的佛座上，一个是莲花宝座，另一个是金刚宝座，两个座子之间有一束鲜花分隔。根据《法华经》的描述，多宝佛邀请释迦佛进塔与之共同说法时，是"分半座"与释迦，也就是说，两人是坐在同一个座子上的。我们在莫高窟见到的"释迦、多宝并坐说法"都是二佛坐在同一个座子上，例如北魏第259窟西壁龛内的"二佛并坐"彩塑和第285窟南壁上的同样题材都是如此。所以，这两尊分别坐在两个不同的座子上的说法佛像不是释迦、多宝二佛并坐说法，而可能是未来佛弥勒和现在佛释迦牟尼。

北壁西起第二组供养人及其"发愿文"题记，还有他们供奉的佛像，均保存状况较好，为我们研究该窟供养人的构成情况，甚至整个西魏时期的供养人情况提供了极佳的范例。

第二组供养人来自于一个大家庭，男性成员都姓阴。这个阴氏家族的发源地可能是河南的南阳，阴家人汉代就迁到了河西地区，主要在武威、敦煌一带开枝散叶，发展得很快。家族成员既有出将入相者，也有普通平民。阴家在敦煌显然是大户人家，社会地位较高，所以这个家族的供养人被安排在紧挨着本地最高统治者的位置。

这组阴家的供养人共有男性成员8身，女性成员6身，男女供养人分左右两边排列，长幼尊卑有序。值得注意的是，安排在男性成员一侧，最靠近中间佛像下边长方形框内的"发愿文"题记的第一身供养人，是一个出家的和尚，像是一个引路的导师，这个和尚名叫誓化。他同时也是中间长篇"发愿文"的撰写人。

---

[38] 敦煌研究院编：《敦煌石窟内容总录》，文物出版社，1996年，第115页。

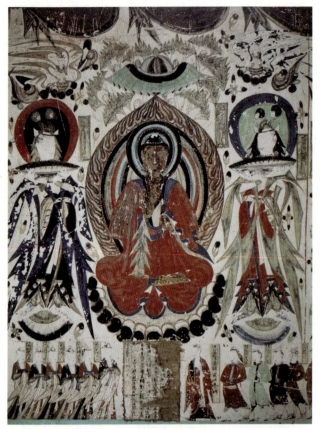

图185　莫高窟西魏第285窟北壁西起第二组《说法图》与供养人

在这幅画面上，晉化和尚身穿大红袈裟，侧身而立，右手持香炉，左手拿佛经，面带微笑，恭谨而立。他的身前，有一竖长条的题记，内容为"比丘晉化供养时"（此题记现在已经从墙面脱落了）。这条题记没有写他的俗家姓名，只写了他的法号，并讲明了他的身份就是比丘，也就是个出家的和尚。题记末尾写"供养时"，简洁明快。我们也能一眼就看出来，这是一个出家的

僧人，他站在前面，导引着身后的男性的供养人。出家僧尼排在供养人行列的最前面，其实是敦煌石窟里的一个通例，我们在现存最早的北凉第268、275窟和北魏诸窟里，都可以见到这种排列方式。

排在比丘晉化身后的第一身供养人，名叫阴安归，应该是盼望出门在外的家人平安归来的意思吧。阴安归头戴丝绸软头巾，像是包在头上的，头巾的末端下垂至肩部。他身穿小圆领、窄袖、下摆齐膝的长袍，腰系白色腰带，下穿白色裤子，脚穿尖头鞋。这身打扮与第一组供养人的标准汉式服装大不一样，这是典型的"胡服"，就是非汉族的少数民族或者外国人穿的衣服，我们统称为"胡服"。阴家是从内地移民来敦煌的汉人，但他们的正式服装却是窄衫小袖的"胡服"，这是很有意思的现象。这表明，西魏时敦煌的居民中，男性的着装潮流是流行胡服的。这种窄衫小袖的长袍加裤腿分叉的裤子的服饰，有利于跑动，甚至骑马飞奔都能

做到，是很实用的一种装束。阴安归身前的长条内竖写的题记，保存得挺好。这条题记内容是"清信士阴安归所供养时"。题记的书法自然优美，比同时期的写经体书法更加自由潇洒，像一个文化水平较高的人写的。

阴安归身后的供养人名叫阴苟生，他的画像是头戴折沿帽，就是把帽子的边沿往上折叠，前低后高，有点像现在的鸭舌帽。他身穿绿颜色的圆领窄袖长袍，服装式样与阴安归相同，只是颜色不一样。他身前上部有一条较短的题记"信士阴苟生供养"。阴苟生的身后，是两个挨得很紧的供养人，一个穿黑袍，一个穿红袍，服装式样和戴的帽子，与其他男人是一致的，这两个供养人只有前面一身有题记，写的是"阴无忌供养"。由于书写空间比较短促，所以"信士"二字被省略了，直接写了一个"阴无忌供养"。阴无忌身后的人叫什么我们不太清楚了，因为他身前的那个空间就更窄，没有书写题记的位置，但他身后有一条题记："信士阴胡仁供养"。这条题记可能就是他的供养题记，因为前面空间太窄，所以挪到后面。如果这个推测是对的，那么这个人就叫阴胡仁。

阴胡仁身后的人穿着打扮跟他一样，身后也有一则题记，叫做"信士阴普化供养"。排在男供养人末尾的是一个小男孩。他的服装，与前面的成年男子无异，但他没有戴帽子，而是把头发扎成了一个"丫髻"，也就是头顶左右两边伸出头发，扎起来像"丫"字形的发型，是专属小孩子的发型。这个小孩个子不高，头顶上

图186　莫高窟西魏第285窟北壁西起第二组阴安归等男供养人

面就有了一个比较宽的空间，所以他的题记就写到了头顶上，内容是"信士在和供养"。估计他是子侄晚辈，所以他的姓名没有写全，他的全名应该就是阴在和。值得注意的是，最后面的两身供养人阴普化和阴在和的位置，已经占用了旁边一组供养人的空间，这个安排估计是画家在构图时的一个权宜之计，因为这一组男供养人共有七身，而旁边一组的女供养人是背朝这边的，只有三身，所以画家就把空间挤了一下，把第二组的男供养人的最后两身画到了第三组的空间里，但他们站立的方向，仍然与前面的供养人一致，也就不至于引起混淆了。

第二组的男供养人，既有一个打头的阴安归，也有在中间的成年人，最后是一个小孩。也就是说，这些男供养人其实是有尊卑长幼，按秩序排列的。重要的人画到前面最靠近佛像和发愿文的地方，而不太重要的，包括这些子侄辈的小孩什么的，就画到了后头。所以，从西魏供养人开始，我们就可以看出敦煌石窟供养人排列里是有尊卑等级观念的。后面开凿的石窟里供养人的排列方式，也有这样一种倾向。本来佛说众生平等，但敦煌本地的信徒们似乎并不完全认同这个平等的观念，在绘制供养人画像时，不是按照供养人的高矮胖瘦来排序，而是按照他的社会地位、家庭的地位来排列，显示出明显的贵贱尊卑之分。当然，最为尊敬的供养人其实是出家人，所以和尚、尼姑排在第一位，而且中间的发愿文有些也是以出家人的语气来写的。

第二组的女供养人画在男供养人的对面，共有六身，与对面的阴家男供养人数目相等。排在最前面的一身个子最高，身形挺拔。她身穿圆口内衣，上身是窄衫小袖，双肩披大巾，下着间色拖地长裙。所谓间色长裙，就是由一条一条不同颜色的竖长条印到一起的及地长裙，是蛮典型的汉族妇女的装束。这个穿汉装的妇女，却有一个非汉族的姓名，她叫史崇姬。从排列方式看，这个史崇姬在这六位女供养人中地位最尊贵，她身前的题记也最长最完整，"清信女史崇姬所供养时"。这条题记的格式与对面男供养人之首阴安归的题记是相对应的，阴安归的题记是"清信士阴安归所供养时"，"清信士"对应"清信女"，阴安归对应史崇姬，后面的"所供养时"是一模一样的。这种对应关系说明此二人关系对等，应该是夫妻关系，但史崇姬显然没有使用夫姓，而是保持了娘家的本姓"史"。

这个史姓是西域的"昭武九姓"之一。所谓的"昭武九姓"是指古西域地区的九个国家。在《魏书》里已经有"昭武九姓"的记载，《魏书》记载的内容，时

图187　莫高窟西魏第285窟北壁西起第二组女供养人

间上与莫高窟第285窟的建窟年代大致相同。这九个国家的人到汉地来，他们在取名字的时候，基本就是以自己国家的名字来取的，即所谓"以国为姓"。莫高窟第285窟的供养人史崇姬，应该是来自于西域的史国的女子，按照习俗，以国为姓，所以她叫史崇姬。很可能是她的父辈来回在丝绸之路上经商，最后定居在敦煌，史家的女儿后来嫁给了敦煌的旺族汉人阴家的阴安归，组成了一个跨国婚姻家庭。

史崇姬嫁入阴家之后，地位应该是很高的。她被画在阴家女眷的首位，而且她的供养题记与男供养人的首席阴安归是对等的，字数也是一致的。史崇姬身后的五位女供养人衣着打扮基本一致，只是他们的披肩和间色裙的颜色，有规律地变化，一个红一个绿，或者是一个红一个蓝，这样的装饰特色，使画面显得整齐而富有变化。

史崇姬身后的供养人题记是"信女阿丑供养"，我推测她应是阴安归夫妇的女儿阴阿丑。阿丑身后是"信女乾妇供养"和"信女乾理供养"两条题记，题记里提到的乾妇和乾理应该是两姐妹。最后的两条题记是"信女阿媚供养"和"信女娥女供养"，阿媚和娥女也应该是阴家的女眷。

在以阴安归为首的男供养人和以史崇姬为首的女供养人之间，有一方保存较为完整的"发愿文"。所谓发愿文，就是用来讲明供养目的的文字，解释供养人为什么要出钱开窟造像。现在这条"发愿文"在墙上已经保存得不太完整了，墙面有一块已经掉了。

现在我们根据伯希和一百多年前抄录的题记，还有中国学者在 20 世纪 40 年代抄录的题记做了一个还原补充。这条还原后的发愿文内容如下：

夫至极阔旷，正为尘罗所约。圣道归趣，/非积累何能济拔？是以佛弟子比丘礜化，仰/为七世父母、所生母父，敬造迦叶佛一区，并二菩/萨。因此微福，愿亡者神游净土，永离三途。现/在居眷，位太安吉。普及蠕动之类，速登常乐。/大代大魏大统四年岁次戊午八月中旬造。[39]

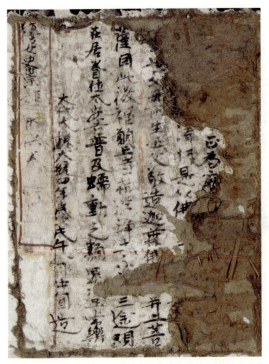

图188　莫高窟西魏第285窟北壁西起第二组供养人题记《发愿文》

这条"发愿文"说的意思是：悠远的生命之路，是受到尘世间各种因素约束和限制的，修习佛法的道路是需要一步步积累，才可以到达目的地的。所以，释迦佛的弟子礜化，为过去的"七世父母"和亲生父母敬绘一尊迦叶佛和两尊菩萨像。这里所谓"七世父母"是从爷爷奶奶算起，往前推是太爷爷太奶奶，一直往前算七辈人。供养人 / 发愿人自己的父母是没有包括在"七世父母"里面的。如果把自己亲生父母算上，就该是"祖宗八代"了。这里提到的迦叶佛，是"过去七佛"之一。"过去七佛"在这里就有点像过去的"七世父母"，有点追根寻源的意思。在"过去七佛"里，离世人最近的是释迦牟尼佛，紧接着的就是迦叶佛。除了这尊迦叶佛，还造了两尊菩萨，算是迦叶佛的胁侍。这组供养人上边的一佛二菩萨像与供养人的发愿文描述完全吻合，只是发愿文里没有提到画面上额外有的二飞天和其他一些细节。

这条发愿文接着写道："因此微福，愿亡者神游净土，永离三途。现在居眷，

---

[39] 敦煌研究院编：《敦煌莫高窟供养人题记》，文物出版社，1986 年，第 114 页。

位太安吉，普及蠕动之类，速登常乐。"这一段就直接讲愿望啦，他们的愿望是：因为有了造佛像和菩萨像而积累的小小功德，希望死去的亲人们灵魂抵达佛国净土，永远离开地狱、畜生、饿鬼之途。同时，祝愿现在活着的眷属，生活平安吉祥。还希望其他能活动的生物，能快速到达极乐世界。

这个发愿文的最后一行字，是纪年文字，"大代大魏大统四年岁次戊午八月中旬造"。这句纪年文字，包含的信息非常丰富：首先是"大代大魏"这个叫法很特别，因为北魏、西魏都直接称"大魏"，很少有称"大代大魏"的。这个大魏前面加上的"大代"，是指鲜卑拓跋氏立国之前最初建立的政权，最初是称为代，代国，或者大代，这可能与他们建立政权的地方是古老的中原诸侯封国代国有关。这个代国后来更名为魏，称大魏，历史上通称北魏。敦煌莫高窟第285窟绘制完成时已经是西魏了，就是说北魏已经分裂为东、西魏了，正常情况下，位于西魏境内的敦煌应该继续称"大魏"，但是这条题记却在大魏之前又加上了大代，可能反映了当地统治者对拓跋鲜卑人最初建立政权的代国时期的怀念。

西魏的大统四年是538年。"岁次戊午"，是说用传统的干支纪年就是"戊午"年。而"八月中旬造"，说明这组供养人及其供养的佛菩萨像是在夏天绘制完成的。因为敦煌冬天太冷，绘制壁画的活动，可能就停止了，要到气温暖和的夏天才完工。总之，第285窟北壁中层的这个第二组供养人画像及题记，为我们了解这个重要的早期标准洞窟，提供了极为重要的历史信息。

第三组供养人共8人，分别站立于中间发愿文的左右两侧，全部都是女性，这在敦煌石窟的供养史上是非常少见的。我们现在见到的绝大多数有供养人形象的洞窟里头，都是男女供养人搭配画在一起，一般都是男左女右，即画在佛像的左手和右手边，当然也有一些例外。

这组供养人画像两边各有三位妇女供养人。在东侧的三位妇女的前面，站着一个名叫惠胜的比丘尼。她手持一枝鲜花，左手托一个圆形的花盘，身前有一条保存完好的题记"比丘尼惠胜供养时"。惠胜身后的女供养人穿着打扮基本一致，都是头顶扎头巾，穿圆领窄袖衫，肩披宽巾，下身穿间色条纹长裙，但披巾和长裙的颜色有不同的搭配。她们对面的三身女供养人衣着服饰与她们相同，都是当时流行的汉装。由于这六身供养人身前的题记都没有一个字留存，我们无法了解她们的姓名和家族关系，只能从图像上判断她们都是女性供养人。值得庆幸的是，除了比丘尼惠胜的题记留下来之外，中间的发愿文也大部分保存下来了。

第三组的这条发愿文与第二组阴氏家族供养人的发愿文有所不同，第一句："夫，从缘至果，非积集无以成功。"这句话前面的发愿文意思相近，都说修行积功德的过程是漫长的，需要一点一点的积累。第二句说："是以佛弟子比丘慧尊，仰为有识之类，敬造拘那含牟尼佛一区，并二菩萨。"这句话就与前面的发愿文有很大区别了，既不是为"七世父母"，也不是为"所生母父"，只为"有识之类"，也就是有行为意识的所有生灵，来制作佛、菩萨像。这就完全排除了孝道的观念，

图189　莫高窟西魏第285窟北壁西起第三组右侧女供养人

图190　莫高窟西魏第285窟北壁西起第三组左侧女供养人

更符合佛教众生平等的要求。这样的表述真的
是很有特点，这些女供养人的愿望和要求，和
那种以家族特别是以男性为中心的愿望是不一
样的。第三句："因斯微福，愿佛法兴隆，魔
事微灭……安吉……齐登正觉。"这句话强调
的是愿佛法兴隆，魔事微灭，而且大家要齐登
正觉，这就是要达到觉悟的境界，这与前面发
愿文表示想要"神游净土""速登常乐"的净
土思想，差别还是明显的。总之，这六个女供
养人和比丘尼慧圣与慧尊的愿望，有更纯粹的
佛教意识。她们供奉的佛是"过去七佛"中的
拘那含牟尼佛，与前面的释迦牟尼佛、迦叶佛
是紧密相连的，明显是同一个表现"过去七佛"
的主题。这几尊佛像的画法略有不同，第一组
的释迦牟尼佛与未来佛弥勒画在一起，紧邻而
坐。第二组供奉的是迦叶佛坐在莲花上，脸、脖

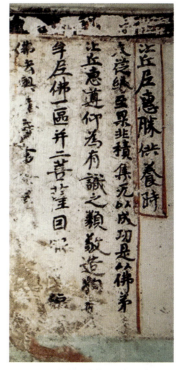

图191　莫高窟西魏第285窟北壁西起
　　　第三组供养人题记《发愿文》

子、胸部、双手、脚等露出来的人体部分，都贴了金箔，要表现佛的"金身"。大概
阴氏家族财富殷实，与外国商人史氏联姻更使经济实力雄厚，所以突出佛的"金身"。
第三组女供养人单独供奉的拘那含牟尼佛，是眉清目秀的美男子，说法的姿态优雅，
两边的胁侍菩萨手持鲜花，面露微笑，肤色白净，五官柔和雅致，很符合女性供
养人的审美需求。

　　令人惊讶的是，第四组供养人排除了出家僧尼的引导，直接画了五男五女的
俗家供养人像。而且中间的发愿文，也不是由出家僧尼代理，而是以领头的男供
养人滑□安的名义来发愿。第四组供养人的形象保存完好，但题记毁损严重。排
在最前面的男供养人姓滑，他头上裹着头巾，身穿圆领窄袖袍，下身穿白色的长裤，
脚着尖头鞋。这样的装束与前面第二组的领头人阴安归的装束是一样的，也是"胡
服"。他身前的题记为"清信士滑□安供养像"。说明他是滑氏家族男性供养人的
领头者。这个滑字，其实不是汉姓，而是西域一个小国的国姓。据《梁书·诸夷传》
的记载，西域有一个小国叫滑国。敦煌莫高窟第285窟建造的西魏时期，居住在

敦煌的滑国人滑□安，他的夫人是画在对面的西域女子丁爱。这个丁爱有一条完整的题记"清信女丁爱供养佛时"。她身后的四位女供养人姓名已经看不见了。

虽然这组滑家供养人中间的发愿文现在看不清了，但旧有的记录保存完好，引用如下：

夫从缘至果，非积集无以成功。是以佛弟子／滑□安，上为有识之类，敬造

图192　莫高窟西魏第285窟北壁西起第三组《说法图》与供养人

无量寿佛/一区，并二菩萨。因斯微福，愿佛法兴隆，魔事/微灭。后愿含灵抱识，离舍三途八难，现在老苦，/往生妙乐，齐登正觉。/大代大魏大统五年四月廿八日造。[40]

图193　莫高窟西魏第285窟北壁西起第四组滑姓男供养人

滑家的这条发愿文，比前面阴家的发愿文晚了八个月，是第二年的春天接着完成的。后来者滑氏家族选择造无量寿佛，而不是"过去七佛"中排在拘那含牟尼佛后面的拘留孙佛。看来，次年开春之后有

图194　莫高窟西魏第285窟北壁西起第四组女供养人

新的供养人加入进来，他们有着不一样的供奉愿望，所以不愿接着画"过去七佛"的题材，而是选择画了西方净土的主人无量寿佛。

　　第五组供养人还是一家子，只是这一家人的男丁不兴旺，只有父子二人，而女眷则有七位，其中前四位是梳成人发型的妇女，后三人则是梳"丫髻"的女孩子。这组供养人画像由于性别人数不对称，男少女多，男方虽然加了一个比丘僧，仍然只有三人，不到女性供养人的一半。所以他们的发愿文也无法写到中间的位置。上面的说法佛像与下面的发愿文要上下相对应，也就没法画到中间。结果，画家就采用了一个很奇特的构图，就是把说法佛和二菩萨整体往东边挪了一下，然后

---

[40] 敦煌研究院编：《敦煌莫高窟供养人题记》，第116页。

图195 莫高窟西魏第285窟北壁西起第四组《无量寿佛说法图》与供养人

图196 莫高窟西魏第285窟北壁西起第五组《说法图》与供养人

在西侧空白处加绘了一个胡跪在莲花上的供养菩萨。很显然，这是画家为了适应这一组男少女多的供养人像而做出的特别的构图安排。由此看来，上面的说法图和下面的供养人画像是统一设计、同时绘制的，并非如某些学者所说，墙上先画好标准佛像，然后等供养人来付钱购买，再添上自己的画像。供养人、发愿文、上面的佛菩萨像等，是一个统一的设计。画家先把供养人像画了，然后发现为了画面对称，上面的说法佛像和菩萨像就不得不做出特别的安排。这个现象可以帮助我们理解供养人像和佛像的绘制时间和绘制过程。这是美术史上的一个重要而有意思的话题。

第六组供养人，男女双方人数完全对称，男方是六人加一位引导的比丘，女方则是六人加一位引导的比丘尼。男性一侧的比丘身前存有一条题记"比丘昙珠之像"。这个昙珠可能是来自西域的罽宾国，也就是现在

的阿富汗一带。昙珠身后的首席供养人名叫僧一，这个姓氏不常见。僧一的身后
是一个怀抱长剑的男童，可能是僧一的儿子。后面的四位成年男性均头戴折沿帽，
身穿圆领窄袖长袍，下穿白裤子，脚穿尖头鞋，与前面几组成年男性供养人装束
一致，都是便于活动的"胡服"。女性供养人一侧，最前面的是一位比丘尼。比
丘尼身后是女主人，女主人身后的小女孩应该是这个主供养人夫妇的女儿，最后
是四位成年女供养人。这一家人姓僧，僧侣的僧，显然不是汉姓，推测是西域或
南亚出家僧人的后代。

第六组供养人中间的发愿文已经漫漶不清，无法识读，我们也不能确定上面
的佛像究竟是哪一位佛。这是题记看不清楚带来的一个困扰，我们没有办法清楚
地判定供养人的供奉主题是什么。

第七组，也是最后一组供养人，其人物形象、供养人题记、发愿文，都保存
得蛮好。东侧男供养人由一位手持香炉的比丘领头，比丘身后是男性主供养人滑
黑奴。滑黑奴身后的小孩子，是他的孙子（滑）昔海。再后面戴折沿帽的成年男
人名叫滑一。滑一身后的供养人也有一个题记，说明他叫滑友。最后一位男供养
人的题记已经漫漶不清了。显然，这最后一组供养人也是来自中亚的滑国。看来
西魏时的敦煌有不少西域各国的人在活动、居住。特别是滑国的人拖家带口，人
数应该是较多的。

图197　莫高窟西魏第285窟北壁西起第七组滑姓男供养人

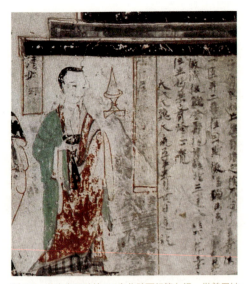

图198　莫高窟西魏第285窟北壁西起第七组　供养尼姑

第七组西侧的女供养人是由比丘尼道容供养像打头，其后是何□。这个何某应该是对面主供养人滑黑奴的妻子，也是来自西域的。"昭武九姓"里头就有何国。这个何某应是来自何国的女子。何某身后的六位女供养人都没有写出她们的姓，只写了"□媳""阿建""头女""难当""处胜"等小名，他们应该都是这个滑家的女眷。所以这是个非常有意思的家庭组合：滑黑奴为家长的滑家男性是来自于西域的滑国，

他的妻子姓何，也是来自于西域的何国，所以他们都是到敦煌来讨生活的，然后在这个地方住下来，成家立业，这是个非常值得注意的现象。西域那些小国家的人们到汉地来，然后在敦煌这样的边境城镇住下来，生儿育女，同时也把他们的信仰带到了这个地方。

这组供养人像中间的发愿文保存完整，而且有清楚的纪年文字，十分珍贵。发愿文抄录如下：

夫，从缘至果，非积集无以成功。是以，佛弟/子滑黑奴，上为有识之类，敬造无量寿佛/一区，并二菩萨。因斯微福，愿佛法兴隆，魔事/微灭。后愿含灵抱识，离舍三途八难。现在老苦，/往生妙乐。齐登正觉。/大代大魏大统五年五月廿一日造讫。[41]

这条发愿文第一句讲因果累积的道理，与前面的发愿文是一致的。第二句则是直接以主供养人滑黑奴的名义发愿，不再经供养比丘之手。我们注意到第四组也是来自滑国的滑□安，他也是直接以自己的名义发愿的。看来滑国的佛教徒习惯以自己的名义发愿。而且滑□安和滑黑奴供奉的佛都是西方净土的主人无量寿佛，这表明在西域的滑国最流行西方净土信仰，是以大乘佛教为主的。发愿文

[41] 敦煌研究院编：《敦煌莫高窟内容总录》，第117页。

的第三句话，没有提到"七世父母""今生母父"这一类儒家的孝道观念，而是笼统地愿所有生物往生妙乐。这里的妙乐就是指西方极乐世界。这是个很有意思的现象，我们注意到西域这些小国

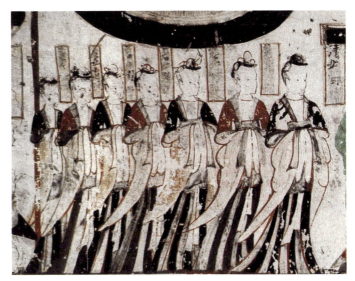

图199　莫高窟西魏第285窟北壁西起第七组女供养人

家，从西域诸国来的这些外国人，没有一个为他们的"七世父母""所生母父"这些个家族的祖宗来祈福。他们都是为自己和所有的生命，包括蚂蚁等各种生物，即所谓"含灵抱识"之类，大家要往生妙乐，都到西方极乐世界去。而阴安归这样的汉人，他们首先就得为"七世父母""今生母父"来发愿，愿他们能够不坠地狱，往生净土。西域诸国没有儒家孝道这个传统，但汉人有，这就直接反映到他们的发愿文里头来了，这是特别值得注意的。

这条发愿文最后一句是纪年题记"大代大魏大统五年五月廿一日造讫"。这个时间是第285窟里所有供养人题记中最晚的一条。前面第四组，也是滑家的。纪年题记是"大统五年四月廿八日"，两条相差23天。由此我们推测，第四组和第七组滑家供养人题记之间的第五、第六两组供养人及其供奉的佛菩萨像都完成于这23天之内。这为我们计算第285窟窟内壁画的绘制过程和所需时间提供了极为可靠的参考依据。

综观第285窟的七组供养人画像及其供奉的佛、菩萨像，我们知道它们是由里往外依次绘制的。越靠西边的供养人身份越高，绘制时间也越早。从现有纪年的题记推测，洞窟壁画的绘制工作在冬天寒冷季节就停止了，直到来年的4月开春再复工，开窟造像是在春、夏、秋三季施工的。

莫高窟第285窟内除了北壁上的这七组以家庭为单位的供养人外，在东壁上

还有数量较大的一批供养人画像，画在东壁的门两侧。这批供养人的数量很大，远远超出一个普通家庭的成员人数。这些供养人也是分男女在左右两侧排列。

在窟内东壁门北侧，画大幅无量寿佛说法图。说法图下边画了两组供养人像，共有男供养人 13 身，女供养人 14 身，合计共 27 身供养人，当时敦煌的普通家庭都没有这么大的。所以我推测，这些供养人其实是社会上的零散供养人，他们也来参与供养活动。例如，从西域来敦煌的商贾，从中原来的旅行者，还有本地的一些单身人士，或者说有一些家庭条件比较困难的，家里有一个人出来，他们组成了这 27 个人的供养团队，一起来造了一幅大型的无量寿佛说法图。

与此相对的门南侧，也画了一幅一模一样大小的无量寿佛说法图。而这个无量寿佛下面的供养人男的有 14 身，女的有 13 身，合计也有 27 身。把门两侧的供养人数量加起来，就有 54 身之多，不可能是来自一两个家庭。他们显然是自由组合的零散供养人，一起来供养无量寿佛，反映了敦煌当时最受欢迎的佛是西方极乐世界的主人无量寿佛。

我们注意到，在北壁上的七组供养人里面，只有滑家的人，也就是来自西域滑国的两家人供养的是无量寿佛。东壁上有五十多个零散供养人，我估计这五十

图200 莫高窟西魏第285窟东壁北侧男供养人

图201 莫高窟西魏第285窟东壁北侧女供养人

多个散客里面也有很多是来自于西域诸国，特别是滑国的人，来参加了敦煌第285窟的供养，由于他们的强烈要求，所以东壁南侧和北侧画的都是无量寿佛。也许是受到滑国等西域各族佛教徒的影响，无量寿佛和西方净土在敦煌极为流行。

图202　莫高窟西魏第285窟东壁北侧《无量寿佛说法图》

此外，在第285窟东壁门上还有一幅三佛说法图，中间是穿大红袈裟的释迦牟尼佛，左右两边的佛可能是迦叶佛和弥勒佛，此三佛合在一起，使我们联想到敦煌北魏时期流行的过去、现在、未来三世佛。

图203　莫高窟西魏第285窟东壁南侧《无量寿佛说法图》

敦煌第285窟南壁与北壁相对应，设计也主要是分为上下两层。上半部分画的是故事画，下半部分主要有四个禅窟，在禅窟与禅窟之间的墙面上还画有一些佛经故事。

南壁上最突出的故事，占了整个南壁上部空间，非常宽大。与此对应的北壁上部空间画的是七组供养人和七幅佛说法图，可见这个位置在窟内空间设计中的

图204　莫高窟西魏第285窟东壁南侧男供养人

图205　莫高窟西魏第285窟东壁南侧女供养人

地位非常崇高，不是随随便便的一个题材就可以画在这里的。这个重要的故事，叫做"五百强盗成佛故事"，在佛经里还有另外一个叫法"得眼林故事"。这两个故事名称强调的意思有所不同：前者更突出强盗是怎样放下屠刀立地成佛的，而后者则更强调佛陀拯救众生的能力，因为强盗眼睛被挖掉后是靠佛陀来治愈了他们的眼睛。

图206　莫高窟西魏第285窟东壁门上《三世佛》

这个故事是说，古印度地方有一个国家，有五百个强盗造反。他们堵塞官方的大道，抢劫杀害往来的商贾和旅行者。后

图207　莫高窟西魏第285窟南壁

来被官军镇压抓捕，处以挖眼重刑，并被放逐山林。他们在山中饥寒交迫，哀号痛哭。释迦牟尼佛听见了他们的哭声，心生怜悯，就来到山中，赐予他们灵丹妙药，使他们眼睛恢复原样。这五百强盗有感于释迦的慈善行径和神奇医术，就都皈依了佛法，专心聆听释迦说法，心生欢喜，便正式出家为僧。他们集体在山林里入定参禅，最后均成为一代高僧。这个故事跌宕起伏，内容丰富，既有造反打仗的激烈场景，也有判刑挖眼的残酷惩罚，然后又有放逐山林的恐惧痛苦，治好眼睛的意外惊喜，出家为僧的安宁喜乐等。

　　这幅故事画的图像表现特征也值得认真分析。在佛经里，这个故事是按时间顺序逐一讲述情节。图像表达时，需要把故事画到一个凝固的墙面上，这就要求有一个不同的表现方式。在第285窟南壁上，这个故事分成七个情节：第一个战争场景，就是官军和强盗之间的战争。第二个情节是这些强盗被抓住以后，双手反绑着捆起来，即将受到惩罚。第三个情节是被俘强盗受刑的场面，画面上有一个判官在宣读强盗的罪行，有一个刽子手在挖掉强盗的眼睛。第四个情节是强盗被放逐到了山林里，饥寒交迫，无依无靠，痛苦不堪。第五个场面是强盗们遇到了释迦牟尼佛，眼睛被治好了。第六个情节是强盗出家为僧，开始听佛说法，修习禅定。最后一个场面，即第七个场景，表现强盗们修行有成，已经不用导师指

图208 莫高窟西魏第285窟南壁《五百强盗成佛因缘》细节（战争）

图209 莫高窟西魏第285窟南壁《五百强盗成佛因缘》细节（俘虏）

导，大家都得到了解脱，成为一代高僧。这幅故事画用七个场景，把这个故事完整讲了一遍。

有些具体场面描绘得十分细腻精彩。例如第一个战争场面，用五个普通装束的人代表"五百强盗"。他们穿着当时普通劳动者穿的衣服，窄衫小袖圆领短袍，袍子的下摆只到膝盖处，便于下肢活动。最上面的一个强盗，左手持盾牌，右手持一把绿色宝剑，正在跟一个骑马官军对垒。这个强盗手里持的盾牌，两头尖，中间是一个两块长方形平板子合成的三角形向前凸出，锐角部分对着前面，所以这个盾牌也可以是攻击武器。跟强盗对垒的军官骑身披铠甲的马，头戴着绿色的头盔，把脸颊和后脑勺都遮盖起来。从武器装备看，官军的条件比强盗要好很多，胜败趋势十分明显。

强盗被抓住以后，就转成了另外一个画风。官军排成一排，骑着高头大马，全副武装，铠甲严整。强盗们已经完全失去了抵抗的能力，他们的手都是放到后背被绑起来，站成一排，已经成了被捕获的犯人。

强盗受刑的场面也表现得很生动。刽子手抓住犯人的头发，然后用尖刀或匕首挑犯人的眼睛。很快，犯人脸上就只剩下两个窟窿了。被挖眼之后，犯人就躺在地上重伤不起，一只手拉着自己的头发，就跟疯掉了一样。还有一个犯人正用手来摸他的脸上留下的窟窿。

图210　莫高窟西魏第285窟南壁《五百强盗成佛因缘》细节（受刑）

第285窟南壁的故事画，除了横贯整壁的大型五百强盗成佛故事之外，还有两个佛教故事画，也非常有名。在南壁下层禅窟与禅窟之间的墙面上，连续描绘了一幅《沙弥守戒自杀缘品》。

第一个情节画的是一个长者送他的儿子来出家。长者被画成了一个头戴毡帽，身穿交领宽袖长袍的富绅形象，他戴的帽子特别有意思，小毡帽下面是四角方形，上面是一个穹庐顶形状，有菱格纹的装饰，特别像今天维吾尔族男性戴的小毡帽，不知道二者之间有没有什么关系？这个长者是当地富豪的形象，说明当时出家的年轻人并非出于贫穷不得不出家，而是为了信仰来出家修行。画中老和尚坐在一棵树下，一个中年的和尚手持剃刀正在给小伙子剃头发，要把他改变成一个沙弥。而沙弥的身后，就是他的父亲。他

图211　莫高窟西魏第285窟南壁《沙弥守戒自杀缘品》细节（剃度出家）

们身边都有山丘、树木，是一个野外的场景，显然不是到寺院出家，他们是在山野里修行的。这说明敦煌当时可能主要的出家修行方式是在山林野地里，而非在寺院建筑或石窟里。

图212　莫高窟西魏第285窟南壁《沙弥守戒自杀缘品》细节（师徒对话）

第二个情节是饥饿的师徒商量下山取食的场景。画中师傅像在跟徒弟说话，沙弥跪在师傅前面，双手合十，认真聆听。

第三个情节，沙弥来到了富裕人家的门口，敲门，看家的小姑娘出来应门，见沙弥长相英俊，喜欢上沙弥，就把他拉进院子里，诱惑他，希望他能够还俗结婚。沙弥坚持自己的信仰，严守修行戒律，当场自杀身亡。我们注意到在这个画面里，沙弥自杀的场景并没有出现。在北魏第257窟里，这个故事第一次出现的时候，沙弥自杀是作为一个中心情节来表现的。但在西魏第285窟的这幅画里，我们看到的是一个院子的门口，沙弥来敲门，然后这个姑娘来应门，看见了沙弥就伸出一只手来拉他进院子。沙弥手里头托着一个要饭的碗。有趣的是在

图213　莫高窟西魏第285窟南壁《沙弥守戒自杀缘品》细节（少女诱惑）

图214　莫高窟西魏第285窟南壁《沙弥守戒自杀缘品》细节（少女报丧）

房顶上，有一只小猴子，有人说这是为了表现两个年轻人心猿意马情绪不稳定的状况。值得注意的是，对比这个场面和第257窟南壁上同样的故事情节，我们

发现它要强调的不是自杀，反而像是一对少男少女在聊天这样一种比较温馨的场面，二者的侧重点是不一样的。

第四个情节是这个女孩的父母回来以后，她不得不把沙弥死在他们家中的情况报告给父亲。画面上，一个女孩弯着腰，一只手往前，正在手舞足蹈地用肢体语言讲述这个故事。小女孩的对面，是她的父亲。看起来也是一个很富有的人，头上戴着毡帽，穿着宽袖长袍，坐在他们家的院子里头的一座亭子中。这座亭子也是中式的设计，上面有一个大屋顶。

图215　莫高窟西魏第285窟南壁《沙弥守戒自杀缘品》细节（缴纳罚金）

后面一个情节画在禅窟的另外一边，表现女孩的父亲按照本地的规矩，因沙弥死于他们家，去向国王缴纳罚款。他家仆人背着一个口袋，里头大概装着银子。国王的造型跟我们看到在"五百强盗成佛"故事画里头的国王造型一致，都穿着一件领口比较大的白色内衣，头上除了戴一顶毡帽式的冠之外，还戴了一个透明的"笼冠"，形状像一个圆筒。他身后的两个仆人，一个举着华盖，一个举着一把扇子，象征国王的威仪。

图216　莫高窟西魏第285窟南壁《沙弥守戒自杀缘品》细节（观看火化）

交纳罚金的场景下面，一个人坐在正在燃烧的火堆里，这是火化沙弥尸体的场面。在火化情节的上方，有一座塔，造型像一间屋子，窗户是开着的，沙弥坐在房屋里，像是在坐禅，或者在观看。我们可以把这个场景看成是一个禅定僧正在观看和冥想这个故事本身的设定。

此外，南壁中部有一些表现山林环

图217　莫高窟西魏第285窟南壁细节《狩猎图》

境的画面也值得注意。例如，表现群山之间，一只肥大的黄羊飞奔前跃，转角处，闪出一名机警的猎人。迅疾地张弓搭箭。画家抓住这一闪即逝的惊险场面，表现了山中狩猎的紧张气氛。画中的山层层叠叠，并用深浅不一的色彩描绘，看起来比北魏壁画中平列的带状群山显得更有空间感。但所有动物和植物比例都被夸大了，站立的一只鸟比山头大，狐狸一跃可跨过两座山峰，几棵树就可以长满一座山……这就使画中的形象看起来像童话一般。显然，佛教"众生平等"尊重所有的有生命之物的思想对敦煌画是有影响的，山是无生命的，故画得较小。

第285窟顶部与第249窟一样，也画了许多中国传统神话中的形象，如雷公、电猪、风伯、雨师诸神。其中也有新出现的传统神话形象，最重要的是"伏羲与女娲"，二者均人首蛇身，头束鬓髻，着交领大袖襦，胸前圆轮中分别画金乌、蟾蜍，象征日月。伏羲一手持矩，一手持墨斗；女娲两手擎规，双袖飘举。他们之间画一摩尼宝珠。

虽然汉代石刻中已有伏羲、女娲形象，多是人首蛇身、交尾相对像，但敦煌

图218　莫高窟西魏第285窟窟顶全图

壁画所绘则是胸佩日月、两两相对。

以上我们从窟形、塑像和壁画诸方面对第249窟和第285窟作了较细的分析介绍，由此而以实例勾画出西魏敦煌艺

图219　莫高窟西魏第285窟窟顶东披细节（伏羲、女娲）

术新风格的基本轮廓。敦煌西魏艺术中因大量新内容的出现而引出的诸多历史学、神话学、民俗学，以及文化史的问题，我们也作了初步的探讨。因本书是对敦煌石窟艺术的综合研究，限于篇幅，在此就不作深究了。

III—4.北周：新风格与新思潮

557年，西魏丞相宇文泰发动宫廷政变，建立北周政权，敦煌归于北周统治之下。至581年杨坚灭北周称帝建隋朝止，北周王朝仅存在了约25年的时间。在这短短的时间里，莫高窟现存者就有15个洞窟，其中包括规模宏大的第428窟。虽然洞窟形制主要继承前代的两种旧有基本窟式——中心塔柱式窟和覆斗方形窟，但亦有一些新的探索，如塔柱四面多开单层龛；方形窟窟顶出现了前部人字披、后部平顶的尝试等。塑像和壁画的内容与形式也都有新的发展。特别是故事画种类之多，情节之丰富，形式之多样，都达到了前所未有的高度。

北周塑像与西魏相比有很大变化：体形由修长飘逸转变为短壮敦实，面形由长条清秀形转变为方颐丰圆形。题材上新增加了阿难、迦叶二弟子，使整铺塑像由过去的一佛二菩萨的三尊变为一佛、二弟子、二菩萨的五尊。

新出现的二弟子像很值得注意，因为塑匠特地选择了在年龄、经历和性格上差异极大的阿难和迦叶。在塑造这一对人物时，特别突出阿难的年轻、单纯和聪慧，其像脸形圆润，没有喉结，身体饱满健康；同时又强调迦叶的年长、苦行和虔诚，其像脸露皱纹，喉结突显，身体干瘦羸弱，二人特征恰成对比。这种塑造方法被后代继承、发挥和完善，在隋唐时期成为固定的规范。

图220　莫高窟北周第428窟内景

　　虽然在总体上北周彩塑有面形方圆、形体短壮的共同特征，但仔细辨析这些塑像，我们注意到有两种不同的风格在并行发展：一种是对人物形体有较细腻的刻画，突出肌肤的自然起伏，特别对人物面部的处理，尤为细腻生动。如第438窟西壁龛外的胁侍菩萨，鼻梁高挺、鼻尖略为内勾，两腮丰满，嘴角内收，朱唇含笑，下颌丰圆，神态自然生动。这种风格显然是从以北魏第259窟北壁东头禅定佛像为代表的敦煌风格塑像发展而来，西魏第285窟西壁南侧的禅僧塑像也属于这一风格。北周时期另一种风格是对人体的概括和抽象化，略去细微的肌体起伏变化，只以平整的大块面表现人体，这一种风格在第428窟和第296窟的塑像上表现得最为明显。另有个别塑像似乎是介于两种风格之间，如第297窟西龛内北侧的迦叶像，既想保持大块平面的整体感，又想塑造一些人体细部特征，于是采用了塑绘结合的方法，先塑出大块面的基本形，然后画出皮肤的皱褶和毕现的肋骨等。

　　此外，北周彩塑中还出现了一身从前只见于壁画中的羽人形象。此像位于第297窟西龛龛楣北侧，人面而头上长角，双臂生羽毛，鸟爪兽蹄，正作飞行之状。其造型特征，也是面相方圆，身材短壮，与同期别的塑像相似。

图221　莫高窟北周第439窟彩塑阿难像

图223　莫高窟北周第438窟西壁龛外胁侍菩萨

图222　莫高窟北周第439窟彩塑迦叶像

图224　莫高窟北周第428窟中心塔柱上菩萨

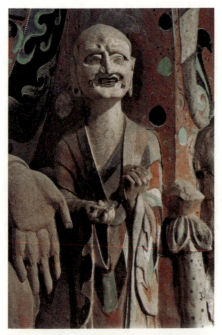

图225　莫高窟北周第297窟西龛内北侧迦叶像

图226　莫高窟北周第297窟西龛龛楣北侧"羽人"

　　北周壁画也有两种主要风格在并行发展：一种是直接继承了西魏时期流行的以白粉作地色，用朱色涂晕人物双颊、眉棱和下颔的传统画法；另一种则是由敦煌本地画风，结合新传来的龟兹西域画法创制而成的新画法，即用白粉点描鼻梁、眉棱、双眼、下颔和牙齿（如果张开嘴露出牙齿的话），俗称"五白"画法。其实此时期人物面部涂白的方式很多，真正是"五白"者很少，因为大多数像都未露出牙齿。较多是描双眼、鼻梁和下颔，或只描双眼和鼻梁、人体凹入部位则以重色粗笔晕染，突出凹凸效果，以土红为地色，显出沉稳热烈的色感。

　　这两种风格往往同时并存于同一窟中，相互并无妨碍或冲突，在总体设计上，亦能合为一体。如第428窟，东壁故事画，窟顶人字披图案和四壁下部的供养人采用以白粉为地的第一种画法，其余则用土红涂地的第二种画法。全窟统一设计，四壁分上下四层：上层为影塑千佛、其下为故事画和说法图等，再下为供养人，最下层则是垂幔装饰纹样，所以全窟的整体感仍很强，并未因两种差别很大的风格同时并存而显得不和谐。第296窟与此相似，窟顶四披和南北壁上的故事画，以及西壁南北两侧上部的男女"升仙图"用白粉为地的西魏画法，其余则用土红作地的画法。同样的情况也出现在第290等窟中。

　　而且，人物的衣冠服饰也分成两类，一类是以裸体披巾为特征的西域衣冠，另一类则是中国北方人当时的常服，即男子穿圆领小袖褶、小口裤的"胡服"（鲜卑服），女穿大袖襦长裙，为汉族妇女常穿之服。这两类服装，前者多见于菩萨、飞天等，后者则见于供养人和故事画中的人物，这正与两种不同画风相对应。

　　北周壁画增加了一批新内容，突出表现在故事画的数量和题材上。此时新出现的故事有七种，即《须达拏太子本生》《独角仙人本生》《须阇提太子本生》《善事太子本生》《睒子本生》《微妙比丘尼缘品》和《梵志夫妇摘花坠死缘》。重复过去曾出现过的题材有两种：即《萨埵太子本生》和《五百强盗成佛因缘》。

　　在表现形式上，北周故事画创造出一些新的方法，显示出一些新的特征：首先，用大量的细节描绘来展示故事演变发展的过程，使故事画更为通俗易懂。其次，构图上虽然主要采用北魏壁画已常用的横卷式，但又作了革新，将数个横条重叠起来构成一个大而宽的矩形，故事情节按正反"己"形顺序排列，或作犬牙交错贯穿上下横带的安排，使画面具有整体感的同时，众多的情节仍能保持清晰的线索。第三，故事人物活动于山石树木或庭院建筑之中，人景关系趋于合理。第四，画中建筑均是汉式，人物亦着汉式衣冠，有很强的中国民族趣味。

　　举数例如下，以进一步说明以上观点。

　　第428窟东壁南北两侧中层所绘《萨埵太子本生》和《须达拏太子本生》作基本对称的设计，均是由三条长短大小一致的横条重叠成宽大矩形，故事情节则按正反"己"形顺序描迹。

　　北壁的《须达拏本生》是北周新出现的故事题材，描述的故事是：叶波国太子须达拏，乐善好施，发誓要满足每一个来乞讨者的要求。国王有一白象力大无比，战无不胜。敌国畏惧此象，便买通婆罗门八人，长途跋涉到叶波国，向太子乞象。太子不能违背自己的诺言，所以将白象毫不犹豫地施予婆罗门。国中大臣深感忧虑，便向国王报告说：太子施舍无度、库藏将空，现在又将神象施予敌国。国王听后大为震怒，下令将太子驱逐出境。太子和妻儿辞别父母，将所有财物布施民众，然后离宫出城。人们听说太子被逐，都来相送，垂泪而别。太子一家乘车自去，路遇婆罗门乞马、乞车、乞衣等，太子一一予之。太子一家步行到旷泽中，见一化城，城中居民以伎乐、衣服、饮食相迎。行至山中，见仙人学道，环境清幽，太子便决定留住此山中，用树枝作屋而居，平时儿子们与猕猴、狮子相

图227　莫高窟北周第428窟东壁北侧《须达挐本生》

戏乐，妻子采摘瓜果供给饮食。过了一段时间，又有一婆罗门来向太子乞讨二子为其妻作奴仆，太子以水洗婆罗门手，然后用绳缚二子交给婆罗门。二子留恋父母不愿离去，太子便以鞭捶打，血流于地。妻子采果归来见二子已被带走，痛不欲生。后婆罗门牵二子进城出售，恰被国王买入宫廷。国王见孙子吃尽苦头，亦知太子下落，便派人进山迎太子回宫。

此图从北上角开始，按"己"形连环描绘情节。画中人物形象、衣冠服饰和建筑式样，都是中国式的。山峦、树木、建筑布满全图，故事情节安置其间，人物活动于一定的环境之中，富于生活气息。

与上图相对的是绘于南侧的《萨埵本生》。此画亦分上、中、下三层，情节按反面的"己"形走向发展，但三层之间的山石连成两条贯穿全图的波形线，有

波澜起伏之感，并使三层横带融为一体。上层南起画三王子辞别国王出游，林中射靶，歇马谈心，中层北起为三王子入深山，见饿虎，萨埵以身饲虎但虎无力噉食，萨埵遂刺颈出血，投崖再次以身饲虎。下层南起为二兄见萨埵遗骨悲恸，驰马还宫报告国王，收拾遗骨起塔供养等。此图比北魏第254窟南壁所绘同一题材增加了一些细节，故事的开始一段画得较细，冲淡了以身饲虎的惨烈，而且省去了父母抱尸痛哭的震撼人心的情节，显示出儒家"乐而不淫、哀而不伤"中和美学思想的影响。

第428窟西壁所绘《涅槃图》则更多地保持了北魏以来的绘画传统，人物主要以凹凸晕染造型，色彩浓重热烈，气氛庄严肃穆。涅槃，是佛教全部修习所要达到的最高理想，一般指熄灭"生死"轮回而后获得的一种新的精神境界。涅槃是对"生死"诸苦及其根源"烦恼"的最

图228　莫高窟北周第428窟东壁南侧《萨埵本生》

图229 莫高窟北周第428窟西壁《涅槃图》

彻底的断灭，因此，虽然从物质意义上讲，涅槃是一种毁灭、消亡，但从精神意义上讲，却是解脱、再生。此图是莫高窟最早的涅槃图，采用了横长方形平面，画面上半部画了两横排举哀的比丘，与边线大致平行，使画面显得稳定平衡，宜于表现庄严肃穆的气氛。这些比丘未悟释迦涅槃并非死亡，因而痛哭示哀，脚后手抚佛足悲泣者为最后赶到的弟子老迦叶。婆罗树上绽开着白花，烘托出哀悼的气氛。下半的释迦双手下垂，与"右胁而卧"的常见姿势有别。灵台右高左低，侧卧的释迦也头高脚低，身体倾斜，头光从灵台右端升起，过佛头后紧连背光弧形向上升。整个下半部右高左低，佛身似欲缓缓升起，寓示着佛陀灵魂上升到新的境界——涅槃境界。画面上半部"静"的肃穆与下半部"动"的生命形成对比。

第290窟窟顶前部人字披东、西两披各分三层连续描绘了佛传中的87个情节，组成长达27.5米的连环画。佛传梗概：净饭王的王后摩耶夫人夜梦菩萨乘白象从天而降，夫人从此有妊。十月已满，夫人游园时，手攀无忧树，太子从右腋出生。太子初生行七步，步步生莲，并以手指天指地，说："天上天下，唯我为尊。"九条神龙为

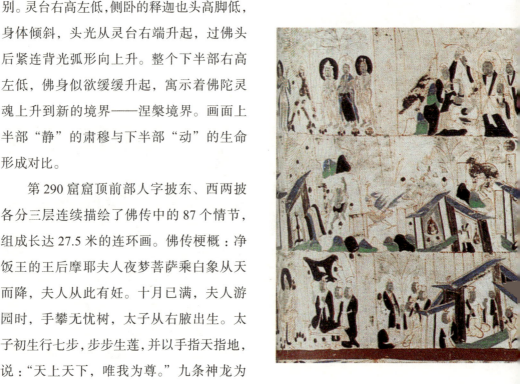

太子喷水沐浴，夫人太子乘蛟龙车还宫，天人奏乐，诸神护送，国王百官列队出迎。
国王抱太子入神庙，天神归命。相师为太子取名悉达。太子还宫，天降三十二祥瑞。
阿夷仙人为太子占相，说太子有三十二相八十种好，必成佛道。国王为太子起四
时殿，选伎女娱乐太子。太子不悦，国王又派五百仆人陪太子读书。太子还是终
日不乐，思念出家。国王召大臣为太子议婚，拟聘娶须波弗王女裘夷为媳。裘夷
让诸国太子竞技，优胜者许婚。悉达太子出城比武，恰遇白象堵门无法通行，太
子举手掷象于门外，又在相扑中取胜，并一箭射穿七个铁鼓，遂与裘夷结为夫妇。
太子婚后仍闷闷不乐，国王又为太子娶二妃，并令其出游。太子出游四门，遇老、
病、死、僧。游观农务，感虫鸟相食、生命无常，遂半夜逾城，出家修道，最后
成佛。此图主要以宫室、城门等建筑作各情节的间隔与联系，将人物活动安置在
建筑内外，画面统一，情节清晰。画中人物衣冠服饰均为中国当时通行的常服。

　　第296窟虽然不大，内容却很丰富，画有四幅故事画，其中窟顶两幅（《微
妙比丘尼缘品》和《善事太子入海品》），南、北两壁各一幅（《五百强盗成佛因缘》
和《须阇提太子本生》）。西壁还画有"亡故父母往生天上图"等。

图230　莫高窟北周第290窟窟顶西披《佛传》局部

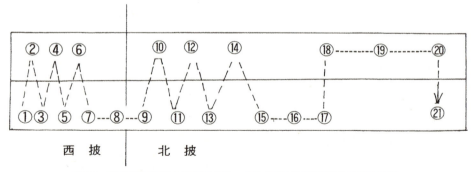

图231　莫高窟北周第296窟窟顶西披、北披《微妙比丘尼缘品》布局示意图

　　《微妙比丘尼缘品》分两层画于窟顶西、北两披上，采用锯齿状波形结构线，贯穿上下层设计情节，如图所示：（1）微妙前生以铁针刺死小妇婴儿；（2）今生微妙与梵志结为夫妇；（3）微妙再次怀孕，与丈夫携子回娘家；（4）露宿树下，夜半分娩，招来毒蛇咬死丈夫；（5）微妙见丈夫被毒蛇咬死，惊惶失措，悲痛欲绝；（6）微妙携子渡河，一子为狼所噉，一子被水冲没；（7）路遇老梵志，告知娘

图232　莫高窟北周第296窟窟顶西披《微妙比丘尼缘品》之一

图233　莫高窟北周第296窟窟顶北披《微妙比丘尼缘品》之二

家失火，家人全被烧死；（8）微妙走投无路，寄居老梵志家中；（9）微妙与另
一梵志结为夫妇；（10）梵志醉归，微妙正在床上分娩，未及开门，梵志破门而
入，怒打微妙；（11）梵志烹煮婴儿，逼令微妙食子；（12）微妙被迫出走；（13）
微妙行至一墓园，时逢长者子怀念亡妻，守墓悲泣；（14）微妙与长者子结为夫妇；
（15）长者子七日病故；（16）当时印度风俗，丈夫死妻必殉葬，微妙被活埋；（17）
夜间盗墓贼发冢，微妙复活；（18）微妙与贼首结为夫妇；（19）
贼首以盗窃罪被捕，判处死刑；（20）贼首死，微妙第二次殉葬，
又被活埋，夜间有野狼扒冢，寻食死人，微妙又得复活；（21）
微妙见佛，求说因缘，被度为比丘尼。

　　这是一个典型的"因果报应"故事。微妙家破人亡，走投
无路，两次被活埋，三次被迫改嫁的悲惨遭遇，从一个侧面反
映了古代印度社会妇女的苦难状况。"锯齿形状通常包含有痛苦
和紧张"，画家选择这种类型的构图显然是别具匠心的。

　　值得一提的是，北京图书馆收藏有一卷出自敦煌藏经洞
的《诸经杂缘喻因由记》，其中第一篇"莲花色尼姑出家因缘"
就是讲的这一故事。著名学者陈寅恪先生在1932年曾撰文对
此故事进行了研究，文章指出依据巴利文涕利迦陀所述原为七
种咒誓，但汉译本只录其六。汉文各典包括《贤愚因缘经》《大
方便佛报恩经》《众经撰杂譬喻经》《佛说妇女辜遇经》《根本
说一切有部毗奈耶杂事》和敦煌遗书S·2076《佛说现报当

受经》都记载了这个故事，但都没有收入巴利文经典中"莲花色尼与其女共嫁其子"这一咒誓。陈先生认为这种现象为我国"民族传统之伦理观念绝不相容"，"独缺此聚麀恶报，其为故意之删削，而非传写时无心之脱漏，似不容疑"。1961 年，史苇湘先生在莫高窟第 296 窟窟顶首次发现这一内容的故事画，并考定其文字稿依据是《贤愚因缘经》之"微妙比丘尼缘品"。史先生后撰文指出："《微妙比丘尼变》与《诸经杂缘喻因由记》都是敦煌本土产物。壁画是叙述式的连环画形式，制作过程中将六种业报作了情节上的组合、串联、进行艺术加工，使微妙比丘尼前生后世悲惨的遭遇能头尾相续，细腻耐看。《诸经杂缘喻因由记》则是一个类似俗讲稿本，为斋日向信徒宣讲时使用的提要，其中杂有沙州土语，文字错讹较多。壁画为北周时代所绘，《因由记》则为五代、北宋时所作。两者内容前后参差、先后不一，但都只包括了六种咒誓的内容。然而就是这幅壁画，后来除了《贤愚经变》屏风画中偶有一例（残存一角），再未出现，原因可能是这幅壁画描绘一个妇女一嫁再嫁。业报故事虽然生动，但在主张'三从四德''从一而终'的中国封建社会必然要遭到非议，正是陈（寅恪）先生所说的'与民族传统伦理观念绝不相容'，故而在以后的石窟艺术里就逐渐销声匿迹，再未出现过。"[42]

第 296 窟中的另一幅故事画也很值得注意，即绘于北壁中层的《须阇提本生》，故事是说：大国王提婆有子十人，各领一小国，大臣罗睺杀提婆自立，并派兵剪除诸小王。提婆最小子善住闻讯后携妻、子仓皇逾城逃往邻国，途中迷路粮绝，善住欲杀其妻以济自身和儿子。子须阇提阻之，愿以己肉供奉父母，充饥济命。邻国闻太子慈孝，迎入宫中款待，并派兵诛灭叛臣，立须阇提为本王，父子相继。此图以顺序式结构，描绘药叉报信、逾城逃走、误入歧途、善住欲杀妻济子、王子割肉奉亲、邻国来迎、发兵复国等七八个场面。这种以"孝道"为主题的故事画出现在这一时期，显然与北周统治者提倡"礼义忠孝"有关。

北周时期还出现了另一个以"孝道"为主题的故事画，即著名的"睒子本生"，并同时在四个洞窟中描绘（第 462、438、

---

[42] 史苇湘：《敦煌佛教艺术新思维——兼论陈寅恪先生的学术思想对敦煌佛教艺术研究的影响》，文见麦积山石窟艺术研究所编：《石窟艺术》，陕西人民出版社，1991 年。

图234　莫高窟北周第296窟北壁中层《须阇提本生》

244、301窟），可见其受欢迎之程度。故事说：迦夷国中有盲父母，生一子取名睒子，"至孝仁慈，奉行十善"。成年后随父母入山修行，结草庐自居，探野果汲流泉以供饮食。一天，迦夷国王入山狩猎，沿溪追赶群鹿。时逢睒子披鹿

图235　莫高窟北周第299窟窟顶西、北、东披《睒子本生》

皮衣在溪边汲水，国王拔箭射鹿，误中睒子，大呼："一箭杀三道人！"国王闻声来看睒子，睒子倾述山中修行二十年经过。国王悔恨自责，随即入山至盲父母处，告知睒子被射经过，并引盲父母至睒子处。盲父母见睒子已死，伏尸恸哭，痛不欲生。由于睒子孝顺父母，感动天地，天神以药灌睒子口中，毒箭自拔，生命复活。此图画于第 299 窟覆斗顶的西披、北披、东披呈凹形。故事从两端开始描绘，高潮设在中部，这与北魏第 257 窟西壁的《九色鹿本生》的构图很相似，可见敦煌不同时期故事画的内在联系。

最后，选择两幅具备不同风格特点的作品作一对比。一幅是绘于第 428 窟窟顶的两身飞天，均腰圆体壮、动态生硬，连飘带、围裙都画得很宽很厚、更显壮实，整个形象飞动感弱而装饰性强。人物采用粗重的晕染线，分几次染成，显出丰富的层次，反映了凹凸晕染法在敦煌壁画中长期使用而得以改进提高。但头、乳、腹用程序化的"圆圈晕染"，这与北凉壁画很相似，显示出西域艺术风格随北周武帝联姻突厥公主阿史那氏，通好西域而再度对敦煌艺术产生强烈影响。

另一幅是第 290 窟东壁上层所绘飞天，均着宽袍大袖的中原汉装，面部使用源自南朝经中原传来的"强调晕染法"，即在凸出部位用重色图染，强调其凸出的立体感，这与西域式凹凸晕染法做法正相反。人像姿态优美，飞动自如。长袍颜色白、黑相间，对比鲜明，使画面显得明快清晰。飞

图236　莫高窟北周第428窟窟顶飞天

图237　莫高窟北周第290窟东壁上层飞天

天使用的乐器也是成对的，两身弹琵琶、两身吹排箫、两身吹横笛。更有趣的是，飞天的衣服、头饰与下面的供养人一样，似乎可以说，这是善男信女奉佛可以升天思想的升华。

对比这两幅图，我们可以清楚看到北周时期并行的两种风格间的明显区别。

III—5. 小结：敦煌早期洞窟的供养人与艺术家

总的来看，敦煌早期壁画有两个基本主题：尊像画（佛与菩萨等）和故事画（包括本生、因缘和佛传三类）。为使对早期故事画有兴趣者更方便地查阅相关材料，今将早期故事画分三类按时代顺序列表如下：

一、敦煌早期本生故事统计表

内容	窟号和位置	时代	所据佛经
毗楞竭梨王本生	275 窟北壁	北凉	《贤愚经》卷一《梵天请法六事品》，《大正藏》第四卷第 350 页
虔阇尼婆梨王本生	275 窟北壁	北凉	《大智度论》第十一卷《释初品》中檀相义第十九，《大正藏》第二十五卷第 143 页
尸毗王本生	275 窟北壁	北凉	《六度集经》卷一《菩萨本生》，《大正藏》第二十五卷第 87~88 页
	254 窟北壁	北魏	《贤愚经》卷一，《大正藏》第四卷第 351~352 页
乾夷王施头本生	275 窟北壁	北凉	《六度集经》卷一《乾夷王本生》，《大正藏》第三卷第 2 页
快目王施眼本生	275 窟北壁	北凉	《贤愚经》卷六《快目王施眼缘品》，《大正藏》第四卷第 390~392 页
九色鹿王本生	257 窟西壁	北魏	支谦译《佛说九色鹿经》，《大正藏》第三卷第 452~454 页
摩诃萨埵太子舍身饲虎本生	254 窟南壁	北魏	北凉昙无谶译《金光明经》卷四《舍身品》第十七，《大正藏》第十六卷第 353~356 页
摩诃萨埵太子舍身饲虎本生	428 窟东壁	北周	
	299 窟窟顶	北周	（同上）
	301 窟窟顶	北周	

续表

内容	窟号和位置	时代	所据佛经
须达拏太子本生	428 窟东壁	北周	西秦圣坚译《太子须达拏经》,《大正藏》第三卷第418~421 页
	294 窟窟顶	北周	
独角仙人本生	428 窟东壁	北周	《大唐西域记》卷二《健驮罗国跋虏沙城》条, 上海人民出版社, 1977 年, 第 54 页;《大智度论》卷第十七独角仙人条,《大正藏》第二十五卷第 183 页
须阇提太子本生	296 窟北壁	北周	《贤愚经》卷一《须阇提品》,《大正藏》第四卷第356~357 页
善事太子本生	296 窟窟顶	北周	《贤愚经》卷九《善事太子入海品》,《大正藏》第四卷第 410~415 页
睒子本生	462 窟西壁	北周	西秦圣坚译《睒子经》,《大正藏》第三卷第 438~443 页
	438 窟窟顶	北周	
	299 窟窟顶	北周	
	301 窟窟顶	北周	

二、敦煌早期姻缘故事统计表

内容	窟号和位置	时代	所据佛经
须摩提女姻缘	257 窟西壁北壁	北魏	前秦昙摩难提译《增一阿含经》卷二十二《须陀品》,《大正藏》第二卷 660~665 页
弊狗姻缘	257 窟南壁	北魏	《经律异相》第四十七卷《弊狗因一比丘得生善心品》,《大正藏》第五十三卷第 249 页
沙弥守戒自杀缘品	257 窟南壁	北魏	《贤愚经》卷五《沙弥守戒自杀品》,《大正藏》第四卷第 380~382 页
	285 窟南壁	西魏	
施身闻偈	285 窟南壁	西魏	《大般涅槃经》卷十四圣行品,《大正藏》第十二卷第 450 页
宾头卢度跋提长者姊	285 窟南壁	西魏	《经律异相》卷第十三《阿那律等共化跋提长者及姊》,《大正藏》第五十三卷 68~69 页
度恶牛缘	285 窟南壁	西魏	《撰集百缘经》卷六《佛度水牛生天缘》,《大正藏》第四卷第 232 页

内容	窟号和位置	时代	所据佛经
五百盲贼 得眼故事	285 窟南壁	西魏	昙无谶译《大涅槃经·梵行品》，《大正藏》第 十二卷第 458 页
	296 窟南壁	北周	《大方便报恩经》卷五《慈品》第七，《大正藏》 第三卷第 150 页
微妙比丘 尼缘品	296 窟窟顶	北周	《贤愚经》卷三《微妙比丘尼品》，《大正藏》 第四卷第 367~368 页
梵志夫妇摘 花堕死缘	428 窟东壁	北周	《法句譬喻经》卷四《生死品》第三十七梵志夫 妇摘花堕死缘，《大正藏》第四卷第 605~606 页

三、敦煌早期佛传故事画统计表

内容	窟号和位置	时代	所据佛经
出游四门	275 窟南壁	北凉	
降魔	254 窟南壁	北魏	
降魔	260 窟南壁	北魏	《佛说太子瑞应本
降魔	263 窟南壁	北魏	起》《普耀经》《修
乘象入胎与夜半逾城	431 窟塔柱南面	西魏	行本起经》等
佛传（烟熏不清）	294 窟窟顶	北周	
降魔、诞生、涅槃	428 窟北壁西壁	北周	
入胎到成道说法	290 窟窟顶人字披	北周	

以上我们对敦煌早期艺术的主要内容和形式特征作了总体的研究，并对不同时期的代表作品作了细致的分析。但读者可能已经注意到，我们以上的论述主要集中在艺术品本身，而对创造这些绝世佳作的艺术家未作探讨，对出钱开窟造像并对这些艺术家有很大影响力的"施主"，即现在所谓"艺术赞助人"，也着墨不多。其主要原因，是关于他们的材料极为有限，实际上，我们对他们的具体生活状况并不十分了解。在敦煌从事实地研究的近八年时间里，我试图通过不同的途径弄清楚这一问题，但敦煌现存早期壁画中没有任何关于创作者及其艺术活动的文字记载，敦煌藏经洞遗书中有少量材料，如塑匠赵僧子的《典儿契》等，但时代较晚，我们对早期敦煌艺术家的活动仍一无所知。后来我注意到唐张彦远写于大中元年（847 年）的《历代名画记》这一重要美术史文献中，可以找到一批与敦煌早期艺术时间相同的艺术家和赞助人的材料。张彦远将隋以前的画史分为上

古、中古和下古三个时期。上古是汉、魏、三国；中古是晋、（刘）宋；下古是齐、梁、北齐、后魏、陈、后周。他划出的中、下古正与敦煌早期艺术的时代大致相合。《历代名画记》中共记载了一百二十名中、下古时期的画家，并著录了他们的传世作品。

当然，我们注意到，张彦远《历代名画记》在中、下古部分主要记述的是中国东南部的南朝艺术，而敦煌位于中国西北部。前者以世俗绘画为主，后者则是宗教绘画。但二者同是泛中国政治文化圈内主要由中国人创造的艺术，当时中国东南与西北之间政治、经济、文化的交流很频繁，其途径既有和平方式，也有战争方式。因此，将二者联系起来作比较研究并非南辕北辙。

张彦远在《历代名画记》中记载的一百二十名中、下古时期的画家主要创作世俗作品，真正创作过佛教艺术作品者仅有三十三位，约占其所记中、下古画家的四分之一。这批艺术家的情况对我们探索敦煌早期艺术家最有参考价值，所以我将他们的材料从《历代名画记》中逐一选出，并按姓名、时代、身份、佛教艺术作品和宗教信仰等栏目列表如下：

姓　名	时代	身份	佛画作品	信　仰
司马绍	晋（明帝）	皇帝	画佛像于乐贤堂	？
张墨	晋	"画圣"	维摩诘像	？
卫协	晋	"画圣"	楞严七佛图	？
王廙	晋	左卫将军武康侯晋明帝与王羲之之师	画昌东寺东塔西塔	？
顾恺之	晋	散骑常侍　大画家　文人	瓦棺寺画维摩诘像	？
史道硕	晋	画家	梵僧图	？
戴逵	晋	文人　名画家　雕刻家	壁画文殊像、木雕无量寿佛并菩萨观音像五天、大罗汉像	信佛
戴颙	晋	逵子　画家　雕刻家	改制瓦棺寺佛龛像	信佛
陆探微	（刘）宋	皇帝侍从　名画家	壁画菩萨阿难维摩图释僧虔像维摩诘居士像	？
陆绥	（刘）宋	探微子　画家	麻纸画立释迦像	？
顾宝光	（刘）宋	尚书水部郎	天竺僧	？
袁倩	（刘）宋	名画家	天女白画　东晋高僧白画　维摩诘变一卷	？
谢灵运	（刘）宋	康乐公永嘉太守画家	甘露寺内有菩萨六壁	？

姓名	时代	身份	佛画作品	信仰
宗测	南齐	炳之孙　隐居画家	永业寺佛影台壁画	？
惠觉	南齐	僧人画家（姚昙度子）	白马寺宝台样	信佛
蘧道	南齐	善画寺壁之画家	？	？
张继伯	南齐	善画寺壁之画家	？	？
僧珍	南齐	僧人画家（蘧道甥）	？	信佛
毛惠秀	南齐	待诏秘阁	释迦十弟子图　胡僧图	？
萧绎	梁（元帝）	皇帝	圣僧（文殊）师利像	？
陆杲	梁	工书画　特进扬州大中正	？	信佛理
张僧繇	梁	武林王国侍郎 直秘阁知画事 右军将军 吴兴太守	天皇寺卢舍那佛像　定光如来像　维摩诘并二菩萨像　二胡僧像　行道天王图	？
张善果	梁	僧繇子画家	悉达太子纳妃图　灵嘉寺塔祥	？
张儒童	梁	僧繇子画家	释迦会图宝积经变	？
解倩	梁	善画寺壁之画家	五天人像　九子魔图	？
吉底俱	梁	外国僧人画家	？	信佛
威公	梁	僧人画家	？	信佛
摩罗菩提	梁	外国僧人画家	？	信佛
迦佛陀	魏、隋	天竺僧人	鬼神画	信佛
杨乞德	后魏	新乡侯善画佛像	？	信佛
王由	后魏	东莱太守	摹画佛像	？
曹仲达	北齐	曹国画家官朝散大夫	外国佛像	？
冯提伽	后周	散骑常侍礼部侍郎	画寺壁	？

从上表可以看出：

（一）当时的佛教艺术家虽然不占多数，但大多有很高的声望。如顾恺之、陆探微、张僧繇、曹仲达等都是当时开宗立派的第一流大画家。戴逵父子更是雕塑界的泰斗。还有晋明帝、梁元帝、武康侯王廙、康乐公谢灵运、新乡侯杨乞德等帝王显贵人物参与画佛。可以想见当年南方的佛教绘画具有全国第一流的艺术水准。

（二）据《历代名画记》载：晋画家二十三人，画（或雕塑）佛教题材者八人，约占三分之一；（刘）宋画家二十八人，画佛者五人，约占六分之一；南齐画家二十八人，画佛者六人，约占五分之一；南梁画家二十人，画佛者九人，约占二分之一；陈一人略去。这些数据反映出六朝时期东南佛画有两个高潮：一是东晋、二是南梁。东晋的代表人物有晋明帝、顾恺之、戴逵父子，还有"过江后为晋代书画第一"的王廙等；南梁则有梁元帝、张僧繇父子等。这两个高潮的形成均与统治者的支持、参与和著名画家的领头有直接关系。

（三）有一批信仰佛教的画（雕塑）家在从事佛教艺术活动，如戴逵父子、陆杲、杨乞德等。也有出家僧人画家绘制佛画，如惠觉、僧珍、威公等。还有西域及印度画僧来南朝从事画佛活动，如摩罗菩提、吉底俱、迦佛陀等。

在上面分析的基础上，参照敦煌及其附近地区相关的间接材料，我们可以对敦煌早期壁画的作者作如下几点推测：

（一）敦煌早期壁画的作者主要是地方割据政权的"宫廷画师"，地方官府的官员、文人画家和侍从身份的画家等，而非一般的民间工匠。对比敦煌十六国晚期壁画和嘉峪关、酒泉同期的墓室壁画，前者人物造型的完整、准确及赋色的精美、色种的丰富均远胜于后者，且二者间风格差距极大。可以推测前者是由受过较严格的训练并有较高文化修养的画家吸收融合西域画法，或模仿西方传来的佛画稿本，或与西域来的画家共同画成的，后者则是一般民间工匠所为，尚保留着汉画造型简朴、用色单纯，以墨线为主的传统。另外值得注意的是，北魏晚期特别是西魏时期敦煌壁画风格的突变，其主要原因是孝昌三年（525年）东阳王元荣出任瓜州刺史，从洛阳来到敦煌。如果他没有带来一批受南朝影响的中原画家，敦煌壁画中南朝"秀骨清像"风格的迅速普及发展是不可能的。北周武帝建德元年（574年）前，建平公于义从中原出任瓜州刺史，敦煌北周壁画中随之出现明显的中原画风影响。所以，敦煌早期壁画的作者主要是官方画家而非社会下层的"土画家"。

（二）敦煌早期壁画的作者中应有一批西域（包括印度）来的画家。首先，从现存壁画作品看，北凉壁画与新疆和印度壁画较相似。凹凸晕染法对敦煌早期壁画有很大影响，此法即画史所称"天竺遗法"传自印度，但在同期的河西墓葬壁画中却少见此法。如果没有西域画家的直接参与，敦煌早期壁画中很难有如此浓重的西域风格影响。其次，敦煌是当时中西交往的枢纽，佛教和佛教艺术主要通过敦煌输入内地，著名的译经师鸠摩罗什就是经敦煌去中原地区传教的。龟兹沙门佛图澄也是经敦煌去中原，他的形象和事迹被画在敦煌初唐第 323 窟的壁画中。与他们同时往来于东西之间的画僧应不是少数。《历代名画记》中提到摩罗菩提、吉底俱等人很可能也是经敦煌再赴南朝的，他们也有可能在敦煌画过佛教画。

（三）敦煌早期壁画的作者中可能有一些是父子相传的艺术家。从南朝的情况看，父子以画艺相传很普遍，戴逵、陆探微、张僧繇等艺术大师的后代均继承父业。敦煌早期壁画虽有西域风格、敦煌风格、南朝风格的更替衍变，但各种风格主要是并存、融合、发展，有一些时代先后不同的窟，窟内壁画画法很相似，也可能是绘画世家的两代、三代人所为，同时我们注意到敦煌早期壁画在人物造型、赋色、线描等技法方面有极高的成就，可以视为几代画师不懈努力、发扬光大的结果。

艺术的繁荣，除需艺术家的努力外，重要的动因之一则是艺术赞助人的慷慨。据《历代名画记》载："魏晋之代，（图画）固多藏蓄"，"宋、齐、梁、陈之君、雅有好尚"。具体记载了桓玄、宋高祖、南齐高帝、梁武帝、梁元帝、陈文帝等各朝统治者热爱书画，悉心购求，热衷收藏的事迹。桓玄为获取顾恺之的得意佳作而用骗取的手段。南齐高帝则"科其尤精者，录古代名手，不以远近为次，但以优劣为差，自陆探微至范惟贤四十二人，为四十二等，二十七秩，三百四十八卷。听政之余，旦夕披玩"。特别是梁元帝（据传他著有《山水淞石格》），投降西魏之前焚毁收藏的书画时，痛不欲生，"投火俱焚"，宫嫔牵衣，他才免于一死。东晋南朝的最高统治者对画艺多极喜爱，有的还擅长绘画，如晋明帝、梁元帝等。他们对绘画的喜好、推崇、购买，促进了艺术的繁荣。达官贵人、士庶僧俗也喜好艺术，史载顾恺之在瓦棺寺画维摩诘一躯，"及开户，光照一室，施者填咽，俄而得百万钱"。

敦煌壁画、彩塑的赞助人即石窟的供养人。敦煌早期石窟供养人既有当地的最高统治者，如东阳王元荣、建平公于义，也有当地的世家大族，如阴氏、索氏等，还有一些有名的僧人，如乐僔、法良、庆仙等，可见西北的敦煌和东南地区的艺术赞助者身份地位基本一致。

就赞助目的而论，两地则有些差异。东南着眼于"存形"和玩赏。所谓"存形莫善于画",其目的正如曹植所言："观画者见三皇五帝,莫不仰戴;见三季异主,莫不悲惋;见篡臣贼嗣,莫不切齿;见高节妙士,莫不忘食;见忠臣死难,莫不抗节;见放臣逐子,莫不叹息;见淫夫妒妇,莫不侧目;见令妃顺后,莫不嘉贵。"可以说,这种"存形"是重在伦理楷模功用而非审美。此外还有存自己之"形"以供后人敬仰者。因此东南画坛有两类最常见的题材:古贤烈女和肖像写真。当时的名画家如卫协、顾恺之、陆探微等都画过这两类题材。所谓"玩赏"有两层含意,一是"玩",即供茶余饭后或"听政之余"怡情悦目之用,二是"赏"即鉴赏品评。如南齐高帝以优劣为差而不以远近为次,将陆探微、范惟贤等四十二名画家分为四十二等。南齐谢赫著《古画品录》,陈朝姚最著《续古画品录》等。这些都是对画家及其作品的品评鉴赏[43]。

---

[43] 关于《历代名画记》中与敦煌早期艺术相关材料的研究,我曾撰专文作过较详尽的论述,有兴趣者可以查阅拙文《〈历代名画记〉与敦煌早期壁画——兼论南朝绘画敦煌早期壁画的关系》,《敦煌研究》,1988年第4期。

第四章　繁荣：敦煌盛期艺术（581~780 年）

　　581 年,杨坚灭北周建立隋朝,又于 589 年灭南陈,终于"削平天下,统一海内",结束了汉晋以来三百余年的分裂局面。建国之初,杨坚锐意控制河西,打通丝路,发展中西贸易。在张掖、武威一带举行的二十七国交易会,充分反映了河西经济的繁荣景象。河西的富裕,正是敦煌隋代佛教艺术兴盛的基础。与此同时,隋代的统治者对佛教均推崇备至,杨坚自幼生长于尼姑庵内,受佛教熏陶颇深,立国后遂大力弘扬佛法。其子杨广继位之后,继续倡导佛教,据《大慈恩寺三藏法师传》云："初,炀帝于东都建四道场,召天下名僧居焉。其征来者,皆一艺之士,是故法将如林。"而且,从西北地区崛起的隋王朝,在开拓西北边疆,疏通"丝绸之路",繁荣佛教艺术方面都超越了以往任何一个时期。仁寿元年至二年(601~602 年),隋文帝杨坚曾两次派专使向全国三十州和五十州颁送舍利,营造塔寺,瓜州（敦煌）就是其中之一,曾由高僧智嶷送舍利到崇教寺（莫高窟）起塔。由于通向海西三道总凑敦煌,此地已成为东西佛教交往要道,敦煌的艺术家有机会接触到来自中国南方、中原、西域、中亚和印度的佛教思潮和艺术风格,所以,隋代的敦煌艺术在内容和形式上均发生了巨大变化,创造出许多充满活力的新式样,这些新的形式,经过唐初一段时间的选择、提炼和完善,终于走向成熟,形成既丰富多彩,又合乎一定规范,既生动活泼,又庄重神圣的华丽灿烂新风格,即"敦煌风格"。

　　敦煌风格的形成,标示着敦煌艺术在自 366 年乐僔开窟以来约三百年间探索积累的基础上,利用地理、政治、经济和文化上的独特地位,吸收来自东南西北各地区的优秀文化,终于形成成熟完美的独特风格。这一风格包含融合了中国东南、西南、中原和西域地区的诸种艺术特征,因而具有全国意义。而且这种风格的影响远远超出中国国界,在中亚地区、朝鲜、日本等地都可见到流风所至的痕迹,因此从某种意义上讲,其国际性特征亦很明显。

　　唐代前期（初唐后期与盛唐）确立的敦煌风格,从总体上看,具备如下特征：

一、石窟本身成为建筑、彩塑、壁画三位一体的"净土世界"。如果说，早期洞窟主要是修行、观像和说教的场所，那么唐代前期的洞窟则已是模拟的西方极乐世界。典型的早期窟式——中心塔柱式，其内部室间较为零碎，特别是幽暗多变的后部通道，给人以狭窄、神秘之感。墙上的壁画以悲惨、壮烈、坚忍的故事画和神秘符号式的千佛画为主。塑像则高踞天宫或紧贴壁龛。置身这些窟内，一种兴奋、紧张、不安和神圣之感便会油然而生。唐窟的典型是覆斗式，内部空间整一，开敞宽豁。龛内的塑像多与真人大小相似，装饰华贵精美，富有贵族气派，犹如大族家嗣中的尊卑长幼，给人以亲切祥和之感。两侧壁画则以各类天国净土为主，场面清新、欢快、美妙、幸福，境界深远而稳定。覆斗形顶上正中是华盖图案，四披满绘千佛。地面则遍铺莲花方砖。整个洞窟就是一个豁朗、宁静、祥和、欢欣的佛国世界。

二、彩塑形成完整的组合，佛、弟子、菩萨、天王、力士各依其身份、特性塑造，并形成模式。盛期彩塑的组合形式主要有两类：一是说法相，二是涅槃相。说法相最为常见，主要方式是一佛、二弟子、二菩萨、二天王、二力士，左右对称排列，各像之间以动态和神情融为一体。塑像的形体丰圆而富于体积感，早期密集的衣纹构成的装饰性和精灵般的"秀骨清像"被圆转柔和的写实风格和结实健康的肉体生命所取代。塑像上彩广泛使用金粉（片）和鲜丽颜色，绘制精细图案，使彩塑更显华贵优美。

三、随着对累世修行、忍辱牺牲和精进思维等信仰方式的抛弃或失去耐心，新的解脱现世苦难，"死后栖神清土"的思潮为更多的人所接受，于是，对遥远天国的焦急等待转变成了沉静而幸福的幻想。盛期壁画的主体，由修行观像教材似的故事画，变成了华丽灿烂，如在眼前的天国净土。壁画的设计由过去分层分段描绘不同内容变为整个墙面集中表现单一主题，如净土变相等。对情节众多的经变，如维摩诘经变、涅槃经变等，也采用全壁一体的综合设计，较少采用按情节先后依次描绘的手法。因此，这一时期的敦煌在壁画的构图方面取得显著成就，形成多种模式并日趋完美。

四、透视法的丰富与完善，使盛期壁画在空间处理上远远超越前代。早期壁画中的形象以平列为主，装饰性强，与汉代画像砖石的手法类似，盛期壁画用三度空间感极强的透视法处理建筑、器物和其他形象，但并不拘泥于单焦点透视，而是根据内容和不同人物的需要，分组确定透视灭点，从而更好地突出主题，并与建筑平面相适应。

五、人物形象摒弃了清瘦羸弱的病态类型，也不再是头大腿短的雄奇形象，而是颀长、丰满、健康、优美的新形象。唐代塑像和壁画中的人物大多比例适度、面相丰腴、体态健美、庄严沉静，显示出唐代中华帝国健康的审美趣味。这种类型的形象随着大唐文化向周围地区的扩散辐射而产生巨大影响，我们在古康国都城宫殿遗址壁画中可以见到唐装人物[1]，甚至近代日本浮世绘中的美人图，也能使人感到中国唐代仕女的风采。

六、唐代人物画在类型性格（如善良、英武、虔诚等）的刻画上已形成规范，并在表达人物内心情绪（如喜、怒、哀、乐等）方面有突出成就。

七、色彩与线描：唐前期壁画是敦煌莫高窟色彩最为富丽、绚烂的部分，使用的颜料主要有石青、石绿、朱砂、银朱、朱磦、赭石、土红、石黄、藤黄、靛青、蛤粉、白土、金箔、墨等。赋彩方法常用叠晕和渲染两种，前者是以同一色相的不同色度层层叠晕，色阶分明而又有立体感，后者又分二法：一是在面颊上染上一团红色，并在四周以清水微微渲染，使之与其他部位糅合连接，另一法是在粉底之上用淡色轻轻渲染，形成莹润洁白、素面如玉的效果。线描也更为丰富，种类有起稿线、定形线、提神线、装饰线等。而且色彩与线描相互补充、映衬、色不掩线，线不扰色。

总之，唐代前期敦煌艺术在许多方面都已达到成熟完善的境界，形成了独特的风格，在以下各节中，我将就这种风格的形成过程和主要特点作进一步的介绍分析。

IV—1. 隋代：统一帝国中的敦煌艺术

莫高窟现存隋代开凿的洞窟约七十九个（不计残龛）。一个短短三十七年的朝代，竟在敦煌留下了这样多的洞窟，实在令人惊叹。平均每年至少有两个洞窟在同时开凿、塑像和绘画，而且连续不断，因此我们有理由说，隋代莫高窟前很

---

[1] 姜伯勤：《敦煌壁画与粟特壁画的比较研究（摘要）》，《敦煌研究》，1988 年第 2 期。

可能长年居住生活着一批"打窟匠人"、塑工和画师。由于有许多的实践机会，他们便不再满足于照搬早期已有的造窟、塑像方式，又因为随着全国的统一和隋王朝对西北的着意经营，来自四面八方的新观念、新形式和新技术强烈地刺激着他们的创作欲，所以，我们在隋代洞窟中，可以明显看到他们变革旧式、追求新意的努力。正是这些变革与创新，为唐前期艺术的辉煌成就奠定了基础。

在洞窟形制上，隋代初年的洞窟继承了流行于北朝的中心塔柱式，但作了明显的创新。如有开皇四年（584 年）题记的第 302 窟，窟前部为人字披顶，后部平棊顶，保存了早期式样。但中心塔柱却改作须弥山状，上部作圆形七级倒塔，上六级塑有影塑千佛（残），最下一层是仰莲及四龙环绕；下部为方形两层台座，承接倒塔；台座上层四面各开一龛，龛内塑一佛二弟子，龛外塑二菩萨。第 303 窟的形制也与此相同。

隋代中期修建的第 427 窟也是中心柱窟，但形制又有新的变革。

宽敞的前室虽已被后代改建，但仍可见到高大的天王像。主室前部人字披顶，后部平顶，但人字披已直接与中心柱顶部相连，且中心塔柱正面不开龛，而是塑造高大的一佛二菩萨，并在南北两壁前部各塑一佛二菩萨大像一铺，与中心塔柱正面的组像合成"三世佛"的主题。

当然，隋代最常见的窟形，是覆斗顶方形平面，西壁开一龛，这种窟形，在唐前期成为定式。但隋代对覆斗方形窟这种在西魏北周时期已经运用的窟式作了许多变革的尝试。例如，将西壁上的佛龛位置提高，并加深龛后壁，以便容纳更多的塑像，也使神像与观者之间保持一定的距离，呈现"若即若离"的效果。这一改革被唐代洞窟所继承，并得到广泛运用。隋窟又尝试除西壁开龛外，在南北二壁上各加开一龛，如第 420 窟所见。唐初，由于南北二壁主要用于绘制大幅经变或大型说法图，这种南北壁各加开一龛的方式未能继续下去。

还有一些隋窟试图将中心塔柱窟的某些部位，如人字披顶等，与覆斗方形窟相组合，构成新的窟形。如第 423 窟，平面方形，前部人字披顶，后部平顶，西壁开一龛。第 422 窟也采用了这种组合式样。第 395 窟则是人字披顶，西壁开一龛。

隋代晚期的第 244 窟虽是覆斗方形窟，但在南、西、北三壁下部设佛坛，坛上塑佛与弟子及菩萨，形成一种新格局。

总之，隋代的洞窟形制花样翻新，丰富多彩，反映出变革与探索的痕迹。但

图238　莫高窟隋代第303窟内景

图239　莫高窟隋代第244窟内景

是，我们已可以感觉到，形状方正，空间统一，秩序井然的覆斗方形窟已逐渐成为窟形的主流。

隋代的彩塑，在题材、造型和彩绘等各方面均作了广泛的探索。新出现的彩塑题材有三世佛（过去、现在、未来）、三身佛（法身、报身、应身）、十大弟子和成组的大型天王、力士像等。

新的窟形和新的题材，为彩塑形式的新发展创造出有利的条件。最初的一些小塑像，如第303窟诸龛内佛与菩萨像，同北周第428、296窟内的塑像较相似。589年，隋文帝杨坚灭南陈，统一了中国，中央王朝对各地区的控制和影响日益加强，中原地区的造像风格再次对敦煌产生重大影响，敦煌彩塑和壁画均为之一变，显示出许多新特点。

位置相邻、时代均属隋代中期（约590~613年）的第420、419、412、427窟等，保存了大批彩塑原作，为我们探讨这一时期的塑像风格，提供了极好的范例。

第420窟西壁开双层大龛，南北两壁分别开一龛，形成一窟三龛的新组合。西龛正中塑结跏趺坐说法佛，两侧是阿难、迦叶二弟子和二胁侍菩萨，外层龛南北两边亦分塑二菩萨立像，使单龛塑像增至七身。

第420窟西龛内层南侧的菩萨，面相方圆敦实，体态匀称。头身长度之比基本合于正常人体比例，但由于头形方正，强调体积和量感，而人体其他部位则较为简洁抽象，所以头部在整个塑像中显得很突出。在五官塑造上，特别注重轮廓线的处理：长长的弯眉，使前额与眼睑之间两个块面的转折清晰自然；凸起的眼球和"一波三折"的眼睑边线，使双眼生动而富有神采；隆起的鼻梁呈三角剖面，

图240　莫高窟隋代第420窟西壁

图241　莫高窟隋代第420窟西龛内南侧菩萨

挺直而尖锐，鼻翼两侧面平整光洁，上下嘴唇的轮廓因朱唇粉脸的色彩对比而更为清晰。用石绿色勾划双眉和胡须，并以银朱色淡染双颊、下颔、鼻翼和眼睑，这种赋彩方法正与同期绘画中使用的面部晕染法相同。

第420窟北龛内塑一佛二菩萨。佛端坐狮子座上（狮子绘在后壁两侧），作说法状，平缓宽大的肉髻与浑圆厚实的脸面融为一体。厚重的袈裟覆盖着人体，衣纹大大减少，塑像表面更为简明概括，但由于绘制了大方格（所谓"田相纹"）状的衣饰图案，所以塑像表面仍有丰富多彩的效果。稠密折叠的袈裟下摆紧贴台座，这是隋代佛坐像的造型特征之一。

隋代塑像比早期的塑像更注重群像的整体效果。早期许多佛、菩萨像均有一种超然独立的气质，各像之间的关系并不十分紧密。隋代同一窟内的塑像数目增多，不同身份的形象同置一龛，所以特别注重各像间关系的处理。第419窟西龛中轴线上塑结跏趺坐佛像，坐西面东，头与左右双膝构成正三角形，稳定肃穆，高大厚实的形体占据了龛内主要空间，身后宽大精美的背光和头光，更增强了佛像的神圣庄严。佛像两侧的二弟子——阿难与迦叶，则处于龛内转角，形象变为半侧面，并略显前倾，自然形成对主尊佛像的依赖顺从关系。龛内南北

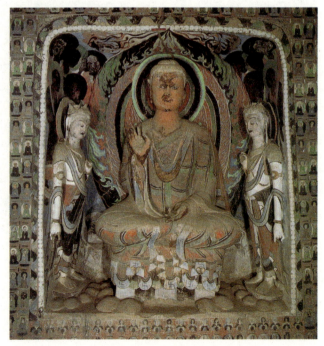

图242　莫高窟隋代第420窟北龛

两壁的菩萨立像，已几
乎是正侧面，头颈前倾，
表现出对佛的虔诚与恭
敬。龛梁两端的龙首亦
高昂着朝向佛像。可以
说西龛所有的塑像在设
计上都服从于同一个主
题，即佛的至尊和崇高。

　　然而，在处理好
整铺塑像相互关系的同
时，雕塑家对不同形象
的个性也着意强调，务
使生动。如龛内北侧之
迦叶像，脸上刻满细而
深的皱纹，咧嘴露出稀
松的牙齿，身体干瘦，
展现了迦叶多年苦修，
勇猛精进的经历特征；

图243　莫高窟隋代第419窟西龛

但饱满圆浑的头顶，方正有力的下颌，大而有神的双眼，则显示出迦叶老僧爽朗
自信的风采，使我们联想起当年不畏艰险，穿越茫茫大漠、跋涉崇山峻岭，往来
于丝路古道之上，传播佛教的有道高僧。

　　隋代塑像中最令人惊叹的，是高达三四米以上的成组大像，其宏伟气势，正
是大统一之后隋帝国国力强盛的象征。

　　第412窟北壁东侧站立之菩萨，身材高大敦实，方头，宽肩，腰腿粗壮。左
手上抬，掌托莲花，右臂自然下垂。长长的披巾斜挂下垂，给雕像增添了一种柔
和的感觉。嫣然含笑的神情，使这尊高大的菩萨像富有人间温馨，令人产生出亲
近之感。

　　当然，隋代大型彩塑的典范作品，应首推第427窟内的组塑。前室的几身天
王、力士高达3.8米左右，巍然挺立，脚踩地神。诸像均头部硕大，上体丰厚敦

图244　莫高窟隋代第419窟西龛内北侧迦叶

图245　莫高窟隋代第412窟北壁东侧菩萨

实，下体略显细小，站在小小的地神身上，有上实下虚之感，表现出一种凌空而下的威势。后室为中心塔柱建筑，平面为纵长方形，前部人字披顶，后部平顶，中心柱东向面不开龛，塑一佛二菩萨大型塑像，高约 4.2 米，与南北两壁前部圆塑的两铺一佛二菩萨大像合为"三佛"的主题。主室北壁前部的三身一铺塑像，佛像居中，站在圆形莲台之上，头形方中带圆，仍有北周、北齐造像遗意，浑圆厚实的上体和微微内收的下肢亦有上重下轻之感，对俯伏跪拜像前的信徒而言，自会有威严神圣的视觉效果。侍立两侧的菩萨形体和姿态比佛像要柔和可亲得多，菩萨所穿的"天衣"，彩绘着流行于中亚地区的动植物组合纹样，美轮美奂，光彩照人，反映出丝绸之路畅通时各地区间艺术风格和织造技术的交流与融合。

除了这些皇皇巨制之外，隋代的中小型彩塑也有许多杰作。如第206窟西龛外南侧的力士像，左腿斜出右腿挺直，上身自然前倾，势如张弓，充满力度。左手握拳下沉，右手握拳上举，势欲猛击而出，全身的肌肉紧张凸显。竖眉瞪眼，愤然欲吼的面部表情，更使雕像形神

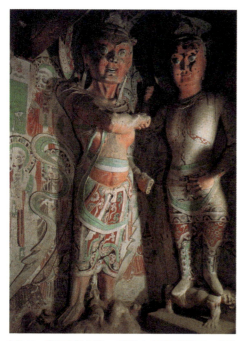

图246　莫高窟隋代第427窟前室大型彩塑天王、菩萨

图247　莫高窟隋代第427窟主室北壁前部一佛二菩萨

统一。这尊力士像高超的艺术成就，深为后代艺术家仰慕叹服，遂成为塑造力士像的固定模式，我们在唐代造像中可以见到大量类似的作品，尽管有不同变化，但基本的势态均源于此像。

　　隋代末期最重要的作品是第244窟南、西、北三壁前佛坛上的十几尊彩塑。总体上看，这批塑像多高大健壮，仍有隋塑的宏大气派，但有一些新的特点值得注意：方圆的头形逐渐拉长，近于椭圆形，更有中原汉族人的生理特征；人体的腹部由圆鼓凸出转变为自然内收，平缓过渡到腿部；佛像的袈裟更趋于写实，衣纹已完全摆脱旧有传自印度的装饰线衣纹的影响，袈裟的皱褶主要依人体的起伏变化确定，袈裟的下摆也不再是生硬的直线重叠，而是自然柔和的曲线。这些特征，我们在第244窟西壁前高大的释迦佛坐像上可以看得很清楚。

　　隋代壁画的内容和表现形式与早期壁画相较，均有大幅度的变革和创新。

　　从内容上看，故事画的题材开始减少，并从两侧壁面移到窟顶，观者需仰头方能看到，这种位置上的变化，似乎暗示出这一画种的重要性正在减弱。但是，旧有的故事，增添了一些过去未曾描绘的情节，如《须达挐本生》图中增绘了鸠

图248　莫高窟隋代第206窟西龛外南侧力士

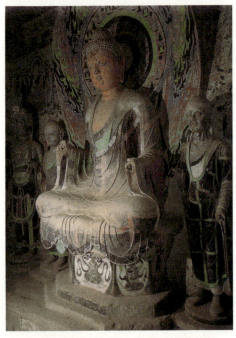

图249　莫高窟隋代第244窟西壁前主尊佛像

留梵志的娇妻在井栏边汲水遭恶少调戏的场面;《萨埵饲虎》图中多出了设帐于溪边放马休息等情节。

隋代的故事画题材只有两类,即佛传故事和本生故事。佛传故事仅限于"乘象入胎"和"夜半逾城"这一对挑选出的情节。涅槃则已独立成幅,以"涅槃经变"的方式出现,围绕释迦涅槃画出了诸多细节。

隋代佛传故事画见于下列诸窟:

1. 第278窟西壁龛北"乘象入胎",龛南"夜半逾城"

2. 第283窟西壁龛北"乘象入胎",龛南"夜半逾城"

3. 第397窟西壁龛北"乘象入胎",龛南"夜半逾城"

4. 第383窟西壁龛南"乘象入胎",龛北"夜半逾城"

隋代本生故事画有10种,共16幅,即:

1. 第302窟人字披东披《快目王本生》

2. 第302窟人字披东披《月光王本生》

3. 第302窟人字披东披《虔阇尼婆梨王本生》

4. 第302窟人字披东披《毗楞竭梨王本生》

图250　莫高窟隋代第419窟窟顶西披《萨埵本生》

5. 第 302 窟人字披东披《婆罗门本生》（即《施身闻偈》）

6. 第 302 窟人字披东披《尸毗王本生》

7. 第 302 窟人字披东披《睒子本生》

8. 第 302 窟人字披西披《摩诃萨埵本生》

9. 第 423 窟人字披东披《须达拏本生》

10. 第 419 窟人字披东披《摩诃萨埵本生》

11. 第 419 窟人字披东披《须达拏本生》

12. 第 419 窟人字披西披《摩诃萨埵本生》（与东披故事情节连接，实为同一故事的两部分）

13. 第 427 窟中心塔柱南、西、北坛沿《须达拏本生》

14. 第 117 窟人字披东披《摩诃萨埵本生》

15. 第 417 窟人字披西披《睒子本生》

16. 第 417 窟人字披西披《流水长者子本生》

以上描绘的十个故事中，有九个已见于早期壁画中，只有《流水长者子本生》是新出现的故事。这个新出现的故事是依据《金光明经》中的"流水长者子品"画成的[2]。

除故事画外，隋代出现了一大批大乘经变像，主要有《阿弥陀经变》《弥

[2] 关于这一故事出现的背景，请参阅贺世哲：《敦煌莫高窟隋代石窟与"双弘定慧"》，《1983 年全国敦煌学术讨论会文集·艺术编上》，甘肃人民出版社，1985 年，第 17~60 页。

勒经变》《药师经变》《法华经变》《涅槃经变》《维摩诘经变》和《福田经变》等七种。

隋代有《阿弥陀经变》三幅，位置如下：

1. 第 433 窟人字披西披

2. 第 303 窟西壁

3. 第 401 窟东壁北侧

隋代有《弥勒经变》七幅，分布如下：

1. 第 436 窟人字披西披　　　　2. 第 425 窟前室西顶中间

3. 第 423 窟人字披西披　　　　4. 第 433 窟人字披西披

5. 第 419 窟人字披西披　　　　6. 第 417 窟后部平顶

7. 第 416 窟窟顶西披

隋代有《药师经变》四幅，位置如下：

1. 第 433 窟人字披东披　　　　2. 第 436 窟人字披东披

3. 第 417 窟后部平顶　　　　　4. 第 394 窟东壁窟口上部

隋代有《法华经变》七幅，分布如下：

1. 第 419 窟窟顶前部西披　　　2. 第 420 窟窟顶东、南、西、北四披

3. 第 276 窟窟顶西披　　　　　4. 第 303 窟北壁

5. 第 394 窟西壁龛外南、北侧　　6. 第 303 窟窟顶前部东、西披

7. 第 277 窟北壁

隋代《涅槃经变》有三幅，位置如下：

1. 第 295 窟人字披西披　　　　2. 第 280 窟人字披西披

3. 第 427 窟前室西顶

隋代《维摩诘经变》现存十一幅，分布如下：

1. 第 206 窟西壁龛外南、北侧　　2. 第 262 窟后部平顶

3. 第 276 窟西壁龛外南、北侧　　4. 第 277 窟北壁

5. 第 314 窟西壁龛外南、北侧　　6. 第 380 窟西壁龛外南、北侧

7. 第 417 窟西壁龛外南、北侧　　8. 第 419 窟西壁龛外南、北侧

9. 第 420 窟西壁龛外南、北侧　　10. 第 423 窟后部平顶

11. 第 433 窟部平顶

　　隋代的《福田经变》有一幅，见于第 302 窟窟顶前部西披 [3]。

　　除了故事画和经变画之外，"说法图"和"千佛"题材仍十分流行。特别是"说法图"的数量更是大增，有时甚至满布各壁，如第 244 窟所见，这种布局在唐初第 340 窟更为引人注目。此外，西魏以来就有的传统神道题材仍可见到，供养人画像和装饰图案也有新的发展。

图251　莫高窟隋代第244窟北壁

---

[3] 对各经变绘制情况的统计，主要依据了《敦煌莫高窟内容总录》，但也采用了一些较为可信的新成果。如
　　《阿弥陀经变》在"内容总录"中仅记第 393 窟西壁一幅隋画，而贺世哲先生在《敦煌莫高窟隋代石窟与
　　"双弘定慧"》一文中列出三幅并有说明，本书采用贺说。

敦煌隋代壁画的风格演变可划分为三个阶段，与彩塑风格的演变相合。第一阶段是隋朝统一中国之前（581~589 年）；第二阶段隋朝经营西域，丝绸之路畅通，国力强盛时期（590~613 年）；第三阶段是隋末向唐初的转变期（614~618 年）。

第一阶段的隋代壁画在题材选择和表现手法上，主要是继承发扬北周风格。仍有许多故事画，并增加了《法华经变·观音普门品》的内容。故事画均以白粉涂底，人物以平涂为主，在双颊、眉棱、下颌等处微加点染，表现方法与北周第 428 窟东壁和第 296 窟所绘故事画并无明显差别。但其余人物形象，如千佛、飞天等，多用凹凸晕染，仍是"天竺遗法"，只是色彩略淡，不如北周时浓重热烈。

建于开皇四年（584 年）的第 302 窟和建于开皇五年（585 年）的第 305 窟为我们认识隋代初期的壁画提供了良好的条件。

第 302 窟窟顶东披所绘《睒子本生》局部图表现了睒子身披鹿皮衣在溪边汲水，国王沿溪逐鹿，张弓搭箭，误射睒子的场面。画中国王身穿当时流行的窄衫小袖袍子，腰系长剑，其服饰正与供养人像相同。国王的坐骑用叠染法画成，显得健壮有力。睒子跪在溪边，左手执水罐，右手持勺，正在取水，忽闻马蹄声疾，群兽奔逃，抬头远望，见国王跃马张弓，箭在弦上，箭直指胸前，其势已难避免。

图252　莫高窟隋代第302窟窟顶东披《睒子本生》局部（国王射杀睒子）

画家选择了"引弓待发"，睒子惊惧的紧张场面，试图将观画者的情绪紧紧抓住。
周围的树、石错落有致，已不再是单为说明情节的象征"符号"，而是更为写实，
人景关系渐趋合理。其基本风格特征与北周故事画一脉相承。

　　第303窟窟顶人字披东侧所绘《法华经变·观音普门品》中的一个场面，表
现了"船人遇难"，被大水所漂，遇罗刹鬼相害，口颂观音名号而得幸免于难的情节。
画中河水仅以荷花和浮船暗示，而大海之水则用旋转回卷的土红线画成。以示漩
涡密布、水流湍急的险恶情形。

　　总的来看，隋代初期的故事画虽然与北周故事画相似，但也有一些新特点，
如人物、动物等主要以色块点涂而成，很少勾线，不如北周故事画精细优美，但
自有一种朴拙豪放之美。同时，北周故事画用色清丽淡雅，人物多着素色服装，
山石树木也以石绿和浅蓝色为主；隋代故事画色调转暖，赭色、红色运用较多，
画面更为鲜艳。

中国传统神道题材在
隋代初期壁画中仍有表现，
如第305窟窟顶南北两披
所绘"男女升仙图"便是。
南披的"女主人升仙图"
中妇女乘四凤车向西飞行，
由羽人驭车，前有持节比
丘导引，后有神兽护卫，
周围飞天相随飞行。画面
色彩鲜艳富丽，用笔自由
奔放，有强烈的动感。这
些"男女升仙图"也被视为
"东王公与西王母"图像，
其真正题材的内容还有认
真思考的必要。

　　当然，隋代艺术的典
范作品是中期完成的大批

图253　莫高窟隋代第303窟窟顶东披《观音普门品》

图254　莫高窟隋代第305窟窟顶南披《女主人升仙图》

杰作，特别是第 420、419、407、423 等窟壁画，无论在题材内容和绘画技法上，都比过去丰富得多。这是由于中国在长期分裂之后重新统一，为南北方艺术及东西方艺术的交流创造出了极好的条件，也给敦煌艺术的变革与创新提供了新的契机。

隋代与西域各国的商业往来更为密切。《隋书·裴矩传》载："时西域诸蕃，多至张掖，与中国交市。帝令矩掌其事。"裴矩通过与西域商人交往，了解各国的风俗、山川、地理，撰成《西域图记》。虽此书现已失传，但其序言尚存，我们从中可知丝绸之路的兴旺发展情况。

敦煌的繁荣与西域的建设和中西交通的发展有直接关系。裴矩称丝路"发自敦煌、至于西海、凡为三道"，即傍天山北麓的北道，傍天山南麓的中道和傍昆仑山北麓的南道，"总凑敦煌，是其咽喉之地"[4]。特别值得一提的是，隋炀帝不仅先后派出韦节、杜行满出使西域，取得王舍城的佛经并从史国带回十名舞女，而且在大业五年（609 年）亲率大队扈从，巡游河西走廊。据《隋书》记载：炀帝"西巡河右，西域诸胡，佩金玉，被锦罽，焚香奏乐，迎候道左。帝乃命武威、张掖士女，盛饰纵观，衣服车马不鲜着，州县课督以诱示之。"据载当时有"二十七国邦长"前来张掖"朝觐"。这一空前盛举，确实为丝绸之路的繁荣，起了推波助澜的作用。

正是在这样的历史背景下，敦煌隋代艺术呈现出勃勃生机。新的内容、新的技法、新的图案和新的审美趣味，使隋代艺术明显有别于北朝艺术。

第 420 窟西壁正中开一双层深龛，佛龛位置较高，与低而浅的早期壁龛不同。佛像居中结跏趺坐，手势作"说法印"。两侧是二弟子和二菩萨。外层龛两侧壁亦塑二菩萨，形体比内层龛的菩萨、弟子高大，使全龛塑像总体上有一种深远的空间感。佛塑像身后绘化佛火焰佛光，两侧各画六弟子、六菩萨，龛顶画飞天十五身。外层龛顶画火焰化生龛楣、四飞天；两侧浮塑龙首龛梁，画莲华龛柱、二菩萨，下部北侧画鹿头梵志。南、北两侧壁各画二飞天、二菩萨。龛外南侧上部画"维摩诘经变·文殊"，下部为五弟子、四菩萨；龛外北侧上部画"维摩诘经变·维摩"，下部为五弟子、四菩萨。这样的布局设计，我们在北朝洞窟中是见不到的。

第 420 窟西壁龛外北侧所绘菩萨体态丰腴，比例比正常人稍短，略显头大腿短，其特点正与同期大型彩塑相似。菩萨面部以红色晕染鼻梁，眼睑、下颌（现

---

[4]（唐）魏征：《隋唐·裴矩传》，卷 67，中华书局，1973 年，第 1580 页。

已变黑），双颊涂成圆团，四周晕染以便与其他色自然过渡，看来画家是力图在表现凹凸关系的同时，再现出肌肤本色。双乳、腹部、手背等处也晕染重色。这种用红色晕染凸出的双颧和下颌的方法可能和南朝及中原人物画着色法的影响有关，但敦煌的晕染法源远流长，应是融合各地晕染技法并加以创新的结果。图中菩萨的头冠、项圈手镯、摩尼珠等皆贴金，虽然画面现状已有些褪色残损，但仍可见出当年的华丽色彩。

《维摩诘经变》是隋代出现在敦煌壁画中的一个新题材。实际上，"维摩变"

图255　莫高窟隋代第420窟西壁龛外北侧菩萨

在中国很早就有先例，据画史记载最早是顾恺之在瓦棺寺画维摩诘像，轰动一时。现存云冈、龙门和麦积山雕刻中，也有不少《维摩诘经变》，可以说，这个题材在中国中部和南部地区早已流行。当中原艺术在北魏末西魏初风靡敦煌石窟时，这个题材按理说应该随着"东王公""西王母"同来敦煌，但我们却很难见到现存图像。第249窟窟顶西披两侧对坐清谈的人物，很有可能就是简单的维摩变，就我所知，何重华女士在做关于第249窟窟顶壁画研究的博士论文时最先提出这一看法，后来我在写《上士登仙图与维摩诘经变——莫高窟第249窟窟顶壁画新探》一文时又作了一些补充考证，但仍觉得证据不够充分，因为这只是一个孤例，我们在西魏、北周的众多壁画中没有发现类似的图像，所以，本书采用较为通行的说法，将这一题材在敦煌的出现时间定在隋代。

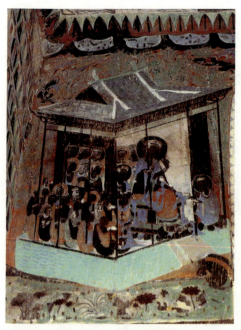 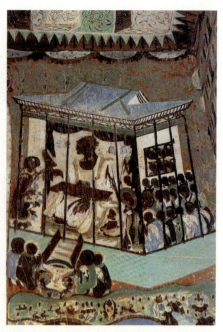

图256　莫高窟隋代第420窟西壁龛外北侧　文殊　　　　图257　莫高窟隋代第420窟西壁龛外南侧　维摩诘

　　图256和图257是分画在第420窟西壁龛外两侧上部的《维摩诘经变》，这种布局是隋代壁画处理这一题材时最常采用的方式。据《维摩诘所说经》，维摩居士拥有人间一切财富，乐尚佛法，拥有妻妾儿女而远离"五欲淤泥"。他经常演讲大乘佛法，又经常装病以吸引有智之士辩论。众佛弟子辩不过他，佛派以"智慧"著称的文殊前往维摩住处"问疾"，与维摩辩论佛理。画中维摩与文殊分坐殿堂内，南北相对。维摩挥动尘尾，似正侃侃而谈，周围有天女僧众恭听。对面的文殊扬手作辩论状。殿堂前有莲花水池，水禽游戏其间；堂后有竹林，上有飞天撒花，一派江南园林的情调。看来敦煌维摩变的祖形确系出自南朝。

　　敦煌隋代维摩变有数种类型，除分坐西龛外两侧殿堂内的形式外，还有同处一室面对面辩论的（如第423窟）；也有坐在阿弥陀佛说法像两侧者（如第433窟）；此外还有分别站立在西壁南北两侧树下的形式（如第296窟），均各有特色。

　　第420窟窟顶壁画十分引人注目。窟顶四披作总体设计，以《法华经》为主题，在蜿蜒重叠的庭院建筑和山川河谷间，描绘了为数众多的情节，堪称皇皇巨制。特别是东披的"观音普门品"，场面宏大，影响深远。此图分上中下三层：上层是"商人遇盗"一节，描绘了商人出发前祈佛保佑平安、路途辛劳、牲口坠崖、路遇强

图258　莫高窟隋代第420窟窟顶东披《观音普门品》

盗、观音显灵等细节，比佛经记述还详细，反映了古代丝绸之路上旅途生活的艰辛；
中层画"观音三十三现身"，后来壁画中出现此题材时，多仿照此模式；下层画
观音救苦救难诸情节。下层"观音救难"中的一个场面，表现了人若溺水，口颂
观音名号即可幸免于难。画面上两条粗壮的曲线组成河流，河中有鸳鸯、莲花等。
二溺人像漂浮在水中，双手上举，作乞求状，另有一人立水中祈祷。观音在下游
岸边，作接引状。隋代中期故事画的数目虽然减少了，但在构图和细节描绘上却
有许多创新，显出新
的活力。

第423窟窟顶前
部人字披东披所绘"须
达拏本生"故事画情
节按"之"字走向安排，
但不是北周故事画那
种分层重叠的横卷式
结构，而是在一个宽
大的矩形平面上统一
设计，画上群山蜿蜒

图259　莫高窟隋代第420窟窟顶东披《观音普门品》局部（观音救难）

图260　莫高窟隋代第423窟窟顶东披《须达拏本生》

穿插，庭院建筑错落有致，自然区分开不同情节，全图有很强的整体感。

隋代故事画不仅在构图设计上有所创新，而且在细节处理上也很成功。第419窟窟顶人字披东披所绘《须达拏本生》中的一个场面，表现鸠留国有个年老贫穷丑陋的婆罗门，娶了一个年轻美貌的女子为妻。有一天，婆罗门妻出门汲水，逢恶少调笑，问她何故做老婆罗门之妻。婆罗门妻啼哭而归，要丈夫为她索要奴婢侍候，以免再被人讥笑，婆罗门便往山中向须达拏索二子为奴。这个情节在早期相同题材故事画中没有出现过。画中的婆罗门妻苗条清秀，身着中国妇女服装，正用桔槔汲水，姿态妩媚迷人；二恶少立井栏边，站姿随意自然。环境清幽，树木丰茂，一派田园景致，富有浓郁的生活气息。

隋代新出现的几种经变：弥勒经变、阿弥陀经变、维摩诘经变、药师经变、涅槃经变、法华经变等，为唐代大型经变画的模式形成开了先河，意义十分重要。我在前面已简介了第420

图261　莫高窟隋代第419窟窟顶东披《须达拏本生》局部（少妻取水）

窟壁画中的法华经变和维摩诘经变。这里再举数例如下：

第423窟窟顶人字披西坡所绘"弥勒上生经变"，中间画一大殿，弥勒菩萨结跏坐于莲花座上，两侧是胁侍菩萨。大殿两侧又绘重层楼阁，高耸入云，每层楼中都有天人弹奏仙乐，再现了弥勒所居兜率天宫的美妙情景。画面南北两头分绘"弥勒授记"和"天人供养"。画上情景与《佛说观弥勒菩萨上生兜率天经》（南朝·宋沮渠京声译）中的描述大致相合。

隋代的"涅槃经变"多以释迦涅槃像为中心，绕以相关情节，如关门弟子须跋陀罗不忍见释迦涅槃而自焚，"先佛入灭"；天人见释迦涅槃，"心生懊恼，宛转于地"；佛母摩耶夫人做怪梦；迦叶手抚佛足说偈等等，如第295窟人字披西披所绘。第280窟中的"涅槃变"则增加了佛涅槃后大弟子迦叶召集众僧，背诵佛经，报人协力整理记录成文的所谓第一次"结集"的场面。众多情节的出现，表明隋代涅槃图是根据《大般涅槃经》等绘制而成，已不再是佛传图中的一个场面，而是一幅独立的经变画。

第433窟人字披东披上的《药师经变》，画上药师佛居中端坐，前有天人供养香花，两侧为胁侍菩萨、九层灯轮和药师十二神将，四周飞天环绕，犹如化现云端，有缥缈神秘之感。

隋代的装饰图案极为丰富，大量新的纹样，如圆环连珠纹、翼马连珠纹、狮凤纹、对兽纹、狩猎纹等等，异彩纷呈。此处限于篇幅，难以一一介绍，但第

图262　莫高窟隋代第423窟窟顶西披《弥勒上生经变》

图263　莫高窟隋代第295窟人字披西披《涅槃经变》

407窟著名的"三兔莲花藻井"十分精彩，实在不忍略去，特作一个简单的介绍分析。这一藻井图案为华盖式，不仅突破了四方套叠的旧有模式，而且在艺术美的构成上取得了很高的成就。方井中心莲花呈悬空状，圆形花心里安置了三只旋转飞奔的兔子，三兔共三耳，却有一兔双耳之感，由此更使画面舍冗去繁，简练

图264　莫高窟隋代第433窟人字披东披《药师经变》

图265　莫高窟隋代第407窟窟顶《三兔莲花藻井》

概括。同时，三耳相接，构成三角形，与圆形外框曲直对比自然成趣。莲花外是快速旋转的飞天和天花，运动方向与三兔一致，形成运动中的合力。外层是花纹细密的边框及流苏。整个藻卉图案结构谨严，造型生动，色彩华丽。

隋代的供养人像更加注重了细部刻画，早期那种"剪影"式的形象，渐被衣袍俨饰、眉目清晰、姿态生动的人物所取代，但其尺寸一般仍不大，多安置在四壁下部横带中。

第62窟东壁下层所绘女供养人保存情况较好，色泽鲜明。这组人物面相丰腴，身材颀长，长裙曳地，手持鲜花，神情庄重。后面的牛车和赶车人的比例被适当缩小，以免喧宾夺主。各身供养像后面都有榜题，写着供养人的排行姓名等。

第276窟南北两壁均是通壁一体的设计，与唐窟壁画的布局相似。南壁通壁画一大型说法图，此处所见为佛左侧的迦叶和菩萨。画中迦叶拈花持钵，立莲座

图266　莫高窟隋代第62窟东壁下层女供养人

上，形体清瘦，衣带宽松，面部有明显的皱纹，显示其"老成持重"的性格特征。
菩萨持柳枝，提净瓶，身材高于迦叶，暗示其地位略高。画面用粉白作底色，人
物形象亦"素面"，仅以土红线
略加勾描，全图淡雅清新，简洁
自然。背景中画了一些小山、矮

图267　莫高窟隋代第276窟南壁迦叶、菩萨

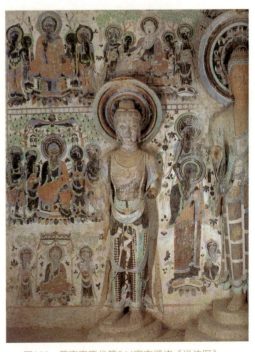

图268　莫高窟隋代第244窟南壁诸《说法图》

树，微加渲染，显示出一定的空间
感。此图在总体设计、底色处理和
人物造型等方面，都对唐初壁画有
所启发。

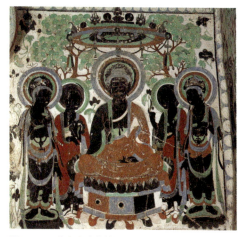

　　当然，隋代末期壁画以第244
窟所见最为精彩。此窟四壁满绘说
法图，上下分三层排列，总体上与
唐代初年第390窟壁画很相似。这
些说法图既有三身一铺，也有五身
一铺。第244窟北壁东侧的一幅说
法图，佛陀端坐莲花座上，面露愉

图269　　莫高窟隋代第244窟北壁东侧《说法图》

悦之情。两侧菩萨呈半侧面，体态微呈"S"彩，娴雅自然，虽仍不及唐代菩萨
那般潇洒，却也富有魅力。人物间点缀着树木花草，意境清幽，颇似佛国净土。

　　总之，隋代的壁画无论在内容上，还是表现技法上都有大规模的变革和创新，
这些有益的探索，无疑为灿烂唐画的形成，奠定了坚实的基础。

IV—2. 初唐：敦煌模式与艺术创新

　　莫高窟第390窟北壁供养人西向第三身题名："□（大）□（觉）□（修）□（明）
幽州总管府长史……供养。"据专家研究，这条题记表明第390窟的修建时间是
武德元年至七年之间（618~624年）[5]。这就为我们鉴别唐代最初的一批洞窟提供
出一个较为可靠的依据。与第390窟在题材内容和艺术风格上很相似的洞窟有第
392、314、244等窟，其中第244窟的塑像明显是隋代特点，比第390窟塑像的
时间要早，所以隋代末年所建的可能性更大。

　　除这组最早的初唐洞窟外，其余四十多个初唐洞窟可以分前后两期，前期为
贞观时期（627~649年），共23年，后期为高宗武周期（650~704年），共有55年。

　　贞观时期，由于唐太宗对河西、西域地区的经营，特别是贞观十四年平定高

---

[5] 谢稚柳：《敦煌艺术叙录》，古典文学出版社，1957年，第7页。

图270 莫高窟初唐第57窟西龛内主尊佛像　　图271 莫高窟初唐第57窟北壁《说法图》内菩萨

昌之后，丝绸之路畅通无阻，东西方之间经济文化交流明显增加。在这种背景下，敦煌艺术大量吸收来自中原地区的新技术、新风格，同时也接受印度、西域艺术的优秀成果，形成多种风格并存发展的新局面。这一时期有三个洞窟特别值得注意，它们分别代表着三种不同的艺术风格。这三个洞窟是第 57、322、220 窟。

第 57 窟是旧有隋代传承下来的本地风格的典型窟。其形制为覆斗方形，西壁开双层龛，内龛塑一佛二弟子二菩萨，外层亦塑二菩萨，这种窟形和塑像组合在隋代洞窟中很常见。壁画的总体设计也是隋代通行的式样：西壁龛外两侧外部画并列的菩萨；上部画故事性的"乘象入胎"和"夜半逾城"，这与隋代洞窟在西壁龛外两侧上部画"维摩"和"文殊"亦有异曲同工之妙；南北壁画千佛和说法图，窟顶四披满绘千佛，东壁窟门两边也绘说法图和千佛。然而，此窟毕竟是唐代初年所建，所以以人物造型的主要特征已与隋代洞窟有明显的区别，这一点在窟内塑像和壁画上都清晰可见。

第 57 窟西龛内主尊佛像，面相椭圆，肉髻高大，身体虽然丰厚敦实，但肩、胸及腰部的转折衔接比隋塑更为柔和自然，特别是袈裟折纹的处理更为写实，正是

图272　莫高窟初唐第322窟西龛内主尊　　　图273　莫高窟初唐第322窟西龛内天王

沿着隋代塑像的演变趋势向前发展了一步。旁边侍立的菩萨右手下垂持净水瓶，左手上抬握莲花，姿态自然放松，虽不及盛唐菩萨腰姿微扭的妩媚优雅，却也显出女性化的文静特征，正是健壮有力的隋代菩萨向妩媚优雅的盛唐菩萨的过渡形态。

壁画中的菩萨也是如此，身材由粗壮变为苗条适中的清秀，姿态也变得更为温柔雅致。

第322窟与第57窟同时或略晚一点，但造像风格却大不一样，展示出明显的西来影响，俗称所谓"胡像"。主尊佛额宽颌圆，弯眉大眼，鼻梁高挺，双唇饱满，五官轮廓清晰，神情庄静，与第57窟主尊柔和微笑的面容明显不同。佛像肩宽、胸平、腰挺，俨然丈夫之像。袈裟的外形由挺拔突起的皱折构成，应是从印度石刻佛像变化而来。旁边的天王像也是浓眉大眼，鼻挺唇厚，胡须突出，应是西城少数民族将领的写照。

有贞观十六年（642年）题记的第220窟则显示出更多的中原艺术的影响。西龛内的塑像虽经后代重装，但基本特征仍清晰可辨。西龛内的迦叶塑像，方头大耳，双眼细长，颧骨凸起，略短的蒜头鼻子，明显有中原汉族人的特点，即所

图274 莫高窟初唐第220窟西龛内迦叶

谓"汉像罗汉"。

窟内南北两壁通壁绘大幅净土变相,气魄宏大。南壁的《阿弥陀净土变》宽5.4米,高3.42米,共画出大大小小的佛、菩萨、天人、化生等一百五十余身,造型各异,热闹非凡。在这宽大的矩形平面上,画家在下半部三分之一处设计了一条横贯全壁的栏杆,其下画伎乐、菩萨,构成近景;又在顶边往下约四分之一处画莲池横栏,其上画小楼、幢幡和飞天、化佛等,形成远景;两条横栏之间,中间是一大莲花池,阿弥陀佛居中,结跏趺坐于莲花座上,两边分坐观世音和大势

图275 莫高窟初唐第220窟南壁《西方净土变》

至菩萨，他们是西方极乐世界的
三位主人，合称"西方三圣"或
"阿弥陀三尊"，莲池中还画有菩
萨和化生。莲池外两侧各画一座
两层小楼，与中间"西方三圣"高
大的身躯相比它们就像"玩具"似
的摆设，但细心的画家特地在楼
上画了两个小小的天人，因此观
者仍能获得一个正确的比例概念，
以上一切构成中景。近、中、远
三景的设计，使画面具有较强的
空间感，便于表现天国的宏大与
辉煌。前景的石阶和中景楼建筑
用"焦点透视"画成，很有立体感，
但中间的大莲花池突然改变了透

图276　莫高窟初唐第220窟南壁《西方净土变》局部（化生童子）

视线的灭点，将其移至很远的画外，利用透视造成的视觉差，将全画的主角"西方三圣"
赫然推到观者面前，并夸大其形象比例尺寸；同时又精心刻画透明莲花中的化生、荷
叶、水波纹等细节，使莲池内的景象鲜明、清晰、生动，历历如在眼前。因此，伎乐
舞蹈等虽在前景，仍不能喧宾夺主。由此可见画家高超的构图能力和过人的独创精神。

第220窟北壁绘大幅《药师经变》，表现以药师琉璃光佛为主尊，以七身佛像
为中心的延命治病供养仪式的宏大场面。其中的乐舞场面左侧为乐队，有十多名乐
师，其服饰、发式有别，画法也不一样，大致可区分为两类：一类着长裙、披大巾、
用"素面"画法，平涂肉体略加渲染，其装饰和画法均为"汉式"；另一类着西域式
僧祇支，围腰布，用"凹凸晕染"画法，以赭色染鼻翼、眉棱下侧、脸颊、下颌、
颈部、手腕等处，其装束和画法显系"天竺遗法"。他们使用的乐器有筝、排箫、竖笛、
方响、笙篥、阮咸、横笛、鼓、拍板等。唐代前期，长安曾一度流行西域乐舞，中
原和西域的艺术家同台会演是常见之事，丝路上的敦煌出现这样的场面绝不奇怪，
这幅壁画形象地反映了当时舞乐兴旺的盛况。画面左侧的舞伎上身半裸、下着长
裙，正飞快地旋转着，长长的绸带上下翻卷，形成变化多端的曲线，乐队与舞伎之间，

图277　莫高窟初唐第220窟北壁《药师经变》

有一排一人多高的长明灯架，共有五层，每层有数十盏灯。一个菩萨正往灯架上放灯，另一个菩萨蹲在旁边，正在点燃几盏小灯，这就为世俗性很强的供养乐舞场面增添了几分天国气氛。

　　贞观十六年，敦煌突然出现如此完美的壁画巨作，如果我们仅仅将其视作隋代以来净土变相演变发展的自然结果是很难令人置信的，因为在贞观十六年之前的洞窟中，我们没有见到反映这种演变过程的作品，因此，有人将这一奇迹的出现，归因于来自中原地区的强大影响。确实，第220窟壁画的风格与中原唐画的风格有许多相似之处，很有

图278　莫高窟初唐第220窟北壁《药师经变》局部（乐舞）

可能是中原艺术冲撞刺激的产物。

　　第220窟东壁维摩诘经变中的"帝王与群臣图"，帝王身高体胖，头戴冕旒，着青衣朱裳，上绘日月山川十二章。帝王双臂平伸，由侍臣扶持，在群臣簇拥下昂首阔步而行，气度不凡。身后的群臣重重叠叠，形象多不完整，有的仅露一头，众多的不完整形象，烘托出完整高大的帝王像。群臣面相各异，表情丰富：有的小心恭谨，有的奸狡伪善，有的落落大方，显示出画家在人物性格刻画上深厚的功力。此图色彩并不繁丰，但搭配巧妙，主次分明。帝王身后的群臣所着裙襦上一片白色，帝王则青衣朱裳，色彩浓重，浓淡对比之下，帝王形象十分鲜明突出。人物衣着用"兰叶描"线勾勒，皮肤多用圆润线条，而胡须毛发则用精细而富有弹力的线

图279　莫高窟初唐第220窟东壁"维摩诘经变"局部（帝王与群臣）

描表现。总之，这幅"帝王与群臣"图在人物造型、性格刻画、色彩处理和线描运用上均已十分成熟，达到了相当高的水准[6]。

---

[6] 对唐代初期"帝王图"有兴趣的读者，请参考拙文 *Imperial Portraiture as Symbol of Political Legitimacy: A New Study of the Portraits of Successive Emperors*, Ars Orientalus, Volume 35, 2008.

　　然而，从总体上看，敦煌贞观时期的艺术多种风格并存，并迅速交融，进而在武周时期繁衍出不同模式，成熟的"敦煌风格"终于形成，又在盛唐时期得以确立和完善。由于篇幅和时间的限制，我此处不打算详细剖析所有代表作品，只准备从综合的角度将初唐艺术，特别是高宗武周时期的敦煌艺术，作一个概括的介绍和分析。敦煌初唐洞窟的建筑形制，虽然并未停止探索创造的步伐，但已基本定形。形成了方形平面、覆斗顶、西壁开单层深龛的简洁规整的模式。

　　龛内的塑像，开始固定为佛、弟子、菩萨、天王、力士的组合形式。各像间的等级关系也逐步形成：佛为最高级，形体最高大；弟子的位置虽紧挨着佛像，但因地位不如菩萨，所以形体比菩萨矮小，两边的菩萨无论是站还是坐着，头部均比弟子要高。但供养小菩萨的地位则低得多，形体最小。天王和力士的形体与胁侍大菩萨相似。

　　在论及初唐的塑像佳作时，除了前面介绍过的第57、322、220窟塑像外，武周时期的第328窟西龛最为重要。反映了几种风格融合后形成的敦煌风格彩塑的主要特征，这一风格在盛唐第95、194窟彩塑中得到发展和完善。

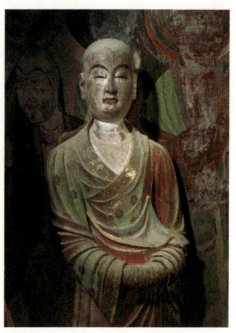

图280　莫高窟初唐第328窟西龛主尊佛说法像　　　图281　莫高窟初唐第328窟西龛内阿难

第328窟西龛正中是佛说法像结
跏趺坐、宽肩窄腰，身姿挺拔。左手
下垂置腿上，右手抬起作说法印。分
开的双膝与头顶高肉髻形成正三角
形，造型稳定坚实。面部表情安宁沉
静，五官仍存有西域少数民族的特征。
袈裟的折纹自然下垂，已比第322窟
佛像袈裟更显柔和自然。

佛像右侧的弟子阿难，椭圆丰满
的脸庞、清秀悦目的五官、胖瘦适中
的身材、自然放松的站姿、华贵精美
的服饰，生动再现了唐代敦煌汉族青
年和尚的风采。

图282　莫高窟初唐第328窟西龛外北侧供养菩萨

然而，最令人惊叹的杰作是西龛外北侧的供养菩萨像。此像"胡跪"在莲花
之上，双手合十置于胸前，这一姿势，使背部形成柔和的曲线，展示出少女般体
态的灵俏之美。轻轻合拢的手指柔和而有弹性，指尖微微反翘，犹如初绽的花蕾。
丰满椭圆的脸庞，细长的弯眉，自然挺直的鼻梁和曲线柔和的鼻头，微微内收的
嘴角，加上高束头顶的发髻，使菩萨的整个头部显得高贵典雅。特别是凝视手指
尖的双目，流露出虔诚的神情，使整个塑像统一在一种宁静、庄严而温馨的意境中。

初唐时期的壁画内容广泛，主要有尊像画（包括佛、弟子、菩萨、天王、力
士、神将等）、经变画、佛教史迹画与戒律画、供养人画像和装饰图案等。早期
广为流行的本生、因缘和佛传故事画至此基本消失，但新出现了附属于大型经变
画的故事画，如"观无量寿经变"两侧的"未生怨"和"十六观"等。这一由以
故事画为主向以经变画为主的转变，表明当地的佛教信仰方式已由过去修行、观
像以求开悟转变为对极乐世界的赞颂、向往和等待。

初唐时期的经变画主要有八种：

一、"阿弥陀经变"十四幅，见于以下洞窟：

1. 第71窟北壁　　　　　　　　　　2. 第78窟南壁

3. 第205窟北壁　　　　　　　　　　4、5. 第211窟南、北壁（各一铺）

6. 第 220 窟南壁　　　　　　　7. 第 331 窟北壁

8. 第 322 窟北壁　　　　　　　9. 第 329 窟南壁

10. 第 331 窟北壁　　　　　　11. 第 334 窟北壁

12. 第 335 窟南壁（初唐画，后修）　　13. 第 341 窟南壁

14. 第 372 窟南壁

　　这一时期的 "阿弥陀经变" 数量众多，内容丰富，主要以《佛说阿弥陀经》为依据，描绘西方极乐世界的华丽欢乐景象 [7]。图中多绘绿水盈盈的宝池，池中盛开着朵朵莲花，化生童子自莲花中生出，间有珍禽兽鸟游戏其间；阿弥陀佛端坐池中莲台之上，观音、势至胁侍左右，四周拥绕众多小菩萨；宝池两边楼阁高耸，前有乐队演奏天乐，上有飞天飘舞撒花，天空中彩云与乐器缓缓游动，"不鼓自鸣"。这样的场景对俗界众生无疑有极强的吸引力。

图283　莫高窟初唐第329窟南壁《西方净土变》

---

[7] 实际上，许多定名为 "阿弥陀经变" 的初唐壁画是根据《佛说观无量寿经》画成的，直接称之为 "阿弥陀经变" 未必妥当，应该把这批壁画统称为 "西方净土变" 更合适些。本书沿用通俗的叫法以避免不必要的争议。

二、"观无量寿经变"是初唐新出现的题材，只有一幅，画在第431窟北、西、南壁上，表现《未生怨》《十六观》和《九品往生》，横向一字排开，构图简单，初唐尚未形成完整统一结构，盛唐时才趋于定形。第431窟西壁新出现的"十六观"壁画在总体构图和某些具体形象上，可能受到了来自吐鲁番（高昌故地）地区佛教艺术的影响[8]。

三、"法华经变"十幅，见于如下诸窟：

1. 第335窟壁龛

2. 第68窟西壁龛顶

3. 第202窟西壁龛顶

4. 第331窟东壁门上

5. 第332窟窟顶西披

6. 第335窟西壁龛顶

7. 第340窟西壁龛顶

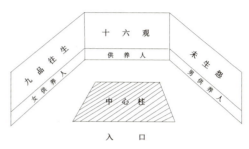

图284　莫高窟初唐第431窟北、西、南三壁《观无量寿经变》布局示意图

8. 第341窟西壁龛顶

9. 第371窟北壁

10. 第431窟中心柱西向面座身

"法华经变"是以《妙法莲花经》为依据画成。此经共有二十八品，其中最常出现的是"见宝塔品"，在北魏第259窟西壁和西魏第285窟南壁已可见到；隋代有所发展，第420窟窟顶四披画出了"序品""譬喻品""普门品"等的大幅画面。但到初唐时，仍以"见宝塔品"为常见，十幅初唐作品，除第335窟，均只绘"见宝塔品"。鸿篇巨制的"法华经变"到盛唐时期才形成，并将"观音普门品"发展成为独立的"观音经变"。

四、"弥勒经变"六幅，见于如下诸窟：

1. 第71窟南壁

2. 第78窟北壁

3. 第329窟北壁

4. 第331窟南壁

5. 第338窟西壁龛顶

6. 第341窟北壁

敦煌壁画中的"弥勒变"有三种类型："弥勒上生经变"，主要依据《弥勒上生经》

---

[8] 关于此问题的相关研究，请参阅拙文 *Visualization Practice and the Function of the Western Paradise Images in Turfan and Dunhuang in the Sixth to Seventh Centuries*, Journal of Inner Asian Art and Archaeology, Volume 2, 2007.

画成；"弥勒下生经变"，主要据《弥勒下生成佛经》绘制；"弥勒上生下生经变"，是将两个内容合二为一的形式。"弥勒上生经变"已流行于隋代，前面已作过一些介绍，初唐开始变为"下生经变"或"上生下生经变"，内容大大丰富。"下生经"叙述了弥勒投胎、诞生、灌顶、回城、儴佉王施七宝，婆罗门拆幢，弥勒降魔成道，龙华三会，剃度、入城乞食说法，耆阇崛山见迦叶，迦叶献僧伽梨，一种七收，树上生衣，路不拾遗，五百岁出嫁，老人入墓，龙王布雨，罗刹扫城等等情节，于是壁画中便绘出了敦煌农民"耕地""播种""收割""扬场"等劳动场面来表示"一种七收"，又画出敦煌的新娘按本地风俗在"青庐"中与新郎成婚，大宴宾客，以再现"女人五百岁出嫁"的经文，十分生动有趣。

五、"维摩诘经变"十幅，见于下列洞窟：

1. 第 68 窟西壁龛内南、北壁   2. 第 203 窟西壁龛外南、北侧

3. 第 220 窟东壁门南、北侧   4. 第 242 窟西壁龛内南壁

5. 第 322 窟西壁龛外南、北侧   6. 第 332 窟北壁

图285　莫高窟初唐第33窟南壁《弥勒经变》局部（女人五百岁出嫁）

7. 第 334 窟西壁龛内

8. 第 335 窟北壁

9. 第 341 窟西壁龛内南、北侧

10. 第 342 窟西壁龛内南、北侧

关于"维摩诘经变"，我在上一节隋代艺术中已作过一些介绍。这一题材在初唐已发展成熟起来，出现了众多情节统一描绘在通壁大墙上的壮观场面，如第 335 窟北壁的"维摩诘经变"，以文殊师利"问疾品"为中心，维摩与文殊分坐两边，周围绕以众弟子、国王、大臣、长者、居士、婆罗门及诸族王子等。同时又穿插描绘"三万二千狮子座从天而降（不思

图286　莫高窟初唐第335窟北壁《维摩诘经变》局部（维摩诘）

议品）""化菩萨施香饭（香积品）"和"天女散花（观众生品）"等等情节。整个画面通过渲染这位拥有妻子儿女、奴婢田宅的在家居士的"神通力"，宣扬了大乘佛学思想。

六、"东方药师变"一幅，见于第 220 窟北壁。数量虽比隋代少，但却精美丰富得多。这幅"药师变"是以《药师琉璃光经》为依据绘制而成的，画面主体便是七身药师佛像，周围表现"东方药师净土"的欢乐和美丽。这一题材在盛唐以后广为流行。

七、"涅槃经变"也只有一幅，画在有圣历元年（698 年）碑记的第 332 窟内。此窟平面呈方形，中间设中心塔柱，西壁开横长方形龛，内塑释迦牟尼涅槃像一身，头南足北，右胁而卧，身长 5.6 米，已经后世重修。释迦涅槃像背后原有一排小塑像，大半被毁，现仅残存两身清代塑像。龛内西壁画十棵菩提树，北壁画摩耶夫人从忉利天乘云下娑罗双树问其子。这是莫高窟用绘塑结合的手法表现"涅槃"主题的开始，我们在中唐第 158 窟等还能见到更精彩的杰作。实际上，第 332 窟涅槃变主要绘在南壁之上，场面宏大，情节众多，计有"临终遗教""双树病卧""入般涅槃""商办阇维（即火化）""自启棺盖，为母说法""力

241

图287　莫高窟初唐第332窟南壁《涅槃经变》

士举棺""金棺自举""香楼荼毗""八王分舍利"和"起塔供养"等十组场面[9]。

八、"劳度叉斗圣变"一幅，画在第335窟西龛内两侧，北侧画舍利弗，南侧画劳度叉，虽是初次描绘并受龛内空间限制，尚未形成大幅的结构，但两侧对称设计的格局已经确定。

所谓"佛教史迹画"，即根据佛教历史和传说故事绘制的壁画。这一题材在早期壁画中没有见到，只是到了武则天

图288　莫高窟初唐第335窟西龛内《劳度叉斗圣变》局部（劳度叉）

[9] 关于敦煌"涅槃经变"的详细情况，请参阅贺世哲：《敦煌莫高窟的〈涅槃经变〉》，《敦煌研究》，1986年第1期。

图289　莫高窟初唐第323窟北壁西端《张骞出使西域》

大力弘扬佛教的时期，莫高窟第323窟才开始出现。在这些壁画里，既有真实的历史人物和历史事件，也有佛徒们的虚构。第323窟描绘了高僧佛图澄、昙延、康僧会的故事。除高僧故事外，还画有释迦牟尼晒衣石故事、阿育王拜塔故事和一些发生在中国境内的佛教传说，如西晋时吴淞口石佛浮江、东晋时杨都高悝得金像等。最有意义的是画于北壁西端的"张骞出使西域图"。

张骞出使西域是西汉武帝时发生的真人真事，其西行目的是联络西边的大月氏人共同夹击匈奴人。关于此事，《魏书·释老志》记载为："汉武元狩中，遣霍去病讨匈奴……获其金人，帝以为大神，列于甘泉宫。金人率长丈余，不祭祀，但烧香而已。此侧佛道流通之渐

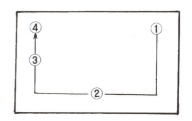

图290　莫高窟初唐第323窟北壁西端《张骞出使西域》布局示意图

也。及开西域，遣张骞使大夏还，传其旁身毒国，一名天竺，始闻有浮屠之教。"第 323 窟的壁画，正是依据这条记载画成，但画上榜题则写成："前汉中宗既获金人，莫知名号，仍使博望侯张骞往西域大夏国问佛名号时。"画中表现了汉武帝礼拜金人、派张骞往西域、张骞一行在山道上、张骞等到达大夏国等共四个场面，情节呈凹形走向。中间画绵延的群山。人物和山川均按近大远小，近细远略的原则描绘，使画面有"咫尺千里"之感，以象征从中原到大夏国的遥远距离。

第 323 窟东壁门洞两侧画佛教戒律画，将佛教的戒条逐一图解，亦值得注意。

初唐时期的供养人行列比过去更为生动自然，特别是一些并不重要的侍仆人物，画家不受雇主拘束，往往有妙作出现。第 431 窟西壁下层供养人行列后面的"马夫与马"，画面看来是表现卸下供佛的礼品后，正等待着主人的呼唤。画中三匹马相对而立，位于同一水平线上，个子矮小的马夫俯首抱膝坐在地上打盹。马身体和四肢的透视线正好集中在马夫身上，三条细长的缰绳也集中攥在马夫手中，因此，马夫虽然形象很小，却明显可见出是画面的重心所在。此图以素色作底，马身为栗色

图291　莫高窟初唐第431窟西壁下层"马夫与马"

单线平涂，马夫也只用了两种颜色，全画简略单纯，但充满情趣。

初唐是敦煌盛期壁画的模式形成期，许多在盛唐时期出现的完美形式，我们在初唐，甚至更早的隋代就可发现其"原型"。所以，我在本节中力图对这些典范式作品作一个简单的分析，以便理解唐代艺术的主要规范及其形成过程。

一、人物造型。初唐人物的基本特征是"健康而潇洒"，头、身之比为1∶6，与正常人体相合。全身的肌肉紧实而匀称，身姿挺拔，健康而优美，我们在第328窟西龛内的几身菩萨像上可以看得很清楚。所谓"丰肥"的体形从盛唐才较流行。

图292　莫高窟初唐第401窟北壁菩萨

第401窟北壁所绘供养菩萨，头微偏、双目下视、神情温柔贤淑，头身之比约1∶6，健美的身材微微扭动，形成"S"形，即著名的人体站姿"三道弯"模式。这种站姿的原型最初源自印度，传到敦煌后经北魏、西魏、北周和隋等各代艺术家的改造和创新，印度石雕和壁画人物站姿中突出乳房和臀部曲线带有"性刺激"因素的部分被减弱或淘汰，代之以自然下垂、随风飘动的衣裙和披巾，形成飘飘欲仙、脉脉含情的中国敦煌风格的菩萨形象，只是神情、意境和姿态上强调其女性的善良和美丽，更富有精神性，肉体刺激的意味已基本上消失了。这身菩萨的衣饰松散地披挂在身上，显得随意自然。其右手托举琉璃盘，左手向下以两指轻拈一条透明纱巾，姿态潇洒。斜挂的胸衣上绣着精美的图案。素色的背景中点缀着天花。画面虽有些残损褪色，但仍能感觉到当初富丽堂皇的色彩原貌。

第57窟西龛内南侧上部供养菩萨画在内层龛与外层龛之间一块很有限的平

图293　莫高窟初唐第57窟西龛内南侧
上部菩萨

图294　莫高窟初唐第57窟西龛内层龛
外南侧菩萨

面上，前面原有一身泥塑，因此此像只绘出半身。其身体微微侧斜，仿佛从泥塑后探出身来，显得活泼生动。菩萨面相椭圆而略方，是较典型的唐前期人物面相。双眉细长呈弧形，双眼也比早期壁画中的人像画得细长，且上眼睑边缘线有两个波形，很有特色；鼻梁挺直方正；双唇丰满红润；双耳被拉长了许多，以适应"两耳垂肩"的宗教要求。整个面部呈现出丰腴健康，富有弹性的美感。菩萨左手上举，执一束鲜花；右手抬至胸前，手指优雅地翘起，托着一朵盛开的莲花。手指饱满，平薄的指甲好像被肉埋在指尖中。从外形上看，指尖处细而往后延逐渐变粗，形成肌丰而不臃肿，细长而不瘦弱，富有弹性、温厚、圆润之感。这正是唐前期手形特点之一。

第57窟西壁内层龛外南壁上绘一坐姿菩萨，椭圆形的脸庞丰满柔和，神情宁静专注。右臂自然下垂，左手上抬支颐，左脚翘起叠放右腿之上。这种以手支颐作沉思遐想之状的姿态，正是唐代人物坐姿的典范。

通过以上作品，我们可以对初唐人物的身姿、体态、面相、手形和坐式有一个直觉的把握。当然，佛像会画得更加庄重威严，俗人则可能更为自然随意，这里就不再作更细的分析了。

二、构图形式。初唐是大幅经变画兴起的时期，要将众多的人物安置在同一画面上，构图就十分重要了。初唐经变画有两种基本

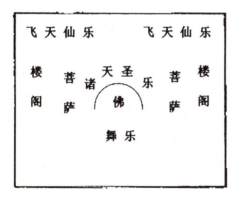
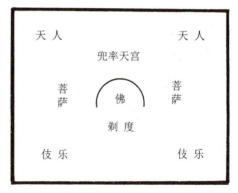

图295　敦煌初唐《西方净土变》布局示意图　　　　图296　敦煌初唐《弥勒经变》布局示意图

的模式："佛陀中心式"和"主角对坐式"。所谓"佛陀中心式"，即是全画以尺寸较大的佛像为中心，两侧是胁侍菩萨，周围画亭台楼阁、乐队舞伎、飞天仙乐等，如第220窟"阿弥陀经变"。"弥勒经变"构图与其相似，只是四周描绘的情节是儴佉王夫妇剃度和弥勒世界的种种妙处。

这种以佛像为中心，犹如众星拱月的构图从初唐开始，已成为描绘净土变相的规范。盛唐时"观无量寿经变""药师经变"和"法华经变"的主体部分都采用这一形式，但在两侧增加对联式的故事情节，或是在左右下三部增绘情节，以呈凹形。但其主体构图并未改变。所谓"主角对坐式"，即指将两个主要人物夸大形象，左右对面而坐，形成平衡全图的两个中心：其余情节按基本对称的原则穿插安排。"维摩诘经变"和"劳度叉斗圣变"采用这种构图。

第335窟北壁所绘"维摩诘经变"，表现的主要内容是维摩精通大乘佛教哲理，"辩才无碍"，故在家装病，以此吸引"国王、大臣、长者、居士、婆罗门等，及诸王子，并余官属，无数千人，皆往问疾。其往者，维摩因以身疾，广为说法"[10]。佛派文殊师利与众弟子等前往维摩居处问疾，诸菩萨弟子释梵四天王均愿一同前往，以便观听以"智能最胜"闻名的文殊与能言善辩的维摩讨论妙法。文殊一行到达毗耶离大城维摩诘家后，维摩诘以"神通力"弄来五百椅凳，但唯有文殊道行高深能自己"入座"，其余人等只能站着。维摩诘方丈中的天女向来宾身上撒花，花落到代表大乘佛教的菩萨身上，便自行落地，但到代表小乘佛教的舍利弗

---

[10] 佛典《维摩诘所说经》"方便品"，《大正藏》第14页。

图297　莫高窟初唐第335窟北壁《维摩诘经变》

身上，花却黏附其身，以示其尚未彻悟，"六根未尽"。文殊以"默然无语"来对付善辩的维摩，全场悄然无声。舍利弗感觉饥饿，维摩心知其意，便化作菩萨到香积佛处借来一钵"香饭"，覆地而成"饭山"，香熏三千大千世界。维摩又以其右手"断取妙喜世界，置于此土"，众人无不惊叹。画面上的维摩与文殊分坐东西两侧，形象最大，醒目突出，成为全书主体。其余情节则穿插四周，人物大致对称。此外，画家特意将佛、菩萨、天国及相关场景（如神凳飞来等）画在画面的上部，国王、群臣和各族王子等画在下部，上部形象小而虚，下部人物大而实，在虚、实对比中，强调了天国与人间的差异。

　　三、素描与赋彩。敦煌唐画的基本造型手段是线与色，两者的组合在初唐已有相当高的成就，达到色不掩线，线色互补的境界。早期壁画以铁线描写为主，

与新疆西域壁画相似，线条细劲有力。隋代开始用兰叶描。进入唐代以后，线描的方法增多，常用淡墨线起稿，勾划出大致的轮廓，赋彩以后，再用深黑线定形。值得注意的是，有些壁画人物的面部加描了一次朱红线，使圣像更具鲜亮的色感。一般来讲，画肉体部分的线较为圆润流畅，衣饰披巾上的线则轻灵飘逸，而毛发线条更精细而有弹性，如第220窟和盛唐第103窟东壁所绘"维摩诘经变"中的人物，线描的水平都相当高。

初唐壁画的色彩，总体上看，已由过去以土红为基调的厚重热烈，变为粉底、土黄和土红并用的丰富调子，由于色种的增加和赋色技巧的多样化，如叠晕和渲染法的并用，使初唐壁画展示出清新明快、鲜艳夺目的新风貌，并进而发展为盛唐壁画的华丽灿烂、金碧辉煌的境界。

总之，初唐敦煌艺术，无论在题材内容，还是表现形式上，都已完成从早期到盛期的转变，大批的经变大画，取代了横卷式的故事画，明丽鲜艳的色调改变了浓重热烈的宗教情感。敦煌艺术正迈向一个灿烂的峰巅。

IV—3. 盛唐：唐风吹拂玉门关

705年，武则天做皇帝的"周"还原为"唐"，由中宗李显接位，年号为"神龙元年"，中国进入了更为富足强大的新阶段，史称"盛唐时期"。由于敦煌地方的特殊历史状况，这一时期的结束并未按照一般中国通史的分期，即以爆发于755年的"安史之乱"为界，而是以781年吐蕃攻占敦煌，开始其长达66年的统治（即中唐时期）这一重大转折点为分期依据。所以，敦煌的盛唐时期共有76年。

这段时间，莫高窟共开凿了97个洞窟，比初唐时期的46个约增加了一倍多。初唐共有86年，时间比盛唐期长10年，开凿的洞窟却比盛唐少51个。这一现

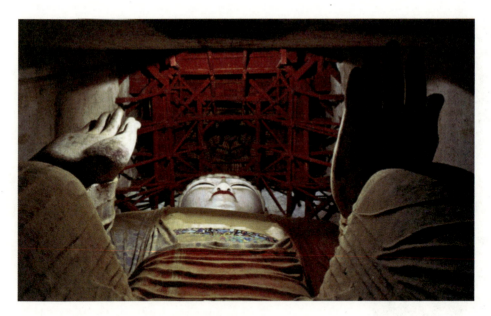

图298　莫高窟盛唐第96窟内大佛像

象表明，敦煌一带虽有较多的军事活动，西北地区因民族冲突而多次发生战争，但修建石窟的活动并未受到明显的干扰。相反，由于大批文人匠师随军西来，如岑参、高适著名的"边塞诗篇"中所描绘的情形，给敦煌艺术的进一步繁荣注入了新的活力，盛唐的艺术家们，在新思潮、新技巧的刺激鼓舞下，丰富和完善了初唐建立起的特色鲜明的艺术规范，使敦煌艺术形成更加成熟更加完美的风格体系。初唐的洞窟形制虽以覆斗方形窟为基本模式，但也作了一些新的探索和创新。如武则天延载二年（695 年）禅师灵隐与居士阴祖等修造的"北大像"（今第 96 窟）[11]，塑像是直接在岩石内部凿出大概的形状，石胎外敷泥、赋彩。容纳大佛的洞窟是一个高耸的空间，下大上小，下部平面是方形，石壁向上弧转收小。现在见到的窟顶部是"通天"的，上架木构建筑屋顶，不知刚修成时是否即是如此。东壁开凿门洞和进光口，上中下三条。上层的通道既可进光，也可登临观赏大佛头部。

　　特别值得注意的是，这尊敦煌莫高窟最高最大的佛像被塑造成身着典型唐代妇女服装、双乳如成熟妇女般凸出的"女性弥勒佛"，显然是敦煌当地的佛教信

---

[11] 关于敦煌莫高窟"北大像"的专题研究，请参阅拙文《敦煌大仏の生命——コンテクストの変化と機能の変化》，東京国立文化財研究所《うごくモノ——時間・空間・コンテクスト——》，平成 16 年（2004 年）。

众为了迎合武则天的政治需求，大力支持"女性皇帝"武则天而特意营建的。领头的出家供养人灵隐可能是敦煌大族阴家的代言人，俗家供养人阴祖和灵隐应该出自统一家族。阴氏家族的成员在政治上一向很敏感，用佛教艺术来表达政治立场并不奇怪，我们在莫高窟第321窟壁画和彩塑上也能看到类似的表达。这尊武则天时期的"女性佛像"，不仅反映了"皇帝即佛，佛即皇帝"的中国佛教造型传统，而且见证了中华帝国2000多年历史上唯一的"女皇帝"和她的支持者是怎样破解应对性别与皇权的冲突并取得成功。

这种"大佛窟"的形式也被盛唐第130窟继承，并开凿得更为规范，塑像的艺术技巧也比初唐大佛为高。第130窟历史上称作"南大像"，据第156窟前室北壁《莫高窟记》载："开元年中僧处谚与乡人马思忠等造南人像，高一百廿尺。"又敦煌遗书P.3721号卷子《瓜沙两郡大事记》载："辛酉开元九年（721年）僧处该（当系"谚"字之误）与乡人马思忠等，发心造南大像弥勒，高一百二十尺。"由此可知其开凿年代是"开元九年"。其最后绘制完成时间，据专家考证，已是天宝初年，此窟的修建前后延续约25年[12]。

初唐创制的另一种以"涅槃"为主题的窟式，也对盛唐大型"涅槃窟"的诞生有重大影响。第332窟据窟内《李君莫高窟佛龛碑》记载完成于"圣历元年（698年）五月十四日"，窟内西壁开横长圆券大龛，龛内塑佛涅槃像及菩萨（残）等，龛顶画娑罗树林、飞天，龛壁画佛母奔丧，南壁更绘出大型"涅槃变"。盛唐后期建于大历初年（765~776年）的第148窟将第332窟后壁"横长圆券大龛"的形式扩大为一个大窟，形成专门的"涅槃窟"，并保留和发扬了"绘塑合一"的传统。此窟进深约七米，横长约十七米，靠后壁有一米多高的通长大台，大台上又有较低的通长小台，形状如榻；佛塑像侧卧其上，像长约十六米，为石胎泥塑。窟顶作平缓的拱形，左右壁开凿梯形龛，龛内塑像。

不仅盛唐的窟形建筑多是对初唐模式的继承和完善，而且盛唐的彩塑也是如此。其基本的特征，是将初唐形成的比例适当、人体健康、造型优美、衣饰华丽的彩塑风格，继续并发展完善，形成一种更为成熟，设计更为周全，更合于宗教与世俗双重理想的形式。这一情形，在盛唐第45窟西龛塑像上反映最为明显。

---

[12] 贺世哲：《从供养人题记看莫高窟部分洞窟的营建年代》，《敦煌莫高窟供养人题记》，文物出版社，1986年，第204~205页。

　　第45窟规模不大，为标准的覆斗方形窟，西壁开一大龛，龛内塑一佛二弟子二菩萨二天王，龛外两侧各有一土墩，可能最初会塑有二力士像，这是最为标准的唐塑组合方式。这组塑像在总体设计上颇具匠心，充分考虑到了信徒入窟后的礼拜方式和伴随着的心理体验：龛内正中佛像端坐，庄严而慈祥；两侧的阿难和迦叶，一个聪明俊秀，一个成熟睿智，正是世间杰出僧人的典范；二胁侍菩萨温柔善良，有大家闺秀般的优雅和丰满健康的体态，使人联想到天国生活的富足与悠闲；龛口站立的天王铠甲俨身，雄劲有力，给人有更多的安全感。特别值得注意的是，佛、弟子、菩萨的双目视线集中凝视龛前空地，正是信徒跪拜礼敬后抬头观看圣容的位置，雕塑家通过塑像双目与信徒双眼的相互凝望，达到铭心刻骨的"心灵体验"，信徒脚下是莲花砖铺成的"净土"，四周是明丽的壁画，每日念叨的圣众正面对面地注视着自己，确实很易使人产生已入"天国"的错觉。唯一令人稍感不放心的是那小小的敞开的窟门甬道，外面正是那难以捉摸变幻莫测的世俗世界，但细心的雕塑家已预先洞察到这一信徒将会有的不安，特地将雄健有力的天王的目光射向门口，足以使窟内的信徒"无后顾之忧"，放心地进入迷人的梦幻境界……

图299　莫高窟盛唐第45窟西龛彩塑一铺

图300　莫高窟盛唐第45窟西龛内主尊佛像　　　　　图301　莫高窟盛唐第45窟西龛内北侧弟子、菩萨、天王

　　从造像特征来看，第45窟的佛像比初唐佛像更为写实，面形方圆，外形柔和，五官特征完全是汉人形象，神情在庄严中又多了一分慈祥，给人更多的可亲可敬之感。袒露的胸部特别突出了胸大肌的起伏变化，自然下垂的衣纹也使塑像看起来更像真人。抬起作"说法印"的右手，手指关节的曲直变化均把握得很好。尤为引人注目的是释迦的双脚虽覆盖在袈裟内，但脚的形状、脚心、脚背、脚指头的块面起伏，均透过袈裟显露出来，这种处理方式是前所未见的。

　　第45窟西龛内北侧的菩萨形体高大，头略偏，腰微扭，正是初唐以来常见的"S"形站姿。脸形浑圆饱满、弯眉细目、粉面朱唇、项三道弧形折纹、裸露上身、披巾斜挂、璎珞垂胸，胸、腰、腹部的肉体富有女性般的丰满柔和之美，但双乳并非完全如成熟女性似的高高凸出，而是大块的弧形隆起，既有丰厚柔韧之美，又避免了性的刺激，符合中国儒家传统的"中和"理想，这正是敦煌艺术与印度艺术在审美趣味上的重大分野。

第45窟的迦叶塑像虽然仍遵循着"老成持重"这一基本性格特征来塑造，但却将清瘦老迈的形象改为正当壮年的刚毅之像。纠集的眉头显示出深沉的思考，睿智而收敛的眼神，下勾的鼻头，内收的嘴角，刻划出坚定、含蓄而充满力度的性格，饱满的天庭（前额与头顶）和方圆的下颌，正是大智大勇的象征。

位于佛像另一边的阿难却是性格慈和，眉清目秀。丰圆的脸庞，微胖的体形和华丽的衣着，

图302　莫高窟盛唐第45窟西龛内北侧迦叶

图303　莫高窟盛唐第45窟西龛内南侧阿难

图304　莫高窟盛唐第45窟西龛内北侧天王

仿佛是敦煌世族家庭里长大刚入佛门的年轻弟子，仍有儒学熏陶而成的"温柔敦厚"之像。站在龛口边上的天王（第45窟西龛内北侧），右手抬起握拳，左手叉腰，重心落入两脚之间，以半弓步姿势横跨地神身上，姿态雄健有力。圆睁的双目瞪视前下方，张口怒吼，似欲威慑外来之敌。身上的铠甲彩饰描金，堂皇威风。也许这里的天王，正是当年驰骋西北大漠，平定叛敌，开疆拓土的唐朝将军的再现。

　　盛唐后期，彩塑变得更加世俗化，装饰更为精细华丽，人物造型也更为写实，风格日趋细腻精致，第194窟的塑像，正是这种风格的典型。

　　第194窟西龛内南侧的菩萨，站姿仍是柔和放松的"S"形，但更收敛文静，有亭亭玉立之态。菩萨身着绚丽华美的圆领上衣，腰带轻束，长裙及地，披巾横贯于腹下。无袖上衣点缀着四瓣一朵的小花，贴体下垂，显出丝绸细腻光滑的质感。长裙上绘满了卷曲婉转的蔓草和浓艳饱满的团花，正有唐诗中"蔓草见罗裙"的韵味。素洁净艳的面部与丰腴莹洁的裸臂，显露出养尊处优的贵妇气派。特别是自然下垂的手，动态丰富而具有弹性的手指，反映了雕

图305　莫高窟盛唐第194窟西龛内南侧菩萨　　　　图306　莫高窟盛唐第194窟西龛内北侧天王

塑家非凡的写实功力。

第 194 窟西龛内南侧的天王，体格魁伟、孔武雄健，但却慈眉善目、笑声爽朗，显出笑傲沙场的"儒将"风度。卷曲的胡须用赭红线勾描而成，这与印度和希腊雕塑中毛发处理的方式大异其趣，很有地方特色。

第 194 窟西龛外的两身力士，为我们展示了盛唐雕塑家对强壮人体的认识。南侧力士，上身裸露，下束短裙，意在用人体语言述说力士的剽悍勇猛。硕大方正的头颅，牙关紧咬使两腮肌肉隆起，双眼圆睁，眉毛上竖，情绪激昂。胸大肌、

肩胛肌和肱二头肌等赫然鼓胀，一些平时隐没的肌肉此时亦显露出来，使整个人体充满了欲待喷发的强劲之力。这身塑像使我们感受到盛唐雕塑家对人体解剖的深刻理解和为塑造性格、强化主题所做的理想化的努力。确实，盛唐敦煌彩塑，其细腻、精湛的技巧和健康、优美的造型模式，展现了中华帝国鼎盛时期蓬勃向上的时代精神。这些动人的杰作，虽然是一千二百年前的作品，但是它生动的形象和深刻的历史内蕴仍使我们在欣赏时心灵也为之颤动！

图307　莫高窟盛唐第194窟西龛外力士

盛唐的壁画以各类"经变"为主体，除初唐已出现的七种经变外（"劳度叉斗圣变"除外），还出现了四种新的经变，即"华严经变""报恩经变""天请问经变"和"观音经变"。现将盛唐时期各种经变的数目与其分布情况简介如下：

一、"阿弥陀经变"七幅，位置如下：

1. 第 23 窟窟顶北披　　　　　2. 第 44 窟北壁

3. 第 123 窟南壁　　　　　　4. 第 124 窟北壁

5. 第 205 窟南壁　　　　　　6. 第 320 窟南壁

7. 第 445 窟南壁

二、"观无量寿经变"二十一幅：

1. 第 45 窟北壁　　　　　　2. 第 66 窟北壁

3. 第 103 窟北壁　　　　　　　　　4. 第 113 窟南壁

5. 第 116 窟南壁　　　　　　　　　6. 第 120 窟南壁

7. 第 122 窟北壁　　　　　　　　　8. 第 148 窟东壁门南

9. 第 171 窟东壁　　　　　　　　　10. 第 171 窟南壁

11. 第 171 窟北壁　　　　　　　　　12. 第 172 窟南壁

13. 第 172 窟北壁　　　　　　　　　14. 第 176 窟南壁

15. 第 194 窟北壁　　　　　　　　　16. 第 208 窟南壁

17. 第 215 窟北壁　　　　　　　　　18. 第 217 窟北壁

19. 第 218 窟南壁　　　　　　　　　20. 第 320 窟北壁

21. 第 446 窟南壁

　　《无量寿经》和《阿弥陀经》基本是依据同样的梵文经典翻译而来，《无量寿经》早在三国时候便有汉译本，姚秦时鸠摩罗什译出《阿弥陀经》。"阿弥陀"是梵文名称的音译，含有无量光、无量寿的意思，"无量寿"和"无量光"均是汉文意译。《无量寿经》译出的内容比《阿弥陀经》多一些，突出了"观"的内容，如"观佛""观水""观树"等共"十六观"，也译作《佛说观无量寿佛经》，略称"观经"。"无量寿经"共有三个汉文译本，即菩提流支、竺法护、畺良耶舍三人的译本，现仅存后一种。在敦煌壁画中，"阿弥陀经变"与"观无量寿经变"的主要区别是，后者在"净土"场面的两侧加绘了"未生怨"故事和"十六观"，还有画在下部的"九品往生"。但实际上二者所描绘的"西方天堂"是一样的，均是殿阁壮丽、池水莹澈、天乐回荡、歌舞升平；佛像居中，面目慈祥；两侧菩萨听法、天人供养，化生童子游戏其间，整个场景热烈、欢快和美丽，令人神往。

　　前面我已谈过第 220 窟南壁初唐贞观十六年（642 年）的"西方净土变"，那是一幅成就极高的典范作品。此处我想介绍第 320 窟盛唐的巨幅"观无量寿经变"（纵 209 厘米、横 343 厘米）。此图以西方极乐世界为中心，两侧以竖长条平面画"未生怨"与"十六观"，形成三联式结构。无量寿佛居中坐莲花座上说法，两侧有大小菩萨听法思维，水池上起平台，台上乐队舞伎正在表演。东侧的"未生怨"故事由下而上逐一描绘情节，故事梗概：王舍城国王频婆娑罗年老无子，请相师占卜，相师卜算说：山中有一坐禅道人，死后当来投胎，化为太子。国王盼子心切，即遣人断绝粮道，饿死道人。道人死后又化为白兔，国王又遣人捉来

图308　莫高窟盛唐第320窟《西方净土变》

白兔，请炼师用铁钉将白兔钉死。白兔死后不久，王后有孕，月满生子，取名阿阇世。阿阇世年长即位之后，一日出游回城，心生恶念，将其父囚于七重室内，不给饮食。王后韦提希夫人以蜜面涂身，璎珞盛葡萄浆，为王送食。太子得知，大怒欲杀其母，后经二大臣劝阻，亦将王后囚于室内，不得外出。最后，太子亦请炼师用铁钉将国王钉死。

　　王后韦提希被囚室内时，请佛说解脱苦难之法，佛说"想观"极乐世界十六种事物即可得免，通称"十六观"。画面西侧竖条平面内由上而下绘出韦提希修行日想观、水想观、地想观、宝树想观、八功德水想观、总想观、华座想观、像想观、佛真身想观、观世音想观、大势至想观、普想观、杂想观、上辈上生、中辈中生、下辈下生观等。

　　盛唐时期的"观无量寿经变"最基本的构图形式有两类，一类如上面所说第320窟北壁，中间是大幅净土世界，画佛、菩萨与诸天圣众伎乐等；另一类则又在净土下部增加"九品往生"的内容，形成凹字形，有时还将情节用小格子分开。

在这两类构图中，又有情节多寡、排列先后之别。如第171窟北壁的"观经变""未生怨"画在净土的东侧，有画面三十二个，"十六观"位于净土西侧，有画面十八个，"九品往生"在净土下方，共九个画面，总计情节画面五十九个，是细节最多的一幅"观经变"。

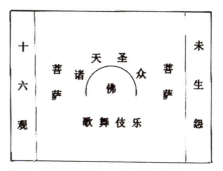

图309　莫高窟盛唐第320窟"西方净土变"布局示意图

三、"法华经变"十二幅，位置如下：

1. 第23窟窟顶东、南披

2. 第23窟东、南、北壁

3. 第31窟窟顶东、南、西、北披

4. 第103窟南壁

5. 第217窟南壁、东壁

6. 第45窟西壁龛顶＊[13]

7. 第48窟西壁龛顶＊

8. 第49窟西壁龛顶＊

9. 第208窟西壁龛＊

10. 第215窟西壁龛顶＊

11. 第374窟西壁龛顶＊

12. 第444窟东壁☆

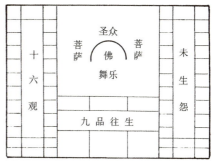

图310　莫高窟盛唐"观无量寿经变"布局示意图

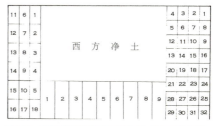

图311　莫高窟盛唐第171窟北壁"观无量寿经变"布局示意图

盛唐时期的"法华经变"比初唐有很大发展，形成了内容完备、结构严谨的鸿篇巨制。如神龙、景云年间（705~711年）修建的第217窟，以东、南两壁的规模描绘这一经变。南壁中央为序品，西侧画化城喻品、信解品，东侧分别画功德品、陀罗尼品等，顶上画普贤菩萨发愿品，下部画药师菩萨本事品、如来神力品、法师功德品等。普门品则画在东壁。此图

[13] 注：有"＊"号者仅绘"见宝塔品"；有"☆"号者仅绘"观音普门品"。

图312　莫高窟盛唐第217窟南壁东侧《化城喻品》

的绘制年代可以考订，艺术水平也很高，正是从初唐向盛唐转变时期的典型作品，有特别重要的美术史意义。以"化城喻品"为例，此喻是讲述一群人在导师的陪同下到遥远的地方求宝，中途经过"回绝多毒兽，又复无水草"的"险难恶道"，疲惫恐惧，正在畏难欲退之时，聪明的导师以神通力化出一城，鼓舞大家继续前行。但是画家在此处并未画出穷山恶水，而是以大块青绿之色，再现群山万重、流水淙淙、草木丰茂的自然美景。人物点缀其间，先是畏难欲退，见化城则欣然前往。穿行万山丛中的情形清晰可辨。画中的山多用淡墨线勾轮廓，填以青绿色块，又在两重山之间叠染一条偏暖而明亮的橙黄色，树木点缀山脊和峡谷。还有一种山，淡墨渲染山体皴折处，浓墨勾线，颇有水墨山水的意味，但山上加绘绿色树木，因而有别于后来发展起来的纯粹的水墨山水画。

　　据画史记载，当时著名的青绿山水画大家李思训"画皆超绝，尤工山石林泉，笔格遒劲，得湍濑潺湲烟霞缥缈难写之状"[14]，对照此图，应当是较接近的。李思

[14] 岳仁译注：《宣和画谱》卷十，湖南美术出版社，1999年，第207页。

训作画精细，费时颇长，史载吴道子"一日之功"能抵李思训"三月之力"，此画虽然不算粗略，但绝不至费时太长，而且还杂以水墨山水画法，应是李、吴两派画法的综合表现。

图313　莫高窟盛唐第23窟《法华经变·药草喻品》

盛唐时期的"法华变"描绘了大量生活气息很浓的画面，如行旅、航船、战争、刑法、盗贼、医疗、农耕、宅院和宗教活动等，为我们了解唐人的日常生活提供了丰富资料。第23窟东、南、北三壁和窟顶东、南披都绘"法华变"，以至有人将此窟称作"法华窟"。北壁西侧的"药草喻品"画了一个阴雨天气，农民在田间耕种，乌云密布、山雨欲来，一个农人在抢运粮食；土堆旁，一个农夫正吃着妻女送来的午餐，悠闲而满足，旁边有茂盛的药草，一派乡村景象。

四、"观音经变"四幅，见于：

1. 第45窟南壁　　　　　　　　2. 第113窟东壁门上、门北

3. 第126窟东壁门南、南北两壁下部　　4. 第205窟南壁

"观音经变"是从《法华经变》中的"观音普门品"发展而来。在隋代洞窟中我们已见到大幅的"观音普门品"，但有佛说"法华经"的场面，表明其仍为"法华经变"的一部分。随着观音信仰的日益普及，盛唐时开始出现独立的以观音像为中心的"观音经变"，而且藏经洞出土的佛经中就有独立的"观音经"。盛唐时期最典型的"观音经变"见于第45窟南壁，画面正中是巨大的观音像，周围是观音救助"诸难"（如"坠火坑""坐牢""遇恶兽"等等）和以"三十三现身"渡人的场面，结构非常完整。有许多细节非常生动，如"胡商遇盗"，表现一群头戴白皮小毡帽、身穿圆领贯头衫、脚着乌皮靴、高鼻深目、虬髯卷发的胡商，赶着毛驴、驮着货物行进在山野之中，被强盗挡住去路，无可奈何地卸下货物求饶的场

图314　莫高窟盛唐第45窟南壁《观音经变》

图315　莫高窟盛唐第45窟南壁《观音经变》局部（胡商遇盗）

面。画中胡商有的惊恐万状，有的故作镇定，身后的毛驴竖耳长鸣；盗贼着汉装、穿麻鞋、裹腿布，健壮而精干。真实地再现了当年丝绸之路上商业往来的艰难凶险。商人们双手合十祈祷，口颂观音名号。画上有一方榜题，上书："若三千大千国土，满十恶贼，有一商主将诸商人贲荷重宝经过险路，其中一人作是唱言：'诸善男子勿得恐怖，汝等应当一心称观世音菩萨名号。是菩萨能以无畏施于众生。汝等若称名者，于此怨贼当得解脱。'众商人同与发声言'南无观世音菩萨'，即得解脱。"此壁上的其他场面也有类似的榜题说明，使观者易于辨明不同场境。

五、"弥勒经变"十四幅，见于：

1. 第 23 窟窟顶西披　　　　　　　2. 第 33 窟南壁

3. 第 91 窟北壁　　　　　　　　　4. 第 109 窟南壁

5. 第 113 窟北壁　　　　　　　　　6. 第 116 窟北壁

7. 第 123 窟北壁　　　　　　　　　8. 第 148 窟南壁龛上

9. 第 180 窟西壁龛内　　　　　　　10. 第 208 窟北壁

11. 第 215 窟南壁　　　　　　　　　12. 第 218 窟北壁

13. 第 445 窟北壁　　　　　　　　　14. 第 446 窟北壁

　　盛唐时期的"弥勒经变"比初唐时增加一倍多（初唐六幅，盛唐十四幅），
而且情节更多，描绘也更为细腻生动。例如第 445、148 窟等，将《弥勒上生经》
与《弥勒下生成佛经》合画一壁，上部绘弥勒菩萨上生兜率天，下部弥勒下生成
佛。弥勒佛以下画婆罗门拆毁"七宝幢"，以喻人生须臾无常。周围还有许多情
节，多据经文发挥想象创制而成。经中说到有一翅头城，庄严清净，人民皆是有
福德之人。此国稼禾滋茂，一种七收；树上生衣，寒暑自用；夜不闭户，道不拾

图316　莫高窟盛唐第148窟《弥勒经变》

遗，人民安居乐业。国王名儴佉，非常富有，曾与大臣一道将珍贵无比的"七宝幢"奉献给弥勒，弥勒又将其施舍给诸婆罗门，婆罗门得后便毁坏分走。弥勒见七宝妙台被毁，深感人生须臾无常，于是坐龙华树下修道成佛。儴佉王见之，亦率大臣、太子、王后、宫女等八万四千人随弥勒出家学道。

第445窟北壁"弥勒经变"中王后与公主及其他女眷剃度出家的场面中，比丘尼小心翼翼地手握剃刀，婢女双手捧着篮子，承接剃落的长发。地上摆着净水瓶和盥洗盆。王后与公主神情庄重，帷帐内的众女眷表情各异：有的紧锁眉头俯首沉思，有的似在窃窃私语；有的正向帐外张望。画家对女眷们出家前茫然而又惶惶不安的心理活动有深刻描绘，并予以巧妙揭示。

六、"维摩诘经变"三幅，见于：

1. 第44窟前室南壁　　　　　　2. 第103窟东壁

3. 第194窟南壁

盛唐时期"维摩诘经变"，数量上比隋代的十一幅、初唐的十幅大大减少，这种现象表明，随着大唐帝国的强盛和人民生活的相对富足，辉煌灿烂的"极乐世界"对人们有更大的吸引力，对现实美满生活的自豪和对未来更为完美生活的向往，正是盛唐艺术的主旋律。所以，以"清谈""思辨"为特色的"维摩变"

图317　莫高窟盛唐第445窟北壁《弥勒经变》局部（剃度）

数量减少,而且表现形式、内容选择都与旧有程式大不相同。从初唐开始,突出描绘维摩与文殊,忽略其他诸品细节的北朝、隋代程式渐被放弃,代之以大量"不可思议"之奇迹,场面更加宏伟,情节更加引人入胜。这一趋势在中、晚唐更为明显,大量篇幅用来描绘维摩"资财无量""深殖善本""善于智度",出入娼寮、酒肆、博弈戏处、学校、庙宇等等"劝人出世"的场面,维摩的"高人雅士"清谈家的形象,已变为财大气粗、开朗豁达、富有智慧的人物。这种变化正反映了不同时期对"理想人物"的不同要求。

然而,盛唐的"维摩诘经变"虽然数量有限,但艺术水准极高。如第103窟东壁南侧的维摩像,人物形体健壮,精力旺盛,手握羽扇坐胡床之上,探身向前,扬眉启唇,目光炯炯有神,似乎正准备宣讲佛法,论辩教理。此像色彩简略,披

图318 莫高窟盛唐第103窟东壁《维摩诘经变》局部(维摩诘)

衣单线平涂，面部微微渲染，显得清淡雅正，但线描技巧有很高的成就。衣纹线一笔之中有浓淡、燥润、疾徐、粗细各种效果，面部和手的线描圆润而富有弹性，胡须毛发用细劲飘逸之线，器物的轮廓线则均匀而挺直。各种线都是在墙面未干之时一气呵成，真可谓形神兼备。

在盛唐壁画中，维摩诘的侍女（天女）表现得更加自信，更加有优越感，她不仅美丽大方，而且充满智慧。根据《维摩诘经》的记载，当文殊菩萨带着佛弟子来维摩家中"问疾"时，天女往有名的弟子舍利弗身上撒花，花沾其身不掉，舍利弗正纳闷为什么这些花"不如法"（不合自然规律掉落），天女便嘲笑他"六根不净"。舍利弗想要反唇相讥嘲笑天女为什么不变成男子身，天女直接用神通力把舍利弗变成女身，自己则显示为男身！这一神奇的性别互换情节，用文字描述并不困难，以图像来表达就有更大的挑战。我们在第103窟壁画上，看到舍利弗被变成"女身"之后奇怪的五官表情，也看到天女自己变成"男身"后依然美丽的样子。

图319　莫高窟盛唐第103窟东壁《维摩诘经变》局部（舍利弗及其"女身"）　　图320　莫高窟盛唐第103窟东壁《维摩诘经变》局部（天女及其"男身"）

七、"东方药师经变"三幅，见于：

1. 第148窟东壁门北　　　　　　　　2. 第180窟南壁

3. 第214窟南壁

盛唐时期有三幅"药师变"，比初唐多一点，与隋代数目相同。隋代的"药师变"较为简略，初唐第220窟北壁所绘则已是鸿篇巨制，富丽堂皇。但真正被

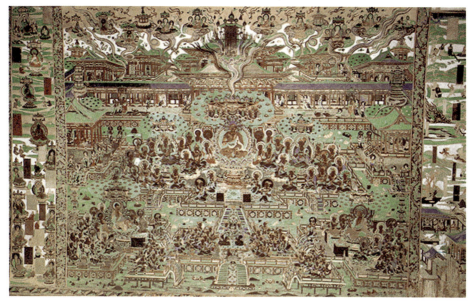

图321　莫高窟盛唐第148窟东壁北侧《药师经变》

后代所传承模仿的式样是盛唐的“药师变”，即中间画大场面的“东方净土”，两侧以竖长条屏的方式画“九横死”和“十二大愿”。这一题材在中唐及以后均极流行，大多采用这种构图。这种结构形式，与同期的“观无量寿经变”非常相似，看来是盛唐时期形成的一种很受欢迎的构图模式。实际上，“西方净土”与“东方净土”并无太大差别，都是宝池、楼阁、圣众、舞乐组成。如第148窟东壁北侧的高5.30米、宽7.50米的巨幅“药师经变”正中画“东方极乐世界”，两侧以竖条屏形式画“九横死”与“十二大愿”，是标准的三联式结构。“极乐世界”中央平台上，药师佛托钵结跏趺坐莲座之上，两边是日光、月光二胁侍及诸菩萨，佛身后有重重楼阁，巍峨壮丽，前台则是由三十三人组成的庞大舞乐，正演奏腰鼓、羯鼓、答腊鼓、鼗鼓、拍板、笙、横笛、竖笛、筚篥、排箫、琵琶、筝、阮咸、箜篌等各种乐器，中间二人挥巾对舞。

八、“涅槃经变”六铺，见于：

1. 第120窟东壁门上　　　　2. 第130窟东壁

3. 第39窟西壁龛内[15]*　　　4. 第46窟南壁龛内*

---

[15] 注：有＊号者为绘塑结合形式。

图322　莫高窟盛唐第148窟东壁北侧《药师经变》局部（乐舞）

5. 第 225 窟北壁龛内 *　　　6. 第 148 窟塑像与西壁及南北壁下部西侧 *

敦煌的"涅槃经变"在初唐就已形成绘塑结合、多情节综合表现的形式。盛唐时数量增多，并出现了以涅槃塑像为全窟中心的所谓"涅槃窟"。第 148 窟为横长方形平面的横券顶窟，正是为容纳大型涅槃塑像而创制的特别窟形。主室东西进深 7.90 米，南北横长 17 米，南北两壁各开一龛。靠西壁建通长大平台，高 1.40 米，宽 4.85 米，大台上又有 0.30 米高的通长小台，形状如榻，释迦牟尼涅槃像头南脚北，面东右胁叠足横卧榻上，身长 14.40 米。释迦头前、脚下及身后有清代补塑的举哀弟子 83 身。围绕塑像的墙面（西壁与南北壁下部西侧）绘大型涅槃经变相，情节众多，场面宏伟。据专家研究，此窟是"糅合诸经，创作了这铺包括 66 个情节，多达五百余人的空前绝后的巨幅《涅槃经变》"[16]。这幅壁画不仅情节众多，而且细节多画得一丝不苟，创作出许多生动小品。

第 148 窟《涅槃变》中的一个情节表现了释迦牟尼于拘尸那城涅槃火化后，摩竭陀国王阿阇世及诸国王往求舍利的情形。图中阿阇世王头戴通天冠、身着中

---

[16] 关于该窟"涅槃变"之细节，请参阅贺世哲：《敦煌莫高窟的〈涅槃经变〉》，《敦煌研究》，1986 年第 1 期。该文录出了第 148 窟涅槃变的全部六十六条题记，很有价值。

国式的"蔽体深衣"，坐驷马车内；大臣头戴进贤冠，穿对襟大袖白练裙；卫士穿裲裆甲，手提长剑，前后护从即将入城。旁有一方榜题："拘尸城内各备种种兵甲身着战／只绕城四面无数重防拟龙天外人／抄掠舍利已为仪式无战净心时／诸国王及阿阇世王知如来涅槃严／驾将诸臣从夜半即来至拘尸城见／四兵围绕问咒师雷如来涅槃我今方知／故来至此欲求舍利咒师答言如来荼毗已经七日舍利先有所无仁者分。"值得注意的是此题记竖行书写，但排列则是从左至右，而非习见的从右至左，壁画中有些供养人题记也是如此，看来壁画中榜书的排列走向是比较自由的。

九、"华严经变"一幅，位于第44窟中心柱东向龛内。这是敦煌最早的"华严经变"，依据唐于阗沙门实叉难陀所译《大方广佛华严经》绘制而成。

十、"报恩经变"二幅，见于：

1.第31窟北壁　　　　　　　2.第148窟甬道顶部

"报恩经变"的文字依据是《大方便佛报恩经》。此经译者已佚，有专家考证此经是中国汉地僧人"割裂、截取、增删、改写和辑录《涅槃经》《贤愚经》等

图323　莫高窟盛唐第148窟《涅槃经变》局部（阿阇世王与随从）

图324　莫高窟盛唐第148窟甬道顶部《报恩经变》局部（恶友品）

经典中的有关经品，逐步撰集、编纂而成的"，其"撰集成经时代应在宋梁之际，即公元445年至516年之间"[17]。

　　敦煌壁画中最早出现"报恩经变"是盛唐，表现形式也比较简单。第148窟甬道顶上所绘是"序品"居中，南北两披分别为"孝养品"和"恶友品"。"序品"是佛说"报恩经"的缘起部分，主要讲述阿难路遇一婆罗门沿途乞食，所得美食孝敬父母，所得恶食则留给自己。阿难深为其孝行所动，乞示于佛，于是引起佛说"报恩经"。这一孝养父母的主题，正是全经的要旨所在。"孝养品"讲述须阇提太子割肉供父母逃脱危难、借兵复国的故事。"恶友品"说的是波罗捺国太子善友为救众生，历尽艰辛入海取得摩尼宝珠，归途中被弟弟恶友伤害，几经周折方获救回国，并以所得宝珠变出衣物财宝广施民众，使人民丰衣足食，国泰民安。

---

[17] 李永宁：《报恩经和莫高窟壁画中的报恩经变相》，《敦煌研究文集》，甘肃人民出版社，1982年。

第148窟甬道顶部所绘"报恩经变"中的"恶友品",有善友太子入龙宫与龙王对坐求取宝珠;三龙神途善友乘云返陆地并在海边遇到恶友;恶友手握竹刺猛扑善友刺瞎其双眼;牛王跨在善友身上舐拔竹刺,群牛围绕身旁等情节。画中有远山、大海和海滩,场面辽阔深远。

十一、"天请问经变"一幅,见于第148窟北壁不空羂索龛上。《天请问经》是玄奘翻译的一部短小的经典,内容是释迦牟尼答复一位"天神"提出的九组问题,中心思想是"无生为乐""解脱诸欲""布施种福"等等。

除了以上依整本佛经绘制的大幅"经变"之外,敦煌从初唐时起壁画中出现了以大致对称的形式描绘的"文殊变"与"普贤变"。这些相对独立的以大菩萨为中心变相图,与上面介绍过的所谓"观音经变"具有相同的性质,反映了崇信对象的逐步分化。到了五代时期,甚至出现了以文殊为中心的大型洞窟"文殊堂"(第61窟)。

"文殊变"是唐前期值得注意的题材,传说我国五台山(本名清凉山)是文殊菩萨居住说法的地方,因此敦煌壁画中的文殊变多以山水为背景,为我们探

图325　莫高窟盛唐第172窟东壁北侧《文殊变》局部(山水)

图326 莫高窟盛唐第205窟西壁北侧（观音菩萨与供养人）

究中国早期山水画法提供出一批重要材料。如盛唐第172窟东壁北侧文殊变中的山水，以石绿染山体、用赭石以"小斧劈皴"的技法画转折处，间用类似"折带皴"的手法，使山石看起来有较强的真实感和艺术性，这些技法对后来的山水画均有较大的影响。画中近山大而起伏不平，远山小而空旷，近树高而密，远树矮而稀；近水波涛滚滚，河面宽阔；远水微波荡漾，蜿蜒细小。整个画面显示出深远的空间感。空中飘荡的飞天云气，则使此画有别于普通山水画。

盛唐敦煌壁画的高度成就，集中反映在各种场面巨大、绘制精美的"经变画"中。这些"经变画"在构图形式上主要继承和发展了初唐形成的基本模式，并有许多新的创造，使旧有模式更加完善。人物造型则比初唐时的"健康潇洒"更显出"健康丰满"的特质，人像更为"富态"，令人联想到物质生活的富裕和精神上的完满与自足。色彩更为华丽，赋色手法更为精巧复杂，形成灿烂而辉煌的效果。线描也更为多样，并用不同的线条表现不同质感。

　　在传达人物神情，表现人物间微妙关系的作品中，第205窟西壁北侧的"观音菩萨与供养人"特别令人难以忘怀。图中观音菩萨站立于莲座之上，身躯作"S"形，自然而柔和，并不因其形体巨大而可敬不可亲。她头略前倾，俯视着脚下小小的供养人，显得美丽而善良。女供养人身穿窄袖裙衫，肩披罗巾，一手持香炉，另一只手抬起接住观音赐予的宝珠串，虔诚而恭顺。身后是捧着供物的僮仆。画中人物形象以俯视与仰望、高大与渺小、健壮与瘦弱等对比关系来暗示神与人的关系，又用宝珠串联起两者。观音菩萨头光闪耀、祥云缭绕，身上的颜色因年代久远而变成黑色。全画笼罩着一层神秘的气氛。

　　盛唐的图案在装饰洞窟、烘托整体气氛上有重要意义。初唐和盛唐的图案已基本脱离洞窟建筑的局限，而具有更多的独立性，主要由窟顶藻井图案（华盖式）、龛顶华盖图案、佛头光背光图案、人物服饰图案和一些条带装饰图案组成，此外还有散见的幡幢、地毯、莲座图案等。装饰纹样的题材以植物纹和几何纹为主，

图327　莫高窟盛唐第320窟窟顶藻井图案

如莲荷纹、葡萄纹、石榴纹、茶花纹、皮革纹、宝相花、团花、方胜纹、回纹、菱形纹、连珠纹、垂鳞纹、云头纹、垂角纹、游龙对凤纹和绫锦花纹等，种类很多。有些花纹是综采数种花形创制而成的，如宝相花等。

第 320 窟窟顶的大幅藻井图案，是开元、天宝年间的代表作。图案中心是以云头纹、小瓣花、莲花瓣组成的宝相花。四周以方形纹、半团花、连续菱形纹、团花、鳞纹、垂角纹、彩铃帷幔作边饰。结构严密，赋色精细：以朱、青、绿色为主，对每种纹样用不同色度的同类色进行叠晕，色调热烈、浓艳，正是盛唐图案风格的集中反映。

第五章   世俗：敦煌中期艺术（781~1031 年）

迄盛唐时止，敦煌艺术经历了四百余年的积累，从草创、初兴到发展、繁荣，终于蔚为大观。据圣历元年的《李君莫高窟佛龛碑》记载：当时的莫高窟已经是"推甲子四百他岁，计窟室一千余龛"，加上盛唐的大规模营构，莫高窟的崖面上已是窟龛密布，气派非凡。当时窟前大多建有彩画窟檐，使崖面外观显得富丽堂皇。时人描述说"尔其檐飞鹰翅，砌盘龙鳞，云雾生于户牖，雷霆走于阶陛。左豁坪陆，目极远山。前流长河，波映重阁"[1]。"雕檐化出，巍峨不让于龙宫，悬阁重轩，绕万□于日际[2]。如此美景突出在荒凉空寂的戈壁滩上，犹如神话中的天国。

755 年爆发的"安史之乱"是大唐帝国由盛转衰的转折点，对河西走廊西端的敦煌而言，更引起灾难性的后果。由于唐王朝将河西精锐部队调往中原平定叛乱，吐蕃大军乘虚而入，很快占领河西各州。在进攻敦煌（沙州）时，遭到守城将士的顽强抵抗，战争进行得空前惨烈。由于河西诸州已被吐蕃吞并，敦煌与中央王朝的联系被切断，当时敦煌仅是一个四五万人（包括东来的流亡人口）的弹丸小邑，孤立无援地强抗强大剽悍的吐蕃军队，虽然吐蕃赞普"徙帐南山（祁连山）"亲自督战，仍难以攻克这一孤城。敦煌人以非凡的勇气坚持抗战十一年，最后"弹尽粮绝"，不得不以"勿徙他境"为条件，放弃抵抗。781 年，敦煌沦为吐蕃属地。这一转折影响很大，敦煌从此开始了一段与中原汉地相对隔绝的历史，虽然张议潮在 848 年聚众起义，并成功地收复河西十一州，重归中原王朝管辖，但实际上，敦煌的军政宗教文化各类事务，已完全由地方豪族把持，衰落的唐王朝已无力顾及远在千里之外的边城，其统治权仅是名义上的。五代、宋时期继张氏之后统治敦煌一带的曹氏家族虽尽力"奉中原为正溯"，但由于四面均是强大的少数民族政权，连派人去"进贡方物"都有困难，中原王朝派来

---

[1] P.3608《大唐陇西李氏莫高窟修功德记》，郑炳林《敦煌碑铭赞辑释》，甘肃教育出版社，1992 年，第 20 页。
[2] P.4640《大唐宗子陇西李氏再修功德记碑》，郑炳林《敦煌碑铭赞辑释》，第 42 页。

的使节也遭遇种种困难。曹氏统治之后是西夏政权占有敦煌。可以说，从781年吐蕃占领沙州时起，直到1227年蒙古元军从西夏人手中夺取敦煌，这一地区与中原王朝的关系基本上是若即若离。敦煌地区失去中原王朝这一强大的后盾，其政治、经济和文化的实力相对不如盛唐以前，这一根本性的转变，与"丝绸之路"东西贸易大干线的衰落是同步的，敦煌逐步失去东西贸易要冲和经营西域基地的特殊地位。

敦煌历史的变迁，必然对莫高窟艺术产生决定性的影响。盛唐以后的敦煌艺术，从总体上看，主要是承袭前代模式，在内容和表现形式上都显出明显的局限性。但早已形成的浓厚的艺术传统和佛教的持续繁荣，仍使莫高窟和较晚兴起的安西榆林窟的艺术充满生气与活力，仍有许多不朽杰作令人难忘。

V—1. 中唐：藏人统治下的敦煌艺术

吐蕃占领敦煌之前，河西走廊战火纷飞，局势已很紧张，所以有些盛唐末期洞窟"开凿有人、图素（塑）未就"，成窟之后，只塑成一龛或画完窟顶，便因故放弃了。吐蕃占领敦煌之后，社会生活相对安定，财富有所积累，吐蕃人本来信佛，因此支持当地的佛教活动，放回被俘僧尼，鼓励民众出家，在可黎可足赞普时，曾颁令一人出家调拨七户平民为寺户，从而使敦煌的佛教大为兴旺，开窟造像数量很大，并将盛唐开凿未及完成的十几个洞窟全部绘塑完工。

在吐蕃统治敦煌的67年（习称中唐）间，莫高窟共开凿了约55个（以现在洞窟计算）洞窟，比初唐86年中修造的洞窟还要多。

中唐时期的洞窟形制基本沿袭盛唐式样，以覆斗顶方形窟为主。但在西龛形状上有一些变化：龛平面呈方形，浅覆斗形盝顶。中唐时期的大型涅槃窟也与盛唐涅槃窟基本相同，但南北两壁未开龛，而是直接在壁前塑出过去和未来佛泥塑像。此外，中唐还出现了形制与涅槃窟相似但佛床上塑七佛坐像而非涅槃像的新形式。

中唐塑像在总体上已失去初盛唐时积极创造、追求完美的精神，而显示出某种"风格化"的趋势。菩萨和弟子的站立姿势较为挺直，面部和其他显露肉体的部位（如颈、胸、手等）块面转折也较生硬，不像盛唐塑像那样柔和自然而富于曲线美。但肤色白净、光洁细腻、衣饰华丽等特征仍可与盛唐塑像媲美。这些特点我们在第159窟西龛内的菩萨和弟子像上可以清晰地看到。

第159窟西龛内北侧的菩萨面部略呈方形，挺直的鼻梁轮廓分明，嘴角眉梢虽略带笑意，但并无妩媚可亲之感。颈上三道深深的装饰线和生硬凸显的乳房与腹部，使塑像显出较强的装饰趣味。由于人体各部位的比例很适度，面部五官和手的塑造清晰标准，加上光洁莹润的人体表面，从而展示了雕塑家高超的技艺。

图328　莫高窟中唐第159窟西龛内菩萨、弟子

吐蕃时期塑在第205窟内的天王像身着铠甲按剑而立，背上披了一块虎皮（俗称大虫皮），这是吐蕃武士的装束。按吐蕃制度，凡有战功，生衣虎皮，死以旌勇。吐蕃统治者在莫高窟中唐艺术上，深深打上了自己民族的烙印。

中唐时期最为杰出的塑像是第158窟的大型涅槃佛像。第158窟平面呈横长方形，西壁设一大台，上塑十六米长的释迦涅槃像。此像头形长圆，面部轮廓极其柔和自然，半合半睁的双眼使释迦的形象在宁静中显露出生气。横卧的身体自然放松，密集的衣纹线有规律地起伏流动，使整个人体浑然天成并富有韵律感。毕竟，释迦牟尼的"涅槃"并非普遍意义上的"死亡"，而是精神达于更高的完满境界，是对一切烦恼的彻底抛却和永恒幸福的最终获得，某种意义上讲："涅槃"

图329　莫高窟中唐第159窟西龛内北侧菩萨　　　　　图330　莫高窟中唐第205窟天王像

图331　莫高窟中唐第158窟佛涅槃像

并非"死亡"，而是"再生"和"超越"。所以，这身涅槃像显现出的自然、放松、超脱和美丽，以及由此而生出的无限内在生气，正是对"涅槃"深意的最佳诠释。

塑像周围描绘着举哀的弟子和各国君长王子等，因其"悟性"不高，未明白释迦牟尼的涅槃乃是灵魂上升到更高境界，因而表现出极度的痛苦与悲哀，画家用夸张的造型、丰富的色彩，生动刻画出他们内心的冲动，其艺术

图332　莫高窟中唐第158窟南壁"佛弟子举哀图"

基调是激昂的。在他们的背后，又描绘了一圈"悟性"较高的菩萨，他们深知释迦牟尼的涅槃并不是"死"，而是意味着"再生"，故表情肃穆，其艺术基调是庄严的。涅槃的佛，举哀的弟子和俗人与肃静的菩萨，构成"静—动—静"的情绪变化与合成，充分表现了释迦牟尼涅槃时的神圣热烈气氛。

佛头边上举哀的弟子中，老迦叶上身半裸，双眉紧皱，龇牙咧嘴，大放悲声，身体前倾，似欲扑向涅槃佛。画家用浓重的暗紫色晕染迦叶的肉体，夸张筋肌鼓胀的程度，使其大悲的激情仿佛要从肉体中喷发而出。前面蹲地的小阿难面容悲戚，右手置于耳后，仿佛不相信释迦牟尼恩师已经涅槃，细心地想听到一点犹生的声息。其他弟子捶胸顿足、哀哀欲绝。背后一排菩萨则宁静肃穆。

又如第158窟北壁西侧（佛足一端）所绘涅槃变局部"各国君长王子举哀图"。据《大般涅槃经》载：释迦牟尼涅槃时，各国帝王、王子等前往拘尸那城哀悼。壁画中的形象有吐蕃赞普和汉族帝王，还有突厥族、南海昆仑、中亚、南亚（骠国、狮子国）、西域人等。从服饰上看，他们有的着毡褐大团花锦袍；有的穿窄袖长袍；

图333 莫高窟中唐第158窟北壁"各国君长王子举哀图"

有的戴高顶毡帽或裹白巾；有的束高髻，或系许多小辫，或饰耳珰璎珞，明显表明其属于不同民族，来自不同地区。这些世俗的统治者们对释迦牟尼的涅槃表现出深切的悲哀之情，但表达的方式也各不相同：有的割耳，有的剖胸，有的刺腹；汉族帝王哀不自胜，由两个宫女扶持着。这组哀哭喧闹的人群，衬托出佛的宁静和安详。

中唐时期的壁画仍以各种经变画为主，但在全窟壁画的总体设计上却有一些变化，主要有三个方面：第一，在同一墙面上同时并列描绘多种独立构图的不同转变，这一方面反映了不同佛教宗派并行发展的趋势，也使唐前期单壁统一构图的"大一统"感觉转变为视觉上的"多中心"。第二，在西龛内三壁和窟室四壁下部出现许多排列有序的屏风故事画，这些故事又往往与中上部的经变画内容相关联，两者的结合，使内容单纯的经变画具备更强的故事性，对普通信众有更强的吸引力。第三，西龛内盝形顶的四披上，出现排列整齐的"瑞像图"，这些瑞像图的内容大部分来自天竺（印度）、尼婆罗、犍陀罗等地的佛教传说，也有出自于阗、张掖、酒泉等地的佛教历史故事。大量"瑞像图"的出现，使龛内壁画的内容更为丰富。

中唐时期保持了唐前期已有的多种经变，并增加了一批新的经变，如《金刚经变》《金光明经变》《楞伽经变》《思益梵天问经变》等。现将中唐时期各种经变的数目、分布和基本情况介绍如下。

一、"观无量寿经变"三十三幅，见于：

1. 第 7 窟北壁　　　　　　　　　2. 第 44 窟东壁门北

3. 第 44 窟南壁　　　　　　　　　4. 第 91 窟南壁

5. 第 92 窟南壁　　　　　　　　　6. 第 117 窟南壁

7. 第 126 窟南壁　　　　　　　　8. 第 126 窟北壁

9. 第 129 窟南壁　　　　　　　　10. 第 134 窟西壁

11. 第 154 窟北壁　　　　　　　　12. 第 155 窟南壁

13. 第 159 窟南壁　　　　　　　　14. 第 180 窟东壁门北

15. 第 180 窟北壁　　　　　　　　16. 第 188 窟南壁

17. 第 188 窟北壁　　　　　　　　18. 第 191 窟西壁

19. 第 197 窟北壁　　　　　　　　20. 第 199 窟北壁

21. 第 200 窟南壁   22. 第 201 窟南壁

23. 第 201 窟北壁   24. 第 231 窟南壁

25. 第 236 窟南壁   26. 第 237 窟南壁

27. 第 238 窟南壁   28. 第 240 窟南壁

29. 第 258 窟北壁   30. 第 358 窟南壁

31. 第 360 窟南壁   32. 第 370 窟南壁

33. 第 379 窟南壁

中唐时期的"观无量寿经变"主要是继承盛唐模式，即中间是以佛说法像为中心的净土，两侧以竖条构图绘"未生怨"与"十六观"。这种三联式构图也是《药师经变》《金光明经变》的主要构图形式。这种形式既可突出佛国净土，又能描述故事情节，应是其受到画师和民众喜爱的原因之一。中唐时期的"观无量寿经变"在构图上也有一些创新的尝试，如第 237 窟南壁所绘，将佛国净土画在上部，下部以屏风画的形式表现"未生怨"和"十六观"。第 200 窟南壁则将"十六观"分成两部分画在净土两侧，而将"未生怨"画在下部。

中唐时期绘制精美且保存状况良好的"观无量寿经变"当首推安西榆林窟第 25 窟南壁（在统计莫高窟现存经变题材时，虽未将邻近的榆林窟等计算在内，但因这一区域内的石窟实际属于同一个系统，故在叙述过程中我使用了一些出自榆林窟的资料，以便将敦煌艺术的面貌反映得更全面一些）。此画与莫高窟唐前期壁画中同一题材一样，采用"三联式"结构，中间是大幅的阿弥陀净土，两侧

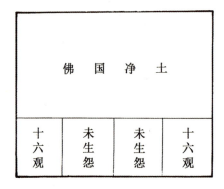

图334　莫高窟中唐第237窟南壁《西方净土变》布局示意图

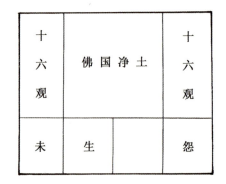

图335　莫高窟中唐第200窟南壁《西方净土变》布局示意图

图336　榆林窟中唐第25窟南壁《观无量寿经变》

以竖长条平面画"未生怨"和"十六观"。此图中的"极乐世界"不像同期其他
净土画那样描绘出众多人物，而是按画面小大安排了适当数目的人物形象，使画
面显得清新疏朗而又不觉冷落。由于画中建筑物很多，画家便采用了有主次之分
的四个透视系统。主系统是阿弥陀佛所在栏台为中心，前面的舞乐台和台阶纳入
这一系统，占有最大的面积，阿弥陀佛位于透视线中轴上，高大突出。主系统两
侧的建筑用反透视，灭点在画面下部两侧，这就使此二透视系统中的形象近小远
大，填补了主系统建筑留下的空白，同时又减弱了因主系统中建筑物近大远小造
成的凹进感，维护了壁画的平面性特征。阿弥陀身后建筑虽用正透视，但降低了
透视灭点，使其与前部场景有一定的距离感。此画以石绿和深红为主色。绿水、
绿地、绿树叶、红栏、红柱、红袈裟，色彩对比强烈，仍有唐前期净土变华丽灿
烂的遗风。

　　二、"弥勒经变"二十五幅，见于：

　　1. 第93窟北壁　　　　　　　　2. 第112窟西壁龛内屏风画

　　3. 第117窟北壁　　　　　　　　4. 第129窟北壁

　　5. 第133窟南壁　　　　　　　　6. 第154窟南壁

7. 第155窟北壁   8. 第159窟南壁

9. 第186窟窟顶东、西、南、北披 10. 第191窟东壁

11. 第200窟北壁   12. 第202窟南壁

13. 第205窟西壁   14. 第222窟南壁

15. 第231窟北壁   16. 第237窟南壁

17. 第238窟北壁   18. 第240窟西壁龛内

19. 第358窟南壁   20. 第359窟北壁

21. 第360窟南壁   22. 第361窟北壁

23. 第369窟北壁   24. 第386窟南壁

25. 第474窟西壁龛内

  中唐时期的"弥勒经变"共有二十五幅,比盛唐时期的十四幅增加了十一幅。与集中描绘超然世外的"西方净土"的"阿弥经变"和"观无量寿经变"不同,"弥勒经变"采用了大量现实人间生活场景来表现天国,为我们了解当时当地历史、民情、风俗等提供出极为生动有趣的形象资料。

  榆林窟等25窟北壁弥勒经变中的"嫁娶"场面,是据《佛说弥勒下生经》中"女人年五百岁,尔乃行嫁"的记述而绘制的。图中所见是在屋外搭成"青庐",以布幔围成,新郎在庐内面向宾客伏地行礼,新娘在伴娘的陪同下站立一旁,正是当时婚礼"男拜女不拜"习俗的形象反映。新郎着吐蕃装,新娘穿汉装,宾客衣着

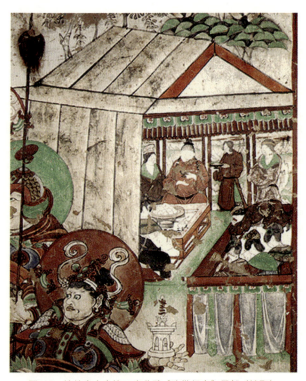

图337 榆林窟中唐第25窟北壁《弥勒经变》局部(嫁娶)

亦有不同，应是吐蕃统治敦煌河西一带时汉藏联姻情况的再现。

三、"东方药师变"三十二幅，见于：

1. 第 112 窟北壁   2. 第 134 窟东壁

3. 第 154 窟南壁   4. 第 159 窟北壁

5. 第 200 窟北壁   6. 第 202 窟东壁门上

7. 第 222 窟北壁   8. 第 231 窟北壁

9. 第 236 窟北壁   10. 第 237 窟北壁

11. 第 238 窟北壁   12. 第 240 窟北壁

13. 第 358 窟北壁   14. 第 359 窟北壁

15. 第 360 窟北壁   16. 第 361 窟北壁

17. 第 369 窟北壁   18. 第 370 窟北壁

19. 第 386 窟北壁   20. 第 471 窟北壁

21. 第 92 窟北壁   22. 第 93 窟西壁龛内 [3]*

23. 第 154 窟西壁龛内 *   24. 第 159 窟西壁龛内 *

25. 第 200 窟西壁龛内 *   26. 第 222 窟西壁龛内 *

27. 第 358 窟西壁龛内 *   28. 第 359 窟西壁龛内 *

29. 第 369 窟西壁龛内 *   30. 第 468 窟西壁龛内 *

31. 第 471 窟西壁龛内 *   32. 第 475 窟西壁龛内 *

中唐时期的"药师经变"数量突然大增，即使不算单独绘在西龛内的十一幅"九横死"与"十二大愿"，也有二十一幅之多，比盛唐仅有三幅要多出十八幅，充分反映了吐蕃统治下的敦煌，人们对药师佛信仰崇拜的热烈程度。但是，数量虽多，其表现形式却主要模仿盛唐式样，只是画得更自由一些而已。

第 112 窟北壁上的"药师经变"，图中央是手托药钵的药师佛结跏趺坐莲台上，周围环绕着菩萨、圣众和化生童子；佛前面的平台上是正在表演的乐队和舞伎，场面欢快热烈；最前台上坐着药师十二神将；画面上部则描绘"净琉璃世界"的亭台、楼、阁。这种水上起平台、上部绘楼阁的设计与阿弥陀佛的"西方净土"差别并不大。

---

[3] 注：有 * 号者是单独绘在西龛内的"九横死""十二大愿"。

图338　莫高窟中唐第112窟北壁《药师经变》

四、"阿弥陀经变"八幅，见于：

1. 第112窟南壁　　　　　　　　　2. 第159窟南壁

3. 第202窟东壁门上北侧　　　　　4. 第359窟南壁

5. 第361窟南壁　　　　　　　　　6. 第369窟南壁

7. 第386窟南壁　　　　　　　　　8. 第471窟南壁

中唐时期的"阿弥陀经变"数量虽不算很多，但一般画得比较精细。第112窟南壁东侧画了一幅不大的"阿弥陀经变"，由于幅面较小，构图十分紧凑：天宫楼阁集中在画面上部，构成背景；西方三圣（阿弥陀、观音和势至）与诸听法供养菩萨画在中部，形体较大，自然成为画面重心所在；前部以较大篇幅画乐队和舞伎，以妙音美姿展现西方极乐世界的欢快。乐舞场景中心的舞伎高髻宝冠，上身赤裸，耳坠环，项饰圈，臂戴钏，腰束带，着羽袴，正反弹琵琶，踏足而舞，足指翘起，似在晃动应节，舞带随身旋转，舞姿奇特优美。琵琶是从西域传来的乐器，在中国北方很受欢迎，唐诗中有"凉州七城十万家，胡人半解弹琵琶"的名句。由于琵琶的盛行，它不仅是一种乐器，而且还被用做舞具。敦煌壁画中怀抱琵琶载弹载舞的形象比比皆是，有的竖弹，有的横弹，有的倒弹，有的反弹。

图339　莫高窟中唐第112窟南壁《西方净土变》局部（乐舞）

其中反弹的难度很高，堪称绝技。此图是敦煌壁画中许多身反弹而舞造型中最美的一例。

五、"维摩诘经变"九幅，见于：

1. 第 133 窟东壁　　　　　　　　2. 第 159 窟东壁

3. 第 186 窟南壁　　　　　　　　4. 第 231 窟东壁门北

5. 第 236 窟东壁门南、北　　　　6. 第 237 窟东壁

7. 第 240 窟西壁帐门南、北侧　　8. 第 359 窟东壁门南、北

9. 第 360 窟东壁

中唐时期的"维摩诘经变"比唐前期有所发展，除了在屏风画内增加了"弟子品"和"方便品"等新内容外，最明显的变化是吐蕃赞普及其侍从在各国王子听法场面中占领先地位，这种变化，正是当时河西地区社会政治形势在敦煌壁画中的直接反映。

第 159 窟东壁南侧"维摩诘经变"中的吐蕃赞普听法供养像，图中赞普穿翻领左衽长袖缺胯衫，腰束革带，辫发束髻于两鬓边，项饰瑟瑟珠，头戴红毡高帽，

图340　莫高窟中唐第159窟东壁南侧《维摩诘经变》局部（吐蕃赞普与随从）

佩腰刀，穿乌靴，在服饰上有鲜明的民族特征。

六、"法华经变"九幅，见于：

1. 第154窟南壁

2. 第159窟南壁

3. 第231窟南壁

4. 第237窟南壁

5. 第449窟南壁

6. 第468窟窟顶东、南、西、北披

7. 第472窟南壁

8. 第361窟东壁门上 [4]*

9. 第7窟西壁龛内 **

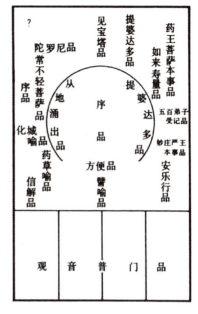

图341　莫高窟中唐第231窟南壁《法华经变》

中唐时期的"法华经变"虽不如盛唐时期那样变化丰富、生气勃勃，但在场面宏伟、情节众多方面独具特色。以第231窟南壁所见为例：总体构图分上下两部分，上部是一矩形，以"序品"（佛说法华经）为中心，两侧是"从地涌出品"和"提婆达多品"；四周绕以"药草喻品""信解品""化城喻品""常不轻菩萨品""陀罗尼品""见宝塔品""如来寿量品""药王菩萨本事品""五百弟子授记品""妙庄严王本事品""安乐行品""方便品""譬喻品"等。下部则由四条屏风组成，详细绘出"观音普门品"。

七、"涅槃经变"四幅，见于：

1. 第44窟西壁

2. 第185窟东壁门上

3. 第92窟窟顶南、西、北披

4. 第158窟塑像与北、西、南壁及佛坛东侧面

中唐时期的"涅槃经变"主要是继承盛唐式样，但也有所发展。既有专门的大型"涅槃窟"（第158窟），也有单壁独幅（第44窟），还有绘在窟顶四披者（第

---

[4] 注：有*号者是仅绘"见宝塔品"者，有**号则是仅绘"观音普门品"者。

92窟，其中东披已残毁，这种形式在莫高窟仅此一例）。如前所迹，第158窟塑绘结合的"涅乐经变"场面宏大，制作精美，是敦煌表现此题材的最佳作品。而中唐"涅槃经变"反映出的"地方化"倾向也值得注意：如第44窟西壁的大幅"涅槃变"，在释迦涅槃像的南侧画一殿堂，殿堂前画摩耶夫人领三侍女与优波梨相向对语，表现摩耶夫人夜做噩梦和优波梨报丧的情节，右侧榜题曰："□中夜作六种恶梦一者梦见□须弥山／□四海枯竭三者梦见五月下霜四／者□六者梦见西乳自然流出尔时／□。"在此榜题的右侧又画摩耶夫人带二侍女，与优波梨相对而立，榜题为："问圣人从何方来颜容憔悴面色／……怯人尔时忧婆离哽咽声嘶／良久乃语告佛母佛母闻知如来大师／子夜子时舍大法身入般涅槃故／□来告诸眷属尔时佛母闻此语／以□须弥山崩遍体血现。"

据研究，上录两段榜题文字与《摩诃摩耶经》卷下的记载出入很大，但与藏经洞出土的斯2084《佛母经》基本相同。从文字上看，《佛母经》不是"如是我闻"之类的正统佛经，当系中国僧人编撰的一种通俗佛教文学。据此可知，唐代画工创作经变画时，除了主要依据译自梵文的正统佛经外，有时也用中国僧人编撰的通俗佛教文学[5]。

八、"天请问经变"十幅，见于：

1. 第135窟西壁
2. 第154窟东壁门南
3. 第158窟东壁门南
4. 第159窟北壁
5. 第231窟南壁
6. 第237窟北壁
7. 第240窟南壁
8. 第358窟北壁
9. 第360窟北壁
10. 第386窟北壁

图342　莫高窟中唐第158窟东壁南侧《天请问经变》

[5] 贺世哲：《敦煌莫高窟的〈涅槃经变〉》，《敦煌研究》，1986年第1期。

盛唐末年的第148窟出现了莫高窟最早的《天请问经变》，但仅此一幅。中唐时，这一题材开始普及，一下子增加到十幅。由于《天请问经》的内容以抽象教义为主，并无丰富的故事情节，所以画面以释迦说法和诸佛、菩萨、圣众等听法的场面构成，形式较为单调。第158窟东壁南侧《天请问经变》的右下角部分，描绘佛、菩萨一组。佛坐莲花台上，身着大红袈裟，人体部分变色严重，清晰显露出晕染的痕迹，头光与背光以云头纹和三角纹组成规整的装饰图案，这与过去流行的火焰、团花、卷草等组成的图案有明显区别。两侧是听法诸菩萨，或持花，或合十，均面带虔诚肃穆之色。背景是菩提树和华盖，前有宝池莲花。

九、"华严经变"五幅，见于：

1. 第159窟北壁

2. 第231窟北壁

3. 第237窟北壁

4. 第471窟北壁

5. 第472窟北壁

"华严经变"最早见于盛唐第44窟，中唐增至五幅。由于"华严经"也是侧重抽象的教义，如经中讲一一微尘的"小千世界"怎样组成了"中千世界"，进而再组成"大千世界"，而大千世界内又包括若干万亿小千世界，这些小千世界通为一刹。如此奇幻莫测的世界要以具体的形象再现出来实在不易，所以画家主要画了九组佛说法的

图343　莫高窟中唐第159窟　《华严经变》

场面，整齐地排列成三行，表现经中的"七处九会"，即寂灭道场会、普光法堂会、忉利天会、夜摩天会、兜率天会、他化天会、普光法堂重会、普光法堂三会、逝多林会。在说法会的下方画一大海，名叫"香水海"，也就是"莲花庄严世界海"。海中一朵大莲花，花中有无数城池，代表"一一微尘、一一佛刹、一一世界"。

十、"报恩经变"七幅，见于：

1. 第 112 窟北壁   2. 第 154 窟北壁

3. 第 200 窟南壁   4. 第 231 窟东壁门南

5. 第 236 窟西龛内壁   6. 第 238 窟南壁

7. 第 258 窟南壁

中唐时期，"报恩经变"数量增多，形式也丰富起来，主要有四种构图：第一，中间画"序品"，包括阿难见婆罗门子肩母乞食和佛说报恩经的场面，是为画面主体；四角分绘"恶友品"、"教养品"（两下角）、"亲近品"和"论议品"（两上角），合成一个矩形的完整构图。第二，中间画以佛说法图为中心的"序品"，两侧以竖条平面绘经品故事，形成与"观无量寿经变"和"药师经变"构图相同的三联式结构。第三，在第一种构图的两侧加绘竖条的经品故事，或是在下部增设屏风画故事，如第 231 窟和晚唐的第 145、144、55 等窟所绘。第四，龛内屏风画，即将有关的经品故事以屏风画的形式描绘于龛内南、西、北三壁。这四种形式中，第一种最常见，在晚唐、五代、宋时期几乎形成定制。

第 112 窟北壁"报恩经变"右上角的"论议品"主要描写鹿女故事：在波罗奈国仙圣山中住着两个隐居修炼的仙人，一个叫南窟仙人、一个名北窟仙人。南窟仙人某日便溺泉边，恰好有一雌鹿饮此泉水，由此而怀孕，后生下一女，人身鹿足，被仙人收养。鹿女十四岁时，有一天不小心使窟内火种熄灭，于是南窟仙人命鹿女去向北窟仙人借火种，鹿女足到之处皆生莲花，北窟仙人便请鹿女绕窟七匝，莲花环窟而生。时值波罗奈国王入山游猎，沿莲花追踪得见美貌鹿女，便迎回皇宫立为第一

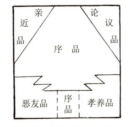

图344　莫高窟中唐《报恩经变》布局示意图之一

图345　莫高窟中唐《报恩经变》布局示意图之二

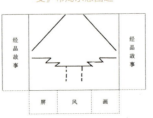

图346　莫高窟中唐《报恩经变》布局示意图之三

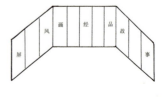

图347　莫高窟中唐《报恩经变》布局示意图之四

夫人。鹿女进宫后生一莲花，国王以为不祥，弃置池边。一日，国王在池边发现莲花五百花瓣下各有一童男，大喜，便将五百童男分于五百大人抚育。五百童男长大后俱有勇力，不动干戈而国土安稳。最后五百太子全部出家成为"辟支佛"。此图是鹿女绕行北窟、步步生莲的情节，仙人椎髻，身披兽皮衣坐在石窟内；鹿女头顶束高髻，两鬓包面，身着拖地长裙。山石的画法是先用淡墨勾出轮廓，略加渲染。下部是国王与其侍从正骑马进山。

出自敦煌藏经洞、现藏伦敦大英博物馆的绢画，表现的是同一个情节，我们可以明显看到，鹿女的动态、发型和服装均与壁画相同，窟中的仙人也是一样。作为背景的山石花草也采用同样的画法，只是绢画制作得更精美一些。由此可见，敦煌的壁画和绢画在风格上是统一的，应是出自同一个画家群。

十一、"金刚经变"八幅，见于：

1. 第 112 窟南壁

2. 第 135 窟东壁

3. 第 154 窟东壁门北

4. 第 236 窟北壁

5. 第 240 窟北壁

6. 第 359 窟南壁

7. 第 361 窟南壁

8. 第 369 窟南壁

图348　莫高窟中唐第112窟北壁《报恩经变》局部（论议品）

图349　敦煌藏经洞出土绢画《报恩经变》局部（论议品）

《金刚经》全称《金刚般若波罗蜜经》，有多种汉译本，其中后秦鸠摩罗什的译本最为流行。但敦煌莫高窟则在吐蕃统治的中唐时期才开始出现描绘此经的《金刚经变》。敦煌藏经洞出土的文献中也有《金刚般若波罗蜜经讲经文》（P2133号卷背）。中唐时期的《金刚经变》一般画面较小，构图也基本相同，多是在矩形平面上，中画释迦说法图，有听法比丘、菩萨和圣众及乐舞等；周围绘一些经中提到的内容，并用榜题加以说明。

十二、"金光明经变"四幅，见于：

1. 第133窟北壁
2. 第154窟东壁门南
3. 第154窟南壁
4. 第158窟东壁门北

早在隋代的第417窟窟顶上我们就可见到从《金光明经》中抽出的"流水长者子故事"，但完整的"金光明经变"则始见于中唐时期。其构图方式主要有两种：一种是在一矩形平面内画佛国法会，两侧以竖条屏画"流水长者子品"和"舍身品"，其结构形式与同期《观无量寿经变》相同。"流水长者子品"讲述流水长者子用大象驮水救助干池中群鱼而终得好报的故事；"舍身品"的内容则与早期

图350　莫高窟中唐第112窟《金刚经变》

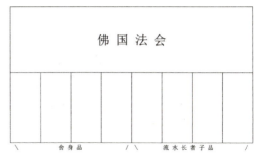

图351　莫高窟中唐第154窟《金光明经变》　　图352　莫高窟中唐第158窟《金光明经变》布局示意图
　　　　布局示意图

壁画中的"萨埵太子本生"无异。另一种构图是在一横长方形内画佛国法会，下部屏风画"舍身品"和"流水长者子品"。第一种形式见于第 154 窟东壁、南壁；第二种见于第 158 窟东壁门北。

十三、"楞伽经变"二幅，见于：

1. 第 186 窟北壁　　　　　　　　　　2. 第 236 窟南壁

《楞伽经》也是抽象的哲学、神学经典，不易绘成具体的图像。所以画家一般是以"楞伽佛会"为中心，四周点缀一些经中讲到的场面。

十四、"思益梵天问经变"一幅，见于第 44 窟东壁门南。

十五、"观音经变"三幅，见于第 185 窟北壁和第 472 窟南、北壁。

除了上列十五种完整的"经变"外，自成一体的"文殊变"和"普贤变"在中唐时期也有发展，场面更大，人物更多，并出现了有明显标志的小型屏风画"五台山图"。

第 159 窟西壁龛外北侧"文殊变"中的伎乐，三人组成乐队，一人吹笙，一人吹横笛，一人敲拍板。三身伎乐表情各异，透露出不同的心理活动：吹笙者眼睑下垂，神情专注，站姿自然，右脚拇指跷起，似乎应和着节拍上下活动，显出忘我陶醉之情；吹笛者目视前下方、站姿不稳，表情拘谨，略显紧张和不安；敲拍板者双眼向上弧起，嘴角内收，欢愉之情溢于面部。画中人物皆以粉白色绘皮肤，微施渲染，再描以细滑的淡墨线，显得柔丽雅致。

安西榆林窟第 25 窟西壁南侧的"普贤变"，普贤菩萨坐白象上，周围是眷属随从。白象足踏莲花，俯首帖耳，摇晃着庞大的身躯缓步前行，活泼精干的昆仑奴正扬鞭催促。精细的线描、流畅的笔势，显出画家技艺的高超。

图353　莫高窟中唐第159窟西壁龛外北侧《文殊变》　　　　图354　榆林窟中唐第25窟西壁南侧《普贤变》
　　　　局部（伎乐）

　　中唐时期，由于吐蕃对敦煌的统治，藏传佛教和佛教艺术产生了一定影响。突出的特点是密教神像数量大增，不空羂索观音、如意轮观音、千手千眼观音、千手千钵文殊等多以单幅独立构图出现，其形象则完全依据佛经中的记载。

　　当然，中唐时最为引人注目的新题材是出现大量"瑞像图"。一些"瑞像图"取材于天竺、尼婆罗、犍陀罗等地的佛教传说，也有一些采用了来自于阗、张掖、酒泉等地的"本土"佛教传说故事。"瑞像图"一般画在西龛内盝形顶的四披，以小方格整齐排列，每格一图，并有榜题点明主题。

　　第237窟西龛内盝顶西披上的瑞像图部分，不同瑞像之间用条带图案分隔。此图正中是所谓"分身瑞像"，佛像双头四臂，造型奇特，脚下两侧各有一人胡跪供养，榜题为："分身瑞像者乾陀逻国贫／者二人出钱画像其功致远一身两头。"玄奘《大唐西域记》中曾描绘过犍陀罗迦腻色迦王窣堵波石阶南面所画分身佛像。传说有二贫士以微少之钱同求一画师绘制佛像，画师仅画了一身佛像，但二人同来礼敬时，则变成两身像。画家用四臂双头来展示"分身"的过程，想象力丰富。值得一提的是，1986年我去四川诸佛教艺术遗址考察时，意外地在川北的巴中摩崖造像中发现了一个有三尊像的"瑞像龛"正中佛像正是一身二头的"分身瑞像"。后又在巴中西龛发现了这一故事的浮雕，足见敦煌与四川两地佛教艺术有着不同寻常的关系[6]。

图355　莫高窟中唐第237窟西龛顶西披《瑞像图》局部
（分身瑞像等）

图356　四川巴中南龛摩崖造像"瑞像龛"
（分身瑞像等）

　　总的来看，中唐壁画由于同一窟绘制多种经变而不如唐前期洞窟整壁集中表现一种经变那样气派宏阔，各种经变多用条带图案间隔，形成一种类似于"画框"的感觉。窟内的气氛秩序井然，富有理性精神。唐前期那种华丽灿烂的色彩被清丽典雅的赋色所取代。线描也由粗放自由转为精美细腻。我们在中唐经变画的构图、故事情节的选择、人物的基本造型特征和赋色技巧等许多方面，都可见到唐前期艺术的强大影响，但是中唐艺术也在相当程度上显示出自身的独特性，特别是在画面细节处理、人物性格刻画和民俗风情再现等方面，尤为突出。

V—2. 晚唐：世俗力量对宗教艺术的影响

　　吐蕃统治敦煌67年，敦煌人并未被统治者所"同化"，他们在很大程度上保持了汉民族的文化传统和风俗习惯。当时河西各地均被强令易俗，汉人着吐蕃装，"独有沙州一郡，人物风华一同内地"[7]。敦煌人对吐蕃统治者的武装反抗亦时有发生。终于在大中二年（848年），张议潮趁吐蕃内乱率众起义，占领敦煌、晋昌等地，

[6] 参见拙文《巴中摩崖造像中的佛教史迹故事初探》，《四川文物》，1987年第3期。
[7] 见敦煌遗书P.3451号"张淮深变文"，引自王重民等编《敦煌变文集》，人民文学出版社，1957年。

自领州事,并修缮甲兵,收复河西十一州,重归长安的唐王朝统治。咸通八年（867年）张议潮赴长安入朝,其侄张淮深继守河西。大顺元年（890年）张议潮女婿索勋杀张淮深一家继任节度使。乾宁元年（894年）议潮第十四女引军诛灭索勋,立议潮孙张承奉为节度使。天祐三年（906年）,唐朝将亡,张承奉建"西汉金山国",自称"白衣天子"。但约在几年之后的919~920年,张承奉卒,政权转移到曹氏家族手中[8]。

张氏家族对敦煌的统治持续了大约60年,习称晚唐时期,现存洞窟71个,平均每年至少建一个窟。晚唐洞窟的形制主要承袭中唐式样,平面多为方形,西壁盝顶深龛,壁画的总体布局也与中唐洞窟相似。但晚唐也出现了两种新的窟形:"背屏式"和"中心龛柱式"。

晚唐第16窟和第196窟是莫高窟最早的背屏式窟,其特征是主室平面呈方形,覆斗顶,四壁不开龛。窟内中央部位设置方形或凹形佛坛,坛西侧有高大背屏上通于窟顶,系在凿窟之时留出的一面宽大石壁,厚约一米,宽在四米以上,石壁前是高大的主尊坐像,所以将此石壁称作"背屏"。这种窟式在五代、宋时期成为流行式样。

中心龛柱式窟与早期流行的中心塔柱式窟相似,洞窟主室平面为纵长方形,前部覆斗顶,后部平顶,中心设方柱,柱东向面开盝顶深龛,龛内三壁画屏风,下有马蹄形佛床,塑像安置其上。这种窟与早期中心塔柱窟的

图357　莫高窟晚唐第196窟内景

[8] 段文杰:《唐代后期的莫高窟艺术》,《中国石窟——敦煌莫高窟》卷四,文物出版社,1987年,第167页。

图358　莫高窟晚唐第196窟中心佛坛北侧菩萨

图359　莫高窟晚唐第196窟中心佛坛北侧天王

不同点主要有二：一是前部人字披顶变为覆斗顶；二是中心柱四面开龛改为仅东向面开深龛，实际上是把通常开在洞窟西壁上的盝顶深龛移到了中心方柱上。这种窟顶在晚唐也不过数例，浅尝辄止而已。

　　晚唐塑像在题材和风格上也是承袭吐蕃时期余绪，少有创新。比较典型的作品有第196窟中心佛坛上的菩萨、天王和第17窟内的高僧塑像。

　　第196窟中心佛坛北侧的菩萨像，莲座高2.65米。菩萨作"游戏坐"式，姿态较为自然优美。形体丰满厚实，裙上图案精美，但人体肌肉起伏转折与中唐同类塑像一样显得较为生硬，有明显的装饰感。但此像位于佛坛之上，可以四面观看，因而在后背的处理上亦花了不少工夫。据窟内题记，此窟建于唐景福二年至乾宁元年（893~894年），所以此像的制作时间也应是此时。

　　第196窟中心佛坛北侧的天王，形体魁伟，方头大眼，从装束上看已完全是汉族的将军，不再披吐蕃人的大虫皮，正是敦煌地方政权更迭的反映。

　　第17窟规模很小，开凿在大型窟第16窟甬道北壁中部，是晚唐时期河西都僧统摄沙州僧政法律三学教主洪䰒的"影窟"，相当于现代的"纪念堂"。其

图360 莫高窟晚唐第17窟（藏经洞）内洪䛑和尚像

图361 莫高窟晚唐第17窟后壁 "近侍女"

中塑有洪䛑的肖像。在宋末战乱临近之时，此像被移往他窟，这个小窟则成了庋藏经籍文书画卷的秘密仓库，直到20世纪初才被重新打开，以 "藏经洞" 之名闻名世界。1964年，敦煌文物研究所（今敦煌研究院之前身）将洪䛑塑像从第362窟搬回 "藏经洞"，复原到最初的位置上。这身坐像高约1米，站起来当与真人身高相近。洪䛑盘腿结跏趺坐，双手下垂置于腹前，作禅定状，整个人体被宽大的袈裟裹住，外形单纯简洁，正合高僧淡泊宁静的风度。头形方正饱满，鼻隆颐丰，气度不凡。炯炯有神的双眼、坚挺的下颌和紧闭的嘴唇，凸显出这位具有远见卓识，性格刚毅的僧官过人的智慧和勇气。此像是中国目前所知最早的现存肖像雕塑杰作，其艺术价值和历史价值都是难以估量的。

在洪䛑塑像背后两侧的墙面上，分别绘着一位近侍女和一位供养比丘尼。她们应是洪䛑生前的侍仆。塑像右侧的近侍女像头梳双垂髻，面颊丰圆，体态饱满，正是 "尚胖" 审美风习的反映。清秀的五官、端庄的神情，与高僧女仆的身份正合。她身穿圆领缺骻长衫，腰系软带，左手握杖，右手托长巾，表情宁静中带有几分忧伤，显露出谦恭温顺的性格和对主人洪䛒的怀念之情。旁边的菩提树上挂着皮革的挎包，还有净水瓶等其他生活用品。看来北壁上的画其实是洪䛒生前日常生活的写照。

关于近侍女的来源说法不一：有说是供养人为"还愿"把自己的女儿、妹妹或侍女送给寺庙为女仆；也有说是富贵人家供养人为表示信佛之虔诚，送千金小姐来象征性地服侍高僧一段时间。不管怎么说，她们并非出家之人是肯定的。

第17窟这个覆斗方形窟既无佛像也无"经变"之类，主尊的位置上是洪䛒的塑像，两侧本应绘菩萨圣众的地方却画着近侍女和供养比丘尼。墙壁上还嵌有一块石碑，碑文分上中下三段：上段是洪䛒告身，中段是敕牒诏书，下段是敕赐衣物录本。高僧死后，"图形塑像"以资纪念在初唐时已有先例，如乾封二年（667年）道宣死后，高宗下诏"图写宣之真相，匠韩伯通塑续之，盖追仰道风也"[9]，但敦煌莫高窟出现这样的作品却以此像最早。也就是说，敦煌从晚唐时起，出现了这种直接以现实人物为对象的彩塑作品，"神"的一统天下被打破了，"人"的力量和意愿更为直接地展示出来。

当然，更为明显地直接表现现实人物的作品首推第156窟中的大幅"张议潮统军出行图"和"宋国河内郡夫人宋氏出行图"。

"张议潮出行图"画在南壁和东壁南侧的下部，全图纵1.3米，横8.3米，尺幅巨大，场面宏伟。画中人物形象有二百多身，张议潮身穿红袍，乘骑白马，正欲纵马过桥，前有将士护卫，后有仆从相随。小桥上方有一榜题"河西十一州节度使张议潮□除吐蕃收复河西一行图"。画面虽有些残损，但形象仍清晰可辨。

张议潮出行图前段的乐舞仪仗，仪仗队分列两侧，最前面八身骑马上分为两组，均头戴毡帽，身穿团花缺骻衫，腰系革带，着白靴，一齐击鼓吹角，以示"开道"。其后两面大旗领两组盔甲俨身的持矛骑兵。再后是文骑五对，戴幞头，穿红袍，腰束革带。文骑之间为随军营伎。乐师均戴缠花帽，穿团花袍，腰系革带，着白裤、白靴，其中二人背大鼓、二人击鼓，其余者奏琵琶、横笛、筚篥、拍板、箜篌、腰鼓、笙、竖笛等。舞伎四对分列两行，一行戴幞头，一行束双髻，均着华丽的短衫、白裤、白靴、挥长袖对舞，舞姿豪放。

---

[9]（宋）赞宁撰，范祥雍点校：《宋高僧传》卷十四"道宣传"，中华书局，1987年，第329页。

图362 莫高窟晚唐第156窟《张议潮出行图》局部（张议潮及其侍从）

图363 莫高窟晚唐第156窟《张议潮出行图》局部（仪仗乐舞）

图364 莫高窟晚唐第156窟《宋国河内郡夫人宋氏出行图》局部（夫人与侍从）

"宋国夫人出行图"正与"张议潮出行图"相对，画在北壁和东壁北侧下部，也是人物众多的鸿篇巨制。前导是歌舞百戏，有顶竿、方舞和乐队的精彩表演，榜书"音乐"二字。其后为护卫、仆从、眷属车马辇舆等，并有使者骑马往来传递信息。夫人骑马像比一般人大得多，非常醒目，头冠上的九枝金钗，正是"国夫人"的标志。作为张议潮的夫人，她的地位在当时的河西一带是最高的。像侧榜题"宋国河内郡夫人宋氏出行图"。

除了著名高僧和显赫的统治者，普通的下层婢女也使自己的形象出现在佛窟壁画上，而且有名有姓。

第107窟东壁下层的喜和母女供养像，作于咸通十三年（873年）。母女二人均头束抛家髻，髻前插一木梳，身穿缬花衫裙，着红云头履。女儿捧奁盒，似欲移步往前，但又回头望着母亲，像要征得同意；母亲双手抱包袱，抬眼望着上面的佛像，神情专注，尚未觉察到女儿的动静。画家仅用寥寥数笔，就使处于社会下层的母女二人供佛时既有所希冀，又忐忑不安的心理活动跃然壁上，十分传神。

榜题尚存"……愿舍贱从良……
及女喜和一心供养"字样。

　　总的来看，晚唐及其后的
施主们似乎已不满足于在一个
固定的小位置上画上自己刻板
的"标准像"，而是要用更大的
篇幅再现自己的生活，阖家老
小、侍婢臣仆都要出现，热闹
气派。这些来自社会各个阶层
的杂色人物，给敦煌莫高窟带
来了很浓的人间烟火气，到了
五代、宋时，许多供养人像比
佛像还大，一家几十口人同时

图365　莫高窟晚唐第107窟东壁下层供养人喜和母女像

绘出、济济一堂，比佛和他的从众气派得多，佛窟在很大程度上变成了纪念列祖
列宗，炫耀家族实力的"家祠"。

　　晚唐时期的佛教壁画与中唐时一样，仍以经变画为主，但数量更多、分布更广，
有时一窟之内竟有十六七种之多。然而，数量虽多，表现形式却重复雷同，有些
经变如不看榜题就难以鉴别。有些经变虽总体上是按前代构图绘成而增加了许多
细节，人物形象的处理也有所更新。

　　现将晚唐各种经变画的情况介绍如下：

　　一、"药师经变"三十四幅，见于：

1. 第 8 窟东壁

2. 第 12 窟北壁

3. 第 14 窟中心柱南向面

4. 第 18 窟北壁

5. 第 20 窟北壁

6. 第 57 窟甬道顶

7. 第 85 窟北壁

8. 第 107 窟南壁

9. 第 128 窟南壁

10. 第 132 窟北壁

11. 第 138 窟北壁

12. 第 141 窟北壁

13. 第 144 窟北壁

14. 第 145 窟北壁

15. 第 147 窟北壁

16. 第 150 窟东壁门北

17. 第 156 窟北壁　　　　　　　18. 第 160 窟东壁

19. 第 167 窟北壁　　　　　　　20. 第 173 窟东壁

21. 第 177 窟东壁　　　　　　　22. 第 190 窟西壁

23. 第 192 窟北壁　　　　　　　24. 第 196 窟北壁

25. 第 227 窟北壁　　　　　　　26. 第 232 窟北壁

27. 第 232 窟西壁龛内　　　　　28. 第 337 窟东壁

29. 第 338 窟甬道顶部　　　　　30. 第 343 窟西壁

31. 第 473 窟北壁　　　　　　　32. 第 54 窟西壁龛内 [10]*

33. 第 145 窟西壁龛内 *　　　　34. 第 156 窟西壁龛内 *

　　晚唐"药师经变"数量最多，表现形式都差不多，一般是在水池上起三层平台：前台中坐十二神将，两边赴会听法诸佛和菩萨等；中台正中是舞蹈，有双人舞，也有独舞，两边是大型乐队。后台正中坐药师佛，面前置香炉，两旁是二胁侍和诸菩萨圣众。背景则是"净琉璃世界"的宫殿楼阁，红栏碧瓦，天人止息其间，有如童话世界，天上乐器"不鼓自鸣"。这样的场面与"西方净土"并无太大差别，我们常常根据前台的药师十二神将来分辨内容，第 12 窟北壁上的"药师经变"除了前台有十二神将外，还在画面下部正中留一块榜题，上书"东方药师净土变"。

　　二、"观无量寿经变"十八幅，见于：

1. 第 8 窟西壁　　　　　　　　2. 第 12 窟南壁

3. 第 18 窟南壁　　　　　　　4. 第 19 窟南壁

5. 第 20 窟南壁　　　　　　　6. 第 111 窟南壁

7. 第 132 窟南壁　　　　　　　8. 第 141 窟南壁

9. 第 144 窟南壁　　　　　　　10. 第 145 窟南壁

11. 第 147 窟南壁　　　　　　　12. 第 160 窟西壁

13. 第 177 窟西壁　　　　　　　14. 第 195 窟西壁

15. 第 232 窟南壁　　　　　　　16. 第 337 窟西壁

17. 第 343 窟东壁　　　　　　　18. 第 473 窟南壁

---

[10] 注：有 * 号者仅绘出"十二大愿"或"九横死"。

图366　莫高窟晚唐第12窟北壁《药师经变》

图367　莫高窟晚唐第18窟南壁《观无量寿经变》局部（乐舞）

　　晚唐时期的"观无量寿经变"为数也相当可观。其基本构成形式与"药师经变"相似，也在水上起前、中、后三台，佛像坐后台正中，中台画乐舞，但前台中间并非十二神将，而是宝幢、迦陵频迦和供养天人等。"观无量寿经变"中的乐舞大都画得很精彩，如第18窟南壁所见，乐队八人分坐两侧，正演奏琵琶、箫、排箫、筝、拍板、阮咸、鼗和笙等乐器；正中一人胸前悬挂一鼓，正挥掌横拍，含胸提膝，边击鼓边舞动，节奏强烈。在大幅"西方净土"下面又以屏风画的形式绘出"未生怨"与"十六观"，将前期置于净土两侧的条屏移到了下方。这种将情节性内容绘于下部屏风画中的形式在晚唐其他经变中也很常见。

　　三、"弥勒经变"十七幅，见于：

1. 第 9 窟窟顶东披　　　　　　　　2. 第 12 窟南壁

3. 第 14 窟中心柱北向面　　　　　　4. 第 18 窟南壁

5. 第 20 窟北壁　　　　　　　　　　6. 第 85 窟窟顶西披

7. 第 107 窟北壁　　　　　　　　　　8. 第 128 窟北壁

9. 第 138 窟北壁　　　　　　　　　　10. 第 141 窟北壁

11. 第 147 窟南壁　　　　　　　　　　12. 第 150 窟东壁门上

13. 第 156 窟窟顶西披　　　　　　14. 第 168 窟南壁

15. 第 192 窟南壁　　　　　　　　16. 第 196 窟北壁

17. 第 198 窟北壁

　　晚唐"弥勒经变"除了模仿前代作品，也有将《弥勒下生经》中描述的弥勒世界种种妙处，如一种七收、树上生衣、道不拾遗等，移绘到下部的屏风画中。在一些细节处理上，也以当时现实状况为依据作了一些创新。如第 12 窟南壁"弥勒经变"下部屏风画中的"嫁娶图"，其基本布局与中唐所见相似，但新郎已穿汉装，在新娘左边"五体投地"拜宾客，新娘盛装戴凤冠站立不拜，仅拱手作礼而已。地毯上摆着装满丝织物的箧箱，应是送来的贺礼。画中还出现了雁的形象，

图368　莫高窟晚唐第12窟南壁《弥勒经变》局部（嫁娶）

应是当时婚礼"奠雁"风俗的反映。

四、"阿弥陀经变"十二幅，见于：

1. 第 24 窟西壁   2. 第 85 窟南壁

3. 第 107 窟北壁   4. 第 128 窟北壁

5. 第 138 窟南壁   6. 第 150 窟东壁门南

7. 第 156 窟南壁   8. 第 167 窟南壁

9. 第 173 窟西壁   10. 第 192 窟南壁

11. 第 196 窟南壁   12. 第 227 窟南壁

在唐前期曾盛极一时的"阿弥陀经变"到晚唐时已完全程序化，数量虽仍不少，但构图几乎一模一样，由于"西方净土"除了佛、圣众和歌舞伎乐之外，没有什么故事情节、众多人物形象拥塞在一起，已失去前代的盎然生气和宏阔气魄。

五、"天请问经变"八幅，见于：

1. 第 12 窟北壁   2. 第 107 窟南壁

3. 第 128 窟南壁[11]   4. 第 138 窟南壁

5. 第 139 窟西壁   6. 第 141 窟东壁门南

7. 第 156 窟北壁   8. 第 192 窟北壁

"天请问经变"主要图解抽象教义，一开始就受到严重局限，只是以佛说法场景为中心，周围是众多的听法菩萨天人等等，形式较为单调。晚唐时期虽有八幅此经变，但多是照搬前代图式，变化很小。

六、"法华经变"十二幅，见于：

1. 第 85 窟窟顶南披   2. 第 138 窟南壁

3. 第 144 窟南壁   4. 第 156 窟前室顶部

5. 第 156 窟窟顶南披   6. 第 196 窟南壁

7. 第 232 窟北壁   8. 第 459 窟北壁

9. 第 14 窟东壁门上[12]*   10. 第 141 窟前室北壁*

11. 第 18 窟西壁龛内**   12. 第 141 窟西壁龛内**

---

[11] 此图在五代时曾被重描过。

[12] 注：有＊号者仅绘"见宝塔品"；有＊＊号者绘"观音普门品"。

图369　莫高窟晚唐第156窟窟顶南披《法华经变》局部（安乐行品）

中唐以来"法华经变"十分盛行，不仅数量多，而且画得很细。晚唐时，此经变更是烦琐绘出许多品，由于画面有限，各品大多象征性地画出一些人物场景，反不如唐前期精选几品突出渲染描绘生动活泼。但晚唐"法华经变"中的"安乐行品"部分比较突出。绘制此品是为说明《法华经》是"诸佛如来秘密之藏，于诸经中最在其上"，是佛最后赐予众生的最高深经典。经中讲了一个"髻珠喻"故事来说明这一道理：强力转轮圣王想要降伏诸国，连年征战，常以实物赏赐有功将士，只有一颗特别珍贵的"髻珠"没有赐人，但最后见到军中立特大功勋者，心甚欢喜，终将宝珠赐予。佛最后说出"最为甚深"的《法华经》，"彼强力之王久护明珠，今乃与之"。画家正是根据"髻珠喻"画出激烈的战争场面[13]。

第156窟窟顶南披"法华经变"中的"安乐行品"画上，两国军队正在交战：进攻者跃马横冲，有的挥刀猛砍，有的持枪疾刺，有的张弓欲射；防守者徒步接战，且战且逃，败局已定。士兵在敌国城内抓获小王，押送出城，带往本国。胜国城内，强力转轮王正在赏赐有功将士。

七、"报恩经变"十一幅，见于：

1. 第12窟东壁门南　　　　　　　2. 第19窟北壁

3. 第20窟南壁　　　　　　　　　4. 第85窟南壁

---

[13] 施萍婷、贺世哲：《敦煌壁画中的法华经变初探》，《中国石窟——敦煌莫高窟》卷三，文物出版社，1987年，第183～184页。

5. 第 138 窟北壁   6. 第 138 窟东壁门北

7. 第 141 窟南壁   8. 第 144 窟北壁

9. 第 145 窟北壁   10. 第 147 窟西壁龛内

11. 第 156 窟北壁

　　"报恩经变"出现于盛唐末年，中唐时已有多种形式的构图出现。晚唐这一经变基本上是仿照中唐旧有形式，但画出了许多生动的细节。如第 85 窟南壁东侧"报恩经变"之"树下弹筝"图，表现善友太子历尽艰辛取得宝珠后，在返国途中被恶友刺瞎双眼，流落到利师跋国，做了国王果园的守护人，常独自弹筝以自娱，公主游园时为琴声所吸引，二人情意相投结为夫妻。画中太子与公主对坐绿草地上，一抚琴、一聆听，背景是浓绿的双树，画面弥漫着浪漫优雅的情调。

　　八、"华严经变"九幅，见于：

1. 第 9 窟窟顶南、西、北披   2. 第 12 窟北壁

图370　莫高窟晚唐第85窟南壁东侧《报恩经变》局部（树下弹筝）

3. 第 85 窟窟顶北披　　　　　　4. 第 127 窟北壁

5. 第 138 窟北壁　　　　　　　6. 第 144 窟北壁

7. 第 156 窟窟顶北披　　　　　8. 第 196 窟北壁

9. 第 232 窟南壁

莫高窟的"华严经变"最早出现在盛唐第 44 窟，中、晚唐开始流行。中唐此经变多是下部画海中一大莲花，花中城池无数，上部画"华严九会"。晚唐继承了这种式样，但题写大量文字榜题来阐发内容。第 85 窟窟顶北披所画"九会"尚存几方题记，比较有代表性。今根据敦煌研究院史苇湘研究员的录文移录于此，供有兴趣研究《华严经》的学者参考：

大方广佛华严经序品第一

第一会在摩竭提国在阿兰若菩

提道场与十佛世界尘数菩萨摩

诃萨及四十九佛刹尘数杂胜神诸世

主俱普贤菩萨盼世尊前毗卢

遮那藏□三味说莲华庄严世界海

果得法门于佛尘中出海惠等佛

尘数菩萨俱听法门时

第四会□在夜摩天国□（宝）□（土）

殿时十方各佛刹土尘数菩萨

为来集会功德林等十大菩萨

□（坐）其上首时功德林入菩萨

自明三昧十方各有万佛刹

土如来身现加赞令说十

□法门时

第八会普光明殿与十不可说

百千亿那由他佛刹尘数大菩

萨俱普贤知众疑念起二

百问为请普贤说菩萨以千

法门答普惠菩萨以释众疑

明因果六位□（须）□法门十方

诸佛不见其身于普贤菩

萨前诜法门品时

第五会佛在兜率陀天王宫

一切宝庄严殿从雨□数百千

亿那□（摩）他光明普照十方法

界虚空界一切世界十方各有

万佛刹尘数菩萨悉皆集

□□（刚）幢菩萨入菩萨智光三

昧十方同名佛三业加金幢

命说十向回法门

第三会佛在三十三天……

……中妙胜殿□（于）……放……

百千亿光明十方各有主

□□尘数菩萨摩诃萨

□来云集法惠十方各有

佛刹尘数如来现身以三

□□（如）诸法惠菩萨令说

十住法门时

……

……摩竭提国□□（连）河曲普

……□（之）下百亿光明与十方

…………□（于）诃萨又十方各

………………□（文）殊

师利…………普贤菩

□一…………□（首）更相问答

次□……

第九大会佛罗伐城逝多

林给孤园大庄严阁与五

百菩萨摩诃萨俱来日入师

子……三昧普贤文殊以为

上首显法界法门十方各有不

□（可）说佛刹尘数菩萨皆坐

宝楼遍满逝多林时

九、"金刚经变"九幅，见于：

1. 第 18 窟北壁	2. 第 85 窟南壁
3. 第 138 窟南壁	4. 第 144 窟南壁
5. 第 145 窟南壁	6. 第 147 窟北壁
7. 第 150 窟南壁	8. 第 156 窟南壁
9. 第 198 窟南壁	

晚唐的九幅"金刚经变"总
体上是模仿中唐式样，即画面中
央绘"说法会"，周围画相关内
容。但有三个新特点值得注意：
一是在矩形变相图的下部配合屏
风图，扩充了"金刚经变"的内
容，这与当时其他经变的处理手
法是一致的，在第18、145、147
窟中，我们可以见到这种加绘屏
风的"金刚经变"；二是有大量
榜题出现，易于辨识画面内容，
对识别中唐时期同一经变的细节

图371　莫高窟晚唐第85窟南壁《金刚经变》

也有帮助;三是画幅增大,内容增多,场面更为宏阔。如第156、85、138窟所绘,都是大幅佳作。第85窟南壁的"金刚经变"场面宏大,说法会以外的变相细节近40个,能辨识的榜题今存30余条。

十、"维摩诘经变"九幅,见于:

1. 第 9 窟北壁   2. 第 12 窟东壁门北

3. 第 18 窟东壁门南、北   4. 第 85 窟东壁门北

5. 第 138 窟东壁门南   6. 第 139 窟东壁

7. 第 141 窟前室西壁门南、北   8. 第 150 窟南壁

9. 第 156 窟东壁门北

莫高窟的"维摩诘经变"从中唐时起就朝着多情节详尽描绘的方向发展,尤其突出"佛国品"与"方便品"。晚唐时绘制得更为详细。维摩诘的造型已由探身向前、激烈辩说形象变为端坐帐中、神情娴雅、娓娓而谈的形象。以"方便品"为依据,晚唐壁画上画了维摩诘身处娼寮、酒肆、博弈戏处,以及学校、庙宇等,以入世的身份,做劝人出世的宣教,由此而使我们得见晚唐人的生活风情,其艺术技巧未必很高,但文化史价值却是极高的。还有一点值得注意,那就是吐蕃赞普的形象在晚唐壁画中立刻消失,正是敦煌重归汉人统治的直接反映。

第138窟东壁门南"维摩诘经变"中的维摩宝帐,地上铺着华丽的地毯,帐顶装饰团花图案,显得奢华富贵,合于维摩"资财无量"的身份。帐

图372　莫高窟晚唐第138窟东壁门南《维摩诘经变》局部
　　　　(维摩一侧)

中维摩姿态安详，右手持扇，左手晃动，正在与对面的文殊论辩佛理。帐前是化菩萨跪献香钵，帐后是诸菩萨与天龙八部等。

十一、"金光明经变"四幅，见于：

1. 第 85 窟东壁门南、北　　　　　2. 第 138 窟北壁

3. 第 156 窟东壁门南　　　　　　4. 第 196 窟南壁

晚唐时期的"金光明经变"总体上是沿袭中唐式样。主体部分的说法会结构未变，但中唐常见的"流水长者子品"，在晚唐消失了，而"舍身品"却画得更细更生动。如位于第 85 窟东壁门上的"舍身品"，由于位置特殊，与门南的经变主体联结不紧密，有很强的独立性。故事从右下角开始画太子离城、进山狩猎，然后按蜿蜒的山道顺序铺排情节，各情节所占画面大致相等，与早期壁画中突出"饲虎"场面的大异其趣。同一个故事，北魏画家的理解和晚唐画家的认识差别很大：前者努力浓缩故事、渲染高潮、充满激情；后者罗列情节、娓娓道来，富于理性。

十二、"楞伽经变"五幅，见于：

1. 第 9 窟西壁　　　　　　　　　2. 第 85 窟窟顶东披

3. 第 138 窟南壁　　　　　　　　4. 第 156 窟窟顶东披

图373　莫高窟晚唐第85窟东壁门上《金光明经变》局部（舍身品）

5. 第459窟南壁

"楞伽经变"是以《大乘入楞伽经》为依据画成的，中唐时已出现过两幅，晚唐时有三幅巨大的作品。如第85窟窟顶东披的"楞伽经变"将释迦从龙宫出来，被楞伽大城主罗婆那王请入城中说法的情节作为经变的主要部分放在画面构图的中心位置；两侧则依经文画出大小不等的说法图，并用榜题文字加以说明；此外，画家还利用经中出现的譬喻形象，画出屠夫、猎户、陶工、百戏等现实人物，给单调的说法场面增添了许多生气。值得注意的是，释迦牟尼在楞伽法会上追述了尸毗王割肉救鸽的故事，于是画家在"楞伽经变"的一角绘出了这一段故事，图中尸毗王合十并腿坐条几之上，形象已成为中国人；他身后的眷属也完全是汉族妇女的装束；割肉的刽子手亦着汉装，刀到之处，鲜血喷涌；旁边一人正用一架巨大的天平秤肉，架子顶上立着一双白色的饿鹰。早在北凉第275窟北壁上我们就可见到画家用"割肉"和"称秤"来表现"尸毗王本生"，但这幅四百多年后绘成的同一故事，已完全是按中国人的趣味来处理。

十三、"思益梵天问经变"三幅，见于：

图374　莫高窟晚唐第85窟窟顶东披《楞伽经变》局部（尸毗王本生）

1. 第85窟北壁

2. 第141窟东壁门北

3. 第156窟南壁

"思益梵天问经变"是
以大小各种说法会场面加上
榜题文字来说明一些抽象的
教义，形象简单。第85窟
北壁东侧的思益梵天问经变
中有榜题直书"思益经变"，
说法会前的舞乐比较生动。

图375　莫高窟晚唐第156窟《父母恩重经变》局部（母亲与
孩子）

十四、"父母恩重经变"一幅，见于第156窟前室顶部。这一经变的文字依
据是中国僧人杜撰的伪经《父母恩重经》,此经在藏经洞出土文献中有三十个抄本，
可见其在民间是很流行的。据此经绘制的变相既有壁画，也有绢画。绢画有两
幅，一藏大英博物馆，一藏甘肃省博物馆。后者有宋"淳化二年"（991年）纪年。
敦煌壁画有四幅，最早者是中唐第238窟窟门南侧所绘，构图形式是上面画佛说
《父母恩重经》，下部以屏风画形式描绘父母养育之恩诸情节。晚唐第156窟所绘
则是以大场面画佛说法和听法圣众，下部用小形象绘出父母之恩诸情节，如母亲
用小童车推婴孩散步等，富有生活气息。

十五、"劳度叉斗圣变"三幅，见于：

1. 第9窟南壁

2. 第85窟西壁

3. 第196窟西壁

"劳度叉斗圣变"是晚唐众多经变画中艺术性最强、最富有时代特色的大型
经变。其佛经依据是《贤愚经》卷十"须达起精舍品"。敦煌西千佛洞第10窟隋
代壁画中最早出现这一题材，但现已残破较甚，只能依稀辨识出几个情节。莫高
窟初唐垂拱二年（686年）第335窟西龛内壁两侧描绘这一题材，南侧画劳度叉
及其所坐帷帐，帷帐上方画金翅鸟与毒龙相斗；帐前画被风连根吹拔的大树，树
前画狮子噉水牛；帐下画风神放风。北侧画舍利弗及其所坐莲台、佛帐，帐前画
持杵金刚，金刚前有被击碎的大山；帐下画大象吸干池水。这些情节与《贤愚经》

中"须达起精舍品"记述的斗法经过正相吻合，只缺少毗沙门天王降服夜叉鬼一节。盛、中唐末见这一经变出现。

晚唐时，"劳度叉斗圣变"突然以巨大篇幅、众多情节的形式出现，如第9窟南壁所绘高 3.5 米，宽 8.5 米，共画了 34 个情节。第 196 窟西壁所见更大，高 3.65 米，宽 9.8 米。

"劳度叉斗圣"故事的基本内容是：舍卫国大臣须达赴王舍城辅相护弥家为子求媳，偶遇释迦说法，听后皈依了佛教。为请释迦亲临舍卫国说法，须达出重金购太子祇陀园地起精舍，以做道场。六师外道闻讯，依仗国王支持，约定与舍利弗斗法。若舍利弗胜，则外道皈依佛法；若外道胜，则不准起精舍，且太子与须达亦将"受诛"。斗法开始后，劳度叉化作一树，枝叶繁茂，舍利弗化出旋风，吹树拔根；劳度叉化作七宝池，舍利弗化作六牙白象吸干池水；劳度叉化作一山，上有泉池树木，舍利弗化作金刚力士，以金杵击毁之；劳度叉化作一龙飞腾而来，舍利弗化作金翅鸟王，裂而啖之；劳度叉化作一大牛，奔突前来，舍利弗化作雄狮噉食此牛；劳度叉化作夜叉鬼，赤目长牙，口喷火焰，舍利弗化作毗沙门天王降服之。以上六个回合，均是舍利弗获胜，外道们只好皈依佛教。

第 196 窟西壁"劳度叉斗圣变"南边的舍利弗，坐莲花宝座，上有双树高悬华盖。舍利弗神态安详、泰然自若，显然已稳操胜券。座前是斗法失败后不得不剃发出家做和尚的外道，有的在刷牙，有的在洗头，有的互指光头自嘲，诙谐热闹。周围还绘有故事演变的许多细节。

与上图相对画在西壁北侧的劳度叉的宝座在大风中摇摇欲坠，其徒众正手忙脚乱，打桩、牵绳、架梯勉力撑持。周围草木随风倾倒，烈火顺风延烧。外道们被风吹得狼狈不堪，终于相继投降，到舍利弗座前剃发出家。这样的情形，与《降魔变文》中的描述很相似："于时，地卷如绵，石同尘碎，枝条并散他方，茎干莫知所在"；"次第总遣大风吹，神王叫声如电吼，长蛇摘树不残枝，瞬息中间消散尽，外道飘飘无所依，六师被吹脚距地，香炉宝子逐风飞，宝座倾危而欲倒，外道怕急总扶之。"

劳度叉座下的女外道，则本来"严丽庄饰拟共惑舍利弗"，但突然狂风大作，诸女抱头掩面，惊慌失措，花容无色。画家将其扭动的身躯和飘起的衣袍画得优美生动，很像充满激情的舞蹈动作，同时让人能见出明显的狂风吹拂之感。

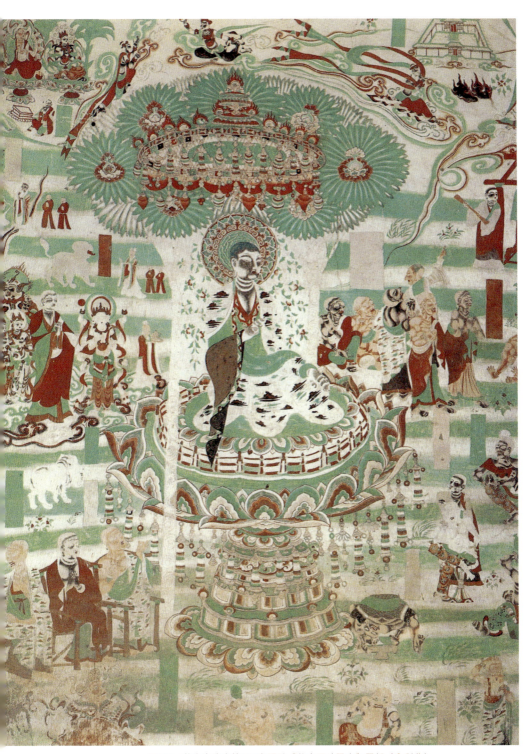

图376　莫高窟晚唐第196窟西壁《劳度叉斗圣变》局部（舍利弗）

图377　莫高窟晚唐第196窟西壁《劳度叉斗圣变》局部（劳度叉）

敦煌是风沙常吹的戈壁地带，画师绘出如此精彩的狂风大作景象实不为奇。

十六、"密严经变"二幅，见于：

1. 第 85 窟北壁　　　　　　　　　　　2. 第 150 窟北壁

敦煌早在西魏时期的第 285 窟西壁上就画出了一批密教图像，中唐时这一题材的图像渐多，晚唐时出现了属于密教的"密严经变"。此经变的文字依据是唐代分别由地婆诃罗和不空先后两次译出的《大乘密严经》。

十七、"观音经变"二幅，见于：

1. 第 14 窟北壁

2. 第 128 窟东壁门南

图378　莫高窟晚唐第196窟西壁《劳度叉斗圣变》局部（女外道）

晚唐时期还出现了一批依《贤愚经》画成的故事画，使入唐以来基本中断的独立故事画再度发展起来，主要画在四壁下部屏风内，而且新出现了一批故事内容，如《海神难问船人品》《恒伽达品》《七瓶金施因缘》《金天品》《散檀宁品》等，大大丰富了壁画内容。举例如下：

第 85 窟南壁画《贤愚经·恒伽达品》，故事说：有一辅相富贵无子，到天祠中祈愿而得一天人投身其家做儿子，取名恒伽达。此子长大后一心想出家，父母不允，要他继承庞大家业。恒伽达闷闷不乐，竟欲寻死，投生他处。于是跳悬崖、饮毒药，但毫无所伤。最后想以触犯王法被杀而死，便趁国王夫人及彩女在池水沐浴时，密入林中偷抱其衣衫，国王闻之大怒，取弓箭欲射杀恒伽达，但射之不中，箭头反向国王飞来。国王大惊投弓于地，应允恒伽达出家，并自领至佛所。

晚唐时期的佛教史迹故事亦有所发展，除了在西龛内盝形顶四披继续绘制单幅式瑞像图外（如第 236 窟），还在甬道顶部以全景构图描绘尼婆罗水火池、昙延法师故事（第 45 窟甬道平顶）、优填王造像、毗沙门天王决海（第 9 窟）、于阗太子出家（第 126 窟）等。而且也在甬道平顶两侧的斜披上绘并列的单幅瑞像图。

总的来看，晚唐壁画因大幅"劳度叉斗圣变"的出现而显示出欢快、热烈、自信的气度和活力，反映了敦煌人依靠自己的力量推翻吐蕃统治后扬眉吐气的高昂情绪。但中唐形成的公式化倾向并未被完全打破，许多经变照搬旧有式样，只是写出更多榜题来说明画面，阐发经义，在艺术上并无过人之处。中唐开始的以简淡青绿为主的色彩基调被晚唐所继承，唐前期那种金碧辉煌、灿烂夺目的色彩已看不到了。同时，中唐时有大型绘塑结合结构的"涅槃变"在晚唐消失不见，代之而起的是场面宏大的"劳度叉斗圣变"和"出行图"，反映出更为浓重的世俗趣味。

V—3. 五代、宋：曹氏画院及其作品

907 年，李唐王朝终于分崩离析，大唐帝国覆灭了。敦煌张承奉建立的"西汉金山国"也在强邻威逼之下垮台，由沙州长史权知归义军留后曹议金执掌地方政权。后唐同光二年（924 年）曹议金正式成为归义军节度使，敦煌从此进入曹氏家族统治时期。曹氏五代共统治瓜、沙归义军政权一百四十余年，在莫高窟、榆林窟开凿了许多大型石窟。

曹氏统治时期，沙州不仅已经出现了民间艺术家组成的"画行"，还建置了隶属于官府的"画院"。画行中有画师、画匠、学徒弟子等不同等级。画院中人亦有身份高下之分[14]。

沙州画院是官府正式部门，应是聚集了当地最优秀的画家和雕塑家。此外，从榆林窟第 35 窟主室东壁南侧第三身供养人题名"□（施）主沙州工匠都勾当画院使归义军节度押衙银青光禄大夫检校太子宾客（竺）保一心供养"的情况看，沙州画院中也可能聘请了印度籍的画师。

五代、宋时期许多重要的大型洞窟都是曹家开的，如第 98、100、61 等窟，这些窟内的作品应出自官府画院画师之手。由于画院的建立，使一批高水平的艺术家生活有保障，并有一定社会地位，有利于技术水平的提高。画行中民间画工相互借鉴，合作造像，也促进了艺术的发展。因此，曹氏统治的前期，在洞窟建筑规模、题材内容丰富更新和技法探索上，都比前一阶段有所发展。

曹氏时期开凿的一批大型洞窟，主要是所谓"背屏式"，如五代第 98、

---

[14] 姜伯勤：《敦煌的"画行"与"画院"》，《1983 年全国敦煌学术讨论会文集·石窟艺术编下》，甘肃人民出版社，1987 年，第 172~191 页。

图379　莫高窟五代第261窟西壁佛坛上菩萨　　　　图380　莫高窟五代第261窟西壁佛坛上天王

108、146窟，宋代第61、55窟等。其形制特点是平面作方形，覆斗顶，顶的四个下角常有稍稍凹进的弧面，弧面上画天王。这种窟四壁都不开龛，而在窟内中间起佛坛，坛上塑佛、弟子、菩萨、天王等像，坛与四壁之间有一定距离，构成可供绕行的通道。许多情节繁密的屏风故事就画在通道边，观者可循通道逐一细读。坛后沿有一堵大墙直通窟顶，系凿窟时留出石胎再涂泥绘壁画而成。晚唐第17和196窟已采用这种形制，曹氏时期开始流行，成为本期典型式样。

　　由于曹氏时期的洞窟大多开在崖面下层，进出方便，所以塑像大部被毁。现存塑像中有五代第261窟和宋代第55窟可作范例。

　　第261窟西壁佛坛之上的菩萨，圆形脸，发髻高束，下颌及嘴较小，鼻梁短而低，眉眼细长，虽有唐塑丰满之态，却无灵动秀逸之美，艺术水准已大不如前。但全像比例适度、动态自然，仍不失为一件较好的作品。

　　第261窟佛坛上站立的天王，戴盔披甲，人体紧凑有力，粗眉大眼，鼻隆颐丰，颇具神采，体现了五代天王像独特的风采。

　　宋代第55窟佛坛之上现存塑像九身，佛像居中作跏趺依坐背屏前。形体较单薄；左侧角弟子立像；南北两边各有一坐佛，合为"三佛"题材。主尊佛右边有一身保存较完好的天王，头戴兜鍪，两护耳翻卷向上，头形硕大方正，五岳突出，面目凶顽，俗称"鬼头天王"，形象较有特色。

曹氏时期的壁画主要题材仍是各类经变，其基本情况如下：

一、"药师经变"三十幅，见于：

1. 第 5 窟北壁	2. 第 6 窟北壁
3. 第 7 窟南壁	4. 第 15 窟北壁
5. 第 22 窟南壁	6. 第 55 窟北壁
7. 第 61 窟北壁	8. 第 76 窟北壁
9. 第 98 窟北壁	10. 第 100 窟北壁
11. 第 108 窟北壁	12. 第 113 窟甬道顶
13. 第 118 窟北壁	14. 第 119 窟前室顶
15. 第 120 窟甬道顶	16. 第 146 窟北壁
17. 第 205 窟前室西壁门北	18. 第 264 窟甬道顶
19. 第 288 窟甬道顶	20. 第 294 窟甬道顶
21. 第 296 窟前室顶	22. 第 334 窟前室南壁

图381　莫高窟宋代第55窟中心佛坛上塑像一铺

图382　莫高窟宋代第55窟中心佛坛上天王

23. 第 384 窟甬道北壁   24. 第 428 窟前室顶

25. 第 446 窟东壁门上   26. 第 449 窟北壁

27. 第 452 窟北壁   28. 第 454 窟北壁

29. 第 468 窟北壁   30. 第 474 窟北壁

曹氏时期的"药师经变"虽然数量众多，但构图则主要依据前代式样，少有创新。由于本期有一批洞窟规模宏大，相应各经变的尺幅也较大，壁画内容也更丰富。画面上人物众多，烦琐细节布满空间，虽可长时间细观，但已失去盛、中唐时那种旺盛活力和气势。

二、"维摩诘经变"二十五幅，见于：

1. 第 5 窟东壁门南、北   2. 第 6 窟东壁

3. 第 7 窟东壁门南、北   4. 第 22 窟东壁门南、北

5. 第 25 窟北壁   6. 第 53 窟北壁

7. 第 61 窟东壁   8. 第 98 窟东壁

9. 第 100 窟东壁门南、北   10. 第 108 窟东壁

11. 第 121 窟东壁   12. 第 132 窟东壁

13. 第 146 窟东壁   14. 第 172 窟前室西壁门南、北

15. 第 202 窟前室南、北壁   16. 第 203 窟前室西壁门南、北

17. 第 261 窟前室西壁门南、北   18. 第 264 窟前室西壁

19. 第 288 窟前室南壁   20. 第 334 窟前室西壁门南、北

21. 第 335 窟前室西壁门南、北   22. 第 342 窟北壁

23. 第 369 窟东壁   24. 第 437 窟前室西壁门南、北

25. 第 454 窟东壁

曹氏统治前期，莫高窟绘制了一批大型"维摩诘经变"。如第 98 窟东壁所绘，高 2.95 米，宽 12.65 米，场景宏阔，人物众多，引人注目。第 61 窟东壁的"维摩变"也很壮观，详细画出了《维摩诘所说经》十四品中的十二品内容，并书写大量榜题讲解画面内容，现存的榜题共 59 条，合 1695 字 [15]，为考证这一经变的内容提供了可靠依据。

---

[15] 榜题录文见贺世哲：《敦煌莫高窟壁画中的〈维摩诘经变〉》，《敦煌研究》，试刊第 2 期，1983 年 2 月。

图383　莫高窟宋代第454窟东壁北侧《维摩诘经变》局部（各国君长王子）

曹氏统治后期，政治和经济力量都大不如前，画院画师的艺术修养也比前辈低。第454窟南壁北侧"维摩诘经变"中的"各国君长王子"，画面以绿色作座，用单线平涂的方法描绘人物，但色彩较单调，线描也显得含糊而乏力。在刻画人物面部时，画师虽力图分别出不同的性格和心理，但因其技巧之不足，颇觉力不从心，人像表情呆滞，缺乏神采。

三、"弥勒经变"二十一幅，见于：

1. 第 5 窟南壁

2. 第 7 窟南壁

3. 第 15 窟窟顶南、西、北披

4. 第 25 窟窟顶东披

5. 第 53 窟窟顶西披

6. 第 55 窟南壁

7. 第 55 窟窟顶西披

8. 第 61 窟南壁

9. 第 72 窟北壁

10. 第 98 窟南壁

11. 第 100 窟南壁

12. 第 108 窟南壁

13. 第 146 窟南壁

14. 第 170 窟南壁

15. 第 243 窟北壁

16. 第 261 窟窟顶南、西披

17. 第 303 窟前室西壁门北

18. 第 372 窟前室顶

19. 第 384 窟甬道南壁　　　　　　　20. 第 449 窟北壁

21. 第 454 窟窟顶东披

曹氏时期的"弥勒经变"主要模仿晚唐式样,但在一些细节刻画又有所发挥。在布局设计上也有一些创新,如第 15 窟窟顶西披、南披和北披同样画"弥勒经变",西披中间画倚坐佛说法像,两旁画菩萨、声闻、天王等听法僧众,背景为须弥山,梯形斜披南北两角还画有穰佉王及太子等从众和穰佉王妃及侍从听法的场面。南北两披的构图与西披大致相似,但斜披两角则绘罗刹扫城、女人出嫁、一种七收等弥勒世界的美妙奇迹,这样的布局设计是前所未见的。

四、"华严经变"十四幅,见于:

1. 第 6 窟北壁　　　　　　　　　2. 第 25 窟窟顶南、西、北披

3. 第 45 窟前室北壁　　　　　　　4. 第 53 窟窟顶南、北披

5. 第 55 窟窟顶北披　　　　　　　6. 第 61 窟北壁

7. 第 76 窟北壁　　　　　　　　　8. 第 98 窟北壁

9. 第 108 窟北壁　　　　　　　　10. 第 146 窟北壁

图384　莫高窟五代第15窟《弥勒经变》

11. 第 261 窟北壁　　　　　　　　　12. 第 431 窟前室北壁

13. 第 449 窟北壁　　　　　　　　　14. 第 454 窟顶北披

“华严经变”由于受到抽象教义的限制，少有生动的故事情节。自中唐时形成的佛说法会为主体、下部画一架大莲花浮在“香水海”上，花中有无数小城的式样一直沿用下来。曹氏时期的“华严经变”有些场面很大，如第 55 窟窟顶北披，较有气魄。

五、“天请问经变”十一幅，见于：

1. 第 7 窟北壁　　　　　　　　　　2. 第 53 窟窟顶东披

3. 第 55 窟北壁　　　　　　　　　　4. 第 61 窟北壁

5. 第 98 窟北壁　　　　　　　　　　6. 第 100 窟北壁

7. 第 108 窟北壁　　　　　　　　　8. 第 146 窟北壁

9. 第 205 窟前室南壁　　　　　　　10. 第 449 窟南壁

11. 第 454 窟南壁

“天请问经变”在曹氏时期已完全程序化，少有新意。由于画师和书手分工，便出现了张冠李戴的错误。如第 22 窟南壁一幅经变榜题书写为“天请问经变”，而实际上画的是“报恩经变”。这一现象说明当时有些书写榜题的人，对众多画面烦琐的经变也不易分辨主题。当然，这种现象是不多的。

六、“观无量寿经变”十幅，见于：

1. 第 15 窟南壁　　　　　　　　　　2. 第 22 窟北壁

3. 第 55 窟南壁　　　　　　　　　　4. 第 76 窟南壁

5. 第 118 窟南壁　　　　　　　　　6. 第 205 窟前室西壁门南

7. 第 334 窟前室北壁　　　　　　　8. 第 449 窟南壁

9. 第 454 窟南壁　　　　　　　　　10. 第 468 窟南壁

曹氏时期共有一百四十余年，不仅开凿了大批洞窟，而且重绘了许多前代开凿的窟，但却只画了十幅“观无量寿经变”，这与唐后期大量绘制这一经变的情况有所不同。

七、“报恩经变”十二幅，见于：

1. 第 4 窟南壁　　　　　　　　　　2. 第 5 窟南壁

3. 第 22 窟南壁[16]　　　　　　　　4. 第 55 窟南壁

图385 莫高窟宋代第55窟窟顶北披《华严经变》线描图 高秀军绘

5. 第 61 窟南壁　　　　　　　6. 第 98 窟南壁

7. 第 100 窟南壁　　　　　　 8. 第 108 窟南壁

9. 第 146 窟南壁　　　　　　 10. 第 390 窟前室西壁门南

11. 第 449 窟东壁门南　　　　12. 第 454 窟南壁

　　曹氏时期的"报恩经变"主要继承唐后期形成的构图式样，即中绘佛说法会，四角分画"孝养品——须阇提太子本生""恶友品——善友太子本生""论议品——鹿母夫人本生"和"亲近品——金毛狮子坚誓本生"。由于画面较大，故有些故事画出了诸多细节，如五代第61窟南壁的"报恩经变"孝养品，从叛军将至、守宫神报警开始，依次画出国王夫妇携子出逃、误入歧途、国王欲杀妻食肉被太

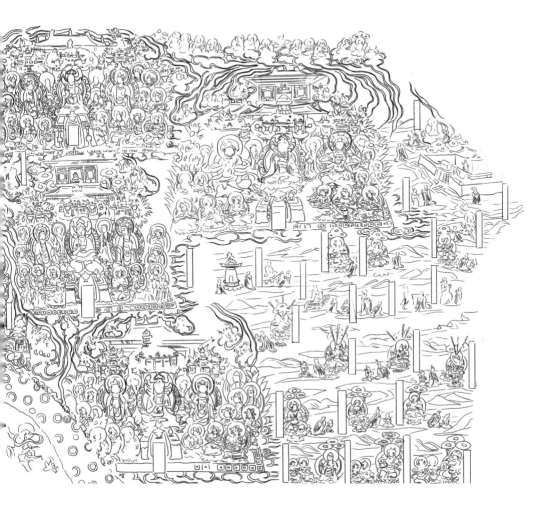

子劝阻、太子割肉供养父母、父母惜别幼子、帝释天变化考验、须阇提太子身体恢复与帝释天相见、邻国使臣迎王、邻国国王及夫人决定发兵平叛、王及夫人与须阇提太子重逢、宫内立须阇提太子为王等共十二个情节，故事性很强。

八、"劳度叉斗圣变"十幅，见于：

1. 第 6 窟前室西壁门南侧及南壁　　2. 第 25 窟南壁

3. 第 53 窟南壁　　4. 第 55 窟西壁

5. 第 72 窟东壁门南、北　　6. 第 98 窟西壁

[16] 注：此图榜题误书为"天请问经变"。

7. 第 108 窟西壁　　　　　　　8. 第 146 窟西壁

9. 第 342 窟南壁　　　　　　　10. 第 454 窟西壁

"劳度叉斗圣变"是曹氏时期规模最大的一种经变，情节丰富，结构谨严。第 146 窟西壁是这一题材中画得最好的一幅。此图现存榜题四十三条，其中渲染风树相斗的榜题有十三条，且写得详细生动，与画面场景相映成趣，此录数则如下：

"外道劳度叉变作大树……"

"外道劳度叉化作大树问舍利弗□□"

"六师虽五度输失尚不归降更试一回看看功条将

补前过忽然

差驰更失甘心稽首归他。惟即了忽然众中化出

大树婆娑枝叶

敝日千云笋干芳条高号万仞祥禽瑞鸟遍枝叶而和鸣

萧叶方花周数里如升暗于时六师见者莫不惊嗟舍利

弗忽于众里化出风神叉手向前启言和尚三千大千世界须臾

吹。不难况此小树纤毫不能当我风道出言已讫解帒即吹于时地卷

而绵石同尘碎□条□散□方……

……无地容身……快处若……"

"外道欲击论鼓皮破风吹倒时"

"外道被风击急掩头藏隐时"

"风吹劳度叉帐欲倒（外）道挽绳断仆煞欲死时"

"外道幄帐被风吹倒曳索打拴时"

"外道忙怕竭力扶梯相正时"

"外道美女数十人拟惑舍利弗遥知令诸

美女被风吹急羞耻遮面欲回时"

"外道置风袋尽无风气口吹时"

"外道被风吹急□手遮面回时"

"外道被风吹急□风时"

图386　莫高窟五代第146窟西壁《劳度叉斗圣变》局部（外道）

"外道被风吹急政（正）立不得欲回时"[17]

　　这些文字在《贤愚经·须达起精舍品》中是见不到的，"降魔变文"也没有发挥到这么详尽的程度，而是画家充分运用形象思维，创造出生动的形象，再以形象为依据写出榜题。这些场景和榜题无疑对变文的作者有所启示。

　　第146窟西壁"劳度叉斗圣变"描绘的是外道被风吹忙于打桩加固宝帐时的情形。图中一外道紧拉牵绳，似将被吹起，另一外道双手举大锤猛砸固定牵引绳的木桩，二人衣带均被狂风卷起。外道的红头发、红胡须、红眉毛、绿眼珠，明显是少数民族或外国人形象。对面的舍利弗等人则是汉人。由此可见当年敦煌汉人的民族自信心和自豪感。

　　九、"法华经变"十五幅，见于：

1. 第 4 窟南壁　　　　　　　　　　2. 第 6 窟南壁

3. 第 12 窟南壁　　　　　　　　　　4. 第 55 窟窟顶南披

5. 第 61 窟南壁　　　　　　　　　　6. 第 76 窟南壁

7. 第 98 窟南壁　　　　　　　　　　8. 第 108 窟南壁

9. 第 146 窟南壁　　　　　　　　　　10. 第 261 窟南壁

---

[17] 录文引自李永宁、蔡伟堂：《〈降魔变文〉与敦煌壁画中的"劳度叉斗圣变"》，《一九八三年全国敦煌学术讨论会文集·石窟·艺术编上》，甘肃人民出版社，1985年，第218~226页。

11. 第 396 窟前室西壁门上　　　　12. 第 431 窟前室南壁

13. 第 454 窟窟顶西、南披　　　　14. 第 368 窟东壁门上 [18]*

15. 第 288 窟前室顶 **

　　曹氏时期的"法华经变"数量多，场面大，内容增多。构图设计上出现了两种新形式：一种是完全用屏风重叠排列的方式来描绘全经，每扇屏风自成一卷，每卷均有总榜题作为该卷说明，同时各卷自有一法华会场面作主导，其余各品故事则画在旁边（如第 76 窟）。这种形式逐卷图解佛经，与经卷插图相似，虽然新颖，与唐前期气魄宏大的整体结构相较，艺术性要差得多。另一种是在中心法华会大场面的周围又画几幅小一些但自成中心的说法会，并减少了经品故事，如第 55 窟窟顶南坡"法华变"即是一例。

　　莫高窟现存内容最完备，保存状况良好的"法华经变"是第 61 窟南壁所绘。画面以序品法华会为中心，沿法会场面两侧画从地涌出品和提婆达多品，上方画见宝塔品、下方画方便品、譬喻品。两下角画信解品、安乐行品。画面东侧画化城喻品、药草喻品以及随喜功德品、妙音菩萨品、劝持品、陀罗尼品、常不轻菩萨品等。画面西侧画药王菩萨本事品、妙庄严王本事品、如来寿量品，以及观音普门品、提婆达多品、陀罗尼品等。此图榜题数量多，字迹较清晰，共有 68 条，包含了《妙法莲花经》二十八品的主要内容方面，有些榜题是用韵文写成："鹫子忻然悟道初，火宅焚烧不可居；门外宝车须直进，化城犹是小乘余。" [19]

　　十、"阿弥陀经变"十二幅，见于：

1. 第 4 窟南壁　　　　　　　　　2. 第 5 窟南壁

3. 第 6 窟南壁　　　　　　　　　4. 第 61 窟南壁

5. 第 98 窟南壁　　　　　　　　　6. 第 100 窟南壁

7. 第 108 窟南壁　　　　　　　　8. 第 136 窟南壁

9. 第 136 窟北壁　　　　　　　　10. 第 146 窟南壁

11. 第 390 窟前室西壁门北　　　　12. 第 452 窟南壁

---

[18] 注：＊为仅有"见宝塔品"。＊＊为仅有"观音普门品"。

[19] 段文杰：《晚期的莫高窟艺术》，《敦煌石窟艺术论集》，甘肃人民出版社，1988 年，第 229 页。

图387 莫高窟五代第61窟南壁《法华经变》

图388 莫高窟宋代第55窟《金光明经变》局部（流水长者子品）

十一、"思益梵天问经变"八幅，见于：

1. 第 4 窟东壁门南　　2. 第 5 窟北壁

3. 第 55 窟北壁　　　4. 第 61 窟北壁

5. 第 98 窟北壁　　　6. 第 100 窟北壁

7. 第 146 窟北壁　　　8. 第 454 窟北壁

曹氏时期的"思益梵天问经变"已形成固定格式，即画面上部绘佛说法会，以殿宇楼阁作背景，佛居正中大殿，两侧是众多听法菩萨和天龙八部；佛香案前的平台上是乐队和舞伎；下部则是佛阐释大乘实义的各组场面，几乎画的都是莲台上坐一佛二菩萨，其前跪王者与王子作供养听法之状。现存此期八幅"思益梵天问经变"中，以第 61 窟北壁和第 98 窟北壁所绘完整清晰效果最好。

十二、"楞伽经变"五幅，见于：

1. 第 4 窟南壁

2. 第 55 窟窟顶东披

3. 第 61 窟南壁

4. 第 454 窟南壁

5. 第 456 窟南壁

十三、"金光明经变"三幅，见于：

1. 第 55 窟东壁门南

2. 第 454 窟北壁

3. 第 456 窟北壁

曹氏前期没有出现"金光明经变"，后期出现三幅，如第 55 窟所绘则恢复了中唐第 154 窟创制的旧样，即中画大幅佛说法会，两侧以竖条屏画"舍身品"和"流水长者子品"。第55窟金光明经变中的"流水长者子品"画了许多情节，讲述了以行医为业的流水长者偕二子途经一大枯泽，见水源断绝，虎狼群起入泽唼食鱼群，流水长者因此向国王借来大象二十头，负水注入枯泽并投放鱼食，使鱼群得救的故事。画面由下而上铺陈情节，线索清晰，并辅以榜题文字说明，通俗易懂。

十四、"密严经变"二幅，见于：

1. 第55窟东壁门北

2. 第61窟北壁

十五、"父母恩重经变"二幅，见于：

1. 第170窟北壁

2. 第449窟东壁门北侧

这两幅"父母恩重经变"均属曹氏统治时期。第449窟所绘与晚唐第156窟形式差不多，即在佛说法会的下方绘父母养育之恩诸情节。第170窟所绘则将诸恩情节穿插在说法会的两侧，这种形式与北宋"淳化二年"（991年）题记现藏甘肃省博物馆的绢画"父母恩重经变相"相同，后者榜题文字尚清晰可辨。

十六、"佛顶尊胜陀罗尼经变"二幅，见于：

1. 第55窟北壁

2. 第454窟北壁

"佛顶尊胜陀罗尼经变"是曹氏晚期新出现的经变题材[20]。由于《佛顶尊胜陀罗尼经》义理抽象，不易画成变相，故虽然唐代已有五个译本，但在莫高窟则晚到宋代才出现两铺变相，而且画面也较单调。

十七、"梵网经变"一幅，见于安西榆林窟第32窟西壁，这是曹氏统治时期新出现的经变，系依据后秦鸠摩罗什译《梵网经卢舍那佛说菩萨心地戒品》绘制而成。画面以佛说法会为中心，两侧中层画经中所说"十重戒"（即杀戒、盗戒、淫戒、妄语戒、酤酒戒、说四众过戒、自赞毁他戒、悭惜加毁戒、嗔心不受悔戒和谤三宝戒）；下层画听会的僧俗与帝王、臣子、梵天及六畜等[21]。

---

[20] 新的研究成果提出了"佛顶尊胜陀罗尼经变"可能在唐前期的敦煌壁画中就已出现。详情请参阅敦煌研究院王惠民先生的论文。

[21] 霍熙亮：《安西榆林窟第32窟的〈梵网经变〉》，《敦煌研究》，1987年第3期。

十八、"观音经变"六幅，见于：

1. 第 55 窟南壁　　　　　　　　　　2. 第 76 窟南壁

3. 第 235 窟南壁　　　　　　　　　　4. 第 235 窟北壁

5. 第 342 窟东壁门南　　　　　　　　6. 第 342 窟东壁门北

曹氏时期的"观音经变"在总体布局上大多因袭旧式，如第 55 窟南壁西端所绘，以观音形象为主体，周围画"诸难"，两侧绘"三十三现身"，有些细节仍然比较生动。

第 55 窟"观音经变"内下部，表现的内容是：有一群人乘船入海求宝，突然遭遇黑风，船被吹到凶险的罗刹鬼国，在危急关头，有人口念观音名号，众人皆得解脱"罗刹难"。画中大船的形象与盛唐壁画中同一题材所画之船相似。桅杆上的小帆被吹成弓形，以示黑风之猛烈。海中有摩尼宝珠，但也有巨嘴利齿的恶龙。乱石上是欢呼雀跃的罗刹鬼，船上的人战战兢兢，双手合十，正口念观音名号。

藏经洞出土绢画中的"观音经变"画面正中则是观音坐像，六臂，其中二臂上举持日月，日中有三足鸟，月中有桂树。观音右侧画坠崖、坐牢、遇毒虫恶兽难；左侧画被砍头、遭雷击和坠火坑难。下部绘供养人。画面以赭石为地，调子偏暖，观音的头冠、璎珞、臂钏、手镯和供桌上的香炉均是金色，使画显出富丽堂皇的效果。

曹氏时期的许多优美作品看来倒并非是那些早已程序化了的完整经变，而是"五台山图"、供养人、佛教史迹故事画、"新样文殊变"和一大批《贤愚经》故事画等。

图389　莫高窟宋代第55窟《观音经变》局部（救罗刹难）

五台山很早就被视作文殊菩萨的道场，山上寺塔林立，香火旺盛。唐高宗龙朔年间（661~663年）开始有了"五台山图"。吐蕃统治敦煌时，五台山图的画稿传到西北，敦煌壁画中出现小幅五台山图，多画在"文殊变"的下部，场面比较简单，如第159窟西壁帐门北侧、第361窟西壁龛内北侧帐扉、第222窟西壁帐门南、北侧和第237窟西壁帐门北侧等处所绘即是。晚唐时也有类似的作品，见于第9窟中心柱东向龛内南壁和第144窟西壁帐门南侧。

图390　敦煌"藏经洞"出土绢画《观音经变》

曹氏统治敦煌时期，五代第61窟西壁绘出了纵3.42米、横13.4米的巨幅"五台山图"。此图主体正是并峙的五台，正中一峰最高，榜题"中台之顶"，两侧有"南台之顶""东台之顶""北台之顶"和"西台之顶"。从总体上看，这幅大画可分为上、中、下三层，上层画各类云中化现场景，如"佛手云中现""菩萨二百五十现"等等；中部是大大小小遍布五台山上的各种寺院和佛塔，以及各种发生在此山的故事遗迹等；下部则是进山诸道路，朝贡的香客，山下主要城镇等，其间穿插了许多现实生活场景，如出城、行脚、推磨、舂米、牵驼、赶驴开店、割草、饮驴、过桥、送贡、爬山、坐禅等等，人物虽小，情节逼真。

第61窟五台山图右下侧部分描绘有一行人马，前有导引骑士，其后是一人牵着三匹驮贡品的骆驼，送贡使及其仆从跟在后面，榜题上写着"湖南送贡使"。

图391 莫高窟五代第61窟西壁《五台山图》局部之一

图392 莫高窟五代第61窟西壁《五台山图》局部之二

画中的山以石绿、赭石和靛蓝等色分层叠染，虽有一定立体感，但山形较小，只是象征性表示；水则以曲折的色线表示，其上画小桥。

曹氏时期，洞窟中的供养人数量众多，形象高大，一窟之内父子兄弟、婆媳姊妹齐集，宛若家族祠堂。

曹议金出资开凿的第98窟规模宏大，供养人像也画得比真人还大。曹议金女婿于阗国王李圣天供养像高达2.6米，高鼻大眼，留蝌蚪式八字胡。头戴汉式冕旒，上饰北斗七星，头后垂红绢，身穿衮龙袍，腰束蔽膝，双脚有天女承托。国王右手执花，左手持香炉，神态

图393　莫高窟五代第98窟东壁《于阗国王李圣天与皇后供养像》

恭敬，作礼佛状。榜题写："大朝大宝于阗国大圣大明天子即是窟主。"皇后头饰花钗冠，穿回汉混合装，其榜题为："大朝大宝于阗国大圣大明天册全封至孝皇帝天皇后曹氏一心供养。"曹氏即曹议金之女。

曹议金之子曹元德主持开凿于约936~938年间的第100窟内，绘制了巨幅长卷《曹议金夫妇出行礼佛图》。此图全长34.35米，残高约1米，以西龛下部正中为分界，两侧对称设计。南边是以曹议金为中心的男士出行队伍，北边是以回鹘夫人为中心的女眷出行队伍。

这幅"出行礼佛图"的基本内容：西龛下中线两侧各画一名"执毬杖供奉官"，旁边堆放着成捆的绢布等供品，此为准备供养礼佛的场景。往南依次有"前部鼓吹"、仪仗、双旌双节（节度使权威的象征）、仪刀部和"后部鼓吹"。曹议金骑马像位于画面中部，其形象明显大于普通人，容易识别；其后是以曹元德为首的"子弟兵"。转入东壁南侧后绘"回鹘使节"和少数民族武士；最后是后续人马出沙州城的场面。西壁中线往北画乐舞、杂耍和侍从等，回鹘夫人骑马像位置正与南壁上的曹议金骑马像相对，其后是众多女仆，再后是小娘子担舆和行李车马，最后是后续人马出沙州城的场面。

图394 莫高窟五代第100窟南壁《曹议金出行图》局部（曹议金与其子弟兵）

图395 莫高窟五代第100窟北壁《回鹘夫人出行图》局部（夫人与侍从）

图396 莫高窟五代第100窟东壁《曹议金出行图》局部（回鹘使节）

有人认为此图完全模仿晚唐《张议潮夫妇出行图》，没什么意思。但仔细研究此图之后，我的意见正相反：此图大有新意，并有极高历史价值，略举数例如下：

第一，《张议潮出行图》前部在南西壁交界处停止，而《曹议金出行图》则延伸到西壁，使南北两侧的出行图连接起来，形成整体结构。特别是曹图在最前列绘制了"执毬杖供奉官"，这是《宋史》中记载皇帝出行时在最前面"导驾"的官员。曹氏出行图比《宋史》的记载早，由此我们可以肯定地说，至迟在938年前，这种以执毬杖供奉官导引出行队列的习俗已形成并传到边远地区，在五代第61窟东壁"维摩诘经变"中的帝王出行行列最前面，我们也可见到类似的图像。

第二，曹氏出行图中出现了一组以手持回旋搏击状白鹘形象作标志的"回鹘使节"，特别突出了曹氏政权与回鹘政权的政治联姻关系，正是当时地方政局的直接反映。这也是晚唐张氏出行图中没有的。

第三，张氏出行图中只有一组乐队，曹氏出行图却有前后两组。《唐书》中提到节度使出行"大角、铙吹皆备"；《宋史》则说有"前部鼓吹"和"后部鼓吹"。此图证明从一部鼓吹变为前后部鼓吹并用的时间应是五代。

这幅出行图描绘曹议金夫妇到莫高窟礼佛的场景，故宜称"出行礼佛图"，具备纪念性、政治性、地方性等多重特征[22]。

第61窟是曹元忠于后晋天福十二年至后周显德四年（947~957年）时修建的，窟内画了大批与之相关的供养人像。其中的一组女供养人人物面相相似，神情木然，皆面施脂粉、贴花钿、画花子，已显出程序化的倾向。中间一女像戴绿色宝珠凤冠，身着黑色大袖袍，肩披绣花纱巾，项饰瑟瑟珠，双手握香炉，显得雍容华贵。其旁有一条绿地大榜题，上书："大朝大于阗国天册皇帝第三女天公主李氏为新受太傅曹延禄姬供养。"她是于阗国王李圣天与皇后曹氏所生之女，嫁给曹议金的孙子延禄，他们是表兄妹通婚。实际上是一种政治联姻。其余女眷有的戴桃形凤冠，饰步摇，穿翻领小袖绣花红袍；有的戴凤冠，插花钗，着大袖襦，披绣巾，双手捧花盘，都打扮得花枝招展。

"文殊变"在莫高窟出现最早是初唐，唐后期开始普及。其常见形式是文殊与普贤相对，前者骑青狮，后者乘白象。一开始经变规模较小，后逐渐扩大，画面上出现了驯狮牵象的

图397　莫高窟五代第61窟东壁女供养人像

"昆仑奴"，这种形式在唐后期成为定式。

曹氏统治前期，敦煌出现了所谓"新样文殊变"，其"新"之处主要有两点：

---

[22] 详见拙文《〈曹议金夫妇出行礼佛图〉研究》，敦煌研究院编《敦煌学国际学术研讨会文集1990·石窟艺术编》，辽宁美术出版社，1995年。

图398　莫高窟五代第220窟甬道北壁《新样文殊变》

一是强调文殊的重要，不采用文殊与普贤相对出现的惯例，全画仅以文殊像为主
体。画中文殊手执如意，端坐在青狮宝座之上，衣冠珠宝俨饰，头光背光齐全，
面相方圆，神态庄重，与"说法图"中的佛像相似。另一点是在原来"昆仑奴"
的位置上改画于阗国王，使现实人物直接进入了佛国世界，神人共处。画中的于阗国王头戴金梁红棉风帽，高鼻、虬髯，身穿四睽衫，脚着长靿毡靴，手握缰绳，两腿叉开，作制止狮子前进状。狮子回头张望，互相呼应。画面色彩主要以红、绿、蓝相间搭配，色调鲜明厚重，线描舒展挺拔，运笔流畅，是曹氏时期难得的佳作。

这幅"新样文殊变"是后唐庄宗同光三年（925年）画在第220窟甬道北侧的。宋代重妆甬道时曾将其覆盖。1975年10月敦煌文物研究所将宋妆重层甬道搬迁，此画便重新露出，其色彩鲜艳如新，全图保存完好。由于画上榜书清晰，所以内容较易辨识，上部是"新样大圣文殊师利菩萨"（变一铺），右侧是"大圣文殊师利菩萨一身"，左侧画"南无救苦观世音菩萨"一身。下部则是翟奉达等翟氏家族男性供养人七身。

佛教史迹故事画是曹氏时期的重要题材，主要布局方式与晚唐相似，即在甬道顶中间以统一构图描绘多个故事，如毗沙门天王决海、石佛浮江、高悝得金像等，两边斜披上画单身瑞像，以方框为界，整齐排列。西龛内顶部四披画瑞像的情况已较少见。

此时期最有特色的佛教史迹故事画是第72窟（五代）南壁绘制的大幅"刘萨河缘品"变相。

刘萨河是我国东晋、南北朝时期少数民族（稽胡）中的一位高僧。他早年做过梁城突骑，守襄阳。后因酒醉"暂死"，复生后自称见了地狱诸苦，遂出家为僧，

图399　莫高窟五代第72窟南壁《刘萨河因缘变像图》

游历江东，后为名僧法显做先导，前往印度。回国后弘扬佛教，度化众生，最后于436年在酒泉死去，享年76岁左右。隋唐时期，随着政治上、宗教上的需要，刘萨河渐被神化，影响越来越大，被尊为"神僧"、菩萨、佛、佛之二十二宗师等[23]。敦煌壁画、彩塑和卷轴绢画中都有表现刘萨河事迹的作品。

第72窟南壁所绘"刘萨河缘品"场面宏大，内容众多。画上残存榜题三十余条，主要内容有：七里涧圣容像现、圣容像初现无头、天女持花迎佛头、架梯安头还落、刘萨河发愿修像、圣容像乘云飞来、罗汉礼拜圣容碑、蕃人偷盗佛宝珠、火烧寺天降雷鸣、十方诸佛赴会等情节。

图400　莫高窟五代第72窟南壁《刘萨河因缘变像图》局部（凉州瑞像）

这幅"刘萨河缘品"中的"凉州瑞像"部分表现435年刘萨河在凉州番和郡向一处山谷礼拜，有人觉得奇怪，问他为何如此，他回答说：此当有佛像出现，

[23] 详见孙修身：《刘萨河和尚事迹考》，《1983年全国敦煌学术讨论会文集·石窟艺术编上》，甘肃人民出版社，第272~310页。

如佛像完好,则世道安宁,如有残缺,则世乱民苦。87 年后的一天,忽然风雨大作,雷震山裂,挺出一尊"举身丈八"的石佛像,但无头,当地石匠雕镌别头,安上即落地,只好作罢。直到 40 年后方在凉州城东七里涧找到原来的佛头,安上宛然契合,于是"太平斯至"。有趣的是:至今番和县(今甘肃省永昌县)山中仍有一无头石佛像,佛头已被发现,现存当地文化馆,其大小正与史载相合。

曹氏时期的故事画很兴旺,主要画在窟内四壁下部的屏风画内,基本有两类:一是《贤愚经》故事,二是佛传故事。

图401　莫高窟五代第98窟北壁下部屏风画《贤愚经变》局部(象护品)

故事画曾是敦煌早期壁画中的主要题材之一,但在唐代前期却曾一度消失。吐蕃占领敦煌后开始重新出现,但数量种类都很少。晚唐时出现了连屏式《贤愚经》故事画,曹氏时期继承发展这一题材,并形成了规模空前的鸿篇巨制。现存曹家大窟内绘制的贤愚经故事多达三十八种,超过了十三卷六十九品《贤愚经》的半数。有许多故事是前代没有描绘过的新题材。举例如下:

第 98 窟北壁下部屏风内画《贤愚经·象护品》,故事说:摩竭国有一长者生一男儿,同时有一金象与儿共生,故此子取名象护。象护与金象形影不离,同时长大，金象的大小便落地便成纯金，象护家因而黄金满库。一日，群童游戏各夸自家富贵，象护忍不住讲述了金象的故事，恰好被阿阇世王子听见。王子听后暗自思念，若我为王，当夺取之。阿阇世取得王位后，立即召象护与金象同到王宫。象护的父亲对儿子说：阿阇世王凶暴无道，贪求王位，自父尚害，何况外人。象护答："此象无人劫得。"于是，父子二人按时乘金象进宫，王留赐饮食，食别告辞时，国王下令留下金象。父子空手走出宫门。国王手抚金象，十分得意，忽然金象没入地下，又在宫外出现，正好在象护父子面前，父子二人跨上象背奔回家中。象护知国王无道，难免见害，便骑象至祇园礼拜释迦，落发为僧。象护听法修行时，金象片刻不离。舍卫国人闻有金象，竞相来看，妨碍修行。象护奉释迦所教，遣金象离去，于是金象乃入地而没。壁画中绘出了象护出生、阿阇世王召象护进宫及象护出家诸情节。

第 98 窟南壁下部屏风西起第二扇画《贤愚经·波斯匿王丑女因缘》，内容是：波斯匿王夫人生一丑女，王以为耻，故将此女久闭深宫，与世隔绝。女人当嫁，国王遣使找到一个贫穷的豪姓之子，招为驸马，并赐以财宝，为之起宫殿，嘱紧锁门户，勿让外人见到丑女。此后驸马常与宰相大臣等同席共饮，男女杂会共相娱乐。日久，众人发现驸马从未带公主来赴会，疑公主丑恶，故用酒灌醉驸马，解取钥匙，派五人前往开门探视。此时，公主自恨丑陋，羞于见人，即于舍内遥拜世尊，佛知其志，即时现身。丑女见佛，大为欢喜，颜面体态即变端正，美若天仙。佛遂为之说法。五人入户，见公主美貌绝世，感叹退出，并将门钥归还驸马。驸马酒醒返家，见妻容颜大变，惊问其故，公主即将拜佛转颜之事回告。驸马转告国王，王与夫人欢喜异常，即接女还宫，阖家团聚。画面从右上端起曲折而下，线索清晰。

"佛传故事"在早期壁画中已有一些片断表现，如"出游四门""降魔""涅槃""乘象入胎""夜半逾城"等，而且在北周第 290 窟窟顶前部人字披东西两披上出现了用六个横长条平面重叠描绘的连环故事佛传图，画出了共 68 个情节。曹氏时期的第 61 窟则在南、西、北三壁下部，用三十三扇屏风连环描绘了共一百三十一个画面，今存榜题一百二十八则，其中文字完整清晰的五十二则，不

全的五十五则，完全混
蚀的二十一则[24]。画中出
现了许多前代未见的新
内容，是莫高窟最为详
尽的一幅佛传故事画。

曹氏时期还绘出了
一些精彩的小品，如第
346 窟前室南壁的"射
手"，头裹红巾、浓眉大
眼、蓄八字胡、身穿左
衽缺胯衫，脚蹬尖头战
靴，腰系革带，斜插双
箭，装束像西域人。其

图402　莫高窟五代第346窟前室南壁《射手》

单膝着地胡跪在天王脚下，正张弓搭箭，凝神欲射。人物线描刚劲有力，赋色简淡，
主要利用墙面本色，脸、手微加渲染，造型明朗生动。

曹氏统治敦煌时，莫高窟艺术已进入后期，许多方面都受到旧有程序的束缚，
尽管画院、画行的画师们辛勤劳动，画出了为数可观的各种经变、故事画、供养人等，
而且在曹氏前期也确有一批杰作出现，但毕竟不及前代大师的想象力和创造力丰
富，到曹氏后期，好作品就更不易见到，似乎敦煌艺术已到山穷水尽的地步。然而，
幸运的是，曹氏政权灭亡后，新的西夏和元代统治者均信仰佛教，并带有自己独
特的民族性格，从而为敦煌艺术注入了新鲜血液，使之重新焕发活力，放射出奇
幻绝妙的光彩。

---

[24] 万庚育：《敦煌莫高窟第 61 窟壁画〈佛传〉之研究》，《1983 年全国敦煌学术讨论会文集·石窟艺术编上》，
　　甘肃人民出版社，1985 年，第 86 页。

第六章　异彩：敦煌晚期艺术（1036~1372 年）

1036 年，西夏景宗元昊率兵攻取瓜、沙、肃诸州，此后这一地区便成为西夏属地。到 1227 年蒙古军队破沙州，灭西夏时止，敦煌一带归党项族西夏人统治共约一百九十年，比从张议潮收复河西算起的归义军政权统治期（848~1036年）还长一点。其后又是蒙古族元朝一百四十余年的统治。也就是说，敦煌末期三百三十多年间的艺术，是以异族统治为背景产生的，主要的供养人，甚至一些画师，都是少数民族，因此，这一时期的艺术带有浓重的异族情调，显示出新的活力。大量新内容的出现，为艺术家的创作提供了机会，新的历史背景，也使他们有条件吸收不同地区、不同民族的优秀文化，从而创造出丰富多彩的艺术品，为敦煌艺术的历史写下精彩的末篇。

VI—1. 西夏：党项佛教艺术的革新

1036 年，西夏军攻取沙州后，由于西夏统治者忙于立国和政权建设，忙于扩军备战与北宋抗衡争霸，注意力并不在西边的瓜、沙、肃州等，因此当地各族统治者仍有力量各自为政，至皇祐四年（1052 年）止，瓜沙地方还曾向北宋王朝"七贡方物"[1]。由于这段历史记载不清，有些文献相互矛盾，歧见较多。近年来，有人根据一些零星资料，探微发隐，提出很可能在西夏人正式统治敦煌之前，沙州曾被回鹘统治过几十年。有人甚至认为可能有过一个"回鹘国"[2]。于是，敦煌研究院刘玉权先生用考古排年法在他几年前自己排定的西夏洞窟中重新排出了一批"回鹘洞窟"，其中莫高窟有 10 个（处），榆林窟有 7 个（处），并分为前后两期：前期是"十一世纪初至十一世纪后半期（上限可至 1019 年—1070 年）"；后期是

---

[1] 见《宋史·沙州传》

[2] 李正宇：《悄然湮没的王国——沙州回鹘政权》，敦煌研究院编《1990 年敦煌国际学术讨论会文集·石窟史地语文编》，辽宁美术出版社，1995 年，第 149~174 页。

"十一世纪后半期至十二世纪初（约在
1070年—1127年）"[3]。

由于这段时间沙州地方的历史状况
很不明朗，研究尚停留在以零星资料作
推测性探讨的阶段。现在就划定一批回
鹘期洞窟似乎为时过早。因为1036年
西夏军攻破瓜、沙、肃三州的记载是比
较肯定的，一开始的统治可能比较松
散，地方上一些小的统治集团尚有活动
余地，他们要想东山再起，赶走西夏统
治者，必然要联络西夏的劲敌北宋王朝，
所以有"七贡方物"之举。但要据此确
定瓜沙曾有过"回鹘政权"统治期似觉
有些草率。所以，本书仍采用旧有体系，
将1036年以后的瓜沙地区视为西夏属
地，并以此为背景讨论这段时间的敦煌
艺术。

党项族是一个善于接受其他民族
优秀文化再消化改造为本民族文化的
民族。不仅西夏文字、典章制度等是

图403　莫高窟西夏第491窟西龛内南侧"供养天
女"塑像

以汉文和宋朝制度为基础改造而成，而且在佛教和佛教艺术上，更为广泛地吸收
了北宋、辽、金、吐蕃和回鹘不同地区不同民族的成就，形成新的有本民族特点
的党项文化。这一点，我们在西夏时期莫高窟和榆林窟的壁画可以看得很清楚。
由于崖面已满布洞窟，西夏时期在莫高窟开凿洞窟较少，而重绘妆銮了大批洞窟，
共计有七十七个窟。

莫高窟西夏始造的洞窟极少，故其形制特征不明。塑像的数目也很有限。第
491窟西龛内南侧一身高仅六十七厘米的"供养天女"一向被视作西夏彩塑的范

---

[3] 刘玉权：《关于沙州回鹘洞窟的划分（摘要）》，《敦煌研究》，1988年第2期。

例。此像体形娇小，造型写实，眉目五官没有超凡脱俗的感觉，与其说是"天女"，不如说更像一名世俗少女。此像是 1965 年莫高窟进行危崖加固工程时，在今南区北段下层发现的一个浅龛（编号第 491 窟）中搬出的，因其体积小，制作也未见很精，恐怕难以代表西夏彩塑的成就。

莫高窟西夏壁画一开始主要承袭曹氏画院的题材和风格，但制作得更为简略。后期人物则已具备西夏人特征。

西夏时期，莫高窟经变题材锐减，只剩下四种。分布情况如下：

一、"阿弥陀经变"十七幅，见于：

1. 第 88 窟南壁　　　　　　　　　2. 第 140 窟南壁

3. 第 140 窟北壁　　　　　　　　　4. 第 142 窟南壁

5. 第 142 窟北壁　　　　　　　　　6. 第 164 窟南壁

7. 第 164 窟北壁　　　　　　　　　8. 第 165 窟南壁

9. 第 224 窟南壁　　　　　　　　　10. 第 234 窟南壁

11. 第 234 窟北壁　　　　　　　　　12. 第 306 窟东壁

13. 第 306 窟西壁　　　　　　　　　14. 第 351 窟前室南壁

15. 第 351 窟前室北壁　　　　　　　16. 第 400 窟南壁

17. 第 418 窟北壁

西夏时期数量最多的是"阿弥陀经变"，但画得较简单，构图缺少变化。由于有些"阿弥陀经变"中几乎见不到天宫楼阁，已与普通说法图相距不远。

二、"药师经变"七幅，见于：

1. 第 88 窟北壁　　　　　　　　　2. 第 164 窟南壁

3. 第 164 窟北壁　　　　　　　　　4. 第 234 窟西壁

5. 第 400 窟北壁　　　　　　　　　6. 第 408 窟东壁门上

7. 第 418 窟南壁

莫高窟西夏时期的"药师经变"也是以天宫楼阁和水上栏台构成，但由于全图以石绿为地色，建筑物柱、檐、顶、栏、台都是偏绿的橄榄、灰、浅绿、黑（变色）等，加之人物整齐排列、动态单一，如第 400 窟北壁所绘，艺术效果已大不如前代。

三、"观音经变"二幅，见于：

1. 第 395 窟南壁　　　　　　　　　2. 第 395 窟北壁

四、"法华经变"一幅，只画出"观音普门品"，见于第464窟南、西、北壁。

总的来看，莫高窟西夏壁画中虽仍保留了一些经变画，但构图单调、赋色简略，艺术价值已大大减低，但作为一段时期的大幅艺术品，仍有一定历史意义。

虽然经变画在莫高窟衰落了，这固有"盛极而衰"的历史必然性，但更主要的原因是曹氏后期开始，瓜沙一带的行政统治中心渐由沙州（敦煌）移往瓜州（安西），画院的画师和一些高水平工匠迁到

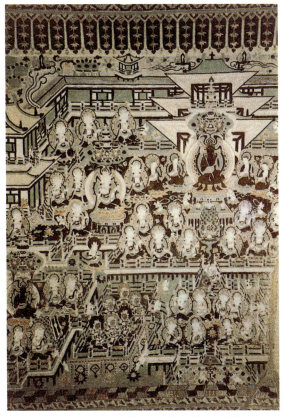

图404　莫高窟西夏第400窟北壁《药师经变》

瓜州，开始在榆林窟开窟画像，榆林窟壁画的艺术水准逐渐超过莫高窟，成为新的佛教艺术中心。我们在榆林窟第35窟可见到画院里高级画师和低等画匠、画匠弟子的供养像，如"□主沙州工匠都勾当画院使归义军节度押衙银青光禄大夫检校太子宾客（竺）保一心供养""节度押衙知画手银青光禄大夫检校太子宾客武保琳一心供养""清信佛弟子节度押衙□□相都画匠作银青光禄大夫白般纽一心供养"等，这些人都是有一定官位的画人。另有一些形象画得较小的人像题名"画匠……""画匠弟子……"等，应是地位较低的画人。

西夏统治时期（1036~1227年），同位于河西走廊西端的敦煌（古称沙州）与瓜州的历史状况有明显差别。瓜州在西夏建国初期就成为夏国十二监军司之一，是西夏政权西部边境的统治中心，也是与回鹘人争夺沙州等周边地区的军事基地，政治、军事地位十分重要。临近的敦煌则相反，长期处于不同地方势力争斗影响

之下，局势动荡。不同的历史状况，使这两个相邻地区的佛教艺术呈现出很不一样的特征。

瓜州与敦煌是紧挨着的两个行政区，自古以来在政治、经济、文化上有着紧密的联系，而且敦煌在相当长的历史过程中，一直居于相对来说更重要的地位，其各方面的影响力，也比瓜州大得多。但在西夏统治河西地区的历史时期，情况与过去明显不同：敦煌长期处于战乱之中，政局不稳，经济发展滞后，而同时期的瓜州，则成了西夏政权最西端的统治中心，设立了直属中央政府的管理机构"监军司"，是西夏国前期的十二个"监军司"之一，政治地位和经济发展程度都比敦煌高，佛教石窟的营造数量和质量，也相对更多更高。

西夏军队于 1036 年攻占沙州，开始统治整个河西地区，敦煌成为西夏最西端的领地。由于沙州回鹘人的顽强抵抗和连续不断地袭扰，西夏统治下的沙州战乱不止，统治权也可能时有易手，以至于部分学者相信，西夏对敦煌的稳定统治应从 1070 年开始 [4]。也有人认为西夏二次占领并长期统治沙州，始于 1067 年 [5]。有人甚至认为，1146 年辽国覆灭之后，西夏才完成对敦煌的完全统治 [6]。也有学者坚持认为，西夏从 1036 年起就一直统治瓜沙地区 [7]。以上诸家论断，归纳分析起来，有两个共同点：一、学者们大都同意自 1036 年起，直到 1146 年为止的 110 年间，沙州是回鹘人与西夏人争斗的战场，政治形势并不稳定，经济也未得到正常发展。二、诸位专家的研究，大多把沙州和瓜州合并在一起讨论，很少有人把瓜州和沙州这两个行政单元的历史做分别的研讨。

我们通过对现有原始资料的梳理和对已有学术成果的分析，认为迄今为止的相关研究，有两个局限：

第一，把沙州和瓜州混同在一起讨论。这样做，容易使读者误以为沙州和瓜州在西夏时期的历史是完全一致的。把瓜、沙二州的历史放在一起讨论，对西夏统治之前的归义军时期而论是合理的。然而，西夏攻占河西地区后，在瓜州设监军司（瓜州西平军司），驻扎常备军队，对瓜州实施了较为稳定有效的统治，因此，

[4] 王静如：《敦煌莫高窟和安西榆林窟所见的西夏历史和文化》，《文物》，1974 年第 5 期。

[5] 李正宇：《悄然湮没的王国——沙州回鹘政权》，敦煌研究院编《敦煌学国际学术研讨会文集 1990·石窟史地、语文编》，辽宁美术出版社，1995 年。

[6] 钱伯泉：《回鹘在敦煌的历史》，《敦煌学辑刊》，1989 年第 1 期。

[7] 刘玉权：《再论西夏据瓜沙的时间及其相关问题》，《敦煌研究》，1993 年第 4 期。

瓜州地区的经济和人口有了一定程度的发展，为后来大规模的开窟造像，提供了
较好的经济基础。而同时期的沙州则一直处于战乱之中，社会状况很不稳定，经
济民生难以发展。

自1036年西夏占领沙州之后，"沙州回鹘"仍然相当活跃，他们多次遣使至
宋朝朝贡，也与东北方的辽朝通好，同时联络各方势力，相互声援，对抗西夏的
统治。我们在文献中，可以见到"沙州北亭可汗王""沙州镇国王子"等称号[8]。
据《宋史》等史书记载：北宋仁宗庆历元年（1041年），"沙州镇国王子遣使奉
书曰：我本唐甥，天子实吾舅也。自党项破甘、凉，遂与汉隔，今愿率首领为朝
廷击贼"[9]。清人戴锡章在其编撰的《西夏记》中进一步说明："是年（1041年），
沙州回鹘来侵，却之。"[10] 这说明进攻沙州城的战斗确实发生了。今人钱伯泉先生
在《回鹘在敦煌的历史》一文中提出：1030~1042年，西夏与沙州回鹘交替攻占
沙州。1042年，沙州回鹘正式占领沙州并统治该地直到1146年[11]。钱伯泉这个论
断未必完全准确，但至少能够说明沙州和瓜州在西夏前期有着不一样的历史。

第二，现有的学术成果，很少有将历史文献研究与西夏时期沙州和瓜州的
石窟营造的具体状况紧密联系起来研究，因此，现有的敦煌莫高窟和瓜州榆林窟
及东千佛洞的时代划分和营造背景的研究通常笼统划入"西夏时期（1036~1227
年）"。在这近两百年的"西夏时期"，瓜州和沙州的历史各有其不同变化，而这
些历史变迁，又对石窟的营造有着直接的影响。所以，我们需要对瓜州和沙州西
夏时期的历史做较为细致的梳理，找出对石窟营造有重大影响的历史事件和相关
的各种文字记载，并将其与现存西夏石窟联系起来分析，方可得出更为可信的结
论，以加深我们对这一时期瓜、沙地区石窟艺术的理解。

沙州在西夏统治前期，一直处于西夏与回鹘和其他周边势力的攻击或袭扰中，
政局动荡，民生凋敝，商贸阻断，生产局限，难以展开大规模的开窟造像活动。因此，
这一时期敦煌莫高窟所见到的西夏艺术遗迹数量虽然不少，但基本都是对前代洞
窟的重修或补绘，几乎没有规划完整的新开凿洞窟。根据敦煌研究院的统计，西

---

[8] 关于西夏时期回鹘人在沙州的政治、军事活动及相关学术研究的概要介绍，参见杨富学：《回鹘与敦煌》，
　　甘肃教育出版社，2013年，第267~299页。

[9]《宋史》卷二五八《曹琮传》。

[10] 戴锡章：《西夏记》卷八，台北：华文书局，1968年。

[11] 钱伯泉：《回鹘在敦煌的历史》。

夏时期重修补绘的洞窟多达八十个左右（包括四十多个被归入回鹘统治时期或者回鹘西夏交替统治时期的洞窟）[12]，但几乎都是耗时较短、费力不多的局部重绘壁画。这与沙州当时的政治军事形势是吻合的。这些重修补绘活动，既有西夏党项族人参与，也有回鹘人、藏人和汉人留下的遗迹。如莫高窟第 61 窟本是五代时期曹氏家族修建的大型洞窟，西夏时在甬道壁上有一些补绘壁画，并有西夏文、汉文的双语题记。其中汉文为："扫洒尼姑播盉氏愿月明像。"西夏文题记由史金波、白滨翻译为"燃灯行愿者播盉氏成明"[13]。史、白二人共记录翻译了莫高窟壁画上的西夏文题记 45 条，内容主要有"功德发愿文、供养人榜提和巡礼题款"[14]。其中第 65 窟壁画上有大安十一年（1085 年）西夏文题记，其内容译为："甲丑年五月一日日税（？）全凉州中多石搜寻治，沙州地界经来，我城圣宫沙满，为得福还利，已弃二座众宫沙，我法界一切有情，当皆共欢聚，迁于西方净土。"（西夏文甲、乙二字形似，疑甲为乙之误）[15] 这则西夏文题记说明党项人在沙州的佛事活动除补绘壁画外，还有清除积沙等管理类活动，而且佛事活动的目的是往生西方净土。这反映了西夏人佛教信仰的一个重要特点，即往生佛国净土的愿望较普遍。另外一条有明确纪年的西夏文题记见于第 444 窟，内容为："永安二年（1099 年）四月八日日心……七……佛……上……"[16] 此题记虽然残破尤甚，但具体年代和日期清楚。这个"四月八日"是释迦牟尼诞辰日，说明西夏人在佛诞日是要举行纪念活动的。其他莫高窟现存没有明确纪年的西夏文题记也基本上记述了相似的内容[17]。

　　西夏对瓜州的统治比对敦煌的统治要稳固得多。从西夏建国初年起就在瓜州设立了监军司，是全国十二个监军司之一，驻有常备军队，与沙州回鹘及其他周边势力的争斗，主要是由瓜州监军司的驻防军执行的。西夏对瓜州的有效统治管理，使地方形势相对稳定，经济民生得以发展，人口增加，并逐渐成为西夏政权在河西走廊西端的政治、经济、军事中心。在李仁寿（夏仁宗）统治时期（1139~1193

---

[12] 敦煌研究院：《敦煌石窟内容总录》，文物出版社，1996 年，第 270 页。

[13] 史金波、白滨：《莫高窟榆林窟西夏文题记研究》，《考古学报》1982 年第 3 期。

[14] 史金波、白滨：《莫高窟榆林窟西夏文题记研究》。

[15] 史金波、白滨：《莫高窟榆林窟西夏文题记研究》。

[16] 史金波、白滨：《莫高窟榆林窟西夏文题记研究》。

[17] 莫高窟有西夏时代汉文纪年的题记共有六条。其中一条是"天赐礼盛国庆二年（1071 年）"，另外五条都是夏仁宗时期的（1148 年、1172 年）或之后的 1197 年、1202 年、1219 年。另有绝对年代可考的西夏纪年题记三条。史金波、白滨：《莫高窟榆林窟西夏文题记研究》。

年），瓜州几乎成为这个皇帝的朝廷所在地[18]。这就为瓜州成为"西夏原创洞窟"
的诞生地提供了坚实的政治、经济基础。

但是，在西夏政权的前半期，瓜州因为邻近沙州，受到沙州战事和其他方面
的直接影响，地方经济的发展还是有一定的局限的。而且西夏国整体的政经形势，
也对瓜、沙地区的历史有重大影响，举例如下：

一、1082年，西夏实际统治者梁太后"自三月中点集河内（西）西凉府晬
庞岭及甘、肃、瓜、沙州民，十人发九，各赴兴州议大举"[19]。中央政府征调90%
的瓜、沙地区民夫出征，显然会严重影响当年农业生产和商贸活动，也使佛教石
窟营建活动无法展开。

二、1093年，西夏"以兵备于阗。于阗东界吐蕃，与瓜州接壤。是时入贡中朝，
请率兵讨夏国。梁氏闻之，令瓜、沙诸州严兵为备"[20]。梁太后下令瓜、沙地区军
民备战于阗，必定会使其他如开窟造像之类的活动受到严重影响。

三、1097年，北宋朝廷收到报告："黑汗王进奉人罗忽都卢麦译到黑汗王子言：
缅甸、药家（指西夏）作过，别无报效，已差人马攻甘、沙、肃三州。朝廷甚喜，
诏曰：若能破三城，必更厚待。"[21]《宋史》卷一七《哲宗本纪》，则明确记为：于
阗"破甘、沙、肃三州"[22]。这场黑汗王朝与西夏的局部战争，没有提到瓜州，估
计西夏军是以瓜州为基地出击。但甘、沙、肃三州都是近邻，整个河西走廊西段
都会受到严重影响。

四、1110年，秋九月，"瓜、沙、肃三州饥……自三月不雨至于是月，水草乏绝，
赤地数百里，牛羊无所食，蕃民流亡者甚众。监军司以闻，乾顺命发灵、夏诸州
粟赈之"[23]。这场大旱灾，对瓜、沙二州及邻近的肃州都是灾难性的，导致了本地

---

[18] 据史料记载：1165年，国相任得敬征发民夫十万，修筑灵州城，大兴土木，建造宫殿，提出"欲以仁孝处瓜、
沙，己据灵、夏"（《西夏书纪》卷三七，《西夏纪》卷二五），试图分裂西夏国。仁德敬想把西夏皇帝夏
仁宗安置在瓜、沙，说明瓜沙地区主要是夏仁宗的地盘，尤其是西夏建国以来就开始长期经营的瓜州，
可以作为夏仁宗分国后的首都，证明夏仁宗对瓜州的情况很熟悉，甚至喜欢此地，也很可能到过榆林窟
礼拜供养。

[19]《西夏书事》卷二六。

[20]《西夏书纪》卷二九；《西夏纪》卷二〇；《宋史》卷四九〇《于阗传》；《长编》卷四八一。

[21]《宋会要辑稿·蕃夷》，于阗条。

[22]《宋史》卷十七"哲宗本纪"及卷四九〇"于阗传"。

[23]《西夏书事》卷三二，《西夏纪》卷二二。

人口大量外流，这对本地经济的影响应是深远的。在这种形势下，要做大规模的开窟造像几乎是不可能的。

以上历史记载表明，在西夏统治瓜、沙地区的前半期，该地区的政治局势不稳，经济民生发展缓慢，很难展开大规模的开窟造像活动。尤其是沙州地区，经常处于周边各种势力的争夺冲突中，时而被沙州回鹘占领，又被黑汗王朝军队攻破，没有长久和平时期，故无法正式地规划开凿新窟。尽管沙州回鹘和沙州归义军残余势力都信仰佛教，也有意愿弘扬佛教艺术，许愿供养，但动乱的时局，并不允许大型开窟造像活动的发生。因此，我们在敦煌莫高窟只能看到重修前代洞窟、补绘壁画的痕迹，却没有见到真正完整意义上的西夏石窟。瓜州作为西夏的十二监军司之一，驻有重兵，局势相对稳定，人口也应该比沙州要多，经济基础更为雄厚，具备一定的开窟造像的经济和政治基础，但其毕竟受到周边局势的影响，军民忙于征战，人口流动性大，正式规划修建新洞窟的可能性也不大。

1139 年，年仅 16 岁的李仁孝登基成为西夏王朝第五位皇帝，开始了他长达 54 年的统治，是为夏仁宗时期（1139~1193 年）。1125 年，随着西夏长期的劲敌辽国的灭亡，西夏国采取了依附新兴起的金国以换取长期和平发展的策略，并接收了灭亡的辽国故地西北诸州，还向金国求得了一部分地区。

据《西夏书事》卷三六记载："绍兴十六年（1146 年），夏人庆三年春正月（西夏遣）使贺金正旦及万寿节，金以边地赐……乾顺又得辽西北诸州及陕西北部，其地益广。时仁孝又使人至金乞地，金主以德威城、定边军等沿边地赐之。"[24] 据这段史料，我们知道西夏国是在辽朝灭亡之后奉行了与金朝交好的政策，并拥有部分辽朝故地，沙州以西的伊州（今新疆哈密）也纳入了西夏版图，还从金朝乞得部分土地后，进入了一个相对稳定繁荣的时期。1146 年之后，瓜、沙地区不再有战争，人民生活安定，生产得以发展。瓜、沙二州逐渐发展成为西夏境内的发达地区之一，并成了西夏国西部的政治、经济、文化中心。有人提出："至 1165 年之时，西夏仁宗皇帝李仁孝还亲临瓜、沙地区。"[25] 虽然这个仁宗皇帝亲临瓜、沙的事件还有待更多的史料加以证实，但瓜、沙地区在夏仁宗时已经成为与东部

[24]《西夏书事》卷三六。
[25] 刘玉权：《再论西夏据瓜沙的时间及其相关问题》。

灵夏中心相对应的区域中心应是符合实际情况的[26]。而且夏仁宗应该是对瓜州情
有独钟，有可能曾经带着宫内宿卫官兵和国师等亲宠随从到过此地，并在榆林窟
等地开窟造像。我们在瓜州榆林窟和东千佛洞现存洞窟壁画中，仍可见到一些他
们当年从事佛事活动的证据。

西夏专家史金波、白滨在榆林窟的 16 个洞窟中，共找到了 47 条西夏文题记。
这些题记总共包含了 841 个字，内容可分为三类，即"供养人榜题""发愿文""巡
礼题款"[27]。仔细检索分析这批珍贵题记资料，我们注意到一些极为有用的线索，
可以帮助我们了解西夏仁宗皇帝可能在瓜州榆林窟逗留并从事佛事活动的情况：

第 15 窟题记：

> 南方阁普梅那国番天子
>
> 国王大臣官律菩萨二……
>
> ……当为修福
>
> 写……? ……病
>
> 写……? 夜? 与[28]

这五行题记，讲的应该是某日夜，皇帝生病，大臣官员为其写经祈福，祝愿
其早日康复。这里的"南方阁普梅那国"就是西夏国，这个"番天子"就是西夏
国皇帝[29]。虽然我们无法完全肯定这个生病的西夏国皇帝就是夏仁宗，但皇帝夜
晚生病，大臣官员马上知道并举办抄写经文仪式为他祈福，应该是大家一起住在
瓜州行宫，或者就住在榆林窟前，才有可能做到。由于夏仁宗是唯一记载曾经以
瓜、沙为活动中心的西夏皇帝[30]，我们有理由相信，这组西夏文题记里记载的"番
天子"就是夏仁宗。

第 25 窟西夏文题记众多，其中有提到"拜君"二字。又提到"圣恩思佛……
塔亦疾早愿行……造玉瑞圣"[31]。这里的"造玉瑞圣"有可能是指用玉造皇帝像，

---

[26] 西夏仁宗朝权臣任得敬欲将西夏国一分为二时，"欲以仁孝处瓜、沙，已据灵、夏"（《西夏书纪》卷三七，《西
夏纪》卷二五）。说明瓜沙当时是具备了与西夏相抗的相对实力的。

[27] 史金波、白滨：《莫高窟榆林窟西夏文题记研究》。

[28] 史金波、白滨：《莫高窟榆林窟西夏文题记研究》。

[29] 史金波、白滨：《莫高窟榆林窟西夏文题记研究》。

[30] 史金波、白滨：《莫高窟榆林窟西夏文题记研究》。

[31] 史金波、白滨：《莫高窟榆林窟西夏文题记研究》。

图405　榆林窟第29窟"国师主持烧施供养仪式图"

以求圣疾早去，天降祥瑞。另外，题记又提到有"男女一百余/时彼岸……果证……故大乘忏悔……因/供养……做令以此善根取当今/圣帝王座如桂如当全神寿万随身"[32]。显然，这是官僚及其眷属一百多人为当今皇帝祈福，祝愿其长寿，得"神寿万随身"。同窟题记里再次提到"圣帝、大官"，并有"……丑年中正月二……瓜州监军……/子瓜州监军司通判赵祖玉"题记，这个"……丑年"据研究是夏仁宗时期的"癸丑年"，即1193年[33]。那么，题记里提到的"当今圣帝"或"圣帝"就是夏仁宗李仁孝。而"大官"则应该是瓜州监军司最高长官，其名字已看不清楚。

更加有力的证据见于供养人题记保存较为完好的第29窟。该窟供养人像前画了一位西夏高僧，题名为"真义国师昔毕智海"[34]。这个姓昔毕的西夏国师亲自来主持第29窟内供养仪式，他应该是随仁宗皇帝一起来到瓜州的。而且该窟的主要供养人几乎都是瓜州、沙州的军事、行政高官，包括皇帝的侍卫统领兼史官向赵。国师是西夏国僧侣的最高级称谓，国师一般随侍皇帝左右，常给皇帝提供

---

[32] 史金波、白滨：《莫高窟榆林窟西夏文题记研究》。

[33] 刘玉权：《榆林窟第29窟窟主及其营建年代考论》，敦煌研究院编《段文杰敦煌研究五十年纪念文集》，世界出版公司，第357~365页。

[34] 史金波、白滨：《莫高窟榆林窟西夏文题记研究》。

咨询,国师昔毕智海和宫廷侍卫长兼史官向赵在榆林窟的出现,也表明仁宗皇帝
有可能来到了瓜州。

由于夏仁宗时期西夏国政经形势总体稳定,而仁宗皇帝重视瓜、沙地区的发
展,可能亲自来到瓜州居住并做法事,带来了西夏首都高度发达亦趋成熟的艺术。
除国师、高僧等宗教界上层人士外,可能也带来了宫廷画师。榆林窟新开凿绘制
的洞窟,如第 2、3、29 等窟应该就是此时修建的。这批洞窟在题材内容和艺术
风格上,都与前代洞窟大异其趣,展示了西夏成熟期佛教艺术的最高成就,是我
们研究西夏宗教、艺术、文化的珍贵材料。

敦煌在夏仁宗统治期之前是回鹘人、汉族归义军残部和西夏军队拉锯争夺的
地区。三方势力都信仰佛教,但在当地历史更长的回鹘人和汉人更有制作佛教艺
术的动力和经验,因此,在敦煌莫高窟继续制作佛教艺术者主要是回鹘人和汉人,
我们在莫高窟这一时期的壁画中可以明显看出这一特点。

随着敦煌地方历史研究的推进,刘玉权先生对西夏时期的瓜、沙地区石窟做
了新的分期研究,从原划分为西夏的 80 余个洞窟中划分出来了 23 个沙州回鹘政
权所修建的洞窟,其中莫高窟 16 个。这 23 个回鹘洞窟中,有 13 个洞窟绘有回
鹘供养人画像,其中绘有回鹘王、王妃、王子供养像的洞窟就有 6 个 [35]。证实了
回鹘人是这个时期佛教艺术的主要供养人。回鹘王和王妃的供养画像都画在洞窟
甬道的两壁,这是唐、五代以来画窟主和主要供养人画像的位置。回鹘王和王妃
的供养画像绘在这个位置,说明他们主要继承了归义军时期莫高窟佛教艺术的旧
有传统。但是,这些洞窟的艺术风格和洞窟中所绘的回鹘王、王妃、王子以及侍
从的供养人画像,从人物造型、衣冠服饰上都与高昌石窟、北庭寺院中的壁画风
格、供养人画像十分相似,其回鹘族艺术的民族特征也是很明显的。

莫高窟第 409 窟东壁绘有回鹘王供养像,其头戴桃形云缕冠,身穿圆领窄袖
团龙袍,腰束革带,上垂解结锥、短刀、火镰、荷包等物件,脚穿白色毡靴,手
执香炉礼佛。回鹘王身旁立一少年,其穿着打扮与王相同,应是王子。回鹘王身
后侍从八人,分别为其张伞盖、执扇、捧弓箭、举宝剑、执金瓜、背剑牌。侍从
均穿圆领窄袖袍,上饰三瓣或四瓣小花,束腰带。这幅保存完整的《回鹘王

---

[35] 刘玉权:《敦煌西夏洞窟分期再议》,《敦煌研究》,1998 年第 3 期。

图406　敦煌莫高窟第409窟"回鹘王礼佛图"　　图407　敦煌莫高窟第409窟"回鹘王眷属礼佛图"

礼佛图》为西夏时期莫高窟的佛教艺术供养人主要是回鹘人提供了重要证据。

此窟东壁回鹘王的对面，画《回鹘王眷属礼佛图》。王妃们头戴桃形金凤冠，头发间插花钗，身穿窄袖翻领长袍，手执花束。这是典型的回鹘贵族妇女装束，与汉族和党项族妇女的头冠、服饰有明显区别。

西夏时期，敦煌莫高窟重绘了大量前代洞窟，重绘者既有回鹘人，也有当地的汉人和新来的党项人。各族势力之间既有武力争斗，也有和平相处，甚至相互通婚者[36]。总的来看，敦煌莫高窟西夏时期的艺术具备如下特点：

一、佛教艺术品的制作数量较大，但基本都是在前人修建的洞窟里修补重绘，没有开凿新窟[37]。因此，这些由回鹘人、汉人和西夏党项人制作的佛教艺术品主

---

[36] 榆林窟第29窟的施主是从敦煌专门到瓜州榆林窟来建窟供养的党项族高阶军官赵麻玉。根据窟内壁画上现存"施主岳母"的题记，这个西夏党项族军官就娶了敦煌当地汉族大姓曹家的女子为妻。

[37] 谢继胜先生提出莫高窟第464、465窟为西夏早期洞窟，值得重视。但这两个窟的现存状况比较复杂，洞窟的开凿时间和壁画的绘制时间可能有别，而且壁画的题材和风格与榆林窟同时期的壁画差别太大，到目前为止，我们认为这两个窟是元代绘制的可能性更大。

图408　敦煌莫高窟第246窟西夏《团花图案》

图409　敦煌莫高窟第16窟西夏《龙凤藻井》

图410　敦煌莫高窟第328窟西夏《供养菩萨》

要是以礼佛供养为目的，也就是作"功德"，为死后进入极乐世界作准备。

　　二、艺术题材较为简明，窟顶主要绘团花图案和龙、凤藻井，四壁则以"贤劫千佛"[38] 或菩萨像为主，经变题材则有简单的《西方净土变》《药师经变》《观音经变》等[39]，也主要是前代壁画题材的延续，并无明显创新。

　　三、艺术风格主要是延续敦煌中、晚唐壁画开始流行的大面积绿色基调，辅以红色线条，实际是前代归义军曹氏画院的风格。估计敦煌当地的画家在西夏攻陷沙州后，继续在为回鹘人、汉人和党项人工作，绘制佛教壁画，所以画法也没有多大变化。

　　瓜州现存西夏时期的洞窟主要集中在榆林窟和东千佛洞，其中榆林窟的西夏洞窟保存最完好，这里我们主要以榆林窟的西夏窟来与同期的敦煌莫高窟略作比

---

[38] 莫高窟壁画中的千佛，早期洞窟壁画里主要是过去、现在、未来"三世三千佛"，到了西夏时期，则只画"贤劫（现在）千佛"。晚唐第16窟内现存西夏壁画千佛榜题就全部是"贤劫千佛"名号。

[39] 宁强：《敦煌石窟寺研究》，甘肃美术出版社，2012年，第236~237页。

图411 榆林窟第2窟西壁南侧《水月观音》

较，以说明瓜沙西夏石窟艺术的异同。

榆林窟西夏洞窟现存有4个，即第2、3、10、29窟[40]。其中第2、3窟位于崖壁底层，进出方便。此二窟相邻，内容相关，应该是同时规划建造的。其内容之丰富、艺术水准之高超，堪称西夏石窟艺术之典范，很有可能是夏仁宗从首都带来的国师及高僧设计建造，有西夏宫廷画师参与绘制完成的。而第29窟则位于较偏远的崖面，这个特殊位置的选择，可能与其用于特殊的供养仪式有关。第10窟损毁严重，难以详论。

当我们把建造绘制时期大致相同的三个榆林窟夏仁宗时期的洞窟放到一个共同的历史背景下来考察，可以看到如下特征：

一、此西夏三窟的建筑形制完全一致，均是方形平面窟，覆斗顶，中心部位设坛，坛上塑像。这种标准化的建筑式样，可能与西夏流行的一种名为"烧施"的法事活动有关。榆林窟第2、3、29窟窟内壁画都有明显的烟熏火燎的痕迹，应该就是在窟内多次举办"烧施"法会的结果。特别是第29窟，窟内壁画烟熏状况非常严重，可能是多次举办"烧施"法会造成的，而且该窟壁画中有描绘西夏国师主持"烧施"法会的画面，更为直接地表明了此窟主要用于举办"烧施"法会的实用功能[41]。

二、榆林窟西夏三窟壁画的题材有许多共通之处，既有经过整合的西夏佛教特色题材，又有汉地佛教的流行内容，也有藏传佛教内容，是夏、汉、藏三合一的题材，反映了西夏仁宗时期折中的宗教信仰和图像构成特征。

三、榆林窟西夏三窟的艺术风格也表现出夏、汉、藏三个艺术传统兼容并存

[40] 敦煌研究院：《敦煌石窟内容总录》，文物出版社，1996年，第204~221页。

[41] 详见宁强、何卯平：《西夏佛教艺术中的"家窟"与"公共窟"——瓜州榆林窟第29窟供养人的构成再探》，《敦煌学辑刊》，2018年第4期。

的特征。以第3窟壁画为例，左右两壁上的净土变是典型的西夏风格，净土里的水池变得很小，大片的绿色草地取代了原来的"八功德水"，反映了草原民族对草地的喜爱。而窟门两侧的文殊变和普贤变则采用了汉地流行的画法，特别是背景山水以水墨为主，反映出南宋院体山水画的明显特征。而窟顶和净土变两侧的壁画则是明显的藏传佛教画风格。这种夏、汉、藏三种传统并存的艺术风格特点，与夏仁宗时期的宗教文化特征是相吻合的。

图412　榆林窟第3窟《西方净土变》

夏仁宗李仁孝的生母是汉人曹氏，仁宗即位后，尊其母曹氏为"国母"，与其庶母任氏并立为太后。仁宗之妻罔氏皇后虽是党项人，但对汉文化极为喜爱遵从。李仁孝即位后，于1144年5月遣使赴宋朝，向宋朝献珠玉、金带、绫罗、纱布、马匹等物，恢复了与

图413　榆林窟第3窟"山水画"

宋朝中断了近二十年的使节往来。又在夏国内各州县设立学校，教授儒学，甚至在皇宫中设立"小学"，置教授，还与皇后一道亲自给学生讲课。1146年，李仁孝模仿宋朝制度，建立"太学"，又尊孔子为文宣帝。1161年，李仁孝设立"翰

图414　榆林窟第3窟藏传风《曼陀罗》

林学士院"，以王金、焦景颜等为学士，又命王金掌管国史，纂修《李氏实录》。总之，在夏仁宗时期，以宋朝为楷模的汉文化传统在西夏被趋之若鹜。

1159 年，夏仁宗派使者到西藏，奉迎噶玛噶举教派始祖都松钦巴。都松钦巴派大弟子格西藏琐布赍经像到凉州，李仁孝奉其为上师，并组织人力大规模翻译他带来的佛经，估计格西藏琐布带来的藏传风格佛教画也开始在西夏流行开来，因此，许多佛教艺术家都以 1159 年为上限来判定西夏藏风佛教画的制作时间[42]。虽然有学者撰文对以 1159 年为上限给西夏藏风佛教画断代提出质疑，认为有些西夏藏风佛画制作时间应该更早[43]，但用 1159 年藏传佛教画开始流行于西夏，特别是皇家寺院壁画的记载来比对瓜州榆林窟的西夏壁画，其时代特征是完全吻合的。因此，我们把瓜州榆林窟的三个西夏洞窟，即第 2、3、29 窟的营造时间定在 1159~1193 年这段时间内应该是合理的。而且，此三个洞窟的建筑形制、壁画内容、艺术风格也有明显的一致性，其建造时间应该是大致相同的。

总之，西夏时期的敦煌石窟艺术与瓜州同期石窟明显不同：敦煌主要是继承前代石窟壁画的题材和风格，很少创新；瓜州则修建了一批形制独特、内容新奇、风格迥异的"原创新窟"，集中展示了西夏石窟艺术的民族特色。

瓜州现存两处重要的佛教石窟群，即榆林窟和东千佛洞。根据敦煌研究院的

[42] 谢继胜：《吐蕃西夏历史文化渊源与西夏藏传绘画》，《西藏研究》，2001 年第 3 期。

[43] 谢继胜：《吐蕃西夏历史文化渊源与西夏藏传绘画》。

统计，榆林窟现存西夏原创洞窟 4 个，编号为第 2、3、10、29 窟[44]。这些西夏窟
至少有两个共同的特征：一、洞窟形制均为覆斗顶方形殿堂窟，窟内中心设祭坛，
显示其为举办宗教仪式的空间；二、这些西夏洞窟内四壁和窟顶壁画上均有明显
的烟熏痕迹，而且，这种烟熏痕迹与普通生火做饭的柴火烟熏留下的墨黑色不同，
是一种深灰色油腻烟熏痕迹，没有把壁画完全覆盖掉，透过半透明的特殊烟熏层，
我们仍可看清下面的壁画，可能是西夏人在窟内举办"烧施"供养仪式留下的痕迹。
这些共同特征表明，瓜州西夏石窟是明显不同于前代石窟的原创洞窟，具有自己
独特的宗教功能和含义。特别是瓜州榆林窟第 29 窟，不仅洞窟建筑形制保存相
对完整，壁画内容极为丰富，而且供养人数量多达 100 多身，其中窟内西壁[45]门
两侧的男女供养人像旁边还保存有大量西夏文墨书题记，为我们研究该窟的性质
和功能提供了直接而确凿的证据。因此，本书以榆林窟第 29 窟为案例，从供养
人构成的角度，解析西夏石窟艺术的独特性质和功能。

　　榆林窟第 29 窟是营建年代较为清晰、建筑形制基本完整、窟内壁画保存较
为完好的典型西夏窟。尽管中心佛坛上原有的西夏彩塑已损毁无遗，窟内壁画也
被严重烟熏，我们仍然能够通过壁上留存的供养人画像及其西夏文题记，弄清该
窟施主的身份和主要供养人的构成情况，考订该窟的建造时间和营建时的历史背
景，进而辨识整窟壁画各部分之间的内在联系，从而对整个洞窟的设计意图和功
能做出解释。通过对榆林窟第 29 窟的案例分析，我们可以对瓜州的西夏石窟艺
术以及西夏的政治、经济、军事、文化的特征，有一个较为深入的了解。

　　早在 20 世纪 50 年代中，已经有专家根据榆林窟第 19 窟甬道北壁上留存的汉
文题记里有"乾祐廿四年……画秘密堂"的记载，提出第 29 窟可能是西夏时期修
建的洞窟[46]。20 世纪 60 年代初，宿白先生就建议，榆林窟第 29 窟可能是第 19 窟
汉文题记里提到的"秘密堂"，其绘制时间，应该是 1193 年（夏仁宗乾祐二十四年）。
1996 年，刘玉权先生在《段文杰敦煌研究五十年纪念文集》里发表了《榆林窟第

---

[44] 敦煌研究院编：《敦煌石窟内容总录》，第 204~221 页。

[45] 第 29 窟的具体方位各家说法不统一，宿白先生记窟门开于西壁，刘玉权先生也说窟门开于西壁，然而，
　　敦煌研究院编《中国石窟·敦煌莫高窟》一书则说窟门开于南壁，谢继胜先生《西夏藏传绘画》采用了
　　窟门开于南壁的说法。刘玉权先生 2014 年发表《榆林窟第 29 窟考察与研究》一文，文中发布了第 29
　　窟平面图并注明了具体方位，说明该窟确实是东西向，窟门和供养人画像都位于西壁上。

[46] 敦煌文物研究所：《安西榆林窟勘查简报》，《文物参考资料》，1956 年第 10 期。

29 窟窟主及其营建年代考论》一文，进一步论证了宿白先生的观点[47]。

　　榆林窟第 19 窟主室甬道北壁上的汉文刻画题记全文为 "乾祐廿四年……日画师甘州住户高崇德小名那征到此画秘密堂记"。除这条汉文题记外，刘玉权先生又将榆林窟第 25 窟内保存的西夏文题记中的 "□丑年" 推定为 "癸丑年（1193年）"，并以题记中残存的供养人名赵祖玉、没力玉等为辅证，进一步论证了第 29 窟的绘制时间应该是 1193 年[48]。我们同意宿白先生和刘玉权先生的推论，即榆林窟第 29 窟就是第 19 窟汉文题记里提到的 "秘密堂"，其壁画绘制时间是 1193 年。同时，我们认为第 29 窟被称为 "秘密堂" 的原因，可能与该窟北壁西侧藏传佛教图像中的金刚手 "大力尊者"（又称 "秘密主"）有关[49]。

　　刘玉权先生在上引同一篇文章里，使用史金波、白滨和陈炳应翻译的榆林窟现存西夏文题记，对 29 窟西壁窟门南北两侧共 20 多身供养人的姓名和身份作了较为详细的考证，为我们了解其中部分供养人的姓名和身份提供了方便。但是，刘玉权先生的考证结果存在重大疏忽，导致其认为榆林窟第 29 窟为赵氏 "家窟" 的结论偏离事实。

　　第 29 窟西壁入口窟门两侧画有大幅的供养人像，门南边是男性供养人，门北边是女性供养人。男性供养人分为上下两排，上排最前面有一幅与供养人行列分开的矩形画框，内画坐在方形高座上的国师，其身后有

图415　榆林窟第29窟西壁门南侧男供养人

---

[47] 刘玉权：《榆林窟第 29 窟窟主及其营建年代考论》。

[48] 刘玉权：《榆林窟第 29 窟窟主及其营建年代考论》。

[49] 第 29 窟左右内壁画藏传佛教的两尊金刚像，其中一尊右手上举、握金刚杵者，是大力尊者 Vajrapani，也叫 "秘密主"。此窟当时被称为 "秘密堂"，估计与这尊 "秘密主" Vajrapani 有关。

一童仆撑起伞盖，国师的右前方有一张供桌，桌上有四盘食物和一个有烟筒的小火炉，应是"烧施"法事的用具。座前有一名红衣僧人双手捧大碗未烧的食物，准备递给主持"烧施"仪式的国师，另外有九名僧人围坐或站立诵经。高座上的国师头戴四莲瓣僧帽，身穿大红袈裟，端坐在高座上，神情肃穆。国师左手置腹前，手掌摊开向上，掌上之物可能是火石，右手前伸，拇指与食指拈已经点燃的火柴状小棍，正准备开始"烧施"仪式！该图前上方有一行西夏文题记，汉译为："真义国师昔毕智海。"[50] 昔毕是西夏党项人的姓，说明这个国师与皇帝同是西夏党项人，而且证明"烧施"供奉在西夏是隆重大法事，由国师主持。这幅画里的国师和其他僧人即是在作法事，参与"烧施"供养活动，这与我们常见的简单排队站立列名的"施主"供养人有明显区别。这条"真义国师昔毕智海"题记保存完好，其中没有"一心归依"字样，表明其不是供养人。国师坐在高座上点火，也不是供养人常见的肃穆恭敬站立礼佛姿势。其他僧人或坐或站，都是参与作法事的姿态。因此，他们都不是普通意义上的供养人，而是举行"烧施"仪式的参与者。

在"烧施供奉图"的后面（右侧），第一位施主是一个西夏国军官，其旁边的西夏文题记译作："……沙州监军……执赵麻玉一心归依。"[51] 沙州监军司建立很晚，我们只有在夏仁宗时期的文献中才见到"沙州监军司"的记载[52]，因此，这条西夏文题记中出现的"沙州监军"头衔证明此窟壁画不会是夏仁宗登基（1139年）前绘制的。赵麻玉身形高大着正式武官服，戴莲花冠幞头，脚穿皮靴。虽然文字题记已残破，无法识别他在沙州监军司的具体职务，但从他身后那身供养人的职务（正统军使[53]）推测，赵麻玉可能就是沙州监军司最高军事长官"正统军使"。

赵麻玉身后的这身男供养人身形挺拔，服饰头冠等与之完全一样，他们的身份官阶应该是同等的。此第二身供养人的西夏文题记保存完整，译为："内宿御史司正统军使向赵一心归依。"[54] 这个名叫向赵的人同时在内宿司和御史司任职，

[50] 史金波、白滨：《莫高窟榆林窟西夏文题记研究》。

[51] 史金波、白滨：《莫高窟榆林窟西夏文题记研究》。

[52] 关于"沙州监军司"的记载最早见于夏仁宗时期的西夏文文献《天盛鼎新律令》。参见陈炳应：《贞观玉镜将研究》，宁夏人民出版社，1995年，第15页。

[53] 史金波、白滨：《莫高窟榆林窟西夏文题记研究》。

[54] 史金波、白滨：《莫高窟榆林窟西夏文题记研究》。

图416　榆林窟第29窟西壁门南侧男供养人（西夏武官）

内宿司是皇帝的御林军，向赵是御林军的统领"正统军使"，而且还在御史司兼职，估计是顺便记录皇帝的起居活动等。向赵在榆林窟的出现，表明夏仁宗可能亲自来到了瓜州，他的侍卫长兼御史官自然必须陪同。向赵的官阶与赵麻玉是同等的，但显然与皇帝更亲近，这里作为主要供养人被画在赵麻玉身后，推测赵麻玉应是出钱开窟的主要施主，为了结交皇帝侍卫长，把向赵作为主要供养人之一画在与自己并列的位置上[55]。向赵身后的小男孩名叫没力玉，其题记汉译为："孙没力玉一心归依。"[56] 由于此小孩画在向赵身后，所以他应该是向赵的孙子[57]。第三身供养人比前面两身略低，服饰和幞头也比前两身简略，其题记译作："儿子……军讹玉一心归依。"[58]此人画在向赵身后，从其装束上看，也是个军官，题记上则直接称"儿子"而非"施主儿子"，所以他应是向赵的儿子，没力玉的父亲。其后为三个童仆。

　　第29窟男供养人画面下部另起一行画供养人一组，与上面完全分开。第一身男性在同组供养人中最为高大，服饰与头上幞头跟上面一行的前两身供养人同，其题记为"……瓜州监军……"[59]。此人应是瓜州监军司的高级军官，身份比赵麻

---

[55] 刘玉权先生认为这个人被画在赵麻玉身后就应该是他的儿子，这是不对的。如果是施主的儿子，画像旁边的题记一定会明确说明。下排第三身供养人是赵麻玉的长子，题记就明确写他是"施主长子"，没有一点含糊。

[56] 史金波、白滨：《莫高窟榆林窟西夏文题记研究》。

[57] 此小孩的图像和文字题记是画在一张纸上补贴在墙上的，可能施主与画师最初设计壁画时，并未考虑或并不知道向赵的这个孙子，所以知道后才补贴上去。如果是施主自己的孙子，他自然一开始就知道，不会是补贴上去。而且如果是他自己的孙子，也该贴在施主自己身后，不该贴在向赵身后。

[58] 史金波、白滨：《莫高窟榆林窟西夏文题记研究》。

[59] 史金波、白滨：《莫高窟榆林窟西夏文题记研究》。

玉、向赵略低，所以安排在下部，但他比下排这组里其他供养人的身份都要高，所以画在下排第一位。下排第二身男性身形略小，也是军官服饰，题记残损严重，西夏文专家仅辨识出了"座……臣语……"[60]。这三个字的位置并不相连，故含义难解，但应该是说明这位军官的职位和姓名的文字。下排第三身也是军官装束，身形与前面两位相似而略低，其题记保存完整，汉译为："施主长子瓜州监军司通判奉纳赵祖玉一心归依。"[61]这条题记明确写明这个武官是上排第一身供养人施主赵麻玉的长子，名叫赵祖玉。他虽然是施主赵麻玉的长子，但其官阶、身份比向赵和他前面那两位瓜州监军司的军官要低，所以画在下排第三身的位置。赵祖玉身后有五个成年男性供养人，其服装、头饰均显示他们不是武官。这些供养人的题记残损太严重，难以识别其具体身份，但其中也有个别字词有重要参考价值：第四条"……子……"；第五条"……承旨"；第六条"……司……"；第七条"……嵬名……"；第八条"……铁狗一心归依"。[62]这里的"承旨"是西夏官名，表明那个士绅模样的人是个文官。"司"是"监军司"的最后一个字，大概也表明那个供养人的官员身份。"嵬名"是西夏党项大姓，表明那个供养人是西夏贵族。"铁狗一心归依"则表明了此人的供养人身份。

刘玉权先生在《榆林窟第29窟窟主及其营建年代考论》一文中，把内宿御史司正统军使向赵判定为赵麻玉的儿子[63]显然是错误的。在莫高窟和榆林窟的家窟供养人排列中，家族的长子通常是排列在所有弟弟之前的，而在榆林窟第29窟，施主的长子赵祖玉排在下排第三位，如果按刘玉权先生的说法把此窟定为赵氏家窟[64]，这样的排列方式就不符合正常伦理逻辑关系。而且这些男供养人中，能判定为施主家人者，仅有其长子赵祖玉一人，因此，将榆林窟第29窟定为赵氏"家窟"显然是不对的。

从榆林窟第29窟男性供养人的构成来看，此窟的营建是由施主沙州监军司

[60] 史金波、白滨：《莫高窟榆林窟西夏文题记研究》。刘玉权的论文忽略了这个军官的存在，直接把施主的长子排到第二位，这是明显错误的。参见刘玉权：《榆林窟第29窟考察与研究》，敦煌研究院编《榆林窟研究论文集》，第284~385页。

[61] 史金波、白滨：《莫高窟榆林窟西夏文题记研究》。

[62] 史金波、白滨：《莫高窟榆林窟西夏文题记研究》。

[63] 刘玉权：《榆林窟第29窟窟主及其营建年代考论》。

[64] 刘玉权：《榆林窟第29窟窟主及其营建年代考论》。

高官赵麻玉联合内宿御史司的正统军使向赵父子（加上孙子没力玉）、瓜州监军司高官某某、高官某某、施主的长子赵祖玉，加上五位瓜沙地方文官和富有的贵族士绅共同完成的。显然，榆林窟第 29 窟是一个以西夏武官为主、文官为辅、官民合资、社会共建的"公共窟"。其营建背景，可能是皇帝莅临瓜州时病重，沙州监军司最高长官正统军使赵麻玉赶来瓜州探望护卫，并联合内宿御史司正统军使向赵父子和瓜州监军司军官某某、某某，以及自己在瓜州监军司任职的长子赵祖玉，并瓜沙地区文职官员、富有贵族士绅等，共同建造此窟，为皇帝祈福。考虑到壁画绘制完成的 1193 年已经是仁宗皇帝逝世的时间，而像榆林窟第 29 窟这样规模的洞窟从开始凿窟兴建到绘制完成一般需要三年或以上时间，此窟某些壁画的绘制已经有为仁宗皇帝亡灵追荐的意味[65]。

　　第 29 窟的女供养人画在西壁入口的北侧，也分为上下两排。上排最前与窟门另外一侧"烧施供奉图"相对应的位置，单独设计一矩形画框平面，内画一位双手相合置于下腹部、双脚交叉重叠作禅定姿态在洞窟里修行的僧人。与对面国师形象相似，该僧人头上也有圆形头光，而且其左右两边各有一个画得很小的供养人，表明该禅定僧人的地位很高。僧人面前有一个长条形供案，案上有贡品，前面空地右边是一站立双手合十的男供养人，左边则有一僧一俗二成年人，貌似正与对面的供养人说话。这幅"高僧禅定图"右侧有一条西夏文题记，共两行，第一行残，译为"出家禅定……那征一心……"，第二行剩两字，译为"提？"[66]。

　　关于西夏时瓜州当地叫那征的人，榆林窟现存有 2 条西夏文和 1 条汉文题记。除了第 29 窟"高僧禅定图"中的"……那征一心……"，在第 25 窟内还残留了一条西夏文题记，译为"行善那征……"[67]。相关的汉文题记见于第 19 窟通道北壁，是刀刻而成的汉字，内容为："乾祐廿四年……日画师甘州住户高崇德小名那征到此画秘密堂记。"[68]据多位学者的研究，这个那征所画秘密堂就是第 29 窟，壁画绘制时间是在 1193 年[69]。换句话说，绘制第 29 窟"高僧禅定图"的画家正是那征，

---

[65] 关于夏仁宗可能造访瓜州，停留期间生病，其随行官员、僧侣在榆林窟为其做法事祈福的情况，请参考宁强、何卯平：《瓜州榆林窟西夏石窟营建年代新探》（完稿待刊）。

[66] 史金波、白滨：《莫高窟榆林窟西夏文题记研究》。

[67] 史金波、白滨：《莫高窟榆林窟西夏文题记研究》。

[68] 刘玉权：《榆林窟第 29 窟考察与研究》，上海辞书出版社，2011 年，第 388 页。

[69] 刘玉权：《榆林窟第 29 窟考察与研究》。

图417　榆林窟第29窟西壁门北侧女供养人

他是居住在瓜州邻近地区甘州的西夏文、汉文都通的党项族画家, 这从他同时使用高崇德和那征这两个名字得到证明。我推测, 这条写在第29窟"高僧禅定图"中的"出家禅定……那征一心……提?"是画家完成该幅作品之后题写的"画后记", 并非供养人题记。而这幅女供养人上排前面的"高僧禅定图", 与对面男供养人上排前面的"烧施供奉图"一样, 都不是普通意义上的供养人画像, 而是单独的对这位禅定高僧的供奉图, 或可定名为"供奉高僧图"。

　　上排第一身女供养人像比她身后的其他供养人高大, 头顶戴冠, 身着右侧开叉的碎花图案长袍, 双手合十捧一枝带叶的鲜花, 身前题记译为: "故岳母曹氏夫……一心归依。"[70] 这条题记说明，这个曹氏是施主赵麻玉的已故岳母，推测西夏军官赵麻玉到沙州做官，为了稳定当地局面，加强与被打败的沙州地方汉人势力的联系，共同对付沙州回鹘残余势力，娶了沙州原来实力最强的破落贵族曹氏家族的女子为妻。

第二身女供养人姿势、头冠、服饰等都与第一身相同，但身材略矮，长袍的颜色也不一样。其身前的题记漫漶不清，无法辨识。无法证明是否是对面相对应位置男供养人内宿御史司的正统军使向赵的妻子。

第三身女供养人比前两身要矮胖一些，身穿团花长袍，头上除戴冠之外还插有七根金钗。敦煌晚唐第156窟《张议潮夫妇出行图》中的"宋国夫人"头上戴九根金钗，是一品国夫人身份象征。估计西夏这位女供养人比"国夫人"要低。我们在西夏仁宗天盛年间（1149~1169年）颁布的《律令》没有查到对夫人们头上金钗数目的具体规定，但这个女供养人头上的七根金钗，应该是她身份地位的象征。该女供养人身前的西夏文题记有两行，第一行译作"故先行愿施主夫人褚氏"，第二行（残）译作"……一心归依"[71]。题记表明这位女供养人是施主的已经亡故的妻子。这位施主夫人姓褚，当是西夏党项族人，应该不是排在第一位的已故岳母曹氏的女儿。这个曹氏可能是赵麻玉现任妻子的母亲，所以在女供养人中排第一位。已故的前妻褚氏像的前面有一个小女孩，身后还有两个小男孩，估计都是褚氏生养的子女。

下面一行女供养人共六身，均面向右侧排列，从右到左身高逐渐降低，

图418　榆林窟第29窟西壁门北侧"供奉高僧图"

[70] 史金波、白滨：《莫高窟榆林窟西夏文题记研究》。

[71] 史金波、白滨：《莫高窟榆林窟西夏文题记研究》。

图419　榆林窟第29窟西壁门北侧下排僧人与女供养人

应当是身份逐渐减低的排列方式。这六身供养人的前面，有一位身材十分高大的和尚。这位大和尚身穿右袒式袈裟，双手合十，领头供养。其身旁西夏文题记分为两行，第一行完整无缺，译作："出家和尚菴梵亦一心归依。"这个"菴"字是否为西夏人姓氏还有待证明，如果是姓，则其"和尚"身份无疑[72]。在女供养人行列前面画引导供养的和尚在西夏之前的敦煌壁画中很少见，看来这样的排列方式与西夏佛教信仰习俗有关[73]。第二行题记文字略残，译作"行愿者……有月成一心归依"。这行题记里的"行愿者"，名叫有月成，可能是西夏人。把他的供养人姓名与大和尚菴梵亦写在同一个题记框里，可能是表示大和尚代表他"行愿"，他自己的形象并未画出。

下排女供养人第一身的姿态、服饰与上排第二身几乎完全一样，其身旁有西夏文题记一行完整保存，译作："女宝金一心归依。"从题记内容看，这个名叫宝金的女供养人应该是行愿者有月成的女儿。

下排第二身女供养人比前面一身略低，但服饰相同，仅长袍的颜色有变化。身

---

[72] 刘玉权将此供养人识别为女性出家人，说她在"和尚菴"出家，这个"和尚菴"是"尼姑庵的别称"。我觉得把尼姑庵别称为"和尚菴"令人费解，可能是现代人的幽默想象。参见刘玉权：《榆林窟第29窟考察与研究》。
[73] 我们在黑水城出土的西夏绢画上，就可以看到男性上师引导女性供养人的场面。

旁西夏文题记存两行，第一行译为"赖氏女？金一心归"，第二行是一个"依"字。这两行题记文字是联通的，明确说明了这个姓赖的女子是一个独立的供养人，并非其他供养人的亲属。第三身到第六身女供养人像服饰一致，像前分别有一条西夏文题记，依次序译作："媳赖氏净？……一心归依""媳鲙啰氏女香一心归依""媳褚氏阿香一心归依""媳褚氏乐金一心归依"。这四个女子都是前面领头的赖姓供养人的儿媳妇，既有来自赖姓本家的女子，也有从鲙啰家、褚家嫁过来的女子。赖家的男人们是否就是画在对面的文官男供养人我们无法知晓，也许有关系，也许没有。

除了窟门两侧的 12 身男供养人和 9 身女供养人外，窟内左右侧壁下部还画有大量男女供养人像，全窟合计供养人数量多达 100 多身 [74]。从他们的装束和相关文字题记来看，这些供养人主要是西夏国的武将和文官及其家属，也有富有的士绅。这种文武官员合作，联络民间力量修建的石窟，应该被定性为"公共窟"。这种众人合力营建的"公共窟"，与前代流行的以家族成员为主体建造的家庙性质的"家窟"很不一样，众人开窟造像的目的，是为皇帝祈福，而且新建的石窟，可以为较大规模的"烧施"仪式提供建筑空间和图像支持，这就使西夏石窟具备了不同于前期石窟的独特功能，反映了西夏时期佛教石窟艺术的新特点。

如前所述，由于统治中心的东移，瓜州榆林窟的壁画在题材的丰富性和艺术成就上均已超过莫高窟，代表着西夏时期敦煌艺术的最高成就。在此，我想再挑选几幅比较典型的作品做一分析。

图 420 是榆林第 2 窟西壁北侧的"水月观音"。水月观音虽是观音三十三身中的一种，但并非直接出自印度梵文佛典，而是唐代中期在中国本土产生的，敦煌藏经洞出土的经卷中还有《水月观音经》一卷。水月观音的形象最初为唐代周昉所作，史载他"妙创水月之体" [75]，但其作品已经失传。由于水月观音对月临水，倚石沐风，有高人雅士风度，故深得中国文人士大夫的喜爱。白居易有一首名为《画水月菩萨赞》的诗："静绿波上，虚白光中，一睹其像，万缘皆空。弟子居易，誓心归依，生生劫劫，长为我师。"榆林窟这幅西夏水月观音，宝冠峨髻，衣袍宽松，斜倚坐在青石之上，姿态潇洒。下有绿水漾波，上有彩云追月，身后翠竹青青，脚旁荷花芬芳，清风徐来，披巾微荡，一派奇妙仙境。观音的头光和笼罩全身的

---

[74] 刘玉权：《榆林窟第 29 窟考察与研究》。

[75] （唐）张彦远《历代名画记》卷十，京华出版社，2000 年，第 81 页。

图420　榆林窟第2窟西壁北侧《水月观音》

透明光环，更增添了几分神秘。小河的对岸，唐僧玄奘正合十礼拜，身后举手眺望者正是后来《西游记》中大名鼎鼎的"孙悟空"，此时应称"猴行者"，故事传说看来出自《取经诗话》，因为此时《西游记》尚未诞生。

　　榆林第3窟西壁北侧和南侧分绘"文殊变"和"普贤变"，均场面宏大，气魄非凡，画中人物和背景均富特色。

　　北侧"文殊变"上部的山水图正是文殊所居的五台山。画面上山岭纵横、彩虹斜挂、楼阁巍峨、云气缥缈。山水主要用水墨画成，以大斧劈皴画山岩、危崖峭壁，与水色流云融为一体。这与宋朝李唐及马远、夏珪一派山水画法如出一辙。但此图并不单纯用水墨，而是薄施淡彩，使山水具有朦胧神秘之感，并能与下部彩画相协调。这幅山水正是西夏艺术家吸收宋朝汉地画家技法用于佛画创作的有益尝试。

图421　榆林窟西夏第3窟西壁北侧《文殊变》局部（山水）

图422　榆林窟西夏第3窟西壁北侧《文殊变》局部（人物）

　　同一幅文殊变下部的"圣众"，人物的衣冠服饰颇有特色，有托钵持杖着袈裟的游方僧人，也有戴菩萨冠、袒胸露乳披大巾、项圈手镯璎珞俨饰的西域式人物，还有头顶梳髻、留长髯，脚裹麻鞋的汉式仙人等等。人物形象以线描造型为主，略施淡彩，清新雅致。线条挺拔流畅，但少有轻重、缓急、燥润等笔趣，装饰感较强。

　　榆林第29窟主室东壁北侧的"药师经变"整个结构已与唐宋时的"药师变"模式大异其趣。此图上部是以立柱帏幔隔开的三间大殿，药师佛手持药钵端坐中殿，头光、背光放射光焰，庄重而神秘；两侧殿中侍立着日、月光菩萨和弟子天众；殿前是开阔的绿地，与佛殿中的绿地相同，听法的诸天圣众散布绿地之上，或坐或立，轻松自然；最前面有一小小的莲花池，池内有莲花、荷叶和化生；最下部边缘绘出一条云气，隔开凡俗世界与天堂，使美妙的药师净土犹如飘浮在天上一般。唐宋时的敦煌人为自己创造了一个充满净水、楼台、舞乐的净土天国，菩萨们可以随时入水中沐浴，"水之深浅，尽随人意"，这似乎是干旱戈壁上生活

图423 榆林窟西夏第29窟主室东壁北侧《药师经变》

图424 榆林窟西夏第29窟主室西壁北侧《西方净土变》局部
（莲花池）

图425 榆林窟西夏第3窟北壁中央《西方净土变》局部
（乐舞）

的人们自然生出的迫切愿望。而西夏人创造的净土天堂则是以他们喜爱的大草原为地，而且天堂里的圣众也不像敦煌唐宋天堂里的人物那样尊卑长幼秩序井然，而显得更加随意自然。在榆林第29窟主室西壁北侧，我们可以见到西夏人心中的"西方净土"（阿弥陀经变），同样是大片绿地为背景，前面画一小莲花池，人物散布于绿地之上。看来，在西夏人心目中，无论是"东方净土"还是"西方净土"，都应当是本民族喜爱的天地。

"天请问经变"从盛唐末年的第148窟首次出现以来，各代均有绘制，但大多相互模仿抄袭，基本没有摆脱以说法会为主体的单调格局。然而，在榆林第3窟北壁中央，我们见到了西夏时期绘制的完全不同于前代的"天请问经变"。此图后部双重楼阁及两侧回廊，最前方画三间楼阁并有栏台连接，前后两排建筑围成中间的院落形空间，院中也是宽广的绿地，两边各有一水池，池上起高楼。这样的建筑布局是前所未有的。佛居后殿正中，两边回廊有自然站立之天人菩萨，中间院落内有十大弟子、八大菩萨、诸天、四天王和八部众等，前部楼阁中有歌舞伎乐等。通过此图我们可见出西夏时期艺术家丰富的想象力和旺盛的创造力。同窟南壁中央的"观无量寿经变"布局与此相似，但又有许多不同之处，建筑物和各类人物均画得精细优美，有很高的艺术价值。

图426　榆林窟西夏第3窟东壁南侧《千手观音》局部（酿酒、锻铁）

西夏人还在榆林第3窟东壁南侧的"五十一面千手观音图"中表现了许多当时现实生活中的场景，如耕作、杂技、锻铁、酿酒等。其中的锻铁与酿酒场面，上部锻铁图中一人拉双扇风箱，可使炉内保持持续高温；另有两人正挥锤锻铁。下部的酿酒图画一妇女正添柴加火，服饰如女仆，另一妇女正举杯品赏；灶上放着方甑几重，顶端喷出水蒸气。从此图可知西夏人已开始制作蒸馏酒，并有家庭式的手工作坊。

由于西夏统治者对佛教各派和各民族文化采取包容并蓄的态度，不仅多次向宋朝请购《大藏经》，并广建寺院佛塔，贮存佛经，而且延请各族僧人前往讲经说法，"西夏仁宗仁孝天盛十一年（1159年）从西藏迎来了喇嘛教葛举派迦玛支系初祖都松钦巴的大弟子格西藏琐布，尊为上师"[76]。我们在榆林第3窟中既可见到宋朝汉地水墨山水画的影响，又能看到西藏佛教艺术独特风采。

[76] 记载出自藏文史书巴俄祖拉陈瓦《贤者喜宴》（1564年），转引自段文杰：《晚期的莫高窟艺术》，段文杰《敦煌石窟艺术论集》，甘肃人民出版社，1988年，第240页。

VI—2. 元代：蒙古供养人与密教艺术

1227年，蒙古成吉思汗灭西夏，同年三月破沙州，敦煌成为蒙古政权的辖地，比忽必烈灭宋（1279年）统一中国要早半个世纪。蒙古统治者很重视对瓜沙一带的经营，组织移民屯田，恢复水利设施，使敦煌一带的经济得以复生。由于蒙古人建立了地跨欧亚的庞大帝国，作为东西方陆上交通大干线的丝绸之路重新兴旺起来，敦煌的重要性亦再度显示出来。至元十七年（1280年）置沙州路总管府，常以诸王驻镇沙州，莫高窟现存的蒙、汉、藏、梵、西夏、回鹘六种文字的《六字真言碑》就是当时治镇沙州的西宁王速来蛮于1348年刻立的。

虽然蒙古统治者对各种宗教都持支持或宽容的态度，提倡"三教平心""以佛活心，以道治身，以儒治世"，但对西藏密教萨迦派却格外遵从，封该派藏僧八思巴为国师，赐玉印，掌管全国的佛教，并将西藏十三万户赠予八思巴作为供养，因此，西藏密教流行全中国。特别是河西一带邻近藏区，密教的影响更大。敦煌元代洞窟中就有西藏式密教艺术。

元代在莫高窟开凿的洞窟现存十个，窟形主要有三种：一是方形覆斗顶窟；二是主室长方形，后部有中心龛柱；三是前室圆形，后室方形，后室中心设大圆坛。此外还有前部人字披顶，后部平顶的式样，如第462窟。几类窟中第三种是新样式，四壁绘满密宗图像，正是藏密窟的典型式样。

元代莫高窟的塑像，现存者多被后人重妆过，完整原作难得，仅第95窟主窟中心柱东向面盝顶帐形龛内塑有六臂观音为主像，两侧各塑一天王、二菩萨，但这组塑像看来被重妆过。

元代洞窟中有两个壁画保存完好的典型洞窟：一个是藏密的第465窟；一个是汉密的第3窟。二者内容各具特色，表现形式也迥然相异，但艺术水准都相当高，正是两种风格并行发展的反映。

第465窟位于崖面北端，离主要窟区有一定距离。古时已被称作"秘密寺"。此窟前室略呈圆形、穹隆顶、后室覆斗顶方形窟，中心设呈阶梯状缩小的圆坛，坛上塑像已毁。窟顶中画大日如来，四披各绘代表东、西、南、北四方之佛，各佛又有诸天圣众环绕。窟内四壁绘大幅曼荼罗等，有妙乐金刚、胜乐金刚、吉祥金刚诸双身像。整窟画风细密精致，色彩浓艳，特别是对健美人体的生动刻画，与汉族绘画大异其趣。

　　第465窟窟顶南披的供养菩萨上身裸露，有项圈、臂钏、手镯和佩饰，下着短裙，整个人体显出矫健、灵活、充满生气。面相长方，颧骨、眉棱和下颌凸出，鼻高而坚挺，与藏民族人物面部特征相似。铁线描勾勒人体，显得细腻而富有弹性。背光中的水纹则用钉头鼠尾描，灵动自如。浅蓝色的人体在深紫罗兰色的背光和头光映衬下，格外醒目。深赭色璎珞和石绿色飘带与人体的色彩非常和谐。贴金的腰带和背光与头光的金边为画面增添了华美的色感。

图427　莫高窟元代第465窟内景

　　第465窟最引人注目的形象是所谓"欢喜佛图"，实即释迦牟尼佛为调伏欲界众生而显示的"双身像"。按密教仪轨，"其双身天王形象，夫妇二天令相抱立""各以二手互抱腰上"，而且要表现"六处之爱"。北壁中部的"双身像"，女像全裸体，右手高举指天，左手揽男像脖颈，右腿上提跨男像腿上，左腿蹬直与

图428　莫高窟元代第465窟窟顶南披"供养菩萨"

伸展的右膊形成一条优美挺拔的直线，鼓胀的乳房展示出动人的曲线。男像高大健壮，双手搂抱女像，面部作"愤怒"表情，以示以恶制恶之意。女像用褐红色绘成，男像以蓝色画出，底色则用淡红，对比强烈。男像身上系挂的骷髅形珠串，为画面增添了几分恐怖气息。有些双身像的上下左右以尺寸相近的方块联成条带，方块内

图429　莫高窟元代第465窟北壁中部"双身像"

图430　莫高窟元代第465窟南壁《欢喜金刚》框格内人像

人物形象的姿态和色彩与中间的双身像相类，看起来很像双身像的缩影或变体，产生出迷人的视幻艺术效果。

第465窟南壁"欢喜金刚图"四周框格内的人像三目，丰乳细腰，体形健美。左腿高高踢起，左臂从下绕过左腿手托一钵，右手握金刚杵。在火焰中腾起的姿势奇幻优美。画面以蓝、白、红做主色，对比强烈。

第465窟还有一些小幅的生活场景画，如"舂碓图"，画一人脚踏舂杠、手扶舂架正在舂米，另一人则用簸箕在碓窝里掏出舂好的谷米。旁边有一则汉藏文对应的榜题："云碓师"。这类画面为我们了解当时的生产、生活状况提供了方便。

第3窟位于洞窟集中区的北头，规模较小，形制为覆斗方形窟。窟顶藻井部浮塑四龙（中心残毁），四披画团花连珠纹图案（已模糊）。东壁门上画五坐佛，门南、北两侧各画菩萨像一身。南、北壁绘十一面千手千眼观音变各一铺。西龛内残存清代重塑菩萨像一身，龛壁上绘菩萨、墨竹等。龛外南北两侧各画菩萨两身。

北壁上的"千手千眼观音变"，即六观音之一，是由梵文 Sahasrabhujasahasrane traavaloKites-vara 意译而来。据《千手千眼观世音菩萨广大圆满无碍大悲心陀罗尼经》等记载，观世音在过去无量劫，听千光王静住如来说"广大圆满无碍大悲心陀罗尼"，发誓要利益一切众生，于是长

图431　莫高窟元代第465窟东壁《云碓师》

图432　莫高窟元代第3窟北壁《千手千眼观音变》

出千手千眼。此图人物不多，观音像居中，头作十一面，千手千眼；两侧以基本对称的方式描绘着婆薮仙、吉祥天、毗那夜迦、火头金刚等形象；上部为二飞天。这位从甘州来的名叫史小玉的画家[77]，看来在人物性格刻画上是有一定造诣的：观音的慈悲，金刚的威猛，吉祥天的端庄，婆薮仙的深沉，都表现得生动自然。

　　这幅"千手千眼观音像"的线描技巧尤为高超。画家根据对象的不同质感，选用不同类型的线描：观音的皮肤细腻莹洁而富有弹性，用圆润秀劲的铁线描表现；衣纹褶襞厚重质粗，用粗放的折芦描表现；金刚力士的筋肌鼓胀，用顿错分明的钉头鼠尾描表现；须发蓬松细亮，用飘逸的游丝描表现。不同线描的有机组合，使形象更加真实、饱满。此画的赋彩方法也较特殊，制作壁面时表层涂了一层均匀的细沙，并在壁面未全干时作画上色，使墨线的水分渗入壁面，墨色显得润泽而有一定透明感，色彩也因壁面湿气较重而显得清淡、莹润、透明，同时又突出了线描的主导作用，使色、线结合得柔和自然。

图433　莫高窟元代第3窟北壁《千手千眼观音变》局部（金刚）

　　下部的金刚三头八臂，造型奇特。双臂交叉于胸前，其余六臂伸出，各握杵、法轮、剑、铃等"法器"。面部表情凶狠，双眼圆睁，前额正中亦圆睁一眼。眉毛、胡须、头发伸向四周，画法是以淡墨染底，浓墨勾线，线条柔中带刚，流畅而有弹性，颇具"毛根出肉"之势。肉体用钉头鼠尾描，显得强健有力。

　　画面上部拐角处的飞天面相方圆，体态丰腴、造型短壮敦厚。上身半裸披巾，下着长裙，

[77] 第3窟西壁龛外南侧壁画观世音菩萨像前墨书："救苦救难观世音菩萨，上报四恩，下资三愿，息□□□□。"北侧墨书："甘州史小玉笔。"第444窟西壁龛内北侧后柱上墨书道人题记："至正十七年（1337年）正月六日来此记耳，史小玉到此。"同壁北侧前柱上墨书："至正十七年正月十四日甘州桥楼上史小玉烧香到此。"

手持莲花与荷叶,乘滚
滚翻腾的彩云向观音献
花供养,长长的云尾填
补了空白的三角形空间。
总的来看,这身飞天不
像唐代的飞天那样强调
飞动感,而是更注重装
饰性,反映了不同时期
审美趣味的转换。

图434　莫高窟元代第3窟北壁《千手千眼观音变》局部(飞天)

　　元代除了开凿新窟
之外,也重修了部分洞窟。第61窟原建于五代,元代覆盖重绘了甬道壁画,现
存场面壮观的炽盛光佛图。此图是根据《佛说炽盛光大威德消灾吉祥陀罗尼经》
画成的。画中的炽盛光佛手托法轮坐在大轮车上,前有诸天引导,车后龙旌飘扬,
金刚力士跟随,上有天人代表的"二十八宿",并有小圆轮内画双童、蝎子、天
平等象征的"黄道十二宫"。

　　第61窟炽盛光佛图中的护法神与"二十八宿"中的四宿及"黄道十二宫"
中的东方双女宫、南方双鱼宫、西方蝎宫和北方蟹宫等,护法金刚身穿犊鼻裤,
披绣金团花长巾,皮肤被绘成绿色,有四双手膊,形象颇为怪异。

　　总的来看,元代的敦煌艺术数量虽然不多,但内容独特,表现形式丰富多彩,
在线描运用、人体刻画和色彩构成上,均有高度成就,为延续千年之久的敦煌佛
教艺术画上了一个闪亮的句号!

　　明洪武五年(1372年),明朝征西将军冯胜出西道取甘肃,攻兰州、西凉、
永昌和瓜、沙二州,获全胜,敦煌转归明朝统治。明朝筑嘉峪关后,即在敦煌置
沙州卫,授当地首领困即来、买住二人为指挥使。但不久便在吐鲁番进逼下,"关
西七卫"全部内迁。嘉靖三年(1524年),明朝关闭了嘉峪关。莫高窟孤悬关外,
长期无人管理,据《敦煌县志》所言:"佛像屡遭毁坏,龛亦为沙所埋",莫高窟
前已是一片荒凉破败景象。

　　清军入关定都北京后,康熙皇帝开始经营西北,平定准噶尔叛乱,大量召贫
民到河西屯种。雍正三年(1725年)重置沙州卫,曾移民2405户到敦煌,修筑

图435　莫高窟元代第61窟甬道南壁《炽盛光佛》局部

　　了一处方圆三里多的卫城，盖了五千余间住房，而且草创了衙署、祠庙、仓库、兵营等。雍正五年（1727年）于卫城北筑黄敦堡。乾隆六年（1741年）沙州卫户口渐增，商民繁衍，又于卫城东南筑新护城五里四分，即今敦煌县的城市基础。

　　乾隆二十五年（1760年）改沙州卫为敦煌县，改安西卫为渊泉县，改靖逆卫为玉门县，置安西府，统以上三县。

　　从明朝初年到清朝末年的五百多年时间里，莫高窟一直处于破落荒凉的境地，只有一些文人雅士偶尔来题写几句"到此一游"之类的游人题记，如雍正年间光禄寺少卿汪隆督修沙州卫城时，就曾到莫高窟游览，写有《游千佛洞》长诗等。而且在清末民初，当地僧道募人改妆了大批前代绘塑，破坏了大量尊贵原作。

　　1900年，王道士发现藏经洞，各国探险家、学者蜂拥而至，敦煌的历史翻开了新的一页。这段历史，我在总论里已有介绍，在此不多谈了。

附录　敦煌艺术中的基本形象

在敦煌壁画和彩塑中有无以计数的各类艺术形象，由于其中绝大多数是宗教神（人）像，普通读者甚至包括许多不从事这方面研究的学者很难将如此众多的复杂形象区别开来。为了帮助读者理解，我认为有必要集中对画塑中出现的各类形象作一简介。

1. 佛陀系列

敦煌艺术中表现最多的是"佛陀"。佛陀是梵文"Buddha"的音译，通常简称为"佛"。意译为"觉者""知者""觉"。觉有三义：自觉、觉他（即使众生觉悟）、觉行圆满，是佛教修行的最高位次。如果说某人修行成佛了，即是说他已达到修行所能达到的最高境界。在小乘佛教中，"佛"一般是用作对释迦牟尼的尊称。大乘佛教除指释迦牟尼外，还泛指一切觉行圆满者。宣称三世十方，到处有佛，其数如恒河沙子。佛经中有名有姓的佛数量很多，本书只介绍在敦煌艺术中有具体形象的佛。

释迦牟尼：佛教创始人。姓乔答摩，名悉达多。释迦是其种族名，牟尼为尊称，释迦牟尼意指"释迦族的圣人"。相传他是古印度北部毗罗卫国（今尼泊尔南部）净饭王的太子。其母摩耶夫人是邻国拘利（Koliya）族天臂（Devadaha）国王女，因梦菩萨乘白象前来投胎，遂有身孕，在归父国途中，于蓝毗尼园分娩生下悉达多太子后七天死去，太子由姨母摩诃波阇波提抚养成人。幼时受传统的婆罗门教育，二十九岁时（一说十九岁）见人世间生、老、病、死诸般痛苦，深感人生困苦无常，又对当时婆罗门教不满，遂舍弃王族生活，出家修道。开始习禅定，后修苦行六年，最后在菩提伽耶的毕波罗树下静坐思维，终于觉悟成佛。时年三十五（一说三十）。先在波罗奈（Varanasi）城的鹿野苑向其侍从阿若憍陈如等五人说法，俗称"初转法轮"。此后一直在印度北部、中部恒河流域传教。在王舍城先后受到摩揭陀国王频婆娑罗及其子阿阇世王的皈依，在舍卫城受到拘萨罗国波斯匿王的皈依。弟子很多，传说有五百人，其中著名者有十人，称作"十大弟子"。八十岁时于拘尸那迦城归于涅槃，佛体被火化后，舍利（骨灰）由信徒分别保留供养。敦煌壁画和彩塑中有大量释迦牟尼说法图、说法像等。早期中心塔柱窟内塔柱四方常塑释迦"禅定""苦修""降魔""说法"等所谓"四相"以概括展示其生平。壁画中更有大量详细描绘其生平事迹的"佛传图"，如北周时期的第 290 窟人字披东西两侧用六个横长条构图，连续描绘了从投胎到涅槃的共六十八个情节。五代第 61 窟画得更为详细，共绘了一百二十八个情节。

弥勒：梵文 Maitreya 的音译，意译为"慈氏"。据佛教传说他从佛受记（预言）将继承释迦佛位为"未来佛"，但成佛之前当在兜率天做菩萨。根据《弥勒上生经》和《弥勒下生经》等记载，弥勒原出身于婆罗门家庭，后为佛弟子，先佛入灭，上生于兜率天内院，经四千岁（相当于人间五十六亿七千万年）当下生人间，于华林园龙华树下成佛，广传佛法。敦煌绘塑中有大量弥勒形象，早期常见单身像和弥勒在天宫中的形象，在隋唐时期壁画中则有大量描绘未来弥勒世界美妙景观的大幅经变，诸如"树上生衣""道不拾遗""女人五百岁乃出嫁""老人寿尽自己入墓"等等场面，极为生动有趣。至于中国内地一些寺庙里供奉的笑口常开的大肚弥勒像，则为五代时名为契此的和尚，因传说他是弥勒的化身，故后人塑其像作为弥勒供奉。此像与佛经和敦煌艺术中的弥勒实际没什么关系，切不可混为一谈。

阿弥陀：梵文 Amitabha 的音译，密教中又称其为"甘露王"。他是净土宗的主要信仰对象。据《阿弥陀经》所载其为"西方极乐世界"之主，能接引念佛之人往生"西方净土"，故又称"接引佛"。在西方阿弥陀极乐净土中，众生"无有众苦，但受诸乐"。敦煌壁画中的阿弥陀西方净土楼阁巍峨、亭台相接，绿水池中莲花飘香，红栏台上舞乐喧腾，一派歌舞升平的欢乐景象。

无量寿佛：梵文 Amitayus 的意译，实即阿弥陀佛。净土三部经的中、小经存梵名题曰《阿弥陀经》，大经举译名题曰《无量寿经》。阿弥陀含无量光、无量寿之二义。敦煌壁画中有一部分"西方净土"变相系根据《无量寿经》画成，与"阿弥陀净土变"有一定的区别，如在西方净土的两侧增绘"未生怨"和"十六观"等故事性内容等，所以被称为"无量寿经变"或"观无量寿经变"。

药师：全称"药师琉璃光如来"，亦称"大医王佛""医王善逝"等，是从梵文 Bhaisajyaguruvaiduryaprabhasa 意译而来，佛经中有时也用音译"鞞杀社窭噜"。此佛为"东方净琉璃世界"之主。《药师经》中称他曾经发过十二大愿，要满足众生一切愿望，拔除众生一切痛苦，所以，敦煌壁画中的"药师经变"往往在药师净土的两侧绘"十二大愿"和"九横死"等内容。又据《药师琉璃光七佛本愿功德经》中描述东方有光胜等六个世界，其佛为善称名吉祥王如来等六位，另加药师佛（后者为主），合称"药师七佛"。

燃灯佛：梵文 Dipamkara 的意译，有些经中译为"锭光佛"，或者译成"提和竭罗"。《大智度论》卷九谓其出生时身边一切光明如灯。据《瑞应本起经》卷上，释迦牟尼前世曾买五茎莲花供献该佛，故被受记（预言）九十一劫后的"贤劫"（现在之劫）时当成佛，所以敦煌画"佛传图"中有时绘"燃灯佛受记"场面。

卢舍那：为三身之一的"报身"，又含义为光明普照。莫高窟北周第 428 窟南壁绘有卢舍那佛说法像。

多宝佛：东方宝净世界之佛，入灭后以本愿为全身舍利。释迦佛于灵鹫山说法华经时，忽然地下有安置多宝佛全身舍利之一宝塔出现于空中，塔中发声赞叹释迦、证明法华。敦煌彩塑和壁画中都有这一题材，多表现为释迦应会众之请开启宝塔后，与多宝佛并坐塔内说法。

阿閦佛：梵文 Aksobhya 的音译，意译"不动""无嗔恚"。据支谶译《阿閦佛国经》所言，他住东方妙喜世界，如有人勤修六度，发愿生其国者，死后可以转生此地。密教认为阿閦佛是金刚界五智如来中住于东方者。敦煌壁画中有其形象。

欢喜佛：释迦牟尼佛为调伏欲界众生而显示双身像，主像是"欢喜金刚"，也叫"欢喜天"，俗称"欢喜佛"。按照密教的造像仪轨"其双身天王形象，夫妇二天令相抱立""各以二手互抱腰上"，而且要表现"六处之爱"。敦煌第 465 窟有数幅"欢喜金刚图"。

白衣佛：对壁画中身着白色袈裟的佛像之称呼，并非源自佛经。佛的袈裟颜色不同，其表意也不同，赤色是威猛除障之色，白色是清静慈悲之色，白色亦象征清净之菩提心。敦煌北魏洞窟中有许多白衣佛，大都画在西壁。

刘师佛：此为河西一带佛教信众对刘萨河和尚的敬称。刘萨河是我国东晋南北朝时期稽胡族的一个高僧。其事迹在正史和一些佛教典籍有载，在敦煌藏经洞

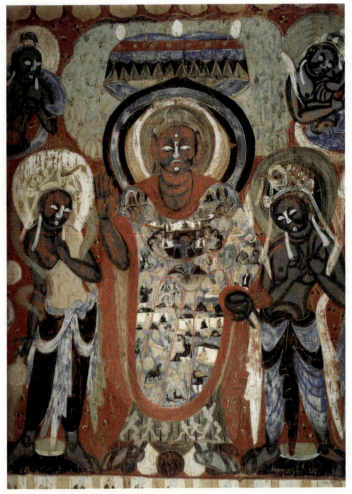

图436　莫高窟北周第428窟南壁《卢舍那佛》

出土的遗书和绘画中也有与之相关的材料。此和尚生前名声并不很大，但在隋唐时期则渐被神化，从"凡夫俗子"，变而为高僧、神僧，再变为菩萨、佛、佛教之二十二代宗师，同释迦牟尼并肩齐，被捧上了神坛[1]。敦煌壁画中有大幅的《刘萨河和尚因缘变相》（第72窟）和与佛像相同的"刘师佛"塑像及壁画等。

　　三世佛：此有两种说法：（1）谓过去、现在、未来三世之佛。过去佛指迦叶佛，现在佛为释迦牟尼佛，未来佛为弥勒佛。以上称竖三世佛。（2）谓三个佛世界的佛，指东方净琉璃世界的药师佛，娑婆世界的释迦牟尼佛，西方极乐世界的阿弥陀佛。以上称横三世佛。敦煌壁画和塑像中均有表现。

　　三身佛：三身佛的含义有种种说法，较通行的说法是"法身、报身、应身"。

---

[1] 关于刘萨河和尚的生平事迹可参阅孙修身：《刘萨河和尚事迹考》，《1983 年全国敦煌学术讨论会文集·石窟艺术编上》，甘肃人民出版社，1985 年，第 272~310 页。

法身即"显法成身"，
故称法身佛或法佛。
报身指以法身为因，
经过修习而获得佛
果之身。应身则指
佛为渡脱世间众生，
随三界六道之不同
状况和需要而现之
身，即响应众生之
呼唤而显现之身。

　七佛：一般指
过去七佛。据《长
阿含经》卷一载，
释迦牟尼之前有六
佛：毗婆尸佛、尸
弃佛、毗舍婆佛、
拘楼孙佛、拘那含
佛、迦叶佛，加上
释迦牟尼佛，合称
"过去七佛"。敦煌

图437　莫高窟五代第61窟背屏后"刘师佛像"

画塑中均见此题材（如第46窟塑像等）。

　千佛：字面上可释为"一千个佛"，也可据古汉语"以千喻多"的惯例释作"许
多个佛"。但就敦煌早期壁画千佛而论，则所绘"三世三千佛"，即"过去世（庄
严劫）千佛""现在世（贤劫）千佛"和"未来世（星宿劫）千佛"。这在莫高窟
第254窟残存的千佛榜题中可得到证实[2]。后期壁画中的千佛则多为"贤劫千佛"。
千佛是敦煌壁画最常见的题材，绝大多数洞窟中都绘有千佛。

---

[2] 宁强、胡同庆：《敦煌莫高窟第254窟千佛画研究》，《敦煌研究》，1986年第4期。

2. 诸菩萨

菩萨为梵文 Bodhisattva 的音译"菩提萨埵"之略称，意译为"觉有情""道众生""道心众生"。据《翻译名义集》卷一引僧肇释："菩提，佛道名，萨埵，秦言大心众生。有人心入佛道，名菩提萨埵。"又引智顗释："用诸佛道，成就众生故，名菩提萨埵。"又引法藏释"菩提，此谓之觉，萨埵此曰众生。以智上求菩提，用悲下救众生"。菩萨意指修持大乘六度，求无上菩提（觉悟），利益众生，于未来成佛的修行者。敦煌画塑中有大量菩萨形象，多身着印度或西域装既有有名有姓的大菩萨如观音、势至、文殊、普贤等，也有许多无名小菩萨。对这些无名的菩萨，我们常以其所处位置、动态和与佛像之关系，分别称作"供养菩萨"（在佛旁作供养状者）、"思惟菩萨"（坐或胡跪，面露沉思表情者），或"听法菩萨"（在佛说法像旁作倾听状者）。

观音菩萨：由梵名 Avalokitesvara 意译而来，原称"观世音""光世音""观自在"等，因唐讳太宗李世民名，故去"世"字而略称"观音"。因其性"大慈大悲"，遇难者只要诵念其名号，"菩萨即时观其音声"，前往拯救解脱，所以在苦难深重的中国受到格外尊崇。观音在不同经典中又有不同形象，且有"三十三化身"。壁画中常见的有十一面观音、千手千眼观音、不空罥索观音、水月观音、如意轮观音等等，并有大幅的"观音经变"，详细描绘观音的三十三现身和救诸苦难的场面（如第 45 窟南壁）。观音是阿弥陀佛的左胁侍，右胁侍为势至，合称"西方三圣"，常同绘于"西方净土变"中。

势至菩萨：即"大势至"，阿弥陀佛的右胁侍，因其得大智慧，故名大势至。敦煌画塑中常与观音相对，安排在阿弥陀佛右侧。

文殊菩萨：即文殊师利，由梵文 Manjusri 音译而来，意译有"妙德""妙吉祥"等。释迦牟尼的左胁侍，专司"智慧"，常与司"理"的右胁侍普贤并列。相传其显灵的道场在山西五台山。敦煌不仅壁画中有大量文殊像和与文殊有关的画面，而且有一大窟称为"文殊堂"（第 61 窟），主尊塑像即是文殊（像已残毁，但残留其坐骑狮的尾巴），西壁绘制巨幅"五台山图"。反映了文殊信仰在敦煌的流行。

普贤菩萨：梵文 Samantabhadra 的意译，为释迦牟尼之右胁侍。专司"理"德。常与文殊并列。画塑之中多表现为骑白象的菩萨。据传其显灵道场在四川峨眉山。

地藏菩萨：梵文 Ksitigarbha 的意译，经中也音译作"乞叉底蘖沙"。《地藏十轮经》谓其"安忍不动犹如大地，静虑深密犹如地藏"，故名。地藏受释迦如来嘱咐，在释迦既灭，弥勒未生之前，自誓必尽度六道众生，拯救诸苦，始愿成佛。现身于人天地狱之中，以救苦难。壁画中的地藏常手持宝珠及锡杖。

弥勒菩萨：弥勒在未下生成佛之前为菩萨，居兜率天内院禅定修行者若有疑问，可请弥勒菩萨"决疑"。敦煌的弥勒菩萨多为交脚像，有彩塑，也有壁画。

日光菩萨：药师佛胁侍，主地藏光明遍照之德。图像常以手持日轮为标志，与月光菩萨相对。

月光菩萨：药师佛胁侍，与日光菩萨相对，其像多左手持莲花，上有半月形。

维摩诘：梵名 Vimalakirti 的音译，意译"净名""无垢称"。据《维摩诘所说经》，他是释迦佛在世之时居毗耶离城之著名居士。从妙喜国化生于此，委身俗世，辅助释迦之教化。佛在毗耶离城时，维摩称病以使释迦遣弟子、菩萨、信众等前来"问疾"，故得与文殊讨论佛法，教化众生。敦煌壁画中有许多"维摩诘经变"，情节众多，场面宏伟。

3. 弟子与高僧

弟子即释迦牟尼在世时的门徒，据说有五百人，其中著名者有十人，号称"十大弟子"，即：摩诃迦叶（简称迦叶）、舍利弗、目犍连、须菩提、富楼那、摩诃迦旃延（简称迦旃延）、阿那律（亦称阿尼律陀）、优波离（亦作优婆离）、阿难陀（简称阿难）、罗睺罗。十大弟子在敦煌壁画和彩塑中经常出现，特别是阿难和迦叶，从北周时期开始多见于释迦佛塑像两侧，并几乎成为后来塑像配置的定式。兹此十大弟子情况简介于下：

迦叶：亦称"迦叶波""迦摄波""大迦叶"，意为"饮光"。古印度摩揭陀国王舍城人，属婆罗门种姓。释迦牟尼十大弟子中最年长者。谓少欲知足，常修头陀行，故称"头陀第一"。传说为佛教第一次结集的召集人。壁画中便有"迦叶结集"的场面，画在释迦涅槃图的旁边。其像常塑在释迦说法像左侧，作年老苦行者像。

阿难：释迦牟尼叔父斛饭王之子，释迦牟尼的堂弟。释迦回乡时跟从出家，侍从释迦二十五年，为十大弟子中最年轻者。长于记忆，称"多闻第一"。传说佛教第一次结集时，由他诵出经藏。敦煌壁画塑像中的阿难多作年轻英俊小和尚样，生动可爱。

舍利弗：古印度摩揭陀国王舍城人。属婆罗门种姓。据说他持戒多闻，敏捷智慧，善讲佛法，故称"智慧第一"。但在其"六根"未净之时，随文殊菩萨往维摩诘处"问疾"，遭"天女"戏弄，有不少有趣的故事。在与外道劳度叉斗法时，则已是沉着老练，稳操胜券了。

目犍连：古印度摩揭陀国王舍城人，属婆罗门种姓。皈依释迦牟尼后成为十大弟子之一，常侍佛左右。传说其神通广大，能飞上兜率天，故称"神通第一"。后被反佛教的婆罗门杖击而死。

须菩提：古印度拘萨罗国舍城人，属婆罗门种姓。出家学佛法成为十大弟子之一。以论证"诸法性空"著称，故称"解空第一"。

富楼那：迦毗罗卫人，国师婆罗门之子，与朋友三十人共出家修苦行，释迦成道后，前往皈依，成为十大弟子之一。善于分别义理，广说佛法，以辩才著称，故称"说法第一"。

迦旃延：古印度阿槃提国婆罗门之子，姓"大迦旃延"，名"那罗陀"，原出家学外道，后从释迦出家，成为十大弟子之一。谓能分别诸经，善说法相，故称"议论第一"。

阿那律：迦毗罗卫人，是释迦牟尼叔父甘露王之子，释迦佛之徒弟，释迦成道后归家时，跟从出家，为佛十大弟子之一。传说因于释迦前坐睡受责，后立誓不眠，得"天眼"，能见天上地下"六道众生"，故称"天眼第一"。

优波离：古印度迦毗罗卫国人，属首陀罗种姓，为释迦王宫理发师，释迦成道后还乡时，跟从出家并成为十大弟子之一。谓持戒谨严，称"持律第一"。传说佛教第一次结集时，由他诵出律藏。

罗睺罗：释迦未出家前所得之子，母为耶输陀罗，释迦成道归乡时随出家做小沙弥，为佛教有沙弥之始，后成为十大弟子之一。他"不毁禁戒、诵读不懈"，被称为"密行第一"。

除释迦牟尼的弟子外，敦煌艺术中还刻画了许多佛教史上的著名高僧，如康僧会、安世高、佛图澄、昙延、泗洲和尚、刘萨河、玄奘、洪䛒等。画家在描绘这些人物时，并非只画一人像，而多是选取与之相关的某些故事情节，将人放到特定环境中来表现。兹简介数例如下：

　　康僧会：该僧是三国时颇具影响的高僧，主要活动于中国北方地区，对佛教在江东的传布也曾起过重要作用。莫高窟第323窟北壁东端以连环画的方式，描绘了康僧会初到江东孙吴政权辖地传教时发生的种种神异故事，并有榜题说明故事情节。图上共有四个场面，前三个场面表现吴孙权赤乌四年（241年）外国沙门康僧会到吴地设像行道，吴人以为妖异，孙权遂令僧会献出佛舍利以试灵异。当孙权将舍利倾倒在盘子里时，"舍利下冲，盘即破碎"，孙权大吃一惊。又让人用椎砧击之，结果"椎砧俱陷，舍利不损，光明四射，耀晃人目"。最后再命人火烧舍利，只见"腾光上涌，作大莲花"。孙权于是"大发信，乃为立寺，名为建初，故所住地名佛陀里"[3]。壁画上残存榜题四行："□□□□感通佛□吴王不信令／请现□僧会遂设斋行道应时／□□□感圣至道场得舍利吴王／感圣得舍利为造建初寺。"第四个画面描绘孙皓最初不信佛法，将佛像乱放在厕所里，并在四月八日佛诞日在像上撒尿戏言"浴佛"。事后立即全身肿痛，"阴处尤剧，痛楚号呼"。太史占曰："犯大神所致。"但遍祀神祇均无效。后有一伎女建议礼佛，皓信之，"伏枕归依，有顷便愈，遂以马车迎沙门僧会入宫，以香汤（洗）像惭谢。重修功德送于建初寺云"[4]。画中所见正是"以马车迎沙门僧会入宫"的场面，榜题存字三行："孙皓立□有疑神佛法乃／车马迎会□会□为说因／果孙

图438　莫高窟初唐第323窟北壁东端康僧会故事

[3] 事载《法苑珠林》卷五十三"吴康僧会祈舍利缘"。又见于《广弘明集》卷一"吴主孙权论叙佛道三宗"。

[4] 见《集神州三宝感通录》卷中。

皓乃立佛信之。"

安世高：安息国王太子。自称前世曾为宿怨者所杀，后投胎国王正宫王后，生为王子。出家为僧后游历中土。汉桓、灵二帝之时，世高在一湖神庙（邛亭湖庙）中遇前世同学而今为庙神者，神对世高说："吾昔与君，本虽同学，但以多嗔，故受神报，命在旦夕，死入地狱。然此遗骸，恐污江湖。当从于西岸，有布、绢千匹并宝物，可用致福。"世高答曰："故来相造，叙昔旧缘，报至难免，长概如何？可现真形，心愿尽矣。"神曰："丑形可耻，如何示人？"高曰："但出无损。"神乃从座后出身，乃是大蟒，伸颈至高膝上。高见已，泪出如泉。蟒亦下泣。便作梵呗、亡契，为除鳞内小虫。又作梵语数百言已，蟒便渐隐。高命人尽取财宝，为造东寺。此神得免地狱之苦，投生人间[5]。壁画中画出蟒神在庙内现身对安世高叙说因缘始末的情节和当世高离庙远去，蟒神登山出身目途之的场面。见第154窟甬道顶。

佛图澄：西晋、后赵时著名高僧，西域龟兹人。西晋怀帝永嘉四年（310年）到洛阳，石勒建立后赵政权后，以灵异方术深得石勒、石虎信任。经常参议军政大事，被尊称"大和上"。多次以佛教劝石氏施行"德化""不杀""不为暴虐、不害无辜"，并大力向民间传播佛教，在其影响下，石勒正式允许汉人出家为僧。其所历州郡，共建寺八百九十三所。从其受业的弟子甚多，身边常有数百，前后达万人，著名弟子有道安、法雅、法汰、法和等。敦煌第323窟北壁东侧中部画有由四个画面组成的三个佛图澄的故事：幽州灭火、听铃音断吉凶和河边洗肠。第一个故事由两个画面组成，并存有一条榜题："幽州四城门被天火烧□澄法/师与后主说法之次忽□惊/愕遂即索酒乃于东方锵之/其酒变为大雨应时而至其火即灭雨中并有酒气。"图中所见正是佛图澄与石虎共升中台，图澄遥觉幽州火起，取酒灭火时的景况，周围有臣僚惊讶观看，远处的幽州还浓烟滚滚，但天上已有乌云笼罩，"酒雨"即将倾泻而下[6]。其余两个故事榜题已不可辨，但从画中人物服饰神态及其所处环境，可确认为佛图澄听铃音断吉凶和河边洗肠故事。

昙延：俗姓王氏，蒲州桑泉人，出身豪门，十六岁出家，在南北朝末年和隋代初年声名远播。特别在隋文帝时地位尤其显赫，"帝及朝宰，五品以上，咸从

---

[5] 事见（南朝梁）慧皎著，汤用彤校注：《高僧传》"安清传"。又见《集神州塔寺三宝感通录》卷下。

[6] 故事记载于（南朝梁）慧皎：《高僧传》卷九"佛图澄传"。又见《晋书》"佛图澄传"。

受八戒"。时称其影响之大，"终古罕有"[7]。莫高窟第 323 窟南壁东端画有大幅的昙延法师故事，描绘法师写经出现的奇迹（如"感舍利塔三日放光"）和开皇六年天大旱隋文帝请法师祈雨灵验的情节。此外，莫高窟许多洞窟甬道顶上也画有昙延法师隐居百梯寺时，有薛居士前往"质疑请益"的故事[8]。

图439　莫高窟初唐第323窟北壁佛图澄故事

泗州和尚：莫高窟第 72 窟西龛帐门外南侧上端，画一高僧，头戴菩萨冠、身穿袈裟，盘腿坐于深山精庐之中，旁有榜题一条，"圣者泗州和尚"。此所谓"泗州和尚"，有学者考证其为来自西域何国的高僧——释僧伽。他曾经凉州到京师，游淮泗，被召入内道场，再入京师后终于长安，还葬泗州普照（光）王寺。

玄奘：中国初唐著名高僧、译经师、旅行家。本姓陈，名祎。洛州缑氏（今河南偃师缑氏镇）人。十三岁出家，二十一岁受具足戒。唐太宗贞观三年（629年）从长安西行，经姑臧（治所在今甘肃武威），过安西出敦煌，经西域，入印度摩揭陀国，在佛教中心那烂陀寺学习，后又游历各地，宣讲佛理，声名远播诸国。后于贞观十九年（645 年）返回长安，带回大批梵文经典，据称共有大小乘佛教经律论五百二十夹，六百五十七部。以后的二十年间主要从事译经，先后译出大小乘经论共七十五部，一千三百三十五卷。并把西行见闻撰成《大唐西域记》十二卷。弟子有几千人，影响深远。敦煌壁画中有多幅"玄奘取经图"，见于西夏时期的榆林窟壁画中。瓜州东千佛洞壁画中也有发现，图中所绘多是唐僧玄奘

[7]（唐）道宣《高僧传》："隋京师延兴寺昙延传"。

[8] 孙修身：《莫高窟佛教史迹故事画介绍（一）》，《敦煌研究文集》，甘肃人民出版社，1982 年。

图440　莫高窟初唐第323窟南壁昙延法师故事

与徒弟猴行者一道前行，见水月观音化现的场景。有些图中白马背上没有驮经，当是表现玄奘师徒冒险偷渡出关前往西域。另有一些图中，白马背上满负经书，闪闪放光，当是再现玄奘师徒取得真经东返长安的情景。

洪䛒：敦煌唐后期著名高僧，唐大中五年（851年）被敕封为"释门河西都僧统摄沙州僧政法律三学教主"，授"京都内外临坛供奉大德"，并赐紫衣。莫高窟第17窟是其"影窟"（死后的纪念堂），窟内塑有洪䛒坐像，像背后的墙上两侧还有侍从比丘尼和女仆。

除了以上介绍的十大弟子和著名高僧外，敦煌画塑中还有一大批弟子、高僧，有的可知名姓生平，有的姓氏已不可考，限于篇幅，此不多言。

4. 天王与力士

天王与力士均属保护维持佛法的所谓"护法"。广义上讲"上自梵天帝释八部鬼神，下至人间帝王及诸檀越，皆保护佛法之人，称之曰护法"。主要有居于须弥山半山腰四座山峰上的四大天王，即南方增长天王、东方持国天王、西方广目天王和北方多闻天王；天龙八部，即天众、龙众、夜叉、乾闼婆、阿修罗、迦楼罗、紧那罗和摩

图441　榆林窟第3窟《文殊普贤化现图》局部（玄奘取经）

图442　东千佛洞第2窟《水月观音图》局部（玄奘取经）

侯罗伽；其他金刚、力神之类。今择其要者简介如下：

持国天王与增长天王：居须弥山腰护卫东、南二方之天王。持国梵名多罗吒，增长梵名毗琉璃。敦煌五代壁画中，常与西、北二天王同时分绘在窟顶四角。

广目天王与多闻天王：居须弥山腰护卫西、北二方之天王。广目天王梵名毗留博叉，常以净天眼观察阎浮提之众生。多闻天王梵名毗沙门，既是护法天王，兼施佛之神性。传说毗沙门天能随军护法，唐后期更有毗沙门天父子救安西被困唐军之说，故唐末各地造有大量毗沙门天王像[9]。

天众与龙众：为护法天龙八部中首要二部，天众中又有天王、天子及诸部属；龙众则有龙王、龙女及诸部众等。

夜叉与阿修罗：同属天龙八部众。夜叉又称"药叉"或"阅叉"，是梵文

---

[9] 关于毗沙门天王的情况，可参阅拙文《四川巴中南龛第93号毗沙门天王龛新探》,《敦煌研究》, 1989 年
第 3 期。

Yaksa 的音译，其意译为"能啖鬼""捷疾鬼"等。原是印度神话中一种半神的小神灵，佛教中将其归入毗沙门天王的眷属，列为天龙八部之一，成了佛教的护法神。敦煌早期壁画中有大量夜叉形象，多画于窟内四壁下部和中心塔柱四周等，以回护佛法之意，其形象多强健有力。阿修罗是梵名 Asura 的音译，有时略称"修罗"，意译"非天""不端正"等。原为古印度神话中的一种恶神，后归入佛教护法神行列，成为天龙八部之一。亦为"六道"之一。其形高大，赤身四臂，也有表现为三头六臂者，左右各有一手执日月为标志。

乾闼婆与紧那罗：二者同为佛教天宫中司乐舞之神。乾闼婆，梵名 Gandharva，亦译作"犍达婆""犍达缚""犍陀罗"等，意译"寻香主""香神"等。原为婆罗门教崇拜之群神，后被纳入佛教中做乐神，并成为护法天龙八部之一。紧那罗梵名 Kinnara，又译为"紧捺罗""紧陀罗""真陀罗"等，意译曰"歌神""人非人"。慧琳《一切经音义》曰："真陀罗古作紧那罗，音乐天也，有微妙音响，能作歌舞。男则马首人身能歌，女则端正能舞。"敦煌壁画中的飞天多为弹琴歌舞的天人，应为此二神之再现。

迦楼罗与摩侯罗伽：同属天龙八部众。迦楼罗，又称"迦留罗""迦娄罗""揭路荼""迦喽荼"等，意译曰"金翅鸟"。居四天下之大树、取龙为食。据称其两翅相去三百三十六万里，阎浮提只容一足。摩侯罗伽，又称"摩休勒伽""莫呼勒伽"等。慧琳《一切经音义》曰："摩休勒，古译质朴，亦名摩侯罗伽，亦是乐神之类。或曰非人，或云大蟒神。其形人身而蛇首也。"

以上简介主要的一些佛教护法神王等，壁画中出现的形象当然不止这些，而且有些"天王""力士"之类并无确切名姓，仅表示护法之神的概称而已。

5. 佛、道与本土传说诸神

敦煌艺术虽以佛教题材为主，但也掺入了一些道教和中国传统神话中的人物。佛教天神形象众多，还有学者认为壁画中的道教或神话形象也是佛教借以表现自身内容的。但不管怎么说，这些形象自有其本来的含意。此处将佛道和本土传说诸神合在一起来介绍，可能更切合画师选题之本意。

帝释天与帝释天妃：三十三忉利天之主。帝释天称"天帝释""帝释"，音译"释迦提桓因陀罗"（Sakra-devanam-Indra），略称"释提桓因"。"释迦"意为"能"，是姓；"提桓"意为"天"，"因陀罗"意为"帝"，合称"天帝"。系佛教护法神，居忉利天（位于须弥山顶）之善见城。关于帝释天的故事很多，有时壁画中也画出其妃。

摩醯首罗天：又称"莫醯伊湿伐罗"，慧琳《一切经音义》云："摩醯首罗，正云摩醯湿伐罗。言摩醯者，此云大也；湿伐罗者，自在也。谓此天王于大千世界中得自在故也。"壁画中画为三头六臂，手托日月、持铃、捉矢、握弓。发际中画天女，乘牛。

毗那夜迦天：传说其为摩醯首罗与雪山神女所生，象鼻。常领诸毗那夜迦类"行诸恶事"。但如能善加供养，亦可"作法无碍，皆得成就"，并给人带来财富。壁画中为象鼻人身。画在摩醯首罗天下方。

鸠摩罗天：传说其为摩醯首罗天之子，也有说是大梵天之化身。壁画中为童子面相，四臂，手执法器，骑孔雀。与毗那夜迦天并排画在摩醯首罗天下方。

那罗延天：原系古印度神话中的毗瑟纽天。据说供养此天可以"消诸奸恶、摧灭邪见""所求皆得如愿"。壁画中所见为三头六臂，手执日月，持轮、贝及各种法器。

吉祥天：即"吉祥天女"，旧称"功德天"，原为婆罗门神，后归入佛教。其父为德叉迦，母为鬼子母。毗沙门天王之妹，也有说为毗沙门之妻。常住妙花福光园。壁画中画为盛装美女，站立于千手眼观音像旁。

魔波旬：梵文 Marapapiyas，简称"波旬"。佛教传说中的魔王，欲界六天之一的"他化自在天"之主，常率眷属到人间破坏佛道。释迦牟尼快要成佛之前，波旬率三个妖媚女儿和魔军前往诱惑恐吓，均被释迦击败。壁画对此故事有生动表现。

以上为壁画中出现的著名佛教诸天，其他还有一些知名不知名的天人，此处难以一一细说。下面介绍一些壁画中出现的道教和中国本土传说中的神人、瑞兽、祥禽等。

西王母与东王公：二者均为中国流传已久的神话人物。战国典籍中已有记载，但初时只有西王母。据《山海经·西山经》记载："玉山是西王母所居也。西王母其状如人，豹尾、虎齿而善啸、蓬发、戴胜，司天之历及五残。"可见西王母最初不仅是个人兽混合的怪物，而且是主凶罚之神。据《神异经》记载："东荒

图443　莫高窟西魏第285窟西壁细节（鸠摩罗天与毗那夜迦天）

山中有大石室，东王公居焉。长一丈，头发皓白，人形鸟面而虎尾。"[10] 看来更像是个人兽鸟混合的怪物。由此可知，东王公和西王母在最早的传说记载中还保留着原始图腾崇拜的痕迹。但在稍后的传说中，如《穆天子传》所记，西王母变成了一个能与人间天子同席饮宴，雍容平和，能歌善舞的帝女形象。在《汉武帝内传》中更成为年约三十，容貌绝世，有大群仙姬随侍的女神。《神异经》并将西王母与东王公联系在一起：昆仑山天柱上有鸟名曰希有，"南向张左翼覆东王公，右翼覆西王母"。

　　据专家考证，西王母与东王公在东汉时变成了道教的神仙[11]。东王公又被称为"扶桑大帝"或"木公"，"冠三危之冠，服九色云霞之服"，"以紫云为盖，青

---

[10] 见《古今图书集成》之《神异典》引《神异经》。

[11] 段文杰：《道教题材是如何进入佛教石窟的——莫高窟249窟窟顶壁画内容探讨》，《敦煌研究》，创刊号，1983年。

云为城。仙董侍立，玉女散香"[12]。西王母亦称"九天元女"，又称"金母"，是掌管女仙名籍的神仙首领，"天上天下，三界十方，女子之登仙得道者，咸所隶焉"。世之升天之仙，"其升天之时，先拜木公，后谒金母。受事既讫，方得升九天，入三清，拜太上，觐元始天尊"[13]。有人认为，敦煌第 249 窟窟顶南北两披所绘可能即是东王公与西王母相会的场面。这类图像在北周和隋代壁画中也有出现。画中的西王母乘三凤驾车，着大袖襦拱手而坐，前有御车仙人。车前车后均有仙人导引随行。东王公着大袖长袍，乘四龙驾车，亦有方士前导，仙人相随。

　　雷、电、风、雨四神：此四神均为自然崇拜的产物。雷与电因其相互依存，有雷必有电，因此在神话传说中，雷神常与电神相提并论。风与雨关系也很密切。由于风雨大作之时，往往雷电交加，因而四神有时被同时提及。如《三国志·魏志·管辂传》注引《辂别传》云："天昨檄召五星，宣布星符，刺下东井，告命南箕，使召雷公电父、风伯雨师。"敦煌壁画中也是将此四神画在一起。雷公、电父在道经中又称为"电猪、雷父"[14]，是能够"驱鬼避邪"的保护神。壁画中的电神手持铁錾，砸石发光，其头正是猪头。壁画中的雷神作力士之形，臂生羽毛，正旋转天鼓，造型特征正合于东汉王充《论衡·雷虚篇》的记载："图画之工，图雷之状，累累如连鼓之形；又图一人，若力士之容，谓之雷公，使之左手引连鼓，右手推椎，若击之状。其意以为雷声隆隆者，连鼓相击之意（音）也。"风伯、雨师的来历说法很多，如风伯又被称作"箕伯""风师"等，也有人将其称作"飞廉"。雨师的叫法也很多。敦煌壁画中的雨师应为道教中有名的仙人赤松子。据《列仙传》卷上载："赤松子者，神农时雨师也"。又《搜神记》卷一："（赤淞子）至高辛时，复为雨师，游人间。今之雨师本是焉。"《搜神记》为晋干宝所撰，他所说的"今之雨师"自然是指他自己所处的时代，距敦煌第 249 窟绘制雨师的时间不远。

　　青龙、白虎、朱雀、玄武四神：东、西、南、北四方之神。《礼记·曲礼上》："行前朱鸟而后玄武，左青龙而右白虎。"孔颖达疏："朱鸟、玄武、青龙、白虎，四方宿也"。道教常以青龙、白虎、朱雀、玄武作护卫神，以壮威仪。青龙亦作"苍龙"，为东方之神，即二十八宿中之东方七宿——角、亢、氐、房、心、尾、

---

[12]（东晋）葛洪：《枕中书》"列仙传拾遗"。

[13]（唐）杜光庭：《墉城集仙录》。

[14]（南朝梁）陶弘景：《登真隐诀》，（明）张宇初等《正统道藏》卷十一。

箕。因其组成龙像，位于东方，按阴阳五行给五方配色之法应为"青"，故曰"青龙"。白虎为西方之神，即二十八宿中之西方七宿——奎、娄、胃、昴、毕、觜、参。因其组成虎像，住于西方，按五行之说应为白色，故名"白虎"。朱雀亦称"朱鸟"，为南方之神，即二十八宿中之南方七宿——井、鬼、柳、星、张、翼、轸。因其组成鸟形，位在南方，按五行之说应为红色，故称"朱雀"。玄武为北方之神，即二十八宿中之北方七宿——斗、牛、女、虚、危、室、壁。《楚辞远游补注》曰："玄武谓龟、蛇，位在北方，故曰玄，身有鳞甲，故曰武"。敦煌壁画中之玄武，正是"龟蛇相交"之像。

三皇：为道教遵从之"胎灵之神"。据《太上三皇宝斋神仙上录经》载："黄帝曰：三皇神者，胎灵之神也，皇上之秘篇也。兆有之者，神仙见之者延年，咏之者上见皇君。十方诸天皆来试观焉。其文至妙，其位至尊，能令人出如水火，变化幽冥，司录三官，一时定生，精勤之哉，必书仙名。"[15]

关于三皇神之形象，晋王嘉《拾遗记》卷9载："(频斯国东)有大枫木成林……树东有大石室，可容万人坐。壁上刻为三皇之像。天皇十三头，地皇十一头，人皇九头，皆龙身。"敦煌第249窟窟顶北披、南披及东披分绘天、地、人三皇，其头数与龙身均与记载相符。

仙人与道士：仙人是得道升天后"千岁不死，飞行于空"的神仙。《汉武帝内传》中记载西王母出行时，随从中"别有五十天仙，侧进鸾舆，皆身长一丈，同执绿毛之节"。敦煌第249、285等窟中有一些类似的形象，其他窟也还有所谓"乘龙仙人"之类。道士修行得好，成为"上士"，即可飞行空中，前往昆仑山。壁画中有一些着道士装飞行空中者，也可能就是得道登仙之士。甚至第249窟南北两披之主像——东王公与西王母，也可能并非此二神，而是同时修行圆满，得道登仙，飞往昆仑山的男女二"上士"[16]。

羽人与飞廉：在中国神话传说中，有羽人"耳出于项"之说，"羽化升天"是许多道士修行的目的。在中国汉代青铜器上已可见到臂生羽毛的羽人形象。敦煌第249窟壁画中的羽人半裸披巾，飘带飞卷，臂生羽毛，应是西域"飞天"与汉式"羽人"形象的结合体。飞廉的形象传说不一，有说是"头似鹿，身有翼"；

---

[15]（明）张宇初等：《正统道藏》卷三一。

[16] 参阅拙文《上士登仙图与维摩诘经变——莫高窟第249窟窟顶壁画新探》，《敦煌研究》，1990年第1期。

也有说是"头如鸟，身似鹿，体有翼"。敦煌第249窟和第285窟中的飞廉形象更接近于后者。这是一种神奇的瑞兽，据说也是风神。

白鹤与孔雀：白鹤为稀有动物，且给人以清纯飘逸之感，是道教的"祥禽"之一，得道者登仙之时，也有"跨鹤西游"之说。孔雀也是祥瑞之鸟。莫高窟第249窟画仙鹤（白鹤）一对飞在东王公飘飘西行的队列里，孔雀画在东披的摩尼珠旁，以点缀吉祥的气氛。

伏羲与女娲：此为中国神话中人类始祖。伏羲会教民结网，从事渔猎畜牧；女娲用黄土造人，并炼五色石补天，折断鳌足支撑四极，治平洪水，杀死猛兽，使人民得以安居。在汉代画像砖、石中已有不少伏羲、女娲形象，但造型各异。敦煌第285窟窟顶东披所见是伏羲、女娲南北相对，均人首龙身，头束鬓髻，着交领大袖襦，胸前圆轮中分别画金乌、蟾蜍，象征日、月。伏羲一手持矩，一手持墨斗，女娲两手擎规，双袖飘举。他们之间画一摩尼宝珠。

6.外道与故事人物

外道泛指佛教之外的其他宗教派别，因时与佛教为敌，故有时与恶魔并称。如《圆觉经》卷下曰："汝善男子，当护末世是修行者，无令恶魔及诸外道，恼其身心。"外道种类说法不一，主要指释迦牟尼在世时的六师外道和九十六种外道。敦煌艺术作为佛教艺术，自然常常丑化外道人物，对皈依了佛法的外道，也多画成了仍着外道服装，以示与佛徒有别。

六师：指与释迦牟尼同时代的反婆罗门教正统思想的六派代表人物。因与佛教主张不同，被称为"外道六师"，其学说被称为"六师外道"。根据《长阿含经》卷十七、《增一阿含经》卷三十二、隋吉藏《百论疏》卷上和智𫖮《摩诃止观》卷十等，此"外道六师"是指：（1）富兰那·迦叶（Purana Kasyapa），姓迦叶，从母得名富兰那。否认因果报应说，认为万有"不生不灭"，被称作"无因无缘论"；（2）末伽梨·俱舍梨子（Maskari Gosliputra），否认善恶果报，主张"无有今世，亦无后世，无父无母，无天无化，无众生"。被认为是古印度"邪命外道"的创始人；（3）删阇夜·毗罗胝子（Sanjaya Vairatiputra），对果报说不作正面回答，曰："此事实，此事异，此事非异非不异。"又主张"道不须修，经八万劫自然而得"，被认为是怀疑论和不可知论者；（4）阿耆多·翅舍钦婆罗（Ajita Kesakambala），认为人由"四大"组成，死后"地还归地，水还归水，火还归火，风还归风，皆悉坏败，诸根归空"。亦否认因果报应说。但又认为人身有苦乐两方面，"现受苦尽，乐法自出"。被认为是古印度"顺世论"先驱者；（5）迦罗鸠驮·迦旃延（Krakuda Katyana），认为"无因无缘，众生染着；无因无缘，众生清静。一切众生有命之类，皆悉无力，不得自在"；（6）尼乾陀·若提子（Nigantha Nataputta），认为人所造业，必定得报，"今虽修道，不能中断"。被认为是耆那教的始祖。有时"六师"亦被用来泛指"诸外道"。

劳度叉：劳度叉是一名能知幻术，常作诸恶事的外道人物。敦煌壁画选绘的许多佛经故事中的恶人都叫劳度叉。在《贤愚经》的许多故事中以反面人物出现，特别在"须达起精舍品"中，劳度叉以六师外道的代表人物出现与释迦牟尼的大弟子舍利弗斗法，敦煌壁画中有一批大型构图描绘这一事件，题为"劳度叉斗圣变"。

婆薮仙：外道仙人，原是厌世出家的国王，曾说天祠内可以杀生而受堕地狱之苦，经无量劫后，由华众菩萨之大光明力脱地狱，旨释迦佛所，佛赞叹之，为僧众说其大方便力。壁画中多画婆薮仙手执一鸟，以示有杀生之罪。

鹿头梵志：外道仙人，善医术，能凭借叩打髑髅之声而知男女性别、死亡原因等。佛取罗汉髑髅予之，鹿头梵志竟不能识，遂知佛法无边而皈依佛门。敦煌画中的鹿头梵志常以手持髑髅为标志。

敦煌壁画中外道形象虽不少，但大多不具名姓，仅可知其为"外道"而已。敦煌故事性壁画中的人物则多有名有姓，此处只作一提示性说明，故事细节、佛经依据和绘制情况等，可根据此处提示的窟号和时代在正文中查到。

尸毗王：古代印度大国阎浮提的国王，为救鸽子生命而割身肉喂鹰。见北凉第 275 窟；北魏第 254 窟；隋代第 302 窟；五代第 72、108 窟。

萨埵：全名摩诃萨埵，阎浮提国王摩诃罗檀那之第三太子，为救行将饿死之母虎和数幼虎而"舍身饲虎"。见北魏第 254 窟；北周第 299、428、301 窟；隋代第 302、417、419 窟；中唐第 231、237 窟；晚唐第 9、85 窟；五代第 72、98、108、146 窟；宋代第 55 窟。

月光王：又音译为乾夷王，以好施舍著称，曾施头千次，见北凉第 275 窟；隋代第 302 窟；五代第 98 窟。

图444　莫高窟西魏第285窟婆薮仙

图445　莫高窟西魏第285窟鹿头梵志

　　九色鹿：神鹿，名修凡，心地善良，因救溺人而险遭猎杀，讲明情由后得免，见北魏第257窟。

　　快目王：梵名须提罗的国王，为信守誓言以眼施人。见北凉第275窟；隋代第302窟。

　　毗楞竭梨：阎浮提国王，为求佛道愿身钉千钉。见北凉第275窟；隋代第302窟。

　　须达挐：叶波国太子，以施舍无度著称。见北周第428窟；隋代第419、423、427窟；晚唐第9窟；宋代第454窟。

　　须阇提：小国王善住之子，曾割肉奉亲，以孝感人。见北周第296窟；五代第98、146窟；宋代第55窟。

　　须摩提：释迦佛之女信徒，婚后因信仰不同而拒见宾客，并请佛赴宴，使夫家皈依佛法。见北魏第257窟。

　　虔阇尼婆梨：国王，为求妙法愿剜肉燃千灯。见北凉第275窟；隋代第302窟。

难陀：释迦之堂弟，被释迦逼迫恐吓出家。事见北魏第 254 窟。

五百强盗：作为强盗被官兵抓获后剜瞎双眼，释迦佛施香山药治愈，遂出家，后皆成佛。见西魏第 285 窟；北周第 296 窟。

睒子：著名孝子，与盲父母在山中修行时被误射身死，后因至孝感天人施药治愈。见西魏第 461 窟；北周第 299、301、417、438 窟；隋代第 302 窟。

守戒沙弥：年青英俊之小沙弥，为拒爱守戒而自杀。见北魏第 257 窟；西魏第 285 窟；五代第 98 窟。

弊狗：一恶狗，常咬人，受比丘感化，死后投胎为人，出家做了沙门。见北魏第 257 窟。

跋提长者姊：初不信佛，宾头卢和尚以神通力化之，终皈依佛门。见西魏第 285 窟。

恶牛：疯狂牴突伤人之恶牛，后被佛调服。见西魏第 285 窟。

独角仙人：原为有神通力可咒令天不下雨的仙人，后因被淫女诱乱，退失神通。见北周第 428 窟。

摘花失命梵志：一梵志因为娇妻上树摘花坠地而亡，见北周第 428 窟。

丑女：波斯匿王之女丑陋无比，受夫婿冷落，后因念佛经而变成美女。见五代第 98、146 窟。

恒伽达：辅相之子，想尽千方百计，最后终于遂愿出家。见晚唐第 85 窟；五代第 98、146 窟；宋代第 55 窟。

慈力王：行善之国王，曾以身血施五夜叉。见五代第 98 窟。

微妙：比丘尼，一身受尽各种苦难，后出家为尼，见北周第 296 窟；晚唐第 58 窟。

大光明王：波罗奈国国王，因顺象野性复萌受伤后，悟“调心”之佛道。见晚唐第 85 窟。

散檀宁：波罗奈国长者，因慈善得好报。见晚唐第 85 窟；五代第 98、146 窟。

富那奇：饿鬼，原为富家主妇，因戏辱辟支佛命终堕地狱饿鬼道。见五代第 98 窟。

善事：善良的太子，曾为行善入海求宝，历尽艰辛。见北周第 296 窟；中唐第 238、237、231 窟；五代第 146、98 窟。

檀腻椅：贫穷婆罗门，经历了许多奇遇，最后得宝成为富人。见五代第98、146窟。

象护：与金象同时诞生之神童，其象大小便触地成金，国王试图用计得之未果，象护最后出家。见五代第98、146窟。

均提沙弥：婆罗门子，七岁时从合利弗出家，后得罗汉果，因感师恩愿终身做沙弥供给所须。见晚唐第85窟。

以上介绍的是较常见的故事人物形象，其他还有一些已见前面的介绍，此不赘言。

7. 供养人与装饰纹样

敦煌艺术的内容除了作为主体的宗教内容外，还有数目庞大的供养人画像和丰富多彩的装饰图案。

早期壁画中的供养人造型较为简单，榜题也仅有姓名，如"清信士阴安归"，或加上籍贯，如"晋昌郡沙门比丘庆仙"等。但由于在山崖上开凿石窟，塑像绘画比较困难，需要大量财力、人力，所以供养人的数目是相当可观的，仅第428窟一个窟，供养人就多达一千二百多名。后期供养人形象日渐高大，比真人甚至比佛像都要高大得多（如五代第98窟的李圣天像），而且榜题也写得非常详细。如第98窟甬道北壁西向第一身像榜题为"故外王父前河西一十一州节度管内观察处置押蕃落支度营田等使金紫光禄大夫检校司□（空）食邑□□户实□伍伯户……节授右神□（武）将军太保河西万户侯赐紫金鱼袋上柱国南阳郡张议潮一心供养"。

由于与供养人有关的材料比较零碎，也较复杂，难以三言两语介绍清楚，所以我想将其纳入各时期艺术的综合分析介绍中更为适合。

至于装饰纹样，这里倒可以理出一些条目来加以说明，以帮助读者加深对敦煌艺术的理解。

藻井与藻井图案：藻井是中国古代殿堂式建筑的屋顶中间部位，其结构方式是"交木为井"，即以四方横木相交，错位叠套而逐渐缩小至顶部中心。在作建筑装饰时，又在横木上"画以藻纹"，装饰完毕后，这个建筑部位就称为藻井。从目前的考古材料看，最早的藻井构造是在苏联境内与伊朗接壤的阿什哈巴德近郊的一座名叫尼萨的帕提亚王朝时期的都城遗址中，这个宫殿的天井部位就是采用这种形式，时代为公元前 3 至 2 世纪。在阿富汗的石窟中，也可见到较早的例子。敦煌北凉第 272 窟窟顶中间是模仿木构建筑的藻井，正中画一朵莲花，与何晏《景福殿赋》中"茄密倒植、吐彼芙藻，缭以藻纹，编以碎醽"的描述比较相似。中国汉代在藻井中心画莲花是因其为水中生长之植物，可以像符咒似的免除火灾，即所谓"以厌火祥"。佛教中的莲花则是"净土"的象征。俗世之人要想进入天国净土，先须经过投胎莲花内作化生，得以净化之后才能达到目的。所以莲花成为佛教艺术中最为重要的装饰题材。以莲花为中心的藻井很容易被佛教石窟所接受、仿制和变革，使之成为一种广泛运用的装饰形式，在并非藻井的其他部位，如平棊（即天花板），绘制成平面的图案，便可称之为藻井图案，即以藻井为母题的图案。

平棊与平棊图案：平棊又叫"承尘"，即今之天花板。装饰在洞窟平顶（相当于天花板的部位）上的图案统称为"平棋图案"。在许多早期窟中，平棋图案主要采用"藻井图案"。但也有其他纹样插入。

龛楣与龛楣图案：龛楣是洞窟佛龛上部的弧形平面装饰。画在此平面上的装饰纹样叫"龛楣图案"。一般有火焰纹、莲荷纹、鸟纹、兽纹和化生等等。

椽间和椽间图案：敦煌早期中心塔柱窟窟顶前部为起脊人字披，两披上各有等距排列的"椽子"，椽子之间的平面叫"椽间"，也就是民间所称的"望板"，装饰在这个部位的图案叫"椽间图案"。多见以供养菩萨和莲荷纹相结合的图案。

边饰图案：在墙面上不同内容间的间隔装饰带，或模仿木构建筑的"立柱"（绘制而成）上的装饰，以及四壁下部的垂幔纹，统称边饰图案。

头光与背光：头光即画在佛或菩萨等"圣者"头后的光环，有时由火焰、忍冬或几何纹等不同纹样组成。背光是画在"圣者"身后的光环，有时也叫"身光"。

华盖：本是古时王公贵族出行时用来遮挡尘灰或烈日的伞盖，在释迦牟尼佛说法的场面中，我们常可见到他头上悬有华盖。在隋唐时期的覆斗顶窟窟顶中央，我们也可见到装饰极为复杂的华盖。

莲荷纹：即莲花与荷叶组成的纹样。在敦煌壁画中极为常见，形式多样，有较写实的，也有很抽象的。

忍冬纹：模仿忍冬草的形状变化而来。敦煌壁画中有一个从简到繁的过程，即由单瓣二方连续，到四方连续，再到双瓣、多瓣的丰富发展过程。忍冬又叫"金银花"，生命力很强，犹如松柏，凌冬不凋，故名忍冬。著名的道士陶弘景说："忍冬久服轻身，延年益寿。"看来忍冬对向往长生的普通人和梦想"轻身升天"的修道者来说都是宝物，所以在敦煌早期石窟壁画中见到大量忍冬纹饰并不奇怪，因为敦煌早期石窟受道教的影响是很大的。

云气纹：从中国汉墓壁画中的云气纹概括简化而来，云气中央有圆点，也可能表示"星象"。

火焰纹：即描摹火焰的形状并使之图案化而来的一种纹样，常用来表现"头光""背光"和"龛楣"图案。

几何纹：敦煌壁画中也有大量几何形图案，如圆形、三角形等，主要用于边饰图案中。甘肃、青海一带有大量几何纹装饰的彩陶器物出土，应为敦煌图案的前导和基础。

鸟兽纹：鸟兽也常作为装饰图案出现在敦煌图案中，如对马、双鸟等，也含有"祥禽瑞兽"以兆吉祥的含意。

连珠纹：即将圆环二方相连成条带状的纹样，有时小圆环内加绘鸟兽或狩猎纹，多用于四壁（或四披）之间的分隔条带装饰或龛沿边饰。

唐草纹：即所谓"卷草纹样"，是从早期的波状忍冬纹演变而来，种类较多，唐代最流行，故曰"唐草"。

宝相花：一种综合莲花、芍药、牡丹的特征绘制而成的团花图案，象征所谓"佛、法、僧三宝"，故称"宝相花"。

其他敦煌图案还有石榴纹、葡萄纹、龙凤纹等，多可以顾名思义，此不多赘言。